Larry Dossey

Ich habe es geahnt!

crotona

Larry Dossey

Ich habe es geahnt!

Wie Vorahnungen sich bestätigen und unser Leben bestimmen

Titel der amerikanischen Originalausgabe:
The Power of Premonitions
published by arrangement with Dutton,
a member of Penguin Group (USA) Inc.
© 2009 Larry Dossey, M.D. All rights reserved.

Deutsche Ausgabe:
1. Auflage 2011
© Crotona Verlag GmbH
Kammer 11
83123 Amerang
www.crotona.de

Alle Rechte beim Verlag. Nachdruck, auch auszugsweise, nur mit ausdrücklicher Genehmigung.

Übersetzung aus dem Amerikanischen: Karl Friedrich Hörner

Umschlaggestaltung: Annette Wagner unter Verwendung von
Door to new world © AKS #9903379 / fotolia.com

Druck: Bercker • Kevelaer

ISBN 978-3-86191-013-8

INHALT

Vorwort 9
Vorbemerkung des Verfassers 13
Einführung 15

Teil Eins – Die Fälle 29
Warnungen vor Krankheit 35
Überentwickelte physische Sinne? 38
Überlebens-Wert 40
Wann sind Vorahnungen ernst zu nehmen? 41
Telesomatische Ereignisse: Die Wichtigkeit des Fühlens 42
Vorahnungen von plötzlichem Kindstod 48
Das Unglück von Aberfan 53
Vorahnungen und Unsterblichkeit: Dunnes Experiment mit der Zeit 60
Züge und Flüge vermeiden 64
Vorahnungen zum 11. September 66
Die explodierende Kirche 79
Der Bauernkalender 84
Über Raum und Zeit hinweg: Zwei Forscher untersuchen
die Grenzen der Vorahnung 85
Geldverdienen 90

Teil Zwei – Die Beweise 103
Uns selbst voraus – die Vorempfindungs-Experimente 103
Online-Beweise 117
Sehen wir den Beweisen ins Auge 120
Vorahnungen bei Tieren 122
Erstes Gesicht und Seelensicht 133
Vorahnungen und das Gehirn 140
Zum Medium geschlagen? 145

Teil Drei – Vorahnungen: Warum, was und wie? 151
Die Sprache der Vorahnungen 151
Warum sind Vorahnungen nicht präziser? 155
Der Verdrängungseffekt 158

Evolution und Instinkt: Der Konkurrenz voraus bleiben 165
Entropie und Emotion 166

**Teil Vier – Warum sollten wir Vorahnungen kultivieren,
und wie stellen wir das an?** 173
Kultur und Vorahnungen... 173
Warum wir Vorahnungen kultivieren wollen.............................. 178
Persönlichkeit und Temperament 181
Die Bedeutung des Glaubens 187
Das Chaos respektieren... 190
Wann sollten wir auf Vorahnungen achten? 194
Ethik.. 197
Stellen Sie den Ursprung in Frage!... 203
Die Nichtbeachtung von Vorahnungen und ihr Preis.................. 207
Hätte die Geschichte sich anders entwickelt? 218
Wenn wir die Zukunft sehen können – können wie sie ändern? 224
Gefahren... 228
Vorsichtsmaßnahmen 232

Teil Fünf – Vorahnungen und unser Weltbild............................ 237
Wege zur Vorahnung... 237
Unsere geliebte Zeit 239
Zeit-Verwirrung.. 241
Vorahnungen widersprechen nicht den Naturgesetzen. 244
Können wir die Vergangenheit beeinflussen?............................. 246
Rückwirkendes Beten: Fürbitten in die Vergangenheit.............. 249
Quanten-Möglichkeiten 251
Bewusstsein.. 254
Schicksal oder freier Wille?... 264
Liebes Geheimnis 266
Aktuelle Vorahnungen (Fallbeispiele) 269
Die Kraft der Geschichten 269

Anhang... 279
Unendlich, ewig und eines: Wissenschaftler über das Bewusstsein 279
Anmerkungen... 284

• • •

für Barbara

• • •

VORWORT

Ich lebe auf knapp 2300 m Höhe in den Ausläufern der Sangre de Cristo Mountains, einer majestätischen, zu den südlichen Rocky Mountains gehörenden Bergkette, die sich in den Norden Neumexikos erstreckt. Dies ist einer jener gesegneten Orte, wo sich die Natur zu jeder Jahreszeit überaus dramatisch zeigt.

Die Natur vor meinem Fenster befindet sich im Augenblick auf dem Weg von einem rauen, schneereichen Winter in eine Übergangszeit, die kein Winter mehr ist, aber auch noch kein Frühling. Das deutlichste Anzeichen dafür, dass etwas Neues bevorsteht, sind die Vögel. Die Finken, Junkos, Meisen, Kleiber, Tauben und Spechte an den Futterhäuschen werden zunehmend koketter. Gestern erhörte ich ihre Signale und befreite die Vogelhäuschen vom vorjährigen Nistmaterial, um einer neuen Runde des Nestbaus und Nachwuchses den Weg zu bereiten.

Es sind nicht nur die Vögel, die munter werden. Obwohl sich die Kiefern und Wacholderbäume noch zusammenkauern, haben die Narzissen einen kühnen Vorstoß gemacht und zeigen grüne Triebe, was für gewöhnlich bedeutet, dass sie schon bald wieder von einem Frühlingsschnee vernichtend geschlagen werden. Selbst der Himmel gibt sich lebhafter. Die Wolken blähen sich zu imposanten Kumulus-Formationen und präsentieren eine Kostümprobe für ihre Hauptrolle in den heftigen Gewittern, die der Sommer bringen wird. Gleichwohl ziehen sich diese Rhythmen der Natur in die Länge. Es wird noch volle zwei Monate dauern, bis die Erde genügend in Richtung Sonne geneigt ist, um frostkalte Nächte zu bannen und mir zu erlauben, meinen Gemüsegarten zu bepflanzen. Bis dahin versuche ich wahrzunehmen, was geschieht.

Wahrnehmen – was für ein einfaches Wort für einen so schwierigen Vorgang! Den größten Teil meines Erwachsenenlebens habe ich versucht, den Bogen herauszubekommen, seit mich in den 1970er Jahren ein kleines Buch regelrecht vor den Kopf gestoßen hatte und mir offenbarte, dass ich nur ein armseliger Wahrnehmer war. Jene Granate mit dem Titel *How to Meditate*[1] stammte aus der Feder des Psychologen Lawrence LeShan, der bahnbrechende Forschungen auf dem Gebiet der Zusammenhänge zwischen Psyche und Krebserkrankung durchführte zu einer Zeit, als dieses Gebiet noch kaum existierte. LeShans Kurzdefinition von Meditation war die Kunst, eine Sache gut zu machen – was, wie sich zeigt, unmöglich ist, ohne dass man achtgibt, ohne dass man wahrnimmt. Dies ist eine der schwierigsten Aufgaben, die wir in Angriff nehmen können, wie ein jeder feststellen wird, der auch nur wenige Minuten lang versucht, etwas aufmerksam wahrzunehmen, ohne andere Gedanken und Sinneseindrücke einfließen zu lassen.

Die Zusammenhänge zwischen Wahrnehmen, Meditation und Vorahnungen sind weitreichend. Die Meditation hebt uns aus dem Lärmen der eilends fließenden Zeit in die zeitweilige Stille. Während der Meditation spüren wir unsere Verbundenheit mit allen Dingen in der Vergangenheit, Gegenwart und Zukunft. In diesem Zustand beginnen Vorahnungen nicht nur möglich, sondern sogar wahrscheinlich zu werden. Sie fangen an, sinnvoll zu erscheinen.

Weil beide, Vorahnungen und Meditation, die Schranken der Zeit durchbrechen, ist Meditation ein Garten, in dem Vorahnungen häufig erblühen. Während Sie also dieses Buch lesen – so hoffe ich –, werden Sie sich Zeit nehmen für die Stille, ob Sie es nun Meditation nennen, Träumerei oder Für-sich-Sein. Alle diese Tätigkeiten sind buchstäblich Formen von „Auszeit", Spielarten eines „Außerhalb-der-Zeit-Seins". Werden Sie ein guter Wahrnehmer. Geben Sie acht auf die Empfindungen, Ahnungen und Eingebungen, die Tag für Tag in Ihr Leben einfließen. Wenn Sie dies tun, werden Sie sehen, dass Vorahnungen keine Seltenheit sind, sondern ein natürlicher Bestandteil unseres Lebens.

Ein Autoaufkleber weist andere Verkehrsteilnehmer darauf hin: SCHWERKRAFT. NICHT NUR EINE GUTE IDEE, SONDERN GESETZ.[2] So ist es auch mit Vorahnungen. Sie sind eine Tatsache. Sie sind überall. Sie folgen bestimmten Mustern, die wir zu erkennen versuchen werden. Unsere Aufgabe ist es, diese verblüffende Fähigkeit, diese großartige Gabe anzuerkennen und anzunehmen auf unserem Weg zum ganzen Menschen.

VORBEMERKUNG DES VERFASSERS

Einige der Vorahnungen und Traumberichte, die noch folgen, sind gekürzt, umgeschrieben oder überarbeitet worden im Interesse der Klarheit und des inneren Zusammenhangs.

Um die Privatsphäre zu schützen, wurden manche Namen und solche Merkmale verändert, die Rückschlüsse auf die Identität einer Person zuließen.

Noch ein Wort zur hier verwendeten Terminologie: Außersinnliche Wahrnehmung oder ASW umfasst drei Grundkategorien von Phänomenen: Telepathie, Hellsichtigkeit und Vorauswissen. Allgemein gesagt, ist Telepathie die Verständigung von Mensch zu Mensch ohne die mit den fünf Sinnen wahrnehmbaren Kommunikationsmittel; Hellsichtigkeit ist ein direktes, nicht durch die Sinne vermitteltes Gewahren von objektiven physischen Ereignissen und Gegebenheiten, ohne dass ein weiterer Mensch beteiligt sein muss. Das nicht sinnesgebundene, nicht schlussfolgernde Vorauswissen eines künftigen Geschehens ist Präkognition, Zukunftswissen oder Vorahnung.

Der Begriff *Parapsychologie* (wörtlich: „neben der Psychologie") wurde in den 1930er Jahren von Joseph B. Rhine als eine Ersatzbezeichnung eingeführt für das, was frühere Forscher „psychische Forschung" genannt hatten. Parapsychologie, auch – mit der Bezeichnung für den griechischen Buchstaben – Psi genannt, ist ein Überbegriff, der die Beschäftigung mit und Erforschung von Telepathie, Hellsehen, Vorauswissen und Psychokinese umfasst. Zu letzterer gehört die gedankliche Beeinflussung eines physischen Gegenstandes, was gemeinhin als die „Macht des Geistes über die Materie" bezeichnet wird.[3]

In diesem Buch werde ich die Begriffe Parapsychologie, Paranormales und Psi abwechselnd gebrauchen. Ich werde bei diesen Wörtern bleiben, weil sie Eingang in den allgemeinen Wortschatz gefunden haben. Doch ich bin nicht glücklich mit den Bezeichnungen Parapsychologie oder paranormal, da sie einen falschen Eindruck vermitteln. Wenn solche Dinge geschehen – und ich glaube, dass sie geschehen – dann sind sie ein Teil der Natur und nicht „para", also nicht irgendwie „daneben". Dies bedeutet, sie sollten als ein Bestandteil der Naturwissenschaft betrachtet werden, nicht als ein unerzogenes Stiefkind, eine Peinlichkeit für den Rest der Familie. Der britische Biologe Rupert Sheldrake bemerkte einmal: „Als Biologe könnte ich mit einem Gebiet namens *Para*biologie wenig anfangen."[4] Ich selbst hätte als Arzt wenig Verwendung für ein Gebiet mit der Bezeichnung *Para*medizin. Doch leider gibt es keinen idealen Begriff, der diese herausfordernden Phänomene umfasst und beschreibt.

Seit Generationen haben sich Forscher auf der Suche nach dem optimalen Begriff für Psi-Phänomene abgemüht. Sie sind sich bis heute nicht einig geworden. Dies lässt an Louis Armstrongs berühmte Antwort an einen Reporter denken, der ihn aufforderte, „Jazz" zu definieren: „Mann, wenn Sie das fragen müssen, werden Sie es nie verstehen."* Warum sind Vorahnungen und andere Psi-Phänomene mit sprachlichen Mitteln so schwer zu fassen? Vielleicht, weil unsere Sprache auf die Welt des Sehens, Fassens und Fühlens zugeschnitten ist. Psi – und damit auch Vorahnungen – entzieht sich jedoch den [fünf] Sinnen. Daher überrascht es nicht, dass die Sprache bei unserem Bemühen, solches Geschehen verbal in den Griff zu bekommen, zu hinken beginnt.

Ich werde „Vorahnungen" abwechselnd verwenden mit den Begriffen Vorauswissen, Präkognition und Zukunftswissen. Vorahnungen werden gemeinhin auch von einer Heerschar umgangssprachlicher Bezeichnungen umschrieben – wie Bauchgefühl, Instinkt, Intuition, Ahnungen, Schwingungen oder sechster Sinn. Wenn Sie mögen, wählen Sie sich selbst einen Begriff. Seien Sie erfinderisch, wie eine meiner Bekannten, die ihre Vorahnungen am liebsten als „Faktor X" bezeichnet.

---

* Dieses Zitat ist in mehreren Varianten verbreitet. (Anm.d.Ü.)

EINFÜHRUNG

Manche Dinge ergreifen einen und lassen einen nicht mehr los. So erging es mir mit Vorahnungen. Ich hatte schon lange Zeit mit ihnen gerungen, unfähig, von ihnen abzulassen – wie Jakob im Alten Testament, der mit dem Engel rang. Der Hauptunterschied ist, dass Jakobs Rauferei nur eine Nacht dauerte. Meine Balgerei mit Vorahnungen dauerte schon länger als drei Jahrzehnte und zeigte kein Anzeichen eines Endes. Offen gesagt, wusste ich nicht, auf was ich mich einließ, als ich ihnen begegnete. Das ganze Erlebnis ist dem Betreten einer stillen Höhle nicht unähnlich ... in deren Dunkel man dann einen schlafenden Grizzlybären weckt.

Dabei begann alles ganz unschuldig mit einem Traum, den ich im ersten Jahr meiner ärztlichen Praxis hatte.[5] Darin lag Justin, der vierjährige Sohn eines ärztlichen Kollegen, auf dem Rücken auf einem Tisch in einem sterilen Untersuchungsraum. Eine weißbekittelte Technikerin versuchte, einen medizinischen Apparat an seinem Kopf zu platzieren. Justin drehte durch. Er schrie, schlug um sich und versuchte, das Gerät trotz der anhaltenden Bemühungen der Assistentin wegzustoßen. Am Kopfende des Tisches stand jemand von Justins Eltern und versuchte, ihn zu beruhigen und ihm Beistand zu leisten. Die Technikerin unternahm weitere Anstrengungen, um ihre Aufgabe zu erfüllen, scheiterte aber an Justins zunehmender Gegenwehr. Verärgert warf sie schließlich die Hände über den Kopf und ging hinaus.

Ich erwachte in der grauen Morgendämmerung und fühlte mich aufgewühlt nach diesem lebendigsten Traumerlebnis, das ich je hatte. Es war tiefgreifend, numinos und „realer als die Wirklichkeit". Doch angesichts des Trauminhalts schien meine Reaktion keinen Sinn zu ergeben. Ich verstand nicht, warum ich mich so tief bewegt fühlte. Ich dachte erst daran, meine Frau zu wecken und ihr davon zu erzählen, entschied mich aber dagegen. Welchen Sinn könnte sie darin entdecken? Justin kannten wir kaum, wir hatten ihn erst drei oder vier Mal gesehen.

Ich kleidete mich an und fuhr zur Klinik, um meine frühmorgendliche Visite zu absolvieren. Im weiteren Verlauf eines geschäftigen Tages verlor ich meinen Traum aus dem Sinn, bis die Mittagsstunde kam. Als ich im Personalbereich mit Justins Vater gerade das Mittagessen einnahm, trat Justins Mutter ein und hielt den Jungen auf den Armen. Er war sichtlich durcheinander, sein Haar war nass und zerzaust, und Tränen rannen ihm über die Wangen. Justins Mutter erklärte ihrem Mann, dass sie gerade aus einem EEG-Raum kamen, wo die EEG-Technikerin versucht hatte, eine Messung der Gehirnströme des Jungen vorzunehmen. Die Technikerin rühmte sich ihrer Fähigkeit, EEG-Ableitungen bei Kindern vorzunehmen, was zuweilen eine respektable Herausforderung sein kann, und ihre Erfolgsquote war buchstäblich makellos – bis sie Justin begegnete. Nachdem sie ihrem Mann erzählte hatte, wie ihr Sohn rebelliert und die Untersuchung vereitelt hatte, ging Justins Mutter mit dem untröstlichen Knaben in den Armen hinaus. Ihr Mann begleitete sie aus dem Speisesaal und ging in sein Büro.

Die Erinnerung an meinen nächtlichen Traum kehrte zurück. Ich war wie vor den Kopf gestoßen. Ich hatte die Abfolge des Geschehens fast detailgenau geträumt, noch bevor es sich ereignete. Ich ging zu Justins Vater hinüber und bat ihn, mir mitzuteilen, was dem vereitelten EEG im Einzelnen vorausgegangen war.

Justin, erzählte er, habe am Tag zuvor Fieber bekommen, dann kam es zu einem kurzen Krampfanfall. Obwohl er sicher war, dass der Anfall mit dem Fieber zusammenhing und nicht auf einer ernsten Erkrankung wie Epilepsie oder einem Gehirntumor beruhte, rief er doch einen Neurologen um Rat. Der Spezialist beruhigte ihn; es bestehe kein unmittelbarer Handlungsbedarf. Für den folgenden Tag würde er einen Termin für ein Elektroenzephalogramm ansetzen, um sicherzugehen, dass nichts anderes vorlag. Es sei eine einfache Prozedur, und die EEG-Technikerin, sagte er, könne besonders gut mit Kindern umgehen.

Konnte irgendjemand sonst von diesen Dingen erfahren haben, fragte ich. Ich wollte wissen, ob jemand Informationen an mich weitergegeben haben könnte – was mir vielleicht entgangen war –, die dann in meinen

Traum eingeflossen sein konnten. Natürlich nicht, sagte Justins Vater; keiner außer der unmittelbaren Familie und dem Neurologen wusste davon. Dann berichtete ich dem Kollegen von meinem Traum. Er erkannte augenblicklich: Wenn mein Bericht der Wahrheit entsprach, so wurde seine geordnete, berechenbare Welt urplötzlich auf den Kopf gestellt. Wenn man die Zukunft wissen konnte, bevor sie geschah, dann war unser Verständnis der physischen Wirklichkeit ernstlich bedroht. Er spürte meine Verstörung genauso. Unser Gespräch verstummte, als wir die Zusammenhänge und Konsequenzen dieser eigenartigen Vorfälle betrachteten. Ich wandte mich um, verließ sein Büro und schloss die Tür hinter mir. Ich brachte diese Sache ihm gegenüber nie wieder zur Sprache.

Innerhalb einer Woche träumte ich zwei weitere Male Ereignisse, die am nächsten Tag eintraten und die ich unmöglich im Voraus gewusst oder erfahren haben konnte. Warum kam es zu jener Reihe präkognitiver Träume, nachdem ich nie zuvor solche erlebt hatte? Es war, als hätte die Welt beschlossen, mir eine neue Seite von sich zu offenbaren, aus Gründen, die ich nicht auszuloten vermochte.

In allen drei Fällen schien die Zeit auf den Kopf gestellt worden zu sein, so dass Wirkungen vor ihren Ursachen erschienen. Rational wusste ich, dass dies nicht geschehen konnte. Die Zeit konnte sich nicht einfach umkehren und rückwärts fließen, das heißt Informationen in die Gegenwart tragen aus einer Zukunft, die noch gar nicht eingetreten war. Ich fragte mich, ob sich mein Geist irgendwie von meinem Körper entfernt und in die Zukunft verirrt haben könnte, um mit Informationen über Ereignisse zurückzukehren, die sich später erst entfalteten. Beide Möglichkeiten verstießen gegen den gesunden Menschenverstand und jeden Baustein meiner medizinischen Ausbildung. Mein Bewusstsein hatte seinen Sitz in meinem Gehirn und in der Gegenwart; *jeder* Arzt wusste das.

Ich erlebte keinen weiteren präkognitiven Traum bis etwa zehn Jahre später, als ich meinen ersten Computer anschaffte. Es war ein plumpes, sperriges Gerät, das einen eigenen Willen zu besitzen schien. Es hatte eine ausgesprochen unbeugsame Persönlichkeit, die sich oft weigerte, meine Befehle auszuführen. Der Computer war mit einem Handbuch geliefert worden, das jedoch weder Hand noch Fuß zu haben schien und von jemandem geschrieben war, dessen Muttersprache offenbar nicht Englisch war. Eines Tages plagte ich mich mit der Frage, wie ich in den Text, an dem ich gerade arbeitete, Fußnoten einfügen könnte. Ich folgte den Anweisungen minutiös, Schritt für Schritt, Stunde um Stunde, und probierte alle Kombinationen aus. Nichts davon funktionierte. Ich beschloss, meine Bemühungen aufzugeben und es am nächsten Tage von neuem zu versuchen. In der Nacht träumte ich, dass ich vor dem Computer saß und wie gewöhnlich schrieb, als ich an eine Stelle kam, an der es eine Fußnote einzufügen galt. Ich sah deutlich, wie das zu bewerkstelligen war und an welcher Stelle das Handbuch einen Fehler hatte. Ich erwachte, ging zum Computer und tippte genau die Tasten, die ich im Traum gesehen hatte. Die Prozedur funktionierte einwandfrei. Ich revidierte mein Urteil: Der Computer musste doch nicht aus dem Fenster fliegen.

Seitdem hatte ich nie wieder einen präkognitiven Traum. Es war, als hätte das Universum eine Botschaft übermittelt und nun den Hörer aufgelegt. Nun war es meine Aufgabe, ihre Bedeutung herauszufinden – und diese Absicht verfolge ich mit dem vorliegenden Buch.

Meine Ausbildung in Medizin hat mich für Vorahnungen empfänglich gemacht. Gesundheit und Krankheit, Praxen und Krankenhäuser sind ein vorzügliches Jagdrevier für derlei Phänomene. Doch wir Ärzte haben eine schwierige Beziehung zu ihnen. Wir haben studiert und gelernt, evidenzbasierte Medizin mit ihren starren Algorhythmen und Entscheidungsbäumen wertzuschätzen. Dieser Zugang schließt Ahnungen, Intuition, Vorahnungen und andere Spielarten des Wissens bewusst aus, die nicht mit Logik und Analyse in Übereinstimmung zu bringen sind.

Mein Berufsleben habe ich auf dem Gebiet der inneren Medizin verbracht, von dem ich mich nun in den Ruhestand zurückgezogen habe. Meine Faszination für die Rolle des Bewusstseins und der Spiritualität in Gesundheit und Krankheit ist ein fester Bestandteil meines Lebens als Arzt gewesen. Obwohl ich Bücher veröffentlich habe, die dieses Thema auf unterschiedliche Weisen behandeln, habe ich mich niemals ausdrücklich auf Vorahnungen konzentriert. Doch seit jener „Justin-Traum" mich verblüffte, vermochte ich meine Neugier in diese Richtung nicht mehr zu unterdrücken. Ich habe die neurologische, psychiatrische und parapsychologische Literatur durchgekämmt auf meiner Suche nach Antworten: Wie und warum Vorahnungen eintreten, welchem Zweck sie dienen, was sie in Bezug auf unser Verständnis von Bewusstsein, Raum und Zeit bedeuten und wie sie zu kultivieren sind.

Im Laufe der vergangenen drei Jahrzehnte bin ich Zeuge beträchtlicher Veränderungen auf diesem Gebiet geworden. Massive Durchbrüche geschahen in der Vorahnungs-Forschung, wie es sie früher nie gegeben hatte. Raffinierte computergestützte Experimente des Bewusstseinsforschers Dean Radin und anderer zeigen heute, dass möglicherweise jeder eine angeborene Fähigkeit besitzt, die Zukunft zu erspüren. Wissenschaftler rund um den Globus haben die Studien wiederholt und sogar bestätigt, so dass wir nun verantwortungsvoll *Wissenschaft* und *Vorahnung* in dem gleichen Satz verwenden können.

Parallel zum Bekanntwerden der neuen Informationen hat sich meine Haltung zu Vorahnungen gewandelt. Ich glaube nun nicht mehr, dass meine Vorahnungen versiegt sind. Ich denke, sie haben lediglich eine andere Gestalt angenommen, sind subtiler geworden und weniger sichtbar, dabei aber immer aktiv geblieben. Ich glaube, am Leben zu sein heißt, Vorahnungen zu haben. Vorahnungen sind nichts, das wir vermeiden können. Sie sind unser Geburtsrecht. Wir bekommen sie serienmäßig mitgeliefert, als Bestandteil unserer Originalausstattung.

Eine Vorahnung – engl. *premonition,* vom lateinischen *prae* (vorher) und *monere* (warnen, mahnen) – ist buchstäblich eine Vorauswarnung. Sie ist ein flüchtiger Blick in die Zukunft, ein Gefühl oder Empfinden, dass etwas im Begriff ist zu geschehen. Vorahnungen sind nicht als Folgerung aus einer vorausgegangenen Information oder einem früheren Erleben zu erklären. Es gibt sie in vielen Geschmacksrichtungen. Mal warnen sie uns vor etwas Unangenehmen, wie einer drohenden Gefahr oder einer gesundheitlichen Krise, mal kündigen sie etwas Erfreuliches an, wie die Gewinnzahlen in der Lotterie oder wo wir eine Parklücke finden werden. Vorahnungen können vage sein oder lebhaft und dramatisch wie in einem Traum mit komplexen Figuren und Handlungssträngen. Sie kommen uns in den Sinn, wenn wir wach sind oder auch im Schlaf. Mal sind wir uns ihrer völlig bewusst, oder sie sind so tief in unserem Unbewussten vergraben, dass sie uns zum Handeln drängen, ohne dass wir wissen, warum und wozu.

Allein die Verschiedenartigkeit von Vorahnungen ist schwindelerregend, verwirrend und unerträglich. Warum sollten präkognitive Träume uns in der einen Nacht vor einem nationalen Unglück warnen und in der nächsten Nacht offenbaren, wo wir unsere Brille verlegt haben? Warum reichen sie vom Banalen bis hin zu Angelegenheiten auf Tod oder Leben? Warum kommen einige Vorahnungen in strahlender Detailerkennbarkeit, während andere eine bloße Ahnung ohne bildlichen Eindruck sind oder eine vage Intuition? Und warum begegnen sie nicht nur Menschen, sondern auch Tieren? Vorahnungen sind launisch; manchmal sind sie gültig, aber häufig irreführend. Warum sind sie nicht gleichbleibend? Warum erscheinen sie nicht, wenn sie erbeten werden? Dies sind einige der Fragen, die wir zu enträtseln versuchen wollen.

Gleich zu Beginn möchten wir daran erinnern, dass Vorahnungen gänzlich paradoxer Natur sind. Dies wird uns helfen, im Gleichgewicht zu bleiben, wenn wir den weiteren Verlauf ihrer verblüffenden Geschichte erkunden. Ein Paradoxon ist etwas, das man als unsinnig, logisch inakzeptabel oder widersprüchlich betrachtet – doch es gibt natürlich auch andere Ansichten darüber. Die mir liebste Aussage stammt von dem englischen Essayisten und Romancier Gilbert K. Chesterton, der sagte, ein Paradoxon sei „Wahrheit, die auf dem Kopf steht, um Aufmerksamkeit auf sich zu ziehen". Vielleicht ist das ein Grund, warum Vorahnungen so grotesk sind. Wären sie es nicht, würdigten wir sie vielleicht keines Blickes.

Unsere Reise durch *Ich habe es geahnt* umfasst fünf Phasen.

Teil Eins, „Die Fälle", beschreibt tatsächliche Beispiele von Vorahnungen. Ich habe Beispiele ausgewählt, die die Hauptmerkmale des Vorauswissens aufweisen: Wie es häufig Leben vor drohendem Unglück rettet, und auch, wie es häufig – aufgrund seiner unvollständigen, nur bruchstückhaften Natur – gerade dies *nicht* schafft. Wir werden sehen, wie Vorahnungen oft Krankheit oder Tod ankündigen. Darüber hinaus soll die Rolle der Vorahnungen in vormodernen Kulturen untersucht werden sowie die Art und Weise, wie Menschen sich Vorahnungen zunutze machen, um zu Geld und Wohlstand zu gelangen.

Teil Zwei, „Die Beweise", untersucht die jüngeren Beiträge der modernen Wissenschaft zum Thema Vorahnungen. Wir werden sehen, wie die verschiedenen Experimente zeigen, dass möglicherweise jedermann die angeborene Fähigkeit besitzt, zu sehen, was sich in der nahen Zukunft entfalten wird. Die kaum bekannten, computergestützten Experimente enthüllen, dass Vorahnungen nicht Phantasien oder Wunschdenken sind, sondern eine natürliche, angeborene Fähigkeit, die gewöhnlich außerhalb unseres bewussten Gewahrens am Wirken ist.

Teil Drei, „Vorahnungen: Warum, was, wie?", erforscht, warum Vorahnungen existieren und welchem Zweck sie dienen, warum sie nicht präziser und weiter verbreitet und wie sie zu deuten sind.

Teil Vier, „Warum sollten wir Vorahnungen kultivieren, und wie stellen wir das an?", enthüllt mehr über die Wichtigkeit von Vorahnungen, die Strafen, die wir oft bezahlen müssen, wenn wir sie ignoriert haben, die Rolle von Persönlichkeit und Temperament in Vorahnungen und einige der Vorsichtsmaßnahmen und Gefahren dieser Erlebnisse.

Teil Fünf, „Vorahnungen und unser Weltbild", untersucht den Eindruck von Vorahnungen auf die Art und Weise, wie wir die Welt und unseren Platz in ihr sehen. Wir erforschen unser Vermögen, nicht nur die Zukunft zu sehen und zu verändern, sondern auch die Vergangenheit. Und wir befassen uns mit dem Einfluss von Vorahnungen auf die vielleicht größten Fragen überhaupt – die Fragen nach der Natur des menschlichen Geistes, nach unserem Ursprung und unserer Bestimmung. Die „Fallbeispiele" sind aktuelle Nachträge.

Teil Sechs, „Anhänge", bietet praktische Wege und Methoden, Vorahnungen in unser Leben einzuladen. Diese Techniken sind seit Jahrzehnten praxiserprobt und oft außerordentlich fruchtbar. Schließlich werden wir betrachten, was einige der größten Denker in der Geschichte der Wissenschaft über die Natur des Bewusstseins zu sagen hatten. Wir werden sehen, dass diese zeitlosen Aussagen über den menschlichen Geist auch für die Existenz von Vorauswissen Gültigkeit haben dürften.

Der Reiz von Zukunftswissen ist uralt und mächtig. Der Autor und Fernwahrnehmungs-Forscher Stephan A. Schwartz schreibt: „Es gibt keine Sirene, deren Ruf so verlockend ist wie die Zukunftsmusik. Seit der Mensch schreiben kann, gibt es Aufzeichnungen, die davon zeugen, dass wir ihre Gestalt zu erkennen suchten. Allein letztes Jahr haben Witwen, Liebende, Spione und Präsidenten buchstäblich Milliarden ausgegeben – alle auf der Suche nach einer Art von Pfeil durch die Zeiten, nach irgendeiner Antwort auf die Frage, was die Zukunft bringen wird."[6]

Im Lauf der Menschheitsgeschichte wurde Vorauswissen meist nicht als hypothetisch, sondern als ein natürlicher Teil der menschlichen Ausstattung aufgefasst. Beweise dafür sah man überall. Vormoderne Kulturen haben Vorahnungen alltäglich und pragmatisch genutzt und nutzen sie noch – mit dem Gespür, wo Gefahr lauert, wo Beute und Obdach zu finden sind, wann die Zeiten zum Säen, Pflanzen und Ernten sind, wohin sich Tiere verirrt haben und welcher Teil von welcher Pflanze zu welcher Jahreszeit gesammelt, auf welche Weise zubereitet und zur Heilung von welcher Krankheit gebraucht werden kann. Über ihre nützlichen Aspekte hinaus hatte die Präkognition auch subtilere Vorteile, die gleichermaßen wichtig waren.

Die Fähigkeit, Zukunftswissen zu erlangen, ist ein Trittstein hinaus aus dem Hier und Jetzt. Für unsere Vorfahren waren die Prüfungen des Lebens – die tägliche Dosis von Hunger, Leiden und Tod – ein wenig leichter, denn Vorauswissen vermittelte ihnen, dass sie ein Teil waren von etwas, das über das Hier und Jetzt hinausgeht, Teil von etwas Transzendentem. Unsere Ahnen konnten die Gemeinheit, Schrecken und Schmerzen der Gegenwart besser ertragen, weil sie nicht zeit-gebunden waren.

Ihre Verbindungen zur Vergangenheit hielten sie lebendig durch mündliche Überlieferung, Rituale, Mythen und Erzählungen, dazu gehörte oft auch die Ehrung ihrer Vorfahren. Ihre Verbindung zur Zukunft war das Vorauswissen, eine für sie offensichtliche, vorzeigbare Tatsache.

Unsere Ahnen wussten etwas, das wir nicht wissen: Die Verbindungen zwischen Vergangenheit, Gegenwart und Zukunft sind real. Wie können wir dies für uns selbst erfahren? Es gibt vor allem zwei Zugänge, die ich in diesem Buch behandeln werde. Erstens können wir die echten präkognitiven Erfahrungen von gewöhnlichen Menschen untersuchen. Zweitens zeigen verschiedene Experimente, dass wir die Zukunft erfahren können, bevor sie eintritt.

Die systematische Erforschung von Vorahnungen hat eine lange und legendenumrankte Geschichte, die im Jahre 1882 höchst energisch mit der Gründung der *Society for Psychical Research* (SPR) in London begann. In anderen Ländern wurden später ähnliche Gesellschaften ins Leben gerufen, auch in den Vereinigten Staaten, wo William James, der weithin als der Vater der amerikanischen Psychologie gilt, 1885 bei der Gründung der amerikanischen Version half. Die Väter der SPR zählten zu den herausragendsten, geachtetsten Gelehrten ihrer Tage. Ihre Hingabe an die

Grundsätze der Wissenschaft war unerschütterlich. Sigmund Freud und C. G. Jung waren Mitglieder der Organisation, und unter deren Präsidenten fanden sich im Laufe der Jahre etliche Nobelpreisträger.[7]

Ein weiteres wichtiges Ereignis in der Präkognitionsforschung war die Gründung des Duke Parapsychological Laboratory im Jahre 1935 durch den legendären Joseph B. Rhine. Rhine gilt zu Recht als der Begründer der modernen parapsychologischen Forschung; er hat mehr als jeder andere im 20. Jahrhundert geleistet, um sie in der exakten Wissenschaft zu verankern. Rhine und seine Kollegen führten statistische Methoden und Versuchslaboratorien in die Erforschung der außersinnlichen Wahrnehmung (ASW) ein, dieser Zugang wurde bis heute beibehalten. Aus Rhines ursprünglichem Laboratorium wurde das Rhine Research Center mit seinem Hauptquartier in Durham, North Carolina.[8]

Einer Anregung von Rhine folgend, wurde im Jahre 1957 die *Parapsychological Association* (PA) gebildet mit dem Ziel, eine Keimzelle für eine internationale Gesellschaft zu bieten. 1969 verband sich die PA formell mit der *American Association for the Advancement of Science.* Die Archive der PA sind ein lohnender Ausgangspunkt für jedermann, der den Wunsch hegt, die Geschichte der Präkognitionsforschung zu verfolgen.[9]

Obwohl mein Schwerpunkt im vorliegenden Buch auf der jüngsten Forschung auf dem Gebiet der Präkognition liegt, beabsichtige ich nicht, die frühen Pioniere und Wegbereiter mit Nichtachtung zu strafen. Wer einen umfassenderen Zugang sucht, möge die neueren wissenschaftlichen Werke konsultieren, wie *Irreducible Mind*[10] von Edward F. Kelly und Kollegen, und *Varieties of Anomalous Experience*[11].

Eines der auffallendsten Merkmale der Psi-verwandten Erlebnisse (PVE) ist ihre weite Verbreitung in fast jeder untersuchten Kultur. Eine Untersuchung des National Opinion Research Center der Universität Chicago aus dem Jahr 1987[12] ergab, dass 67 % der erwachsenen Amerikaner bezeugen, das sie PVEs gehabt haben. In den meisten anderen Ländern, in denen ähnliche Umfragen durchgeführt wurden, berichtet mehr als die Hälfte der Bevölkerung von PVEs. Dies gilt für ganz Nordamerika, das Vereinigte Königreich und andere Länder in Europa, den Nahen Osten, Brasilien, Asien und Australien.

Das am weitesten verbreitete PVE ist Telepathie, berichtet von einem Drittel bis einer Hälfte der Bevölkerung. Etwa ein Fünftel berichten von Hellsehen. Psychokinese bezeugen nur fünf bis zehn Prozent der Bevölkerung.

Zu welcher dieser Kategorien passen Vorahnungen? Rund 60 % der PVEs sind Gleichzeitigkeits-Phänomene, sie verbinden also zwei gleichzeitige Ereignisse. Fast alle übrigen sind *präkognitiv,* beziehen sich also auf die Zukunft. Was wir Vorahnungen nennen, sind präkognitive außersinnliche Wahrnehmungen oder PVEs.

Die meisten Gleichzeitigkeits-PVEs sind intuitive, nicht-bildliche Eindrücke – eine Ahnung oder „einfach ein Gefühl". Präkognitive Erlebnisse oder Vorahnungen hingegen werden gewöhnlich als realistische, visuelle Bilder erlebt, zumeist in Träumen.

Es gibt auch eine dunkle Seite: Weil Vorahnungen Vorauswissen vermitteln, waren Menschen zu allen Zeiten versessen auf die Fähigkeit, sie zu erlangen, um Einfluss über andere ausüben zu können. In ihrem Drängen nach Macht haben sie im Vertrauen auf Vorahnungen in allen Epochen der Geschichte Reiche und Vermögen gewonnen und verloren. Adolf Hitlers Glauben an die arische Überlegenheit und seine Idee von einem Dritten Reich, das als Tausendjähriges herrschen würde, hat im zweiten Weltkrieg Deutschland vernichtet, Europa verwüstet und fünfzig Millionen Menschenleben gekostet. Die Vorahnung der Alliierten, dass die Invasion in der Normandie trotz des scheußlichen Wetters und erbitterten Widerstandes der Deutschen erfolgreich sein würde, hat den Sieg davongetragen.

Heute fällt es uns schwer, einzuschätzen, in welchem Umfang Vorahnungen, Visionen, Wahrträume, Prophetie und Weissagung die Zivilisationen im Laufe der Zeit beeinflusst haben. „Der Begriff der Weissagung ist ein grundlegendes Element nicht nur der schamanischen, sondern auch der jüdisch-christlichen Traditionen", erklären die PSI-Forscher Elisabeth Targ, Marilyn Schlitz und Harvey J. Irwin in *Varieties of Anomalous Experience.* „Wie auch anderswo, vertrauten die Führer im antiken Griechenland weitgehend auf die prophetischen Bemühungen der Sibyllen im Orakel von Delphi, wenn es strategische Entscheidungen zu treffen galt.

Im Asien unserer Zeit wurde der Zeitpunkt für die Flucht des XIV. Dalai Lama nach der chinesischen Invasion durch Weisungen des Nechung-Orakels bestimmt, das dazu beitrug, das geistliche und politische Oberhaupt Tibets nach Indien in Sicherheit zu bringen."[13]

Das Nechung-Orakel ist nach wie vor das offizielle Staats-Orakel der tibetischen Exilregierung. Der Kuten, das Medium des Orakels, bekleidet den Rang eines stellvertretenden Ministers der tibetischen Regierung. Der Dalai Lama hat mehrmals jährlich mit ihm zu tun, aus ganz pragmatischen Gründen. In seiner Autobiographie schreibt er: „Für den westlichen Leser im 20. Jahrhundert mag dies weit hergeholt erscheinen ... Doch ich tue dies aus einem einfachen Grund: Wenn ich auf die vielen Gelegenheiten zurückblicke, bei denen ich Fragen an das Orakel gestellt habe, so hat die Zeit in jedem dieser Fälle erwiesen, dass die Antwort des Orakels korrekt war." Doch vorsichtig setzt er hinzu: „Dies heißt allerdings nicht, dass ich allein auf den Rat des Orakels höre."[14]

Wenigstens die Tibeter sind offen in Bezug auf ihr Vertrauen auf Vorauswissen. Unsere Regierung neigt in derlei Angelegenheiten eher zur Geheimhaltung. Die First Lady Nancy Reagan konsultierte einen Astrologen bei der Organisation von Präsident Ronald Reagans Terminkalender.[15] Die Carter-Regierung zog mit Erfolg Fernwahrnehmer hinzu, um ein abgestürztes Spionageflugzeug zu orten, das Satelliten nicht sehen konnten.[16] Die CIA beschäftigte über Jahrzehnte hinweg Fernwahrnehmer, um Erkenntnisse in dem hochgeheimen Stargate-Programm zu sammeln.[17]

Präkognitions-Fähigkeiten können äußerst verführerisch sein. Deshalb wurden sie von vielen spirituellen Traditionen als Nachteil für die geistige Entwicklung betrachtet und von einigen Religionen gar als satanisch verdammt. Diese Reaktion ist vielleicht übertrieben, zumindest in manchen Fällen. Feuer kann man nutzen, um Speisen zu kochen oder um Ketzer zu verbrennen, doch keiner würde vorschlagen, es zu verbieten, weil es zu schändlichen Zwecken missbraucht werden kann. So ist es auch mit den Vorahnungen. Weisheit und Unterscheidung sind gewiss ein besserer Zugang als Zensur oder Verdammung einer Gabe, die der Mensch vermutlich zeit seiner ganzen Geschichte besessen hat und deren Wirkung auf uns, alles in allem, eine gute ist.

Ich bitte Sie nicht, irgendetwas in diesem Buch in blindem Glauben zu akzeptieren, sondern sich der *Möglichkeit* von Vorahnungen und den Beweisen, die sie stützen, zu öffnen. Hören Sie den Menschen zu, die ihre Geschichten erzählen. Lernen Sie die Forschungen kennen, die unsere Fähigkeit zeigen, die Zukunft zu erspüren. Denken Sie nach über die Reichweite des menschlichen Geistes über die Grenzen der Zeit hinaus. Heißen Sie Vorahnungen in Ihrem Leben willkommen und geben Sie acht, was geschieht. Wenn Sie dies in Demut und Respekt tun, wird Ihr Leben wahrscheinlich mehr zu Wegen des Vorauswissens neigen, und vielleicht rühren Sie an jenen Bereich des Unendlichen, zu dem Vorahnungen jetzt und allezeit eine Pforte sind.

– Larry Dossey, M.D.
Santa Fe, New Mexico

ICH HABE ES GEAHNT

„Meins [mein Gedächtnis] funktioniert bestimmt
nur in eine Richtung", bemerkte Alice. „Ich kann mich nicht an
Sachen erinnern, bevor sie geschehen."
„Ein Gedächtnis, das nur rückwärts funktioniert,
taugt nicht viel", sagte die Königin.

– Lewis Carroll, „Alice hinter den Spiegeln" –

TEIL EINS – DIE FÄLLE

Amanda, eine junge Mutter im US-Bundesstaat Washington, erwachte eines Nachts um 2.30 Uhr aus einem Alptraum. Sie hatte geträumt, dass der große Kronleuchter über dem Babybett im benachbarten Zimmer herabstürzte und das Kleinkind unter sich begrub. Im Traum waren sie selbst und ihr Mann inmitten des Unglücks gestanden, und sie hatte gesehen, dass eine Uhr auf der Kommode im Kinderzimmer 4.35 Uhr zeigte. Das Wetter im Traum war heftig; Regen hämmerte an das Fenster und der Wind blies in starken Böen. Der Traum hatte sie so erschreckt, dass sie ihren Mann weckte und mit ihm darüber sprach. Er lachte, tat ihr Erlebnis als einen „dummen Traum" ab und redete ihr zu, wieder einzuschlafen, was er selbst auch auf der Stelle tat. Doch der Traum war so beängstigend, dass Amanda ins Zimmer nebenan ging und das Kind aus dem Bett und mit in ihr eigenes nahm. Das Wetter draußen – dies war ihr bewusst – war ruhig und keinesfalls so stürmisch wie in ihrem Traum.

Amanda fühlte sich töricht – bis etwa zwei Stunden später, als sie und ihr Mann von einem lauten Krachen geweckt wurden. Sie eilten ins Kinderzimmer und fanden das Bettchen vom Kronleuchter zerschmettert, der direkt darauf herabgestützt war. Amanda bemerkte, dass die Uhr auf der Kommode genau 4.35 Uhr anzeigte und das Wetter gewechselt hatte. Vor dem Fenster heulte, stürmte und regnete es. Ihrem Mann war das Lachen vergangen.

Amandas Traum war ein kurzer Blick in die Zukunft – auf ein spezifisches Ereignis, dessen genauen Zeitpunkt und den Wetterwechsel.[18]

Dieser Vorfall illustriert die Bedeutung von Vorauswissen als Warnung – eine Warnung, die einem künftigen Ereignis vorausgeht, einem Geschehen, das gewöhnlich unangenehm ist. Er ist archiviert im Rhine Research Center in Durham, North Carolina, welches der Welt größte Sammlung von Vorahnungen beherbergt.

Ein weiterer typischer Fall von „Vorwarnung" aus dem Rhine-Archiv handelt von einem Mann aus Charlotte, North Carolina, der im Laufe der Jahre mehrere präkognitive Träume erlebt hatte. Bevor es schließlich zu einer Tragödie kam, machte er sich nichts daraus. In einem Traum begegnete er Rick, seinem Vetter, auf einer Straße in Massachusetts. Als er die Hand ausstreckte, um ihn zu begrüßen, wurde Rick von hinten getroffen und fiel zu Boden. Der Mann tat den Traum als einen erschreckenden Alptraum ab. Wenig später erhielt er die Nachricht, dass Rick von einem Geistesgestörten brutal angegriffen und getötet worden war, während er in seiner Mittagspause spazieren ging. „Damals erkannte ich das Phänomen der Präkognition zum ersten Mal", räumte er bedauernd ein. Es musste erst ein Unglück geschehen, das ihn überzeugte, dass er in die Zukunft sehen konnte.

Dieser Mann hat unser Mitgefühl verdient. Er war, wie die meisten in unserer Kultur, konditioniert, Vorahnungen für Illusionen zu halten. Offen über sie zu reden und danach zu handeln, kann peinlich sein und Auswirkungen im gesellschaftlichen Umfeld haben – besonders wenn sich die Vorahnung nicht als wahr erweist. Aber selbst wenn wir offen dafür sind, erklärt die Psychologin Sally Rhine Feather vom Rhine Research Center, „ist es zuweilen sehr schwierig, den Unterschied zwischen einem gewöhnlichen Alptraum und einer echten, präkognitiven Warnung zu erkennen. Es gibt keine speziellen Merkmale, die das eine vom anderen unterscheiden. Wir lernen den Unterschied erst kennen, wenn sich eines oder mehrere präkognitive Erlebnisse bewahrheiten – und dies dramatisch genug, dass wir ihre Möglichkeit in Betracht ziehen."[19]

Manchmal kann eine Intuition oder ein Bauchgefühl so stark sein, dass es ein Eingreifen verlangt, das dem gesunden Menschenverstand zu widersprechen scheint. Der Physiker Russell Targ erzählt ein solches Erlebnis in seinem Buch *Limitless Mind*. Als er eines Abends am Schreibtisch saß und Rechnungen bezahlte, begann er sich fast obsessiv zu fragen und auszumalen, was passieren würde, wenn er seine Kreditkarte verlöre. Er wunderte sich selbst darüber, denn er hatte noch nie eine Karte verloren. Doch die Besorgnis war so stark, dass er unterbrach, was er gerade tat, und in den Nachbarraum ging, um seine Kreditkarte aus dem Geldbeutel zu holen und wie unter Zwang deren Nummer in sein persönliches Telefonbuch einzutragen. Am nächsten Tag ging er auf einen großen Straßenmarkt in seinem Wohnort Palo Alto, Kalifornien. Er kaufte etwas, das er bar bezahlte, und wenig später machte er Halt, um an diesem sehr heißen Tag ein Bier zu kaufen und seinen Durst zu löschen. Da entdeckte er, dass er kein Bargeld mehr hatte, und ging zu dem Geldautomaten einer nahegelegenen Bank. Mit Bargeld ausgestattet, kehrte er zu dem Bierstand zurück. Als er zwei Tage später Lebensmittel einkaufte, stellte er mit Schrecken fest, dass seine Kreditkarte im Geldbeutel fehlte. Er vermutete, dass er sie am Geldautomaten liegen gelassen haben musste. Aufgrund seines Bauchgefühls Tage zuvor hatte er die wichtige Nummer notiert. Er rief bei der Kreditkartengesellschaft an, ließ die alte Karte sperren und bestellte eine neue, bevor ihm ein Schaden entstanden war.[20]

Wie es scheint, gibt es zahllose Wege und Weisen, wie wir uns von Vorahnungen verwirren lassen können. Manchmal erweisen sie sich als akkurat bis auf einen einzigen Aspekt, der durch einen anderen zu ersetzen war. So geschah es Feather in einer frühen Phase ihrer Karriere, als sie in dem Parapsychology Laboratory an der Duke University arbeitete. Sie erwachte eines Morgens nachdem sie lebhaft geträumt hatte, dass ihre Mutter gestorben sei. Soweit sie sich erinnert, war dies das einzige Mal in ihrem Leben, dass sie einen solchen Traum hatte. Da sie mehr als die meisten Menschen über solche Dinge wusste, war sie verständlicherweise besorgt. Feather arbeitete damals mit einer Kollegin zusammen, die aus einem anderen Land stammte. Sie erfuhr später, dass die Mutter der Kollegin überraschend gestorben war, weit entfernt in ihrem Heimatland. „Warum hat mir jene außersinnliche Wahrnehmung meine Mutter gezeigt statt der Mutter meiner Kollegin?", fragt Feather. „Ich habe immer angenommen, dass es ein mitfühlendes Ansprechen auf den Kummer war, den meine Kollegin bestimmt empfand."[21]

Auch Orte können vertauscht sein. Als sie sich in einer Arztpraxis aufhielt, nahm Feather einmal so deutlich Rauchgeruch wahr, dass sie den Arzt fragte: „Brennt hier etwas?" Er versicherte ihr, dass nichts brannte. Als sie kurze Zeit später nach Hause kam, sah sie Feuerwehrfahrzeuge um das Haus. Ihr Kind und ein Spielgefährte hatten mit Streichhölzern gezündelt.

Zugegeben, die bruchstückhafte Art von Vorahnungen kann einen davon abhalten, in ein vorhergesehenes Geschehen einzugreifen. Aber wenn man einzugreifen versuchte – könnte man es denn? Manchmal lautet die Antwort ja, manchmal nein.

In einem Fall, der dem Rhine Research Center berichtet wurde, träumte Susan, eine Frau aus New York, dass ihr vierjähriger Sohn von einem Hund gebissen wurde, was sie deutlich sehen konnte. Der Traum war so lebhaft, dass sie ihr Kind die nächsten drei Tage im Hause behielt. Am vierten Tage aber rannte der Junge zu dem Laden nebenan. Bevor sie ihn fassen konnte, hörte Susan das Kind schreien. Er war in das Geschäft gerannt und auf einen Hund mit verletztem Schwanz geprallt. Der Hund griff ihn an, traf ihn am Auge. Als sie das Blut sah, war Susan sicher, dass ihr Sohn sein Augenlicht verloren hatte, und wurde ohnmächtig. Zum Glück war der Biss knapp unterhalb des Auges. „Es war genau der gleiche Hund, den ich im Traum beißen gesehen hatte."[22]

Doch es gibt auch Gutes zu berichten. Die Rhine-Analyse von 433 Vorahnungen zeigt, dass die meisten Versuche, in ein im Voraus geschautes Geschehen einzugreifen, *nicht* vergeblich sind. Der wichtige Punkt, den wir aus dieser Studie lernten, war dieser: „Wenn Menschen nach ASW-Erlebnissen tatsächlich versucht haben, in ein Geschehen einzugreifen, waren sie in etwa zwei von drei Fällen erfolgreich", stellt Feather fest. „Eine im Voraus geschaute Zukunft ist nicht eine in Stein gemeißelte Zukunft … [Die] erfolglosen Versuche, einzugreifen, werden von den erfolgreichen Interventionen bei Weitem überwogen."[23]

Einer der spannendsten Fälle eines erfolgreichen Eingreifens nach einem präkognitiven Traum, der im Rhine-Archiv dokumentiert ist, betrifft einen Straßenbahnschaffner in Los Angeles, das bis in die 1960er Jahre ein Straßenbahnnetz unterhielt.

In seinem Traum überquerte der Schaffner eine Kreuzung, als gerade die Linie 5 Richtung Norden vorüberfuhr. Als er dem Kollegen von der Linie 5 zuwinkte, wendete plötzlich ein großer roter Lastwagen – was verboten war – und bog ohne Warnung unmittelbar vor ihm ab. Es gab einen schrecklichen Zusammenstoß. Der Lastwagen überschlug sich und Menschen wurden in alle Richtungen geschleudert. Von den drei Insassen des Lasters kamen zwei Männer ums Leben, eine Frau schrie vor Schmerzen. Als der Schaffner zu der Frau hinüber ging und in ihre strahlend blauen Augen blickte, rief sie: „Sie hätten das verhindern können." Schweißgebadet wachte der Mann aus seinem Traum auf. Er ging zur Arbeit, und sein nächtlicher Traum geriet in Vergessenheit.

Schließlich befand er sich an der gleichen Kreuzung wie in dem Traum. Als er einen Zug der Linie 5 nordwärts fahren sah, wurde ihm schlagartig übel. Als der Kollege ihm zuwinkte, kam ihm plötzlich sein Traum wieder in den Sinn. Augenblicklich trat er auf die Bremse und stellte den Motor ab – gerade in dem Augenblick, als ein zum Teil rot lackierter Lieferwagen direkt auf die Gleise fuhr. Hätte er nicht sofort und reflexartig reagiert, wäre es zu einem Zusammenstoß gekommen. In dem Lieferwagen saßen drei Menschen, zwei Männer und eine Frau. Als der Wagen weiterfuhr, beugte die Frau sich aus dem Fenster und bedankte sich mit Gesten, dass er seinen Zug zum Halten gebracht hatte. Sie hatte strahlend blaue Augen.

Der Straßenbahner war durch die Folge dieser Ereignisse und den Beinahe-Unfall so erschüttert, dass er außer Dienst gestellt werden musste.[24]

Erlebnisse wie dieses deuten an, dass Ereignisse, die im Voraus gesehen wurden, nicht unveränderlich sind, sondern beeinflusst und verändert werden können durch die Entscheidungen, die wir in der Gegenwart treffen. Wir wollen einen weiteren Fall betrachten, der diese Möglichkeit bestätigt.

Dale E. Graff ist Physiker[25], Luftfahrtingenieur und früherer Manager des hochgeheimen Stargate-Projekts, einem aus einer Reihe ziviler und staatlicher Programme, das, beginnend in den 1970er Jahren während des Kalten Krieges, über drei Jahrzehnte hinweg Fernwahrnehmungs-Phänomene untersuchte.[26, 27, 28, 29, 30]

Zu Graffs Interessen gehören auch präkognitive Träume; seit 1970 führt er ein Traum-Tagebuch. Am Morgen nach einem Traum, der ihm eine bevorstehende Tragödie zeigte, intervenierte er prompt und rettete damit möglicherweise ein Menschenleben.[31]

In dem Traum wurde seine Aufmerksamkeit auf einen weißen Kombiwagen in der Einfahrt gerichtet, der seiner Frau Barbara gehörte und den er selbst fast nie fuhr. Er bemerkte ein kleines zylindrisches Objekt auf dem Boden vor dem Rücksitz. Das eine Ende des Gegenstandes begann hellrot zu glühen. Dann explodierte das Objekt, und der ganze Wagen war in Flammen gehüllt. Graff war so erschrocken, dass er erwachte.

Im Lauf der Jahrzehnte, die er ein Traumtagebuch geführt hatte, entwickelte Graff ein intuitives Gespür für Träume, die wahrscheinlich mit zukünftigen Ereignissen übereinstimmen könnten. „Aufgrund seiner Kürze und der überaus destruktiven Bildersprache", sagt er, „hatte ich den Verdacht, dass es sich entweder um einen wichtigen persönlichen, symbolischen Traum oder um einen präkognitiven Warntraum handelte." Am Morgen des gleichen Tages inspizierte er die Rückbank des Autos, wo er eine undichte Dose mit entflammbarem Material vermutete. Er fand nichts Verdächtiges, und so untersuchte er die Unterseite des Fahrzeugs nach Lecks in den Treibstoffleitungen. Wieder zeigte sich nichts Verdächtiges. Nur um ganz sicher zu gehen, brachte er den Wagen zu einer Routine-Untersuchung und Sicherheitskontrolle.

Wenige Tage später rief ihn der Werkstattleiter an, um ihm mitzuteilen, dass der Wagen fertig sei. „Ich muss Ihnen etwas Interessantes zeigen", kündigte er an. Er zeigte Graff einen kleinen, zylindrischen Gegenstand und sagte: „Ist Ihnen klar, dass Sie mit einer Zeitbombe unterwegs waren? Betrachten Sie einmal die Benzinpumpe. Sie ist an einem Ende verschmort, und die Isolierung an den Verbindungsdrähten ist verbrannt. Sie hatten einen Kurzschluss, der zu einer Explosion des Tanks hätte führen können. Es ist gut, dass Sie den Wagen hergebracht haben. Bei diesem Modell ist die Kraftstoffpumpe im Inneren des Tanks."

Fast ungläubig starrte Graff auf die schadhafte Benzinpumpe. Die längliche Pumpe ähnelte dem zylindrischen Gegenstand, den er im Traum gesehen hatte. Er hatte keine Ahnung, dass dieses Teil innen im Tank montiert war. Bei allen anderen Fahrzeugen, die er je hatte, befand sich die Benzinpumpe weiter vorn im Motorraum.

Graff vermutet, dass die Benzinpumpe einfach aufgehört haben könnte zu funktionieren, oder dass sie eine katastrophale Explosion ausgelöst haben könnte, obwohl es keine Gewissheit gab, dass dies geschehen wäre. Aber der Traum hatte ihm das Wissen vermittelt, das ihm am wichtigsten und notwendigsten war, nämlich dass das Leben seiner Frau in großer Gefahr schwebte. Dies und die auffälligen Merkmale des Traumes waren alles, was dieser Traumexperte benötigte, um etwas zu unternehmen, was möglicherweise die Zukunft veränderte.

Graff glaubt, dass präkognitive Informationen nicht von bereits feststehenden Ereignissen handeln, sondern von Möglichkeiten. Manche Zukünfte sind so hochwahrscheinlich, dass man sie im Grunde Gewissheiten nennen kann. Sie werden eintreten. Andere, weniger wahrscheinliche Zukünfte sind zwar zu vermuten, können jedoch vermieden oder verhindert werden, wenn die Präkognition genügend Information bietet und man geeignete Maßnahmen ergreift. Solche statistisch möglichen Zukünfte, glaubt Graff, lassen darauf schließen, das in Vorahnungen „etwas Quantenphysikalisches" am Wirken ist. Vielleicht gibt es eine quantenähnliche Barriere zwischen dem Jetzt und der Zukunft, meint er, die gewissermaßen untertunnelt werden kann, wenn wir die erforderliche Aufmerksamkeit und mentale Intention aufbringen. Zukünftige Ereignisse werfen immer ihre Schatten quer über unsere Wege in der Gegenwart, so Graff.[32] Um sie allerdings wahrzunehmen, müssen wir zuerst offen sein für ihre Möglichkeit, andernfalls werden sie über unseren Erlebnishorizont herein und hinaus flackern, ohne dass wir sie erkennen.[33]

Doch nur wenige von uns sind Traumexperten wie Graff. Wie können wir Amateure echte Vorahnungen von nicht ernst zu nehmenden unterscheiden? Eine Möglichkeit ist, einer einfachen, altmodischen Methode zu folgen, nach der er seit 1970 verfährt – alle Träume aufzuschreiben. Feather stimmt zu: „Ein Traumtagebuch zu führen", sagt sie, „kann uns helfen, den Unterschied zwischen einem gewöhnlichen Alptraum und einer echten präkognitiven Warnung zu erkennen, nach der wir handeln müssen."[34]

WARNUNGEN VOR KRANKHEIT

Warnungen vor Krankheit sind eine der häufigsten Spielarten von Vorahnungen. Ein prominentes Beispiel, über das im März 2008 in dem bekannten und geachteten CBS-Nachrichtenmagazin *60 Minutes* berichtet wurde, trug dazu bei, dass sich das öffentliche Interesse auf die Sicherheit der Krankenhäuser des Landes richtete.

Im November 2007 wurden die zwölf Tage alten Zwillinge des Schauspielers Dennis Quaid und seiner Frau Kimberley in das Cedars-Sinai

Medical Centre in Los Angeles aufgenommen. Aufgrund des Verdachts auf eine Staphylokokken-Infektion wurden routinemäßig Antibiotika intravenös verabreicht. Am zweiten Tag ihres Klinikaufenthaltes wurde den Quaids mitgeteilt, den Babys gehe es gut, und so fuhren die müden Eltern für einige Stunden Schlaf nach Hause. Sie ließen Anweisungen zurück, dass man sie anrufen solle, sobald Probleme aufträten. Um neun Uhr am gleichen Abend hatte Kimberly eine mütterliche Ahnung, dass etwas schiefgehe. „Ich hatte einfach dieses schreckliche Gefühl, das mich überkam, und mir war, als wenn die Babys hinübergingen. Ich hatte einfach dieses Gefühl des Grauens", sagte sie. Sie machte gleich eine Notiz und schrieb auf: „21.00 Uhr. Mit den Babys ist etwas passiert." Quaid rief das Krankenhaus an und wurde mit der Schwester verbunden, die in dem Raum mit den Säuglingen war. Auf seine Frage nach den Zwillingen erhielt er die Auskunft, es gehe ihnen gut.

Tatsächlich ging es ihnen jedoch nicht gut. Ungefähr um die Zeit von Quaids Anruf hatte man festgestellt, dass beide Kinder in ernster Gefahr schwebten. Sie hatten nicht zehn Einheiten des Blutverdünnungsmittels Heparin erhalten, um die Plastiknadel ihrer Luer-Lock-Verbindung zu spülen (und damit zu verhindern, dass sie sich zusetzte), sondern zehntausend Einheiten von der Erwachsenen-Konzentration des Medikaments, und nicht einmal, sondern zweimal. Die Kleinkinder begannen die Verbände über den Stellen durchzubluten, wo man ihnen vorher Blut abgenommen hatte.

Es stellte sich heraus, dass zwei pharmazeutisch-technische Assistenten irrtümlich hundert Ampullen des Heparins in Erwachsenenstärke in die Kinderstation gebracht hatten. Erst am nächsten Morgen erfuhren die Quaids, was geschehen war. Ihr Kinderarzt teilte ihnen mit, dass der gleiche Fehler schon einmal drei Kinder in Indiana das Leben gekostet hatte. Das Schicksal ihrer Zwillinge stand für einige Zeit auf Messers Schneide, doch nach elf Tagen auf der Intensivstation waren beide Säuglinge gänzlich genesen.[35, 36, 37, 38]

Zeitlich spezifische Vorahnungen sind nichts Ungewöhnliches – wie Sherman L. Cohn, Professor der Rechtswissenschaft am *Law Centre der Georgetown University* in Washington, D.C., entdeckte. Im Jahre 1958 besuchten er und seine Frau von ihrem Wohnort Alexandria in Virginia aus seine Eltern in Erie, Pennsylvania, wo er aufgewachsen war. Als sie ihre Rückreise antraten, stand Cohns Vater vor der Haustür und winkte ihnen nach. Cohn sagte zu seiner Frau: „Sieh dich nach Vater um. Dies ist das letzte Mal, dass wir ihn lebend sehen." Sechs Wochen später, als sein Vater mit einer „Bronchitis" ins Krankenhaus kam, teilte Cohn seiner Frau mit: „Er wird es nicht schaffen." Sie fragte ihn, woher er dies wisse, und er antwortete, er wisse es einfach. Als er am nächsten Morgen in der Synagoge war, wusste Cohn in einem bestimmten Augenblick, dass sein Vater gerade gestorben war. Er blickte auf die Armbanduhr, es war 10.45 Uhr. Als er nach Hause zurückkam, teilte ihm seine Frau mit, dass seine Schwester angerufen habe, um ihn zu informieren, dass sein Vater um 10.45 Uhr gestorben war.[39]

Vorahnungen von Krankheit sind in ihren bildlichen Einzelheiten oft verblüffend akkurat.

Eines Morgens – ich war gerade in meinem Sprechzimmer in der Dallas Diagnostic Association –, klopfte eine meiner Patientinnen unangemeldet an meine Tür. Ich hatte sie schon seit Jahren betreut. Sie war eine hochintelligente Anwältin mittleren Alters, die in ihrem Beruf recht erfolgreich war. An diesem Morgen jedoch war sie beunruhigt und den Tränen nahe. Ohne Zeit mit Förmlichkeiten zu vergeuden, kam sie zur Sache.

„Ich brauche Ihre Hilfe", sagte sie. „Letzte Nacht hatte ich einen Traum, in dem ich drei kleine weiße Flecken auf meinem linken Eierstock sah. Ich habe Angst, dass es Krebs ist."

Das war alles – keine Symptome, nur ein beunruhigender Traum. Ich nahm ihren Bericht ernst. Doch als ihre Untersuchung ohne Befund blieb, war ihr dies kein Trost.

„Der Traum war einer der lebhaftesten, die ich je hatte", sagte sie. „Ich kann ihn nicht einfach abtun. Ich weiß, dass etwas nicht stimmt."

„Lassen Sie uns eine Utraschalluntersuchung und ein Bild von ihren Eierstöcken machen", schlug ich vor.

Sie stimmte eifrig zu, und ich begleitete sie in die radiologische Abteilung hinunter, wo ich sie einem eher sachlichen Kollegen vorstellte, der über ein hervorragendes technisches Geschick verfügte. Als der Radiologe sie nach ihrem Anliegen fragte, erzählte sie ohne zu zögern ihren Traum: Drei kleine weiße Flecken auf dem linken Eierstock. Er war nicht gerade entzückt von diesem klinischen Leckerbissen und warf mir einen unmissverständlichen „Du-machst-wohl-Witze!"-Blick zu. Es war offensichtlich, dass er zum ersten Mal eine Untersuchung aufgrund eines Traumes durchführte. Gleichwohl ließ ich die Patientin bei ihm und kehrte in mein Sprechzimmer zurück, um mich um die anderen Patienten zu kümmern.

Keine Stunde später kam der Radiologe zu mir herauf. Die Tatsache, dass er das Ultraschallbild selbst brachte, ließ darauf schließen, dass er etwas Interessantes festgestellt hatte. Dabei war er nervös und blass, als hätte er ein Gespenst gesehen.

„Was, um Himmels Willen, ist denn passiert?", fragte ich. „Was haben Sie gefunden?"

„Drei kleine weiße Flecken", stammelte er. „Auf ihrem linken Eierstock."

„Genau das, was sie in ihrem Traum gesehen hatte?", rieb ich ihm unter die Nase.

„Ja", räumte er ein, „genau wie in ihrem Traum."

„Krebs?"

„Nein. Es sind bloß Zysten, völlig harmlos."[40]

Meine Patientin war zutiefst erleichtert zu erfahren, dass die Auffälligkeiten an ihrem Eierstock nicht krebsartig waren. Hoch erfreut nahm sie zur Kenntnis, dass sie zwar ein genaues Bild gesehen, doch eine falsche Selbstdiagnose gestellt hatte.

ÜBERENTWICKELTE PHYSISCHE SINNE?

In den Tagen, die folgten, besprach ich diesen Fall mit einigen ärztlichen Kollegen. Manche argumentierten, dass der Traum dieser Frau keine Vorahnung sei, sondern ein Beispiel für ein besonders hoch entwickeltes Körpergewahrsein. Ich bin nicht überzeugt von dieser Vorstellung, weil uns kein Mechanismus bekannt ist, durch den man präzise anatomische Gegebenheiten von Organen tief im Körperinneren erkennen kann, zumal wenn sie keinerlei Symptome verursachen. Einer meiner Kollegen vermutete, dass die Frau Symptome gehabt habe, sich dieser aber nicht bewusst gewesen sei, und der Körper diese subtile Wahrnehmung in einen Traum übersetzt habe. Aber bereits die Definition von *Symptom* bedeutet, dass es vom Patienten wahrgenommen wird, ein „nicht wahrgenommenes Symptom" ist ein Oxymoron, ein Widerspruch in sich. Selbst falls die Symptome so subtil waren, dass die Patientin sie nicht bewusst registrierte, sind Symptome doch mit Empfindungen wie Schmerz, Übelkeit oder Schwäche verbunden, nicht mit visuell präzisen Bildern wie den beschriebenen.

Die physischen Sinne zu bemühen, um komplexe Phänomene, wie den Traum jener Frau, zu erklären, ist ein erprobtes Verfahren. Im 19. Jahrhundert war eines der Standardargumente von Skeptikern gegen das Hellsehen oder Fernwissen eine „Überschärfe der Sinne" – selbst wenn das fragliche Geschehen unter Bedingungen eingetreten war, unter denen die Sinne bekanntermaßen gar nicht funktionierten. Sogar wenn es um Wahrnehmungen über sehr große Entfernungen ging, schrieben Skeptiker das Wissen der Versuchsperson unbekümmert einem überragend entwickelten Seh-, Hör- oder Geruchsvermögen zu. Selbstverständlich gibt es über das Normale hinausgehende Fähigkeiten der menschlichen Sinne; manche Menschen haben ein erstaunlich scharf entwickeltes Sehvermögen, einen besonders feinen Geruchssinn usw. Außergewöhnliches Wissen jedoch überscharfen Sinnen zuzuschreiben, wenn es um ganz entlegene Entfernungen oder gar um die Zukunft geht – Situationen, in denen die Sinne nichts wahrnehmen können –, bedeutet praktisch, paranormale Erklärungen zu bemühen, ohne dies zu erkennen.

Solche Träume sind nicht selten. Häufig treten sie wiederholt auf, als schrien sie um Aufmerksamkeit. In einem anderen Beispiel träumte eine Frau im Laufe eines Jahres wiederholt, dass eine Krankenschwester eine brennende Kerze neben ihren linken Unterschenkel hielt. Sie konnte sich auf die Bedeutung dieses wiederkehrenden Traumes keinen Reim machen, bis sie ein Jahr später eine Osteomyelitis entwickelte, eine schmerzhafte Infektion des Knochenmarks, die operiert werden musste – an der Stelle, die im Traum von der Kerze beleuchtet worden war.[41]

In einem anderen Fall träumte ein Kettenraucher wiederholt, als Soldat in einen Kampf verwickelt zu sein. Er suchte Deckung vor Maschinengewehrfeuer und nahm Zuflucht in dem hohlen Stamm eines großen Baumes. Doch die Geschosse drangen in einer Linie durch das Holz und durchtrennten den Mann in Höhe des unteren Brustkorbes von links nach rechts. Bei einer ärztlichen Untersuchung fand sich ein kleiner Tumor im unteren linken Lungenlappen, der noch nicht gestreut hatte und chirurgisch entfernt werden konnte.[42]

In einem anderen Fall träumte eine Medizinstudentin, in einen Hohlraum in der Erde zu sinken und zu ersticken. Zwei Monate später stellte man bei ihr Tuberkulose fest, die man mit Hohlräumen in den Lungen und Atemnot assoziieren kann.[43]

Diese drei Krankheiten – Osteomyelitis, Lungenkrebs und Tuberkulose – verursachen bekanntermaßen Symptome, die wiederum einen symbolischen Traum hervorgerufen haben könnten, wie mein skeptischer Kollege vermutete. Aber wir sollten vorsichtig sein, alles dem Körper und seinen physischen Mechanismen zuzuschreiben, angesichts von Fällen, in denen gesundheitsrelevante Warnungen offensichtlich nicht über die physischen Sinne erfolgen können, wie in dem Fall des herabstürzenden Kronleuchters.

ÜBERLEBENS-WERT

Aus der Sicht der Evolutionsbiologie ist es gerade die Fähigkeit, die physischen Sinne zu umgehen, was ein intelligenter, aufs Überleben ausgerichteter Organismus früher oder später entwickelt. Jeder Organismus, der eine solche Fähigkeit besitzt, könnte den Ereignishorizont abtasten, drohende Gefahren abschätzen und geeignete Maßnahmen ergreifen. Ein solcher Organismus hätte in dem Spiel um hohe Einsätze, in dem es um das Überleben des Stärkeren geht, einen deutlichen Vorteil. Seine Geschicklichkeit könnte verinnerlicht und zum Bestandteil der genetischen Ausstattung werden und würde an nachfolgende Generationen weitergegeben werden.

Die Vorahnung meiner Patientin war nicht absolut präzise. Sie hatte den Verdacht, dass die Anomalie ihres Eierstocks Krebs bedeute, während es sich in Wirklichkeit um gutartige Zysten handelte. Ihre wacher Verstand hatte die Gefahr übertrieben. Dieses Phänomen ist recht verbreitet; denn Träume von drohenden Gefahren werden oft fehlgedeutet. Wenn dies geschieht, funktionieren Träume wie ein diagnostischer Test, dessen Empfindlichkeit zu hoch ist, was dazu führt, dass er „falsch-positive"

Ergebnisse liefert. Aus der Sicht des Überlebens sind falsch-positive Ergebnisse jedoch viel besser als falsch-negative, wie sie vorkommen, wenn ein Traum oder ein Test nicht empfindlich genug ist. Wo es um unser Überleben geht, ist ein gelegentlicher Fehlalarm besser als überhaupt kein Warnsignal.

Doch es gibt ungesunde Extreme. Bei manchen Leuten kann das „Frühwarnsystem" pathologisch überempfindlich sein – etwa bei paranoiden Menschen, die ständig und überall Gefahren lauern sehen, oder bei hypochondrisch Veranlagten, die überall Krankheit wittern.

Eine Herausforderung für eine Person mit einem solchen Warnsystem wäre es, zu lernen, die Fehlalarme von den richtigen Alarmen zu unterscheiden. Menschen, die ich kenne und die ihre Vorahnungen gut zu deuten wissen, bestätigen, dass echte Träume Qualitäten besitzen, die sie von Scheinträumen abheben. Wie sie sagen – und wir noch sehen werden – haben Träume, die sich als wahr erweisen, eine numinose oder noetische Qualität, die sie überreal erscheinen lassen.

Meine Patientin hatte nie zuvor wegen eines Traumes über ihre Gesundheit falschen Alarm gegeben, und auch später niemals wieder. Ihr Traumleben schien korrekt geeicht und teilte ihr mit, wann sie auf Botschaften der Träume achtzugeben hatte und wann dies nicht notwendig war.

WANN SIND VORAHNUNGEN ERNST ZU NEHMEN?

Nächtliche schreckliche Vorahnungen als „bloße Träume" abzutun, ist riskant.

Der Mann war in eine Anzahl zweifelhafter Affären verwickelt. Er entwickelte eine „nahezu krankhafte Leidenschaft" für hochriskantes Bergsteigen, was Jung als eine Art Kompensation für seine anderen Tätigkeiten deutet. Jung schreibt: „Er versuchte, 'über sich hinauszuwachsen'. In einem Traum sah er sich nachts vom Gipfel eines hohen Berges in leeren Raum treten. Als er mir diesen Traum erzählte", berichtet Jung, „erkannte ich sofort die Gefahr, in der er sich befand, und riet ihm dringend zur

Vorsicht. Ich sagte ihm sogar, sein Traum lasse einen Bergunfall ahnen. Aber es war umsonst. Sechs Monate später trat er wirklich 'ins Leere'."[44]

Es ist leicht, Jungs Patienten nachträglich zu kritisieren, doch in der Praxis ist es nicht immer einfach zu wissen, wie man auf einen Traum reagieren soll, der sich auf die Gesundheit bezieht. Die Sprache der Träume ist notorisch eine Sprache der Symbole, und Symbole bedürfen der Deutung. Wie können wir wissen, ob wir Symbole in einem Warntraum buchstäblich übersetzen oder bildlich begreifen sollen?

Wenn ein Traum außerordentlich lebhaft ist und eine Warnung oder Vorahnung in Bezug auf den Körper, seine Gesundheit und Leben oder Tod enthält, sollten wir ihn – so empfiehlt der Jungsche Psychologe Jerome S. Bernstein – als eine buchstäbliche Botschaft ernst nehmen und entsprechende Maßnahmen ergreifen, denn möglicherweise bekommen wir keine zweite Chance.[45]

TELESOMATISCHE EREIGNISSE: DIE WICHTIGKEIT DES FÜHLENS

Eine Vorahnung geht oft mit dem Gefühl einher, dass ein geliebter Mensch im Begriff ist, Schaden zu erleiden, wie in Amandas präkognitivem Traum, dass ein Kronleuchter von der Decke stürzen und ihr schlafendes Kleinkind unter sich begraben würde. Ihr Erlebnis ist ein Beispiel für viele präkognitive Erlebnisse. Man kann sie nicht einfach erforschen, ohne beeindruckt zu sein von der Empathie, der Fürsorge, dem Mitgefühl und der Liebe, die sie vermitteln.

Es gibt eine weitere Kategorie nicht-örtlicher Erlebnisse, die man telesomatische Ereignisse nennt; auch hier spielen Emotionen eine zentrale Rolle. Der Neurologe Berthold E. Schwarz prägte den Begriff *telesomatisch* aus den griechischen Wörtern, die „ferner Körper" bedeuten.[46] Dieser Begriff ist angebracht, da sich die beteiligten Personen verhalten, als teilten sie einen einzigen Körper, obwohl sie durch große Entfernungen und in manchen Fällen durch die Zeit getrennt sind.

Ein klassisches Beispiel für ein telesomatisches Erlebnis berichtete der englische Sozialkritiker John Ruskin im 19. Jahrhundert; es betraf Arthur Severn, den bekannten Landschaftsmaler. Severn erwachte eines Morgens früh und ging zum nahen See, um zu segeln. Seine Frau Joan, die im Bett liegen geblieben war, wurde plötzlich von dem Gefühl eines heftigen, schmerzhaften Schlages an den Mund geweckt, für das es keine erkennbare Ursache gab. Kurz darauf kehrte Severn zurück und hielt sich ein Tuch vor den blutenden Mund. Er berichtete, dass der Wind plötzlich aufgefrischt und bewirkt hatte, dass die Pinne ihm gegen die Lippen schlug und ihn fast vom Boot warf – etwa zu der Zeit, als seine Frau den Schlag spürte.[47]

Der Mathematiker und Statistiker Douglas Stokes berichtete im Jahr 2002 einen ähnlichen Fall. Als er an der Universität von Michigan einen Kurs über Parapsychologie gab, berichtete einer seiner Studenten, sein Vater sei eines Tages von einem „unsichtbaren Schlag gegen den Kiefer" von einer Bank gefegt worden. Fünf Minuten später habe der Vater einen Anruf aus einer örtlichen Sporthalle erhalten, wo seine Frau trainierte, durch den man ihm mitteilte, dass sie sich an einem Fitnessgerät den Kiefer gebrochen habe.

Ein Beispiel, das den Gefühls-und-Bedürfnis-Aspekt des Fernwissens veranschaulicht, kommt wiederum aus dem Severn-Clan, der gute „Empfänger" für solche Dinge zu stellen schien.

Eines Tages saß Joan Severn still mit ihrer Mutter und ihrer Tante zusammen, als die Mutter plötzlich aufschrie, aufs Sofa zurückfiel, sich beide Ohren zuhielt und rief: „Oh, da braust Wasser in meine Ohren; ich bin sicher, dass mein Bruder oder mein Sohn James am Ertrinken ist, womöglich beide!" Joan blickte aus dem Fenster und sah Menschen, die zu dem nahegelegenen Geschäft eilten. Kurz danach kam ihr Onkel ins Haus; er sah blass und verstört aus und berichtete, dass James tatsächlich ertrunken war.[48]

Der kürzlich verstorbene Psychiater Ian Stevenson von der Universität von Virginia hat eine Vielzahl vergleichbarer Fälle erforscht, in denen räumlich weit entfernte Personen ähnliche körperliche Symptome erlebten. Die meisten Fälle betrafen Eltern und Kinder, Partner, Geschwister, Zwillinge, Liebende und sehr enge Freunde.[49] Auch hier scheint der gemeinsame Nenner die emotionelle Nähe und Empathie zu sein, welche die räumlich getrennten Personen füreinander empfinden.

In einem anderen Beispiel schrieb eine Mutter gerade einen Brief an ihre Tochter, die kurz zuvor ausgezogen war, um ein College zu besuchen. Da begann ihre rechte Hand ohne erkennbaren Grund so stark zu brennen, dass sie ihr Schreibwerkzeug ablegen musste. Eine knappe Stunde später erhielt sie einen Telefonanruf, durch den sie erfuhr, dass die rechte Hand ihrer Tochter bei einem Unfall im Labor durch Säure schwer verätzt worden war – zur gleichen Zeit als sie, die Mutter, den brennenden Schmerz verspürt hatte.[50]

In einem von der Forscherein Louisa E. Rhine berichteten Fall krümmte sich eine Frau plötzlich vor Schmerzen, umklammerte ihren Brustkorb und sagte: „Nell ist etwas passiert, sie ist verletzt worden." Zwei Stunden später kam der Sheriff an, um sie zu informieren, dass ihre Tochter Nell in einen Verkehrsunfall verwickelt worden und ihr ein Stück des Lenkrades in die Brust gedrungen war.[51]

Tatsächliche körperliche Veränderungen gehen manchmal mit einer Vorahnung einher, dass etwas nicht stimmt. Im Jahre 1892 beschrieb der britische Generalmajor T. Blaksley einen Fall, der einen ihm eng befreundeten Soldaten im 12. Regiment betraf. Eines Morgens, auf dem Weg zum Schießplatz, sagte sein Freund aufgrund einer Vorahnung: „Mein Zwillingsbruder ist heute morgen um acht Uhr auf seinem Schiff vor der Westküste Afrikas gestorben, und ich weiß, dass ich deshalb schwer erkranken werde." General Blaksley versuchte, ihn zu trösten und versicherte ihm, dass er nur schlecht geträumt habe, jedoch vergeblich. „Nein", beharrte sein Freund, „das ist gewiss. Wir waren zeitlebens immer durch eine so starke Sympathie miteinander verbunden, dass niemals dem einem etwas zugestoßen ist, ohne dass der andere es wusste." Seine Vorahnung erwies sich als wahr, schon bald erkrankte er an einer Gelbsucht. Schließlich traf die Nachricht ein, dass sein Zwillingsbruder genau zu der Zeit gestorben war, die er genannt hatte.[52]

Krankenhäuser, Kliniken und ärztliche Praxen zählen zu den häufigsten Umgebungen für solche Ereignisse. Der Psychologe Paul Pearsall erzählt: „Die Frau eines meiner Patienten sprach gerade mit mir in meinem Sprechzimmer, während bei ihrem Mann ein Angiogramm* der Herzkranzgefäße erstellt wurde. Während wir miteinander redeten, krümmte sie sich plötzlich zusammen, griff, wie in starkem Schmerz, nach ihrer

---

* Gefäßkontrastbild (Anm.d.Ü.)

Brust und rief: ‚Mein Gott! Er hat einen Herzinfarkt. Joe hat gerade einen Infarkt erlitten.' Ich rief nach einer Trage, und als wir sie in die kardiologische Abteilung rollten, wurde ihr Mann an ihr vorbeigeschoben, den die Schwestern gerade aus dem Untersuchungsraum brachten. Die Eheleute blickten einander an, und bevor sie noch reden konnten, spürte eine der Schwestern die Furcht der Frau. Sie sagte: ‚Er ist in Ordnung. Er hatte da drinnen etwas Probleme, doch sein Herz ist nur ein paar Sekunden stillgestanden. Wir haben es wieder in Gang gebracht, und er wird sich bald davon erholen.'"[53]

Dies waren Beispiele von zeitgleichem, jedoch nicht präkognitivem Fernwissen. Ich erwähne sie, um die Wichtigkeit von emotionaler Nähe und Empathie bei Psi-Ereignissen im Allgemeinen – und damit auch bei Vorahnungen – zu illustrieren.

Ein bemerkenswertes Beispiel dafür, wie telesomatische Ereignisse mit Vorahnungen verwoben sein können, ist das Erlebnis von Larry Kincheloe, einem Geburtshelfer und Frauenarzt in der Stadt Oklahoma. Er schickte mir einen bemerkenswerten Brief, in dem er beschrieb, wie sich Vorahnungen und körperliche Wahrnehmungen verbinden können, um die Patientenversorgung zu beeinflussen.[54]

Nachdem er seine Ausbildung in Geburtshilfe und Gynäkologie absolviert hatte, schloss sich Kincheloe einer sehr traditionellen Ärztegruppe an und praktizierte etwa vier Jahre lang ohne irgendwelche außergewöhnlichen Vorkommnisse. Dann erhielt er eines Samstagnachmittags einen Anruf aus dem Krankenhaus, dass eine seiner Patientinnen vorzeitig Wehen bekommen habe. Er gab die üblichen Anweisungen, und da dies ihr erstes Kind war, ging er davon aus, dass es bis zur Entbindung noch Stunden dauern werde. Während er Laub fegte, empfand er überwältigend intensiv, dass er ins Krankenhaus fahren müsse. Augenblicklich rief er die Abteilung Geburtshilfe an und erhielt von der zuständigen Krankenschwester den Bescheid, dass alles normal verlaufe; die Gebärmutter seiner Patientin war erst fünf Zentimeter geöffnet, und mit der Entbindung sei nicht vor Ablauf mehrerer weiterer Stunden zu rechnen.

Trotz dieser Rückversicherung wurde sein Gefühl der Dringlichkeit stärker, und Kincheloe begann einen tiefen Schmerz in der Mitte seines Brustkorbes zu spüren. Er beschrieb ihn als ähnlich dem Gefühl, das man als Sechzehnjähriger hat, wenn man seine erste große Liebe verliert – ein

schmerzlich-trauriges, melancholisches Gefühl. Je mehr er sich bemühte, es zu ignorieren, desto intensiver wurde dieses Empfinden, bis er schließlich das Gefühl hatte zu ertrinken. Verzweifelt sprang er in seinen Wagen und raste davon. Als er sich dem Krankenhaus näherte, fühlte er sich besser. Im Kreißsaal angekommen, empfand er eine ungeheure Erleichterung.
Die Schwester kam gerade aus dem Krankenzimmer seiner Patientin. Auf ihre Frage, warum er bereits gekommen sei, gab Kincheloe ehrlich zu, dass er es nicht wisse und nur das Gefühl habe, dass er gebraucht werde und sein Platz bei seiner Patientin sei. Sie warf ihm einen befremdeten Blick zu und teilte ihm mit, dass sie die Frau gerade untersucht habe und die Weitung des Muttermundes erst sieben Zentimeter betrage. In diesem Augenblick kam ein Schrei aus dem Kreißsaal. Wer jemals auf einer Entbindungsstation gearbeitet hat, weiß, dass die Stimme einer Frau einen bestimmten Ton annimmt, wenn der Kopf des Babys am Damm ankommt, kurz bevor er hervortritt. Kincheloe stürzte in den Raum und kam gerade rechtzeitig, um ein gesunden Säugling in Empfang zu nehmen. Als ihn die Schwester anschließend fragte, wie er gewusst habe, dass er ins Krankenhaus kommen müsse – nachdem man ihm doch mitgeteilt hatte, dass es bis zur Entbindung noch Stunden dauern würde –, wusste er keine Antwort.
Nach jenem Erlebnis begann Kincheloe, seinen Gefühlen mehr Aufmerksamkeit zu schenken. Er hat inzwischen gelernt, ihnen zu vertrauen. Nachdem er solche intuitiven Situationen Hunderte von Malen erlebt hat, ist es für ihn Routine, sich danach zu richten. Wenn er einen Anruf von der Entbindungsstation erhält, ist er gewöhnlich bereits angekleidet oder sitzt schon in seinem Wagen auf dem Weg zum Krankenhaus. Seine ersten Worte am Telefon sind dann oft: „Ich weiß, ich bin bereits unterwegs", denn er weiß, dass es die Entbindungsstation ist, die ihn anruft, er möge kommen. An diesen Ablauf hat sich auch das Personal der Geburtshilfe-Abteilung inzwischen gewöhnt, so dass neue Hebammen und Geburtshelfer eingeweiht werden: „Wenn Sie Dr. Kincheloe brauchen, müssen Sie nur an ihn denken, und schon taucht er hier auf."
Kürzlich hatte er das altbekannte Gefühl, rief im Kreißsaal an und erreichte eine neue Krankenschwester, die sich gerade um eine seiner Patientinnen kümmerte, die in den Wehen lag. Sie berichtete, das die Patientin sich behaglich unter der Wirkung einer Epidural-Anästhesie erhole,

auch die Herztätigkeit des Babys sei beruhigend. Gereizt fügte sie hinzu: „Ich habe Ihnen gesagt, dass ich sie gerade untersucht habe. Alles ist in Ordnung." Im Hintergrund hörte Kincheloe eine andere Schwester sagen: „Frage ihn, ob er Schmerzen im Brustbereich hat." Verwirrt stellte ihm die neue Schwester diese Frage. Er bejahte. Dann hörte er, dass die neue Schwester der älteren Kollegin seine Antwort ausrichtete. Die erfahrene Schwester gab darauf die Anweisung: „Da er Schmerzen im Brustkorb hat, solltest du die Patientin besser noch einmal kontrollieren."

„Warten Sie eine Minute", bat die neue Schwester Kincheloe und legte den Hörer ab, um nach der Patientin zu sehen. Eilig kam sie zurück und berichtete, dass das Baby sich der Entbindung nähere; er möge unverzüglich kommen.

Dr. Kincheloes Erfahrungen zeigen, wie uns körperliche Empfindungen alarmieren können, wenn etwas Wichtiges bevorsteht – eine Art Frühwarnsystem. Körperliche Symptome sind wie psychische Mobiltelefone, die Individuen über größere Entfernungen miteinander verbinden. Dieser Vergleich ist durchaus angebracht, denn dass wir uns für unsere Kommunikation auf die elektronischen Annehmlichkeiten verlassen, könnte mit ein Grund dafür sein, warum unsere psychischen Verbindungen nachgelassen haben. Aber sie sind nicht völlig verkümmert. Menschen wie Dr. Kincheloe sind in der Lage, körperlich zu spüren, wenn jemand anderes in Not ist. Menschen wie er sind der Beweis, dass solche Verbindungen noch existieren.

Ich male mir einen Tag aus, an dem die medizinischen Hochschulen unsere Fernverbindungen würdigen und jungen Ärzten und Krankenschwestern vermitteln werden, wie sie zu pflegen sind. Dann werden die Heilberufe sich wandeln und menschlicher werden, denn es wird offenbar, dass Heilung nicht allein von Medikamenten, mechanischen Apparaten und Skalpellen abhängig ist.[55]

VORAHNUNGEN VON PLÖTZLICHEM KINDSTOD

Wir bezahlen einen Preis dafür, dass wir Vorahnungen aus unserer Vorstellung vom Heilen ausschließen. Nirgends ist dies offenkundiger als beim plötzlichen Kindstod.

Dabei handelt es sich um den plötzlichen, unerwarteten und unerklärlichen Tod eines anscheinend gesundes Babys. In den Vereinigten Staaten ist er die häufigste Todesursache bei Kleinkindern im Alter zwischen einem Monat und einem Jahr.

Am anfälligsten sind Kleinkinder für den plötzlichen Kindstod im Alter zwischen zwei und vier Monaten. Der plötzliche Kindstod oder Krippentod (engl. SIDS = sudden infant death syndrome) ist nicht ansteckend oder erblich, und er betrifft Familien aller sozialen, wirtschaftlichen und ethnischen Gruppen. Obwohl die Grundursache des plötzlichen Kindstodes nach wie vor unbekannt ist, können gewisse Praktiken den Schlaf sicherer machen, zum Beispiel dass man den Babys erlaubt, auf dem Rücken und auf einer festen Unterlage zu schlafen. Seit diese Maßnahmen Anfang der 1990er Jahre durch die „Back to Sleep"-Kampagne verbreitet wurden, ging die Häufigkeit des plötzlichen Kindstodes um mehr als fünfzig Prozent zurück. Auch viele weitere Vorsichtsnahmen können das Risiko des Krippentodes vermindern, zum Beispiel diejenigen der „Safe Sleep Top Ten List", die vom kalifornischen SIDS Program und anderen SIDS-Organisationen propagiert werden.[56, 57, 58]

Vorahnungen sind ein wiederkehrendes Merkmal bei den Erlebnissen der Eltern von im plötzlichen Kindstod gestorbenen Babys. Don, ein Arzt in einem ausgedehnten großstädtischen Umfeld, hatte bereits im ersten Drittel der Schwangerschaft seiner Frau das Gefühl, dass das Glück über die Geburt des Sohnes nur von kurzer Dauer sein werde. Wenige Monate vor der Geburt ertappte er sich gelegentlich dabei, wie er einen nahegelegenen Friedhof betrachtete, wo sein Sohn beerdigt werden würde. Als Don ihn zum ersten Mal in den Armen hielt, hatte er ohne ersichtlichen Grund das Empfinden, dass es dem Neugeborenen nicht bestimmt sei, bei ihnen zu bleiben. Nachdem sie das Baby mit nach Hause genommen hatten, erwachte Don nachts mit Gedanken an einen plötzlichen Kindstod. Er vernahm sogar eine Stimme – seiner eigenen sehr ähnlich –, die wiederholt sagte: „Betrachte ihn genau. Es ist das letzte Mal, dass du ihn siehst."[59]

Dons Befürchtungen nahmen zu, als seine Frau einen Flug mit dem Baby plante, um ihre Eltern zu besuchen, die in einem anderen Bundesstaat lebten. Obwohl sie sich nicht einig waren, ob das Baby mitreisen sollte, sprach Don mit seiner Frau nicht über seine Befürchtungen. Als er sie zum Flughafen brachte, quälten ihn ungute Gefühle. Als sie im Flughafengebäude auf die Sicherheitskontrollen zugingen, hörte er eine deutliche Warnung, dass er seinen Sohn nie wiedersehen würde. Da wusste er, dass sein Baby auf der Reise sterben würde. Als er zum Parkplatz zurückging, forderte ihn die Stimme auf, umzukehren und seinen Sohn zu holen. Schließlich wurde die Stimme schwächer und verstummte, als Don sie ignorierte und entschlossen weiterging. Früh am nächsten Morgen rief seine Frau an und erzählte ganz außer sich, dass ihr Kind gestorben sei. Später erfuhr er, dass seine Tante in Bezug auf das Baby ähnliche Befürchtungen gehabt hatte.

Zurückblickend sagte Don: „Die ganze Sache war ein Schock für mich, da ich im Voraus gewusst hatte, dass es [der Tod] passieren würde. Das Einzige, was ich nicht wusste, waren Zeitpunkt und Ort. ... Ich hatte keine Ahnung, was das bedeutete. Das Einzige, was ich sagen kann, ist, dass vielleicht viel Unglück hätte verhindert werden können, wenn ich auf 'mein Herz' gehört hätte. ... Ich denke, die Menschen haben die Fähigkeit, Dinge wahrzunehmen und dem eine sinnvolle Bedeutung zu geben, eine Fähigkeit, die für jedes zukünftige Ereignis nützlich sein kann."[60]

Don war einer der vielen Mütter und Väter, die ihr Baby durch den plötzlichen Kindstod verloren hatten und an der größten Studie teilnahmen, die sich je mit den Vorahnungen vor dem Krippentod sowie den Auswirkungen der Vorahnungen auf Trauern und Heilen befasste; die Studie wurde durchgeführt vom Southwest SIDS Research Institute in Lake Jackson, in der Nähe von Houston, Texas.[61, 62] Von den 174 SIDS-Eltern spürten 21,8 Prozent (38 Personen), dass ihren Kindern etwas zustoßen werde, während nur 2,6 Prozent (15 Personen) der Kontrollgruppe von 568 Personen, deren Kindern nicht am Krippentod starben, das Gefühl hatten, dass ihre Kinder sterben könnten. Bei der Mehrheit der

SIDS-Eltern nahm die Vorahnung die Gestalt eines vagen, beklemmenden Gefühls ohne eine erkennbare Ursache an. Mehr als die Hälfte der SIDS-Eltern berichteten von einem lebhaften Traum oder, wie Don, von einer auditiven oder visuellen Halluzination im Wachzustand. Die meisten SIDS-Eltern glaubten, dass ihre Vorahnungen eine negative Auswirkung auf ihren Trauerprozess hatten. Obwohl die Befragungen im Durchschnitt etwa vier Jahre nach dem Tod ihres Kleinkindes durchgeführt wurden, hegten sie noch Angst, Wut und Schuldgefühle. „Hätten sie nur darauf gehört!", war ein Gedanke, der in den Eltern weiterlebte und zugleich eine Schuldzuweisung an Ärzte und Pflegepersonal war, auf die sie sich verlassen hatten. Voll Bitterkeit erinnerten sie sich daran, dass man sie nicht ernst genommen hatte, als sie den Kinderärzten ihre Befürchtungen mitteilten. Ein Drittel der SIDS-Eltern hatte nach der Vorahnung tatsächlich den Arzt konsultiert. Obwohl sie um weitergehende medizinische Untersuchungen und Tests baten, *wurde bei keinem der Babys aus der Studie eine medizinische Behandlung empfohlen, die über die Routinemaßnahmen hinausging.* Wenn Eltern ihrer Befürchtung Ausdruck gegeben hatten, das anscheinend gesunde Kind könnte sterben, und die Untersuchung ein normales Ergebnis zeigte, reichten die Reaktionen der Kinderärzte von Empörung („Wie können Sie so etwas nur sagen?!") bis Ablehnung („Ihr Baby ist völlig in Ordnung! Entspannen Sie sich und seien Sie froh!").

Häufig machten Eltern sich selbst Vorwürfe, nicht beharrlich genug widersprochen zu haben. („Ich wusste, dass etwas passieren würde, und es war meine Verantwortung, etwas zu unternehmen, um es zu verhindern.") Ihre Schuldgefühle hielten an, und sie waren erleichtert, über ihre Empfindungen sprechen zu können. Sie distanzierten sich nicht von ihren Vorahnungen und behielten als Gruppe eine starke Überzeugung, auf ihre Instinkte zu vertrauen.[63]

Viele der SIDS-Eltern erlebten Träume, Visionen oder Gefühle von einem Kontakt mit ihren Kleinkindern nach deren Tod. Sie hegten übereinstimmend positive Empfindungen in Bezug auf diese Erlebnisse, und es blieb ihnen das Gefühl, dass ihr Baby versorgt und an einem besseren Ort war.

In einem Vortrag über das Wesen des Bewusstseins sprach ich einmal über unsere Fähigkeit, Informationen außerhalb der Gegenwart zu erlangen. Als Beispiel schilderte ich die Vorahnungen von Eltern, deren Kinder an plötzlichem Kindstod starben. Im Laufe der folgenden Diskussion wurde eine Frau sehr wütend: „Das ist ja schrecklich: Eine Vorahnung zu haben, die das entsetzliche Schicksal nicht verhindert, dass man sein Kind verliert!" Überall im Saal sah ich Köpfe zustimmend nicken. „Es ist kein Wunder, dass jene Eltern sich wütend und verbittert fühlten", sprach sie weiter. „Ihre Vorahnungen haben sie mit den Gefühl zurückgelassen, dass ihr Schicksal von Teufeln bestimmt werde, nicht von Gott. Diese armen Eltern, deren Kinder am Krippentod gestorben sind, leiden ja noch schlimmeren Schmerz, weil sie Vorahnungen erlebt hatten!"

Würde es den SIDS-Eltern ohne die Vorahnungen vom Tod ihres Kindes besser gehen? Dies können nur die Eltern selbst beantworten. Ich bezweifle, dass es eine einhellige Antwort gibt. Manchen wäre eine Vorahnung der drohenden Gefahr wahrscheinlich lieber gewesen, weil sie für ihr Kleinkind eine bessere Überlebenschance bedeutet hätte. Andere hätten lieber nichts gewusst, in der Hoffnung, dass dies die Wut, die Gewissensbisse und den Schmerz verringern werde.

Gewiss war die Einstellung der SIDS-Eltern gegenüber Vorahnungen weitgehend davon abhängig, ob sie aufgrund der Vorahnungen mit Erfolg etwas unternehmen konnten oder nicht. Dies gilt nicht nur für SIDS-Eltern, sondern für alle Eltern. Im Falle von Amanda zum Beispiel, deren Traum von dem herabstürzenden Kronleuchter verhinderte, dass dieser ihr schlafendes Kind unter sich begrub, waren die Eltern unermesslich dankbar für geträumte Präkognition. Amanda hatte ihre Vorahnung ernst genommen und unverzüglich gehandelt, während Don, dessen Sohn dem plötzlichen Kindstod zum Opfer fiel, es bedauerte, trotz wiederholter Warnungen nichts unternommen zu haben. Ihr Gefühl in Bezug auf ihre Vorahnungen konnte unmöglich das Gleiche sein.

Manche SIDS-Eltern versuchten, aufgrund ihrer Vorahnungen zu handeln, doch in allen Fällen wurden sie von Kinderärzten davon abgehalten. Im Falle des herabstürzenden Kronleuchters brauchte Amanda niemanden um Rat zu fragen. Obwohl ihr Mann den Traum als töricht abtat, ergriff sie die Initiative selbst und rettete ihrem Kind das Leben. Die Entscheidungen der SIDS-Eltern waren jedoch schwieriger. Selbst wenn sie es versuchten, vermochten sie die Barriere ihrer skeptischen Kinderärzte nicht zu überwinden. Was sie erlebten, zeigt etwas von der Komplexität von Vorahnungen. Wenn eine ganze Gruppe von Personen beteiligt ist – Eltern, Ärzte und Pflegepersonal –, dann müssen die Überzeugungen von mehreren Individuen aufeinander abgestimmt werden, damit effektive Maßnahmen in die Wege geleitet werden können.

Warum hat nur ein Drittel der SIDS-Eltern Vorahnungen erlebt? Waren die anderen Kleinkinder einer Warnung nicht würdig? Haben die Götter der Vorahnung ihre Lieblinge? Necken und verhöhnen sie die Menschen, indem sie ihnen gerade genug Informationen geben, damit sie versagen und sich danach elend fühlen müssen?

Es wäre unangebracht, wenn ich für jemanden aus dem Kreis jener SIDS-Eltern spräche. Ich kann jedoch sagen, dass ich für mein Teil froh bin, dass es Vorahnungen gibt, trotz ihrer oft geradezu ärgerlich unpräzisen Art. Doch vor die Wahl gestellt, wäre mir ein schlechtes Sehvermögen allemal lieber als völlige Blindheit. Schließlich mag es Möglichkeiten geben, mein Sehvermögen zu verbessern – Brille, Operation und so weiter. Mein Sehen könnte auch von selbst besser werden, oder ich könnte meine visuellen Defizite kompensieren, indem ich andere Sinnesorgane ins Spiel bringe, wie es Menschen mit sensorischen Defekten im Allgemeinen tun. Doch das Sehvermögen, über das ich verfüge, würde ich niemals ablehnen, um stattdessen gar nichts mehr zu sehen. Aus dem gleichen Grunde ziehe ich es vor, meinen unterentwickelten Sinn für Vorahnungen zu behalten.

Es gibt „Vorahnungs-Wunderkinder", bei denen die Fähigkeit, Zukünftiges zu erfahren, hoch entwickelt scheint – wie es auch einige wenige unter uns gibt, die einen Kilometer in zweieinhalb Minuten laufen oder im Hochsprung 2,40 Meter überwinden. Den meisten von uns bleibt es jedoch überlassen, solche Ausnahmebegabungen neidvoll zu bewundern. Solche Ausnahmen – ob in der Leichtathletik oder im Vorauswissen – zeigen uns jedoch, was möglich ist. In der fernen Vergangenheit unserer Geschichte gab es gewiss rare Individuen, die den meisten ihrer Artgenossen weit voraus waren in ihrer Fähigkeit, aufrecht zu gehen und deutlich zu sprechen. Im Laufe der Zeit haben sich diese Fähigkeiten dann über den Rest der Menschen ausgebreitet. Vielleicht wird dies mit klaren, präzisen Vorahnungen im Lauf der Zeit ebenfalls geschehen. Bis dahin werden uns die Amandas unter uns die Richtung weisen. Wir übrigen, glaube ich, sollten dankbar sein für die bescheidenen Fähigkeiten, die wir vielleicht haben – und wir sollten einander trösten, wenn unsere Reichweite kürzer ausfällt als unser Streben, und Kleinkinder deswegen eines plötzlichen Todes sterben müssen.

DAS UNGLÜCK VON ABERFAN

Wären alle Vorahnungen so akkurat wie der Warntraum Amandas, gäbe es kaum eine Debatte darüber, denn ihr Wert wäre angesichts der verhinderten Unfälle und geretteten Menschenleben offensichtlich. Aber Vorahnungen können in allen Einzelheiten präzise sein, doch weil wesentliche Teile der Information fehlen, ist es schwierig oder gar unmöglich, praktischen Nutzen aus ihnen zu ziehen. Die fehlende Information ist gewöhnlich Datum, Zeit und Ort – wie wir gleich sehen werden.

Der Kohlebergbau und der Tod waren schon immer untrennbar miteinander verbunden. Im Jahre 1906 kamen bei dem schlimmsten Grubenunglück Europas im französischen Courrière 1099 Bergleute ums Leben, viele von ihnen waren Kinder.[64] In China starben 1942 beim bislang schlimmsten Grubenunglück weltweit 1549 Bergleute durch eine Kohlenstaubexplosion. Amerikas größte Minentragödie fand im Dezember 1907 in einem Kohlebergwerk in Monongah, West Virginia, statt, als eine unterirdische Explosion 362 Männer und Jungen tötete, 250 Frauen zu Witwen machte und mehr als 1000 Kindern den Ernährer nahm.[65] Das Minenunglück in Sago, West Virginia, im Jahre 2006 führte den Amerikanern vor Augen, dass der Kohlebergbau bis in unsere moderne Zeit ein gefährliches Unterfangen geblieben ist.[66] Erst im Jahre 2007 wurden im Crandall Canyon, Utah, sechs Kohlebergleute verschüttet; drei ihrer Kollegen kamen bei Rettungsversuchen ums Leben.[67]

Man braucht nicht im Kohlebergbau unter Tage zu arbeiten, um einem Grubenunglück zum Opfer zu fallen, wie die Bewohner des Dorfes Aberfan in Südwales am Freitag, dem 21. Oktober 1966, entdeckten.[68] Um 9.15 Uhr kam die Kohleabraumhalde, die schon lange am Berghang über dem Ort ein Risiko darstellte, ins Rutschen. Von den Regenfällen der vergangenen Tage getränkt und destabilisiert, ergoss sich eine Flut aus schwarzem

Kohleschlamm, Wasser und Gestein in das Dorf, heftig und wütend wie ein Massenmörder, und erdrückte oder erstickte 144 Menschen, darunter 116 Kinder. Die ersten Opfer waren die Bewohner eines Häuschens hoch oben am Hang. Dann traf es die Kinder und Lehrer in der Pantglas-Grundschule, die gerade in ihre Klassenzimmer zurückkehrten, nachdem sie in der Aula das Lied „All Things Bright and Beautiful" [„Alle Dinge, strahlend und schön"] gesungen hatten. Bevor das schwarze Ungeheuer zum Halten kam, begrub es zwanzig weitere Häuser unter sich. Dann war alles still, totenstill. Georg Williams, der in den Trümmern festsaß, erinnerte sich: „In dieser Stille war kein Kind und kein Vogel mehr zu hören."[69]

Angestellte der Bergwerksgesellschaft, die auf dem Hang stationiert und für die Überwachung der Stabilität der Abraumhalde verantwortlich gewesen waren, hatten gesehen, wie der Berg abzurutschen begann, konnten aber keinen Alarm geben, weil ihr Telefon gestohlen worden war. Die Lawine ging so schnell zu Tal, dass unten niemand etwas davon wahrnahm. Doch das Geräusch hörte jeder. „Da kam ein ungeheures Rumpeln, und die ganze Schule war totenstill", erinnert sich der achtzigjährige Gaynor Minett. „Man hätte eine Stecknadel fallen hören können. Jeder saß wie vom Donner gerührt auf seinem Platz. Ich schaffte es gerade noch aufzustehen und fasste nach dem Ende meines Tisches, als das Geräusch lauter wurde und näher kam, bis ich es draußen vor den Fenstern schwarz sah. An mehr kann ich mich nicht erinnern, doch ich wachte auf und stellte fest, dass vor meinen Augen gerade ein schrecklicher Alptraum begann."[70]

Als die Nachricht von dem entsetzlichen Unglück die Runde machte, ließen Menschen überall in Wales alles stehen und liegen, womit sie gerade beschäftigt waren, holten Schaufeln und fuhren nach Aberfan, um zu helfen.[71] Was sie ans Licht brachten, war schrecklich: Die Hälfte der Schüler und fünf Lehrer waren ums Leben gekommen. Nach 11 Uhr an jenem Morgen wurde niemand mehr lebend geborgen. Es dauerte fast eine Woche, bis die letzten Leichen entdeckt wurden.

Es hatte schon früher viele Grubenunglücke im Lande gegeben, bei denen die Zahl der Todesopfer viel größer war, aber dieses Mal war es anders. Dieses Mal waren unschuldige Kinder ums Leben gekommen.

Am 26. Oktober wurde aufgrund der Beschlüsse beider Kammern des Parlaments ein Gericht einberufen mit der Aufgabe, die Ursachen des Unglücks festzustellen. Die bis dahin längste Ermittlung dieser Art in der britischen Geschichte erforderte sechsundzwanzig Sitzungstage. Einhundertsechsunddreißig Zeugen erschienen vor Gericht, und fast drei Millionen Wörter Aussagen wurden registriert.

Die Schuld an und die rechtliche Verantwortung für das Unglück wurden der staatlichen National Coal Board (NCB) zugewiesen. Ausreden wurden vorgebracht. Der Leiter der NCB schrieb die Katastrophe „natürlichen, unbekannten Quellen" unter der Abraumhalde zu, doch alle Dorfbewohner wussten, dass dies nicht stimmte. Die Untersuchung ergab, dass die NCB den Abraum über Quellen deponiert hatte, deren Existenz durchaus bekannt war. Sie waren auf Landkarten eingezeichnet und beliebte Orte, an denen die Dorfjungen früher spielten.

Der Bericht des Tribunals war unerbittlich. Bergwerksingenieure, stellte er fest, hatten sich auf die Bedingungen unter der Erde konzentriert. In einer scharfen Zurechtweisung beschrieb der Bericht sie als „Maulwürfen ähnlich, die man nach den Gewohnheiten von Vögeln fragte". Neun NCB-Angestellte wurden herausgegriffen, keiner von ihnen wurde strafrechtlich angeklagt.

In Worten, die für die Reaktion der amerikanischen Regierung nach dem Hurrikan Katrina neununddreißig Jahre später angebracht gewesen wären, stellte der Abschlussbericht fest: „Das Desaster von Aberfan ist eine entsetzliche Geschichte von stümperhafter Untauglichkeit vieler Männer, die mit Aufgaben betraut wurden, für die sie gänzlich ungeeignet waren, von dem Versagen, klare Warnungen zu beachten, und von gänzlich fehlenden Weisungen von oben. Nicht Verbrecher, sondern anständige Männer – irregeleitet von Dummheit oder Ignoranz oder beidem – sind verantwortlich für das, was in Aberfan passiert ist."[72]

Aberfan bleibt ein prägender Moment in der walisischen Geschichte und ist in die kollektive Erinnerung Englands eingegangen. Es war ein Ereignis, das die ganze Nation erschütterte. Wie die Amerikaner sich erinnern, wo sie waren und was sie taten, als sie von der Ermordung von Präsident John F. Kennedy hörten, oder in welcher Situation sie von den Tragödien des 11. September erfuhren, so erinnern sich die meisten vor 1960 geborenen Briten an das Aberfan-Unglück von 1966. Überall im Land empfanden Menschen ein besonderes Mitgefühl mit den Opfern, weil viele Engländer während des zweiten Weltkrieges nach Südwales evakuiert waren, um den Bombardierungen von London und anderen großen englischen Städten zu entgehen. Damals entwickelten viele Evakuierte eine Zuneigung zu den Menschen dieser Region. Fünfzigtausend Kondolenzbriefe, die Aberfan erreichten, sind noch erhalten. David Kerr, der im Plenarsaal des Parlaments kurz nach der Tragödie sprach, fasste es zusammen: „Diese Tragödie hat Menschen weit weg von Wales daran erinnert, dass wir immer noch eine Nation sind."[73]

Heute können Besucher des Friedhofs, auf dem die Opfer des Unglücks beerdigt sind, durch einen würdigen Gedenkgarten spazieren, in dem rosa und blau blühende Blumen an die Mädchen und Jungen erinnern, die an jenem Oktobermorgen ihr Leben aushauchten. Die Dorfbewohner heißen respektvolle Trauergäste willkommen, Freizeittouristen sieht man weniger gern. Nach vierzig Jahren ist Aberfan auch heute noch ein Ort der Tränen.

In den Wochen nach dem Unglück von Aberfan wurden Berichte über Vorahnungen aus ganz Wales und England bekannt. Vierzehn Monate nach der Tragödie wurden viele davon in *The Journal of the Society for Psychical Research* veröffentlicht. Dr. John Barker, ein Psychiater in einer Stadt in der Nähe von Aberfan, überschrieb seinen Bericht „Vorahnungen des Desasters von Aberfan".[74] Er hatte eine örtliche Zeitung überredet, einen Artikel zu platzieren, in dem die Leser gebeten wurden, jegliche Vorahnung einzusenden, die jemand in Bezug auf das Unglück gehabt hatte. Barker erhielt sechsundsiebzig Briefe. Obwohl viele Mitteilungen nur unbestimmt waren, wählte er fünfunddreißig aus, die möglicherweise aussagekräftig erschienen. In vierundzwanzig dieser Berichte las er, dass die Absender die Information ihrer Vorahnung bereits jemand anderem erzählt hatten, bevor die Abraumhalte niederging. In den vielversprechenden Fällen erhielt Barker die Namen und Adressen von Familienangehörigen und Freunden, die den Bericht bestätigen oder widerlegen konnten, und er interviewte sie ebenso wie die Briefschreiber selbst.

In vielen der Berichte war von Träumen die Rede. In einem Fall sah der Träumende das Wort ABERFAN in großen, leuchtenden Buchstaben. In einem anderen Traum sprach eine Telefonistin aus Brighton hilflos mit einem Kind, das auf sie zukam, verfolgt von einer wogenden Wolke aus schwarzem Staub oder Rauch.[75]

Die meisten, die auf Barkers Aufforderung hin schrieben, lebten gar nicht in der Nähe von Aberfan, hatten von dem Ort noch nie zuvor gehört und auch keine Beziehung zu dem Dorf. Eine Ausnahme war die zehnjährige Eryl Mai Jones, die einzige bekannte Aberfan-Schülerin, die eine Vorahnung von dem Desaster gehabt hatte. Zwei Wochen vor der Katastrophe hatte sie ihrer Mutter gesagt: „Mami, ich habe keine Angst zu sterben." Ihre Mutter fragte: „Was redest du vom Sterben, du bist doch noch so jung; möchtest du einen Lutscher?" – „Nein", entgegnete das Mädchen, „aber ich werde bei Peter und June sein." Am Tag vor dem Unglück sagte sie: „Mami, lass mich über meinen Traum von letzter Nacht sprechen." – „Liebling, ich habe jetzt keine Zeit zuzuhören", antwortete ihre Mutter, „erzähle es mir ein anderes Mal." – „Nein, Mami, du musst zuhören", beharrte sie. „Ich habe geträumt, ich ging in die Schule, aber dort war keine Schule. Etwas Schwarzes war über alles heruntergekommen." Am nächsten Tag kam das Mädchen ums Leben und wurde in einem Gemeinschaftsgrab zusammen mit zwei anderen Kindern beerdigt – Peter auf der einen, June auf der anderen Seite. Die Geschichte wurde von einem Geistlichen des Ortes aufgezeichnet und von beiden Eltern des Mädchens als korrekt bestätigt und beglaubigt.

Mary Hennessy schrieb an Barker über einen Traum, den sie in der Nacht vor dem Unglück hatte. Sie träumte von Aberfan und von Kindern in zwei Räumen. Bald gingen sie in einen größeren Raum hinüber, verteilten sich in kleinere Gruppen und schienen zu beten. Hennessy schrieb: „Am Ende des Raumes waren lange Holzstücke oder Balken. Die Kinder haben irgendwie versucht, über oder zwischen den Holzbalken zu gehen. Ich wollte jemanden warnen und rief, aber bevor ich dies tun konnte, verschwand eines der kleinen Kinder aus meinem Blickfeld. Ich selbst ... sah vom Flur aus zu. Das Nächste, was ich in meinem Traum sah, waren Hunderte von Menschen, die alle zu dem gleichen Ort eilten. Ich sah Entsetzen in den Blicken der Leute. Einige weinten, andere bedeckten ihr Gesicht mit Taschentüchern. Es beängstigte mich so sehr, dass ich erwachte."

Hennessy war beim Erwachen so beunruhigt, dass sie Sohn und Schwiegertochter anrief. Sie war in Sorge, ihr Traum könnte etwas gezeigt haben, das ihren beiden kleinen Enkelkindern zustoßen würde. „Ich weiß, ich habe von Schulkindern geträumt", erklärte sie den Eltern, „bitte gebt ganz besonders gut auf sie acht."

Carolyn Miller berichtete ebenfalls von einer Vision, die sie am 20. Oktober, am Abend vor dem Unglück, gehabt hatte. Sie sah „ein altes Schulhaus am Rande eines Tals, dann einen walisischen Bergarbeiter und dann, wie eine Kohle-Lawine den Hang herabdonnerte. Am Fuße dieses Berges aus herabstürzender Kohle war ein kleiner Junge ... der zu Tode erschreckt schien. Dann 'sah' ich einige Zeit, wie Rettungsmaßnahmen durchgeführt wurden. Ich hatte den Eindruck, dass der kleine Junge verschont und gerettet worden war. Er sah so schmerzerfüllt aus, ich könnte ihn nie vergessen. Bei ihm war auch einer der Rettungsarbeiter, der eine ungewöhnliche spitze Kappe trug."

Wären die Vorahnungen, die Barker berichtet wurden, vor dem Zeitpunkt des Geschehens bekannt geworden – hätte dann eine Analyse der Aussagen den Tod von 144 Bewohnern Aberfans verhindern können? Manche meinten, die Antwort könnte Ja lauten, und das Risiko, solche Warnungen zu ignorieren, wäre unverzeihlich. Also gründete Barker im Jahr darauf das *British Premonition Bureau,* dessen Mission darin bestand, durch Sammeln und Prüfen von Vorauserkenntnissen und Ahnungen und Vorauswissen, die Warnungen vermittelten, Katastrophen zu verhindern. Ein Jahr später wurde von Robert und Nancy Nelson eine verwandte Organisation, die *Central Premonition Registry* in der Stadt New York mit der gleichen Zielsetzung gegründet. Aus verschiedenen Gründen war keine dieser Einrichtungen erfolgreich, unter anderem aus negativer Werbung, Geldmangel und sehr viel ungenauer Information.[76, 77]

Eine systematische Bemühung, künftige Ereignisse durch Vorahnungen vorauszusagen, wurde kürzlich mit *The Arlington Institute* (TAI) in Arlington, Virginia, ins Leben gerufen. Das TAI hat sich darauf spezialisiert, über die globale Zukunft nachzudenken und zu versuchen, einen raschen positiven Wandel zu beeinflussen. John L. Petersen, den Präsidenten und Gründer, betrachten viele als einen der am besten informierten Futurologen der Welt. Petersens Institut arbeitet mit sogenannten „Präkognitions-Träumern", die bereits Erfahrung bei Geheimdiensten gesammelt haben. Das Institut geht davon aus, dass „das kollektive Unbewusste des Menschen irgendwie große bevorstehende Störungen antizipiert" und dieses Wissen zur Abwendung von Desastern nützlich sein könnte.[78]

Ein „Vorahnungs-Warnsystem" scheint so simpel: Man sammelt einfach die Intuitionen einer ausgewählten Gruppe von Personen, die zu

Vorahnungen neigen, und identifiziert gemeinsame Muster, auf die sie hinzuweisen scheinen. Doch für die beteiligten Individuen dürfte die Angelegenheit nicht ganz so einfach sein. Fehlende Informationen – Datum, Uhrzeit oder Ort, wie bei der Katastrophe von Aberfan – können zu einer großen mentalen Belastung führen.

Ich hatte einmal einen Patienten, dessen Vorauswissen ihm ganz natürlich und unaufgefordert zuzufließen schien. Seine Mutter besaß diese Fähigkeit, und auch schon deren Mutter. Der Mann arbeitete in der Funkzentrale der örtlichen Polizei. Eines Morgens kam ihm während der Arbeit ein beunruhigendes Gefühl, dass ein kleines Kind auf ein Schwimmbecken zu marschierte und gleich ins Wasser fallen würde. Sein bildlicher Eindruck war außergewöhnlich lebhaft und war mit einer Gewissheit verbunden, der zu vertrauen er im Lauf der Jahre gelernt hatte. Doch es gab ein Problem: Er konnte die Adresse des gefährdeten Kindes nicht identifizieren. Er war also in einer idealen Situation und hätte eingreifen können, indem er einen Streifenwagen zu Hilfe schickte – doch genau dies war nicht möglich. Binnen einer Stunde kam der Anruf von einer Funkstreife: Man habe gerade entdeckt, dass ein kleines Kind in einer Wohnanlage ertrunken sei.

Der Mann war am Boden zerstört. Er machte sich Vorwürfe, am Tod des Kindes schuld zu sein. Wäre er aufmerksamer gewesen, könnte das Kind noch leben. Er verwünschte seine „Gabe" und wollte sie loswerden. Überwältigt von Schuld und Schamgefühlen kündigte er seine Stelle.

Ich empfahl ihn an einen Psychologen, der die Fähigkeit des Bewusstseins wertschätzte, über den Bereich der fünf Sinne hinaus zu funktionieren. Er war der ideale Therapeut für ihn. Nach vielen Monaten psychologischer Beratung schloss der Mann Frieden mit seiner Gabe und nahm sie wieder an. Er löste sich von seiner Erwartung, dass sie perfekt funktionieren müsse. Er entwickelte eine Dankbarkeit für seine Befähigung, die er früher nicht empfunden hatte, und begann sie als einen Segen, als Gnade zu betrachten. Er stellte fest, dass die Sensitivität und Zuverlässigkeit seiner Vorahnungen zunahmen, wenn auch nicht bis zu dem Grad an Vollendung, den er früher beherrscht hatte.

VORAHNUNGEN UND UNSTERBLICHKEIT: DUNNES EXPERIMENT MIT DER ZEIT

Vorahnungen zu erleben, ist für die meisten Menschen nicht so erschütternd wie für den früheren Polizeifunker. Die meisten nehmen eine Vorahnung einfach als ein seltsames Erlebnis wahr, das dann in den Hintergrund ihrer Erinnerung zurücktritt oder ganz in Vergessenheit gerät. Manche Menschen stellen jedoch fest, dass sie Vorahnungen nicht so leicht abtun können, besonders wenn diese sich wiederholen. Und ganz selten wird jemand sie gleichsam unters Mikroskop legen und versuchen, die Bedeutung der Vorahnung für sein oder ihr Leben und für die menschliche Existenz überhaupt zu verstehen.

Eine Gallup-Umfrage im Jahr 2005 ergab, dass drei von vier Menschen in Amerika an das Paranormale glauben.[79] Es gibt auch Belege dafür, dass präkognitive Träume zu den häufigsten psychischen Ereignissen im Leben des „Durchschnittsbürgers" gehören[80], und dass Träume von zukünftigen Ereignissen mehr als die Hälfte der ASW-Erlebnisse ausmachen, von denen Menschen berichten.[81] Zu Beginn des 20. Jahrhunderts war die weite Verbreitung dieser Erlebnisse noch nicht bekannt. Deshalb war John William Dunne beunruhigt, als er von Dingen zu träumen begann, die am folgenden Tag in den Zeitungen standen. Er dachte, er könnte ein „Sonderling" sein und „erheblich verrückter, als [er] zu glauben bereit war".[82] Dunne hätte sich keine Sorgen zu machen brauchen; er war nicht der Typ eines Sonderlings.

Dunne wurde 1875 in der irischen Grafschaft Kildare in eine englischirische Adelsfamilie geboren. Sein Vater war General Sir John Hart Dunne KCB*, der 1854 im Krim-Krieg und 1860 in Nordchina gedient hatte. Dunne folgte der Familientradition und diente im Jahre 1900 im zweiten Burenkrieg. Von dort wurde er wegen Typhus beurlaubt, kehrte aber 1902 in den Dienst zurück.

Dunne war mit berühmten literarischen Gestalten wie H. G. Wells und J. B. Priestley befreundet. Er war in der Frühzeit der Fliegerei ein heraus-

---

* Knight Commander of the Bath / Knight Commander des Bathordens (Anm.d.Ü.)

ragender Luftfahrtingenieur und besaß so viele Patente, dass er sich schon in verhältnismäßig jungen Jahren in den Ruhestand begeben und von den Lizenzgebühren, die sie ihm abwarfen, komfortabel leben konnte. 1904 erfand er das Dunne-Flugzeug, eine Maschine ohne Leitwerk, von atemberaubendem Design, mit pfeilförmig nach hinten abgewinkelten Flügeln. Der Flugzeugbauer Burgess kaufte es, und der Burgess-Dunne-Doppeldecker wurde als das erste Flugzeug dieses Landes für die militärische Luftfahrt Kanadas in Dienst gestellt. Dunne war auch ein versierter Fliegenfischer, und sein 1924 erschienenes Buch *Sunshine and the Dry Fly* ist zum Klassiker geworden. Er schrieb auch zwei Bücher für Kinder, *The Jumping Lions of Borneo* (1937) und *An Experiment with St. George* (1938). Auch in der Politik war Dunne aktiv; er empfahl die Einrichtung einer Nordwesteuropäischen Liga, einer NATO-ähnlichen Organisation, die Europa, wie er glaubte, politische Stabilität gegenüber Kommunismus und Faschismus bringen würde.

Als erfahrener Wissenschaftler fühlte sich Dunne von Kristallkugeln, Ouija-Brettern oder Séancen nicht angezogen. Was sollte er also denken, als er eine Reihe von beunruhigenden Träumen über Katastrophen hatte, die sich später bewahrheiteten?

Es geschah im Jahre 1902, während Dunne als Soldat im Burenkrieg in Südafrika war. Der Traum, ein Alptraum, handelte vom Ausbruch eines Vulkans auf einer nicht zu identifizierenden Insel. Dunne sah Fumarolen, Dampfaustritte, die am Hang des Berges zum Vorschein traten. „Mein Gott, das Ganze wird noch *in die Luft gehen!*", hörte er sich selbst im Traum rufen. Dunne war erfüllt von dem Verlangen, die viertausend ahnungslosen Bewohner der Insel zu retten. Er erkannte, dass dies allein mit Schiffen zu bewerkstelligen war. Aber er konnte die ungläubigen französischen Beamten auf einer Nachbarinsel nicht bewegen, etwas zu unternehmen. Dies fand er äußerst ärgerlich und sagte zu allen, die ihm zuhörten, dass „viertausend Menschen sterben werden, wenn nicht ..." Ohne es zu erkennen, hatte Dunne offenbar von der berühmtem Eruption des Mont Pelée an der Nordspitze der Karibikinsel Martinique geträumt, die sich als der schlimmste Vulkanausbruch des 20. Jahrhunderts erweisen sollte.

Feldpost erhielten die britischen Soldaten 1902 nur selten, doch als schließlich ein Exemplar des *Daily Telegraph* aus London eintraf, schlug

Dunne den mittleren Bogen auf und las: „Vulkanausbruch auf Martinique, Stadt von einer Feuerwalze überrollt, wahrscheinlich über 40.000 Tote, britischer Dampfer verbrannt:

Eines der schrecklichsten Desaster der Weltgeschichte hat die einst blühende Stadt Saint-Pierre heimgesucht, das Handelszentrum der französischen Insel Martinique in der Karibik. Am Donnerstagmorgen um acht Uhr brach der Vulkan Mt. Pelée nach mehr als hundertjähriger Stille ..."

Dunne, der es immer äußerst genau nahm, war verblüfft von der Genauigkeit seines Traumes, abgesehen von der Zahl der Todesopfer. Im Traum waren es viertausend, in der Wirklichkeit wurden es vierzigtausend. „Ich habe mich um eine Null vertan", meinte er. Diese Beobachtung ist aufschlussreich, denn sie zeigt, dass Dunne, der gute Mathematiker und Ingenieur, die Fakten nicht beschönigte, sondern getreulich berichtete, wie sie sich zugetragen hatten. Auch in den Jahren, die folgten, hielt er dies so, während er sich bemühte, zu verstehen, was hier geschah.

Und so ging es Jahr um Jahr, in denen Dunne seine nächtlichen Vorahnungen träumte, niederschrieb und analysierte. Als er 1927 *An Experiment with Time* veröffentlichte, war dies der Abschluss dessen, was viele als das erste systematische Experiment zum Thema Präkognition betrachten.

Dunne geht davon aus, dass sich die Zeit nicht – wie wir es normalerweise im wach-bewussten Teil unserer Existenz erleben – fortbewegt und aus der Vergangenheit über die Gegenwart in die Zukunft entfaltet. Eine bessere Zeitwahrnehmung, so empfand er, war in Träumen möglich, in denen diese zeitlichen Unterscheidungen überwunden sind und die drei Zeitaspekte gleichzeitig vorhanden zu sein scheinen. Wenn es möglich ist, Zukunft zu erfahren, dann können die Grenzen zwischen Gegenwart und Zukunft nicht absolut sein. Vielmehr müssen sie durchlässig und zu überbrücken sein. Dunne schloss aus seinem „Experiment mit der Zeit", dass diese am besten als ein „Ewiges Jetzt" zu betrachten ist.

Dunne pflegte die Fähigkeit, seine Träume zu erinnern, indem er diese sofort nach dem Erwachen aufzeichnete. Er empfahl, sich in einer Umgebung aufzuhalten, die es dem Bewusstsein erleichterte, dem Wach-Erleben der Zeit als linearer, fortlaufender Strom zu entkommen. Ich vermute aufgrund meiner eigenen Erfahrung, dass seine Vorliebe für das Fliegenfischen auch der Gelegenheit zum Tagträumen und dem Zauber zu verdanken war, der sich einstellen kann, wenn man im fließenden Wasser steht und in ein quasi jenseitiges Empfinden der Verbundenheit mit der Natur eintritt und sich dabei in der Zeit verliert.

Obwohl Dunne selbst fasziniert war von seiner Fähigkeit, Einblicke in die Zukunft zu erhaschen, glaubte er nicht, dass der Wert von Vorahnungen auf dieses Leben begrenzt sei. Für ihn lag der Schwerpunkt der Vorahnungen im ewigen Jetzt, das sie überhaupt möglich machte. Wenn wir fähig sind, argumentierte er, in Träumen ein ewiges Jetzt zu erleben, müssen wir selbst eine Qualität oder Befähigung besitzen, die an sich ewig ist. So führten Vorahnungen Dunne zum Glauben an die Unsterblichkeit. Seine Ansichten zu diesem Thema vertiefte er in seinem 1946 erschienenen Buch *Nothing Dies*.[83]

Zu allen Zeiten in der menschlichen Geschichte hegten zahllose Eingeborenen-Kulturen ähnliche Überzeugungen in Bezug auf Zeit und Unsterblichkeit wie Dunne. Die Ansicht, dass das Wachbewusstsein die Wirklichkeitswahrnehmung des Menschen einschränkt und begrenzt und in Träumen und veränderten Bewusstseinszuständen eine getreuere Sicht zu gewinnen ist, ist praktisch universell verbreitet, wie der Religionswissenschaftler Mircea Eliade in seinem bahnbrechenden Werk *Der Mythos der ewigen Wiederkehr*[84] zeigte, das 1954 erstmals in englischer Übersetzung erschien.[85]

Dunnes Einfluss war immens. Seine Sicht der Zeit nahm die Vorstellungen vieler späterer Gelehrter und Wissenschaftler, wie zum Beispiel der Physiker David Bohm[86, 87] und Julian Barbour[88], vorweg. Der Widerhall seiner Gedanken über Vorahnungen, Zeit und Bewusstsein findet sich in den Werken einiger der berühmtesten Schriftsteller des 20. Jahrhunderts, darunter T. S. Eliot, C. S. Lewis, Jorge Luis Borges, Vladimir Nabokov, J. R. R. Tolkien, J. B. Priestley und Robert A. Heinlein.

Dunne glaubte, dass er neues Licht auf die wichtigste Vorahnung geworfen hatte, die es gibt, auf das Vorauswissen dessen, was geschieht, wenn wir sterben. Für mich ist sein Beitrag von profunder Bedeutung. Seine Einblicke in die Frage des Lebens über den körperlichen Tod hinaus und der Möglichkeit der Unsterblichkeit werden gewaltig unterschätzt. Dunne wurde in der Glanzzeit des Spiritualismus geboren, als der Kontakt mit Verstorbenen im Rahmen von Séancen der letzte Schrei waren. Als Mathematiker und Ingenieur wählte er einen völlig anderen Zugang zu Antworten auf Fragen hinsichtlich des Überlebens des Todes. Zu seiner Methode gehörte eine Betrachtung der Zeit aus einer anderen Perspektive, nämlich durch die empirische Untersuchung von Vorahnungen, damit ließ er Sichtweisen und Grenzen von Religion und Glauben hinter sich. Am Ende, so glaubte er, werde alles offenbar. Zuerst jedoch müsse man sich ganz auf das Leben einlassen. „Wir müssen leben", sagte er, „bevor wir Intelligenz oder Kontrolle überhaupt erlangen können. Wir müssen schlafen, wenn wir uns im Tode nicht hilflos und fremd angesichts der veränderten Umstände fühlen wollen. Und wir müssen sterben, bevor wir hoffen können, zu einem umfassenderen Verständnis fortzuschreiten."[89]

ZÜGE UND FLÜGE VERMEIDEN

Skeptiker tun warnende Ahnungen oft als Anekdoten, als bloße „Geschichtchen" ab. Forscher widersprechen dieser Skepsis, nachdem sie große Sammlungen ähnlicher Ereignisse statistischen Analysen unterzogen haben. Diese Analysen können offenbaren, ob Vorahnungen mit dem jeweiligen Ereignis in Verbindung stehen oder nicht, oder ob die Vorahnung nichts weiter als ein Zufallsgeschehen ist.

William Cox, ein Forscher und Geschäftsmann aus North Carolina, entdeckte bei der Befragung von Passagieren amerikanischer Eisenbahnen, die zwischen 1950 und 1955 in Unfälle verwickelt waren, ein Muster, das auf Vorahnungen schließen ließ.[90] Cox verglich die Zahl der Passagiere eines verunglückten Zuges mit derjenigen des gleichen Zuges an jedem der sieben vorausgegangenen Tage sowie der Reisenden in dem gleichen Zug vierzehn, einundzwanzig und achtundzwanzig Tage vor dem Unfall. Er stellte fest, dass in jedem Fall mit dem verunglückten Zug weniger Menschen unterwegs waren als mit ähnlichen Zügen, die nicht verunglückten. Die Wahrscheinlichkeit, dass dieses Ergebnis auf Zufall beruhte, beträgt weniger als eins zu hundert. Als Beispiel sei der Zug „Georgian" genannt, der von der Eisenbahngesellschaft Chicago &

Eastern Illinois betrieben wurde: Er beförderte am Tag seines Unfalls am 15. Juni 1952 nur neun Passagiere, im Vergleich zu den normalen zweiundsechzig Fahrgästen fünf Tage zuvor.[91]

Es ist ja nicht so, dass Menschen am Morgen erwachen, sich ein Eisenbahnunglück ausmalen und dann beschließen, zu Hause zu bleiben. Viel wahrscheinlicher ist, dass sie ein körperliches Unbehagen fühlen, eine Niedergeschlagenheit oder Unruhe, die keinen erkennbaren Grund oder Ursprung hat. Eine typische Formulierung ist: „Ich habe das Gefühl, dass irgendetwas passieren wird." Manchmal liegt die Motivation, ein Verkehrsmittel zu meiden, so tief im Unbewussten, dass sie nicht einmal als körperliches Empfinden wahrgenommen wird; in solchen Fällen ändern Menschen ihre Reisepläne, ohne einen Grund dafür zu ahnen.[92]

Eine Variante dieses Musters ist das Verlangen, einem bestimmten Ort zu entfliehen, nachdem man dorthin gereist ist. Solche Fälle sind nicht mit der statistischen Genauigkeit untersucht worden, die Cox bei Zugunglücken anwandte. Hier könnte jedoch der gleiche unbewusste Prozess eine Rolle spielen.

Ein Beispiel ist Wolf Messing (1899-1974), Kind aus einer deutschstämmigen jüdischen Familie und noch in der Sowjetunion bekannt als Hypnotiseur, Hellseher und Medium. Er war so berühmt, dass Sigmund Freud 1915 im Beisein Albert Einsteins und in dessen Wiener Wohnung Messings Fähigkeiten untersuchte. Messing bestand mit Bravour.[93]

1948 reiste Messing nach Aschgabad, der Hauptstadt Turkmenistans, um einige öffentliche Demonstrationen seiner Fähigkeiten zu geben. Als er durch die Straßen der Stadt ging, wurde er durchflutet von einer schrecklichen Furcht und dem intensiven Verlangen, die Stadt so bald wie möglich zu verlassen. Dieses Gefühl war so stark, dass er alle seine Darbietungen absagte – es war das einzige Mal in seinem Leben, dass er dies tat – und abrupt die Stadt verließ. Drei Tage später, am 6. Oktober, machte ein gewaltiges Erdbeben die Stadt dem Erdboden gleich, dabei kamen 110.000 Menschen, zwei Drittel der Bevölkerung, ums Leben. Obwohl Messings Vorahnung ihm vermutlich das Leben rettete, war sie äußerst vage. Zu keinem Zeitpunkt hatte er sich tatsächlich vorgestellt, dass ein Erdbeben eintreten würde.[94] Wenn Messing mit seinen weithin bekannten Fähigkeiten das Erdbeben von Aschgabad nicht vorauszusehen vermochte, könnte dies bedeuten, dass entweder seine Kräfte Schwindel waren oder es an den Vorahnungen von Desastern liegt, dass sie besonders schwierig genau festzulegen sind.

Einige der besten Belege für letztere Möglichkeit finden sich im Zusammenhang mit jenem Ereignis, das Amerika verändert hat – dem 11. September 2001.

VORAHNUNGEN ZUM 11. SEPTEMBER

Eine der größten Sammlungen von ASW-Fällen der Welt birgt das Rhine Research Center in Durham, North Carolina. Seit den 1920er Jahren haben Menschen Schilderungen ihrer Erlebnisse an das Zentrum eingeschickt, weil sie wissen, dass sie dort ernst genommen werden. Dr. Sally Rhine Feather, eine experimentelle und klinische Psychologin und Tochter der legendären Gründer der modernen PSI-Forschung, Joseph B. und Louisa Rhine, sammelt und analysiert weiterhin die individuellen Zeugnisse.

Obwohl die Zahl der eingehenden Berichte eher konstant ist, kam nach dem 11. September 2001 eine wahre Flut von Einsendungen. Die Ereignisse um den 11. September haben die größte Ausschüttung von Unglücks-Vorhersagen und -ahnungen hervorgebracht, die jemals im Zusammenhang mit einer öffentlichen nationalen Katastrophe im RRC eingetroffen ist.[95]

In einem Fall bat „Becky", eine Mutter und Hausfrau in North Carolina, die Psychologin Feather um Hilfe zur Bewältigung einer beunruhigenden Serie von Ereignissen.[96] Im Juli hatte sie Flugkarten für eine Reise zur Disney World in Florida für ihren Sohn Matthew, ihren Bruder Steve, Steves Sohn und sich selbst gekauft. Beide Familien waren von freudiger Erwartung erfüllt. Als Abreisetag war der 11. September vorgesehen. Doch als dieses Datum näherrückte, wurde Becky, die keine Angst vor dem Fliegen hatte und gerne reiste, im Hinblick auf die geplante Reise zunehmend ängstlich, aufgeregt und unruhig. Becky beschrieb ein erstickendes Gefühl, als ob der Ausflug sie körperlich niederdrückte. Ihr Mann John, ein Assistent des Bezirksstaatsanwalts, war recht irritiert durch ihr irrationales Verhalten und die Art und Weise, wie es jedermann aufregte, der an der Reise teilhatte. Beckys Sohn Matthew war am Boden zerstört, als sie schließlich ihren Mut zusammennahm und anregte, den Ausflug zu verschieben.

Am 4. September, eine Woche bevor die Boeing 767 des United-Airlines-Piloten Michael Horrocks gekapert und in den Südturm des Welthandelszentrums gelenkt wurde, erwachte Becky um drei Uhr nachts aus einem bizarren Traum. Sie hatte das Gefühl, als trudelte sie in eine tiefe Schwärze, und die Stimme eines Mannes wiederholte eine Zahl: „2830, 2830, 2830". Die Stimme wiederholte auch einen Namen, den sie nicht identifizieren konnte. „Er klang wie Rooks oder Horooks", sagte sie. Becky schaltete das Licht an, fand einen Bleistift und schrieb die Zahl und den Namen auf, da die Stimme in ihrem Kopf weitersprach. Sie überlegte, ob sie ihren Mann wecken sollte. Schon früher hatte sie viele Vorahnungen gehabt, die den Tod von Angehörigen und Freunden vorhersahen, darunter den ihres Vaters, ihrer Mutter und ihres Cousins, aber John, ein rational denkender, kopfgesteuerter Anwalt, blieb davon unbeeindruckt.

Becky war überzeugt, dass ein wichtiges Ereignis bevorstand, das sie ernst nehmen sollte. Ungeachtet der Proteste in der Familie stornierte sie die Flugreservierungen für den 11. September nach Disneyland. Als der United-Airlines-Flug 175 in den Südturm des Welthandelszentrums krachte und der Pilot Michael Horrocks und seine sechsundfünfzig Passagiere ums Leben kamen, ergaben die Dinge für Becky einen Sinn. Augenblicklich brachte sie seinen Namen mit dem im Traum gehörten in Verbindung. Sie wusste auch, warum sie die Flüge nach Disneyland absagen musste: Nach dem terroristischen Anschlägen wurden die Flughäfen in den Vereinigten Staaten geschlossen, zivile Flüge waren verboten. Selbst wenn sie es gewollt hätte, hätten sie gar nicht fliegen können.

John hatte den Verdacht, dass die Sorgen seiner Frau das Ergebnis einer überaktiven Phantasie waren. Als die Dinge anfingen, einen Sinn zu ergeben, machte er innerlich eine Kehrtwendung. Seine Skepsis verdampfte wie ein Schneeball auf der heißen Herdplatte.

Aber was hatte es mit „2830" auf sich, der Zahl, die sie in ihrem Traum wiederholt gehört hatte? Am 15. Mai 2002, neun Monate und vier Tage nach dem schicksalhaften Datum, wurde von den Professoren Claire B. Rubin und Irmak Renda-Tanali vom Institut für Krisen-, Desaster- und

Risikomanagement der George Washington-Universität ein Dokument über die Luftangriffe veröffentlicht, „Effects of the Terrorist Attacks of September 11, 2001, on Federal Emergency Management in the United States" („Auswirkungen der Terroranschläge vom 11. September 2001 auf das Bundes-Notfallmanagement der Vereinigten Staaten"). Die Autoren berichteten, dass „ungefähr 2830 Todesopfer [des Unglücks im Welthandelszentrum] bestätigt" waren.[97]

Becky und John konsultierten nach diesen Ereignissen die Psychologin Sally Rhine Feather. Ihre Ehe war belastet, weil Becky das Gefühl hatte, einen Maulkorb verpasst zu bekommen und weil sie mit ihrem vernunftbetonten, analytischen Ehemann nicht über die psychischen Eindrücke sprechen konnte, die sie schon zeitlebens begleiteten. Ihre Vorahnungen zu den Ereignissen des 11. September waren ein Wendepunkt in ihrer Ehe. „John wurde wie einst Saulus auf dem Weg nach Damaskus durch das Licht vom Pferd geworfen", sagte Feather. Und wie Saulus zu Paulus, wurde John durch das Erlebnis „bekehrt". Dabei fand Becky ihre Freiheit. Ihre Vorahnungen verschwieg und entschuldigte sie nicht länger, und ihr Mann hörte auf, seine Missbilligung zu zeigen, wenn sie darüber sprach.[98]

Kurz nach Amerikas Tag des Schreckens erhielt Feather den Anruf einer gebildeten Frau namens Marie (Name geändert), die ebenfalls in North Carolina lebte. Zwei Wochen vor dem 11. September waren Marie und ihr Mann auf Urlaub in Washington, D.C. Auf ihrem Reiseplan standen die üblichen Sehenswürdigkeiten einschließlich des Pentagons, doch weil der Verkehr sehr stark und das Wetter schwülheiß war, strichen sie dieses Ziel von ihrem Programm.

Als sie aus der Stadt hinausfuhren, schloss Marie auf dem Beifahrersitz die Augen, um sich zu entspannen. Ihr Mann, der den Wagen fuhr, bemerkte: „Wenn wir an die Kurve dort vorne gelangen, sollten wir eine gute Sicht auf das Pentagon haben; unsere Straße führt direkt dort vorbei."

Als Marie die Augen öffnete und nach rechts blickte, kamen gewaltige Schwaden dichten schwarzen Rauchs aus dem Gebäude. Flammen waren nicht zu sehen, doch turmhoch stieg der Rauch in den Himmel, als ob eine Bombe explodiert sei. Marie schrie auf, schlug mit den Händen auf das Armaturenbrett und schrie weiter. Sie war emotionell so aufgebracht, dass sie hyperventilierte und fast keine Luft mehr bekam. Sie fühlte sich überwältigt und ihr war, als ob sie in die Tiefe fiele, so dass sie ihren Fall aufzuhalten versuchte, indem sie die Hände nach dem Armaturenbrett ausstreckte.

Der Ausbruch legte sich rasch, und sie fuhren weiter, doch Marie fühlte sich nach wie vor in großer Gefahr. Sie hatte das Gefühl, das Pentagon stehe in Flammen. Ihr Mann versicherte ihr, dass dies nicht der Fall sei; auch er hatte das massive Gebäude gesehen. Dann löste sich Maries Vision von dem brennenden Pentagon plötzlich auf.

Marie, eine nüchterne Frau mit einem Abschluss in Betriebswirtschaft, war nach diesem Erlebnis verwirrt und beunruhigt. Obwohl sie zeitlebens Vorahnungen gehabt hatte, war dieses doch anders – deutlich realer, lebhafter und erschreckender.

Zwei Wochen danach, am 11. September 2001 um 9.45 Uhr, wurde ihre Vorausschau wahr, als der American-Airlines-Flug 77 in das Pentagon krachte, 184 Menschen das Leben kostete und Brände auslöste, die Wolken von dichtem schwarzem Rauch erzeugten.[99]

Maries Vorahnung verdient aus mehreren Gründen unsere Beachtung. Marie erlebte sie bei vollem Bewusstsein, und die Vorahnung war visuell akkurat, geographisch spezifisch, und es gibt einen Zeugen, Maries Ehemann. Die fehlenden Elemente waren Datum und Uhrzeit.[100]

Maries Vorahnung war nicht einzigartig. Wie der Jungsche Analytiker Jerome S. Bernstein in seinem Buch *Living in the Borderland* berichtet, zeigten anekdotische Berichte und Nachrichtenmeldungen, dass viele, wahrscheinliche Hunderte von Menschen überall im Lande präkognitive Träume und Wachphantasien von den Ereignissen des 11. September gehabt hatten. Dutzende von Menschen berichteten Vorahnungen, die ihnen das Leben gerettet hatten. Sie erlebten sie als ein unerklärliches Grauen oder eine plötzliche Erkrankung, die sie davon abhielten, an jenem Tag zur Arbeit zu gehen, oder als Intuitionen, die sie drängten, einfach umzukehren und nach Hause zu gehen, bevor die Flugzeuge in die Zwillingstürme oder das Pentagon rasten.[101]

Skeptiker haben diese Meldungen als „bloße Geschichten" kritisiert. Es *sind* Geschichten, aber dies bedeutet nicht, dass wir sie ignorieren sollten. Wie wir auf Geschichten ansprechen, ist weitgehend subjektiv. Eine alte Redensart in der Medizin trifft es genau: „Wenn dir die Geschichte eines Patienten nicht gefällt, nennst du sie eine Anekdote. Wenn sie dir gefällt, bezeichnest du sie als Fallbeispiel."

Viele der Vorahnungen von Menschen, die im Welthandelszentrum beschäftigt waren, wurden bekannt, als die *New York Times* am 14. Juli 2002 „Portraits of Grief" („Gesichter der Trauer") veröffentlichte – persönliche Erinnerungen an die fast dreitausend Menschen, die am 11. September ums Leben gekommen waren.

Ein Portrait war das des dreiundsechzigjährigen Lawrence Francis Boisseau, des Feuersicherheitsdirektors der OCS Security im Welthandelszentrum. Anfang September hatte er geträumt, dass das Welthandelszentrum auf ihn herabstürzte. Maria Teresa, seine Frau, träumte einige Tage später von Schutt und hatte in der folgenden Nacht einen Alptraum, in dem Menschen sehr viel Essen brachten. Ernüchtert durch ihre Träume, sprachen sie am 9. September 2001 über den Tod, als sie zu einer Kindstaufe fuhren. Lawrence sagte zu Maria Teresa: „Weißt du, wenn die Zeit kommt und du jemanden brauchst, der sich um dich kümmert ... ich habe nichts dagegen." Sie antwortete neckisch: „Aber umgekehrt, wenn ich zuerst sterbe, wirst du nicht wieder heiraten!" Er erwiderte: „Oh, das ist nicht fair. Wieso? Ich erlaube dir, wieder zu heiraten, wenn du möchtest." – „Nein", entgegnete seine Frau, „ich möchte dieses Gefühl nicht teilen. Ich will nicht, dass irgendeine Frau diese Beziehung mit dir teilt, nur ich. Das Gefühl, das ich habe, möchte ich in meinem Herzen verschließen."

Lawrence Boisseau kam am 11. September ums Leben, als er half, die Fenster einer Kindertagesstätte im Erdgeschoss des Welthandelszentrums auszuschlagen. Die Großeltern mehrerer Kinder, bei deren Rettung er geholfen hatte, kamen zu seinem Gedenkgottesdienst.[102]

Boisseaus Beispiel zeigt den quälenden „Was-wäre-wenn"-Aspekt von Vorahnungen: Was wäre, wenn man sie ernst genommen hätte? Sein Traum hatte die visuelle Präzision eines Films: Das Welthandelszentrum stürzte buchstäblich auf ihn herab. Darüber hinaus wurde er von dem präkognitiven Traum bestätigt, in dem seine Frau Schutt sah. Warum hat Boisseau nicht nach seiner Vorahnung gehandelt? Der Psychoanalytiker Bernstein glaubt, dass Boisseaus Traum nicht dramatisch genug war, um ihn davon abzuhalten, zur Arbeit zu gehen oder das Gebäude so schnell wie möglich zu räumen, nachdem der Terroranschlag stattgefunden hatte. Die Boisseaus, meint er, waren, wie die meisten Menschen in den westlichen Kulturen, befangen, nämlich zugunsten des rationalen, analytischen

Denkens. Dies hätte es ihnen schwer gemacht, ihre Vorahnungen als buchstäblich prophetisch anzunehmen, statt sie für „bloße Träume" zu halten.[103]

Doch warten Sie. Es ist einfach, Leute zu kritisieren, nur weil sie Vorahnungen ignorieren. Das ist nicht meine Absicht. Zur Verteidigung der Boisseaus sei vorgebracht, dass sie das Datum des Einsturzes der Zwillingstürme nicht geträumt haben. Selbst wenn Boisseau seinen Traum hätte ernst nehmen wollen – welchen Tag hätte er auswählen sollen, um nicht an seinen Arbeitsplatz zu gehen? Und als sich die WHZ-Tragödie dann zu entfalten begann: Wie hätte er die Tageskinder im Stich lassen können, deren Leben in Gefahr war? Vorahnungen sind nicht wie manche Digitalfotos; sie tragen keinen Datumsstempel in der unteren Ecke.

Eine Freundin, die viele Jahre in Manhattan gelebt und die Schrecken des 11. Septembers durchgestanden hat, findet Vorahnungen wie die von Boisseaus nicht triftig. „Gott allein weiß, wie viele neurotische New Yorker unerklärliche Befürchtungen haben, die sie davon abhalten, an irgendeinem Montag zur Arbeit zu gehen", sagt sie. „Das ist kein stichhaltiger Beweis, denn es ist rückblickend betrachtet. Sie müssen eine zufällige Auswahl über einen größeren Zeitraum untersuchen, um festzustellen, wie vielen Menschen an irgendeinem bestimmten Tag ihres Lebens wegen irgendwelcher Impulse oder Eingebungen zu Hause und der Arbeit fern geblieben sind. Manchmal machen Leute doch einfach einen Tag blau! Und Existenzangst ist keine Vorahnung."

Wie kann man also wissen, ob man eine Vorahnung ernst nehmen soll oder nicht?

Ein Schlüssel, so Bernstein, ist die psychische Energie, die mit ihr verbunden ist. Beeindruckt einen das Erlebnis emotional oder lässt es einen im Grunde gleichgültig? Für Bernstein ist der Begriff, der den psychologischen Gehalt eines Traumes erfasst, das Wort *numinos;* es ist abgeleitet von dem lateinischen *numen,* das heißt „göttliche Kraft".

Numinos wurde 1917 von Rudolf Otto geprägt, einem deutschen Theologen und Religionswissenschaftler. Otto definierte das Numinose als ein nicht-rationales, nicht mit den Sinnen erfahrbares Erleben oder Empfinden, dessen erstes und unmittelbares Objekt außerhalb des Selbst ist.[104]

Numinose Ereignisse erfüllen uns typischerweise mit einem Gefühl, dass wir mit etwas Bedeutsamerem und Größerem als dem individuellen

Selbst oder Ich in Kontakt sind. Es ist charakteristisch für numinose Träume, dass sie sich wie Offenbarungen anfühlen, als flüsterten uns die Götter etwas im Schlaf zu. Beim Aufwachen können sie uns „wirklicher als wirklich" erscheinen, tiefgreifend und tief bewegend. Wir sagen uns vielleicht, dass das Erlebte „nur" ein Traum sei, aber die psychische Wucht, mit der das Erleben des Numinosen uns trifft, kann uns motivieren, es ernst zu nehmen und anderen mitzuteilen, wie es die Boisseaus einander mitgeteilt haben.

Lisa Leeds, eine Filmproduzentin und Schmuckdesignerin, die in der Stadt New York wohnt, erlebte in der Nacht des 6. September 2001 einen numinosen Vorahnungstraum und erzählte ihrem Freund davon, dem investigativen Journalisten Randall Fitzgerald. In ihrem Traum sitzt sie in ihrem Auto in Manhattan, und es ist unnatürlich still. Ein Polizist klopft an die Scheibe und fordert sie auf weiterzufahren. Sie sieht, dass etwas schrecklich anders ist – es ist völlig dunkel, und überall liegt Schutt. Autos sind flachgedrückt, die Gegend sieht aus wie ein Kriegsgebiet. Aus dem Schutt kommen vier Feuerwehrmänner auf sie zu. Sie teilen ihr mit, dass ein Gebäude explodiert sei.

Lisa erwacht zutiefst beunruhigt. Mit dem Gefühl, einen wirklich „großen Traum" gehabt zu haben, schreibt sie diesen sofort auf. Sie wusste mit Gewissheit, dass es ein präkognitiver Traum war.[105]

Kurz nach den Tragödien des 11. Septembers wurden die Geschichten von Menschen bekannt, die im letzten Augenblick aufgrund eines unbestimmten, quälenden Gefühls, dass etwas nicht in Ordnung sei, ihre Reisepläne geändert hatten.[106] In einem weit verbreiteten Bericht erlitt eine Frau lähmende Bauchschmerzen, während sie in der Warteschlange stand, um an Bord eines der Flugzeuge zu gehen, die wenig später in die Zwillingstürme rasen sollten. Sie ging zur Toilette und fühlte sich spontan wieder wohl, verpasste aber ihren Flug und blieb am Leben.[107] Doch solche Geschichten sind keine überzeugenden Beweise für unbewusste Vorahnungen. Viele Passagiere versäumen Flüge wegen voller Blasen, Reisefieber mit Durchfall, Flugangst und so weiter. Viel faszinierender jedoch ist die auffällig hohe Zahl leerer Plätze in den dem Absturz geweihten Flugzeugen.

Die Boeing 757 des American-Airlines-Fluges 77, die in das Pentagon krachte, hätte 289 Passagiere befördern können, doch nur 64 Sitze waren besetzt – eine Leerstand von 78 Prozent. Der American-Airlines-Flug 11, eine Boing 767, die in den Nordturm des Welthandelszentrums gelenkt wurde, hätte 351 Passagiere befördern können, war aber zu 74 Prozent leer und hatte nur 92 Menschen an Bord. Der United-Airlines-Flug 175, eine Boeing 767, die in den Südturm des Welthandelszentrums gesteuert wurde, hätte ebenfalls 351 Passagiere gefasst, doch an jenem Tag flogen nur 65 Passagiere mit, was einen Leerstand von 81 Prozent bedeutet. Der United-Airlines-Flug 93, eine Boeing 757, die in Pennsylvania abstürzte, war zu 84 Prozent leert; nur 45 der 289 Plätze waren besetzt.[108] Insgesamt waren die vier Flugzeuge nur zu 21 Prozent gefüllt.

Wirkte hier William Cox' *Eisenbahnvermeidungs-Effekt*? Das ist unmöglich festzustellen. Um zu wissen, ob Vorahnungen vom 11. September die hohen Leerstände der absturzgeweihten Flugzeuge verursacht hatten, müsste man die Leerstandsquoten des ganzen Jahres mit denjenigen am 11. September vergleichen. Diesen Zugang wählte Cox bei der Untersuchung von Zugunglücken, und deshalb ist seine Forschung so faszinierend. Doch wie sich herausstellte, konnten interessierte Forscher unmöglich Vergleiche anstellen, weil die Fluggesellschaften nicht bereit sind, Informationen über Leerstände preiszugeben. Vielleicht können sie es auch gar nicht. Als der britische Biologe und Psi-Forscher Rupert Sheldrake versuchte, diese Information zu erlangen, um festzustellen, ob es bei den vier am 11. September 2001 zum Absturz gebrachten Flugzeugen mehr Stornierungen und Personen gab, die ihre gebuchte Reise nicht angetreten hatten, als nach der Wahrscheinlichkeit zu erwarten war, wurde er an einen hochrangigen Manager von American Airlines verwiesen. „Er war freundlich und aufgeschlossen, konnte mir aber leider nicht helfen", berichtet Sheldrake. „Alle Daten für die Flüge vom 11. September seien vom FBI unter Verschluss genommen worden, das minutiös jede Buchung, Stornierung und jedes Nichterscheinen von Passagieren untersuche."[109]

Alles, was wir sagen können, ist, dass die geringen Fluggastzahlen andeuten, aber nicht beweisen, dass Vorahnungen das Leben der Passagiere auf den überwiegend leeren Sitzen gerettet haben dürften, die an jenem tragischen Tag abgestürzt sind.

Die meisten Vorahnungen zum 11. September haben ihre Schwächen. Die Mehrzahl der Berichte sind im Rückblick entstanden, nachdem die bekannten Ereignisse bereits stattgefunden hatten. Es besteht immer die

Chance, dass Menschen ihre Aussagen ausschmückten, vielleicht ohne sich dessen bewusst zu sein. Die Erinnerung spielt jedem Streiche und macht falsche Erinnerungen zu erlebten Tatsachen.

Ein anderer Aspekt, der Vorahnungen vom 11. September unbrauchbar macht, sind Schlussfolgerungen. Ein entscheidendes Merkmal von Vorahnungen ist, dass das Ereignis, das vorhergesehen wird, nicht aus früheren Ereignissen gefolgert werden kann. Doch es hat ein hoch signifikantes früheres Ereignis gegeben, das eine Atmosphäre der Angst und des Schreckens erzeugte, in der viele New Yorker ständig lebten, nämlich den Bombenanschlag auf Turm I, den Nordturm des Welthandelszentrums, im Jahre 1993, bei dem sechs Menschen ums Leben kamen und mehr als tausend verletzt wurden. Dieser Angriff hat ohne Zweifel Tausende von Bewohnern zu der Folgerung veranlasst, dass eine weitere Attacke stattfinden würde – Folgerungen also, die als Vorahnungen fehlgedeutet wurden. Am heutigen Tage, an dem ich dies niederschreibe, listet die Suchmaschine Google auf der Suche nach Vorahnungen zum 11. September (engl. „premonitions of 9/11") mehr als eine Viertelmillion Internetseiten auf. Wie viele davon basieren auf dem Bombenanschlag von 1993?

Doch ich glaube, es wäre gewagt, alle Andeutungen vom 11. September zu verwerfen, nur weil sie falsch sein *könnten*. Betrachten Sie zum Beispiel die Vorahnungen im Wachzustand und die Träume, die ein Bewohner des südlichsten Teils von Manhattan auf YouTube veröffentlichte.[110] In einem Traum sah er zwei Flugsaurier (engl. pterosaurs), die über der Gegend des Welthandelszentrums flogen. Er dachte, *ptero* bedeute „Terror", und dass er einige Zeit nicht in Flugzeugen fliegen sollte. Er hatte auch Träume von Menschen in Bioschutzanzügen gehabt, die im südlichen Manhattan unterwegs waren. Er hatte Visionen von auf den Straßen spazierenden „Gespenstern", die er später mit der von Asche und Staub bedeckten Menschenmenge assoziierte, die am 11. September aus den einstürzenden Türmen flohen. Seine Offenbarungen muten wie symbolische Prophetie an.

Betrachten Sie auch das Gemälde *Gaia* von dem gefeierten visionären Künstler Alex Grey.[111] Es entstand bereits 1989 und zeigt zwei Flugzeuge über dem Welthandelszentrum und einer staubgrauen, verwüsteten Landschaft. War dies eine Warnung vor dem 11. September?

Ähnlich zeigt das Cover der CD *Party Music* der alternativen Hip-Hop-

Gruppe *The Coup* aus Oakland, Kalifornien, die explodierenden Zwillingstürme des Welthandelszentrums. Das Bild ist eine gespenstisch präzise Vorahnung der entsetzlichen Tragödie. Es war bereits im Juni 2001 entstanden, doch nach dem 11. September verschob man die Veröffentlichung der CD, um erst ein neues Cover zu gestalten.[112, 113]

Schöpfen Künstler und Musiker intuitiv aus der Zukunft, haben sie einen leichteren Zugang als andere Menschen? Könnte man ihre prophetischen Talente praktisch nutzen?

Das Pentagon ist offenbar dieser Ansicht. Im Oktober 2001 wurden etwa zwei Dutzend Schriftsteller und Regisseure beauftragt, sich gemeinsam mit Pentagon-Beratern und Beamten in einem anonymen Gebäude in Los Angeles Gedanken zu machen. Das Pentagon wollte wissen, was nach den Angriffen vom 11. September als Nächstes passieren könnte.[114] Eine BBC-Untersuchung stellte fest, dass „Hollywood Szenarien wie Flugzeugentführungen, Bomben in New York, Jagden nach muslimischen Extremisten und sogar den Einsatz von Flugzeugen anstelle von Lenkraketen mit dem Ziel Washington bereits erforscht hat", lange vor dem 11. September, und dass „einige frühere CIA-Agenten und Geheimdienstoffiziere Hollywoods Terrorismus-Vorahnungen teilten, doch ihre Warnungen wurden ignoriert." Der Verbindungsbeamte des Pentagon zum Film erklärte jedoch offiziell, dass jegliche Verbindung zwischen Hollywood-Filmen und dem echten Terrorismus „purer Zufall" sei.[115]

Wie dem auch sei, Hollywoods Visionen leiden unter den Unzulänglichkeiten der Vorahnungen, wie wir bereits gesehen haben – das Fehlen spezifischer Angaben über Zeit und Ort des künftigen Terrorismus. War in den Filmszenarios etwas mehr als purer Zufall im Spiel? Das lässt sich unmöglich feststellen.

Wir wissen jedoch, dass mehrere wissenschaftliche Studien auf einen Zusammenhang zwischen Kreativität oder künstlerischer Befähigung und Psi-Leistung hinweisen.[116]

In einer Studie mit Musik-, Schauspiel- und Tanz-Studenten der hervorragenden Juilliard School in der Stadt New York erlangten die Teilnehmer eines der höchsten Ergebnisse, die jemals in einem sogenannten Ganzfeldexperiment, einer besonderen Art von ASW-Studie, erzielt wurden.[117, 118]

Keiner hat die Flut von Vorahnungen des 11. Septembers einer Analyse unterzogen, die die Erfordernisse guter Wissenschaftlichkeit befriedigend erfüllte. Dies bedeutet jedoch nicht, dass wir sie ignorieren sollten. Anekdoten lügen nicht immer.

Wie könnten Personen, die eine Vorahnung vom 11. September erlebten, besser ernst genommen werden? Eine Möglichkeit wäre, ein Tagebuch oder Traumjournal zu führen, in dem die Vorahnung oder der Traum sofort aufgezeichnet und datiert wird. Dies hilft, die Probleme der Rückschau und verfälschte Erinnerungen zu vermeiden. Eine andere Vorsichtsmaßnahme ist, die Niederschrift notariell beglaubigen zu lassen und sie sicher aufzubewahren. Die Beglaubigung dokumentiert Datum, Zeit und Inhalt der Vorahnung und ist ein Beweis dafür, dass diese nicht irgendwann später erfunden wurde. Menschen, die aus persönlichen Gründen eine Aufzeichnung ihrer Vorahnung aufbewahren möchten, mag eine Beglaubigung und sichere Aufbewahrung die Kosten wert sein. Eine anderes „Beweissicherungsverfahren" ist, mindestens einer Person von der Vorahnung zu erzählen, die somit als Zeuge dienen kann, wenn die Vorahnung eines Tages in Frage gestellt wird.

Bevor wir das Thema „11. September" verlassen, möchte ich einräumen, dass mir bewusst ist, wie heikel das Thema Vorahnungen für viele Bewohner von New York und Washington bleibt, die jene schrecklichen Ereignisse erlebt haben. Ein Bürger Manhattans erzählte mir: „Der 11. September war eine Tragödie nie dagewesenen Ausmaßes, und da keine Vorahnung sie verhindert hat, bin ich nicht allzu begeistert von ihnen. Was nützt es mir, wenn irgendeine Dame das Unglück voraussieht und nichts dabei herauskommt? Es war meine Stadt. Ich bin verärgert angesichts dieser Vorahnungen, weil sie nichts genützt haben!"

Das kann ich nachfühlen. Wäre ich am 11. September in Manhattan gewesen, würde ich vielleicht ebenso empfinden. Ist es jedoch angebracht, „die Unglücksboten zu töten", das heißt jenen Vorwürfe zu machen, die die Vorahnungen erlebten, weil diese die Tragödie nicht zu verhindern vermochten? Die meisten „Boten" sind vermutlich ganz gewöhnliche Menschen, die sich um ihren eigenen Kram kümmern; sie haben nicht *versucht*, Desaster-Szenarien zu erträumen.

Wären sie aber an die Öffentlichkeit gegangen – hätte ihnen jemand zugehört? Wir sind oft taub gegenüber konventionell erlangten Erkenntnissen, ganz zu schweigen von solchen, die von Visionären berichtet werden, insbesondere ohne Datum und spezifische Zeitangabe als Anhaltspunkt. Geheimdienst-Insider haben behauptet, dass Informationen über einen drohenden terroristischen Angriff von unserer Regierung ignoriert worden seien.[119, 120] Wenn von Profis zusammengetragene Erkenntnisse ignoriert wurden, wie wahrscheinlich ist es dann, dass man dann die Vorahnungen nervöser Bürger ernst genommen hätte?

Die Kritik gegen Vorahnungen – da sie so vage und ungenau sind, seien sie wertlos – ist nicht neu. Tatsächlich sind diese Vorwürfe genau die Gründe, welche die US-Regierung für ihr Versäumnis angab, die Warnungen vor den Attacken des 11. September als Anlass zum Handeln zu nehmen. In ihrer Aussage vor der 9/11-Kommission im Jahre 2004 erklärte die damalige US-Sicherheitsberaterin Condoleezza Rice: „Oft genug waren [die Informationen] frustrierend vage. Lassen Sie mich einiges aus dem realen Geplapper vorlesen, das wir in diesem Frühjahr und Sommer abgehört haben: ‚Unglaubliche Nachrichten in den kommenden Wochen' – ‚Großes Ereignis, es wird sehr, sehr, sehr, sehr großen Aufruhr geben.' – ‚In naher Zukunft wird es Angriffe geben.' Beunruhigend, ja. Aber sie sagen uns nicht wann, sie sagen uns nicht wo, sie sagten uns nicht wer, und sie sagten uns nicht wie."[121] Und auf die Geheimdienst-Andeutung, dass Osama bin Laden und andere führende Mitglieder der Al-Qaida einen weiteren Angriff auf die Vereinigten Staaten planten, antwortete Heimatschutzminister Tom Ridge 2004: „Wir haben keine genaue Kenntnis über Zeit, Ort und Methode des Anschlags, aber mit der CIA, dem FBI und anderen Behörden arbeiten wir aktiv daran, dieses Wissen zu erlangen."[122] Der wirkliche Grund, warum Behörden Vorahnungen ablehnen, ist also *nicht,* dass diese vage sind – dies trifft auch auf einen beachtlichen Teil konventioneller Erkenntnisse zu –, sondern die Annahme, dass sie prinzipiell nicht stichhaltig seien. Es ist die alte „Jeder-weiß"-Reaktion: „Jeder weiß", dass wir Dinge nicht wissen können, bevor sie passieren. Doch manche Vorahnungen vom 11. September waren viel detaillierter als geheimdienstliche Erkenntnisse konventionellen Ursprungs.

Hätte irgendjemand darauf gehört? Hätte sich jemand darum gekümmert? Diese Fragen wurden schon früher gestellt. Der Schweizer Psychologe C. G. Jung, der sich für Vorahnungen sehr interessierte, sagte Mitte des 20. Jahrhunderts, dass innere Erlebnisse dieser Art für seine Patienten zwar sehr bedeutsam waren, doch in den meisten Fällen waren sie „Dinge, über die man nicht laut spricht, um sie nicht gedankenlosem Spotte auszusetzen. Ich war immer wieder erstaunt darüber, wie viele Leute Erfahrungen dieser Art gemacht haben und wie sorgsam das Unerklärliche gehütet wurde."[123] Doch das Geheimnis zu hüten, kann tödlich sein.

Am 3. Mai 1812 träumte der Engländer John Williams, dass er sich in der Eingangshalle des Unterhauses aufhielt und einen kleinen Mann eintreten sah, der ein weißes Wams und einen blauen Mantel trug. Er beobachtete, wie ein weiterer Mann eintrat, der einen zimtfarbenen Mantel mit metallenen Knöpfen trug. Dieser feuerte mit einer Pistole auf den kleineren Mann, und ein großer Blutfleck breitete sich über die linke Brust der weißen Weste aus, bevor er zu Boden fiel. Mehrere Männer, die in der Nähe waren, nahmen ihn fest. Der Träumer fragte nach der Identität des Opfers und erfuhr, dass es sich um Spencer Perceval handelte, den Premierminister.

Nach dem Aufwachen erzählte Williams seiner Frau den Traum. Sie sagte ihm, er solle ihn vergessen. Er schlief wieder ein, erlebte den Traum aber ein zweites Mal und erzählte ihn seiner Frau abermals. Sie wiederholte, es sei nur ein Traum, und er solle ihn einfach ignorieren. In derselben Nacht hatte Williams diesen Traum noch ein drittes Mal. Dies beunruhigte ihn, und er besprach sich mit mehreren Freunden, ob er eine Amtsperson darüber in Kenntnis setzen solle. Sie rieten ihm entschieden davon ab, andernfalls mache er sich als Fanatiker lächerlich. Acht Tage später, am 11. Mai 1812, schoss John Bellingham, ein geistesgestörter Kaufmann, der von der Regierung Entschädigung für seine geschäftlichen Schulden verlangte, Perceval in der Eingangshalle des Unterhauses ins Herz. Perceval brachte noch die Worte „Ich wurde ermordet" hervor und starb wenig später. Bellingham ergab sich sofort, wurde für schuldig erklärt und eine Woche später erhängt. Damit erwies sich Williams' Traum als unheimlich prophetisch. Die Einzelheiten des Attentats waren identisch mit denen in seinem Traum, einschließlich der Farben der Kleidungsstücke, der Knöpfe an der Jacke des Attentäters und der Stelle, an der er den Blutfleck auf der weißen Weste Percevals gesehen hatte. Spencer Perceval ist der einzige britische Premierminister, der je einem Attentat zum Opfer fiel.[124, 125, 126, 127]

Die Vorahnung von John Williams wollte keiner hören. Seitdem hat sich nicht viel verändert. Wie bereits im England des 19. Jahrhunderts, haftet auch in unserer Kultur oft ein Stigma an jenen, die mit Visionen hervortreten. Wir vertrauen eher den mit elektronischen Mitteln gesammelten Erkenntnissen als Informationen, die über Vorahnungen bekannt werden, selbst wenn die elektronische Variante weniger genau ist.

Ich behaupte, dass beide Quellen wertvoll sein können. Vorahnungs-Talente wie John Williams gibt es auch heute noch. Wenn wir uns dafür entscheiden, könnten wir sie und ihr spezielles Wissen erschließen und nutzen als eine Ergänzung zu Erkenntnissen konventioneller Art.

Viele unserer Körperfunktionen, zum Beispiel der Puls, sind unwillkürlich und funktionieren außerhalb unseres bewussten Gewahrseins. Wir wollen nun ein wohl dokumentiertes Beispiel betrachten, das uns zeigt, dass auch Vorahnungen dies tun.

DIE EXPLODIERENDE KIRCHE

Am Mittwochabend, dem 1. März 1950, brach ein seltsames Ereignis über die ruhige Präriestadt Beatrice, Nebraska, herein, das die Einheimischen verblüffte, die Aufmerksamkeit der Nation fesselte und grundsätzliche Fragen über die Natur des Bewusstseins aufwarf.[128, 129]

Beatrice ist eine friedliche, freundliche, nüchterne Kleinstadt von etwa zwölftausend Seelen. Sie liegt nahe dem geographischen Mittelpunkt der Vereinigten Staaten auf dem nordamerikanischen Kontinent. Der Ort ist der Verwaltungssitz des Bezirks Gage, einer fruchtbaren Gegend im Südosten Nebraskas in den Großen Ebenen.

Es ist ein geschichtsträchtiges Land. Wild Bill Hickok, der legendäre Spion der Nordstaatler, Sheriff und Revolverheld, wurde in Beatrice wegen Mordes vor Gericht gestellt (und aufgrund seiner Berufung auf Selbstverteidigung für unschuldig erklärt). Clara Bewick Colby, Nebraskas führende Suffragette, stammte aus Beatrice. 1883 gründete sie in Beatrice *The Woman's Tribune,* die zur wichtigsten Publikation der Frauenrechtlerinnen in den Vereinigten Staaten wurde.

Im Jahre 1857 wurde Beatrice von einer Gruppe von zähen Pionieren gegründet, die sich die *Nebraska Association* nannten. Sie waren auf dem Dampfschiff *Hannibal* von St. Louis aus den Missouri flussaufwärts gekommen, legten an, gingen von Bord, erkundeten die Umgebung und fanden einen gastlichen Standort für eine Siedlung, wo der Indian Creek in den Big Blue River mündet. Die Gemeinde erhielt ihren Namen von Julia Beatrice Kinney, der ältesten Tochter von Richter J. F. Kinney, dem ersten Präsidenten der *Nebraska Association*. Der Bezirk erhielt seinen Namen zu Ehren von Reverend William D. Gage, einem Methodistenpfarrer, der 1856 Kaplan der ersten Gebietsversammlung war. Zwischen 1855 und 1882 diente die südliche Hälfte des Bezirks Gage als das Otoe-Missouri-Indianerreservat.[130]

An jenem ereignisreichen Mittwochabend im März 1950 hatte der Winter das Städtchen Beatrice noch fest im Griff. Es war so kalt, dass Pastor Walter Klempel schon früh zur West Side-Baptistenkirche an der West Court Street ging, um den Ofen anzuheizen, bevor die fünfzehn Chormitglieder zur Probe kamen. Als diese Aufgabe erfüllt war, ging er nach Hause, um mit seiner Familie in die Kirche zurückzukehren, wenn auch die Chor-Mitglieder eintreffen würden. Er wusste, dass sie um 19.15 Uhr ankommen würden, denn die Probe begann um 19.20 Uhr. Wahrscheinlich würden sie sich nicht verspäten. Im Lauf der Jahre hatte man eine Tradition der Pünktlichkeit entwickelt, weil keiner gerne herumsitzen und auf Nachzügler warten wollte.

Um 19.25 Uhr flog die Kirche in die Luft. Die Wände explodierten nach außen und das schwere Holzdach krachte herab. Die Ursache, so erklärten die Brandexperten später, war Erdgas, das aus einer undichten Leitung gedrungen und von der Flamme im Ofen entzündet worden war.

Die Fenster der umliegenden Häuser gingen zu Bruch und eine Rundfunkstation wurde aus dem Äther gefegt. Die Explosion war in der ganzen Stadt zu hören, und die Bürger fragten sich erschreckt, wer verletzt worden oder ums Leben gekommen war. Es war bestimmt jemand, den sie kannten – ein Freund, Nachbar oder Verwandter –, denn Beatrice war eine kleine, vertraute Gemeinde, in man einander kannte und sich umeinander kümmerte. Aber als die Leute zu der zerstörten Kirche eilten, erfuhren sie, dass etwas Erstaunliches passiert war: Keiner war verletzt worden, als die Kirche explodierte – denn niemand war dort gewesen.

Dass überhaupt niemand zur Chorprobe gekommen ist, hatte es noch niemals gegeben, und es war rational auch nicht zu erklären. Es war kein schlechtes Wetter – abgesehen von der Kälte –, das Chor-Mitglieder an jenem Abend davon abgehalten haben könnte, zur Kirche zu gehen, und es war überhaupt unwahrscheinlich, dass jene zähen Nebrasker sich von der kalten Witterung hätten einschüchtern lassen. Es gab keine konkurrierenden Veranstaltungen in der Stadt, die sie fortgelockt haben könnten. Als einige Tage später ein Reporter der Zeitschrift *Life* auftauchte, erzählten ihm die Bürger, dass sie glaubten, dass fünfzehn Menschenleben durch „einen Akt Gottes" gerettet wurden.[131]

Nicht nur die Bewohner des Städtchens wunderten sich. Der Vorfall zog die Aufmerksamkeit von Warren Weaver auf sich, einem der tonangebenden Fachleute des 20. Jahrhunderts auf dem Gebiet der Wahrscheinlichkeitstheorie. In seinem Buch *Lady Luck: The Theory of Probability*[132] zitierte Weaver den Vorfall in Beatrice als Beispiel eines höchst unwahrscheinlichen Geschehens. Er berechnete, dass die Chance, dass alle fünfzehn Chormitglieder an diesem einen Abend zu spät kamen, bei eins zu einer Million lag. Der Fall Beatrice faszinierte auch den südafrikanischen Biologen und Schriftsteller Lyall Watson, der Jahre später darüber schrieb. Er berechnete eine sogar noch höhere Unwahrscheinlichkeit von eins zu einer Milliarde.[133]

Als über das Ereignis gar in *Life* berichtet wurde, seinerzeit einer der populärsten Zeitschriften Amerikas, wurde der Nation klar, dass im kleinen Beatrice etwas Außerordentliches geschehen war. Doch es kam, wie es immer kommt: Die Erinnerungen verblassten allmählich, und der Vorfall versank in der Vergangenheit. In den Jahrzehnten, die folgten, taten einige Kritiker, die von der Sache hörten, das Ereignis sogar als Lügenmärchen ab, als eine moderne Legende. Doch kürzlich untersuchte die recht bekannte Website *www.snopes.com,* die sich der Erforschung von modernen Legenden gewidmet hat, die historischen Berichte und erklärte die Geschichte für wahr. Wie schon frühere Forscher, waren die Detektive von Snopes beeindruckt von der schieren Unwahrscheinlichkeit, dass niemand zu Schaden gekommen war. In ihrem Bericht stellten sie fest: „Es ist unmöglich, genau zu berechnen, mit welcher Wahrscheinlichkeit alle diese Ereignisse gleichzeitig stattfanden. Doch die früheren Werte zeigten, dass jede Person etwa jedes vierte Mal zu spät zur Probe kam – was eine Wahrscheinlichkeit von 1 : 1.000.000 ergibt, dass sich an jenem Abend der ganze Chor verspätete."[134]

Die Einwohner von Beatrice mögen Gottes Hand in diesem Geschehen gesehen haben, aber Weaver und andere Wahrscheinlichkeitsexperten taten dies nicht. Für sie war es ein Zufallsereignis, das definitionsgemäß bedeutungslos ist, denn „so etwas passiert eben". Auch überaus unwahrscheinliche Ereignisse müssten früher oder später eintreten, erklären die Experten. Obwohl zum Beispiel die Chancen für ein perfektes Blatt im Bridgespiel bei eins zu 79 Millionen stehen, gelingt dieser Streich etwa alle drei bis vier Jahre irgendeinem Bridgespieler in den Vereinigten Staaten. Oder, um ein unsterbliches Argument der Statistik-Besessenen zu beschwören: Stellen Sie einige Schreibmaschinen in einen Raum voller Affen, lassen Sie diesen genügend Zeit, um damit herumzuspielen, und eines schönen Tages wird einer der Affen eine perfekte Version von *Hamlet* zu Papier bringen.

Doch der Vorfall von Beatrice schien etwas anderes zu sein als ein perfektes Blatt beim Bridgespiel. Zum einen waren die Einsätze nicht die gleichen. Die explodierende Kirche war eine Situation auf Leben und Tod: Fünfzehn Menschen hätten in Stücke gesprengt werden können – was aber nicht passiert ist. Außerdem haben Kartenspieler keinen Einfluss darauf, in welcher Reihenfolge die Karten kommen, doch die Mitglieder des Kirchenchors konnten entscheiden, ob sie an jenem Abend pünktlich zur Probe gehen wollten oder nicht. Dies deutet an, dass der Vorfall kein gedankenloses, bedeutungsloses Geschehen war, sondern irgendwie mit den bewussten – oder unbewussten – Entscheidungen von fünfzehn unpünktlichen Chor-Mitgliedern zusammenhing.

Als die Reporter, die nach Beatrice strömten, anfingen, Fragen zu stellen, stellte sich heraus, dass sich keines der Chor-Mitglieder irgendeiner Vorahnung bewusst war, dass ein potenziell tödliches Ereignis eintreten könnte. Sie nannten eine Vielzahl verschiedener, durchweg banaler Gründe, warum sie nicht rechtzeitig erschienen waren.

Nachdem er den Ofen in Gang gebracht hatte, ging Reverend Klempel, wie bereits erwähnt, zum Abendessen nach Hause. Als es 19.10 Uhr und damit an der Zeit war, mit Frau und Tochter zur Kirche zu gehen, gab es ein Problem. Das Kleid des Mädchens war schmutzig, und die Familie konnte sich erst auf den Weg machen, als ein anderes gebügelt war.

Als die Zeit gekommen war, das Haus zu verlassen, wollte das Auto von Royena Estes nicht anspringen. Also rief sie das Chor-Mitglied Ladona Vandergrift an, die immer frühzeitig bei der Kirche ankam, mit der Bitte, sie und ihre Schwester abzuholen und mitzunehmen. Doch die Gymnasiastin Ladona saß gerade an ihren Hausaufgaben und brütete über einem Geometrie-Problem, das sie noch vor der Abfahrt lösen wollte.

Auch Sadie Estes Pünktlichkeit wurde von der Technik vereitelt. Ihr Auto hatte schon den ganzen Tag Theater gemacht, und am Abend streikte es vollends.

Der Mechaniker Harvey Ahl beaufsichtigte seine beiden Söhne, weil seine Frau unterwegs war. Er wollte sie zur Chorprobe mitnehmen, aber dann verplauderte er sich, und als er auf die Uhr blickte, stellte er fest, dass es bereits zu spät war.

Die Pianistin Marilyn Paul legte sich nach dem Abendessen kurz aufs Ohr. Gewöhnlich kam sie eine halbe Stunde zu früh, aber als ihre Mutter sie weckte, war es bereits 19.15 Uhr. Obwohl sie sich eilends ankleidete und fertig machte, konnte sie unmöglich noch rechtzeitig zur Kirche gelangen.

Frau F. E. Paul, die Chorleiterin und Marilyns Mutter, verspätete sich wegen ihrer schläfrigen Tochter. Zwei Mal hatte sie versucht, sie zu wecken, und damit wurde es auch für sie zu spät.

Frau Leonard Schuster traf – mit Tochter Susan im Schlepptau – gewöhnlich genau um 19.20 Uhr ein, doch sie verspätete sich, weil sie bei ihrer Mutter vorbeisehen musste, um ihr zu helfen, sich für den Besuch eines Missionstreffens fertig zu machen.

Die Stenografin Joyce Black fühlte sich an jedem Abend „einfach nur faul". Draußen war es kalt, und so blieb sie zu lange in ihrem behaglichen Heim. Als die Explosion den Ort erschütterte, war sie gerade im Begriff, das Haus zu verlassen.

Der Dreher Herbert Kipf kam gewöhnlich früh zur Probe, schrieb aber noch an einem Brief, den er aus unerfindlichem Grunde noch vor dem Hinausgehen fertiggestellt haben wollte.

Die Gymnasiastinnen Lucille Jones und Dorothy Wood waren Nachbarinnen und gingen normalerweise gemeinsam zur Chorprobe. Doch Lucille wollte unbedingt eine Radiosendung bis zum Ende um 19.30 Uhr hören, und so kamen beide zu spät.

Hatten die Wahrscheinlichkeitsexperten recht, als sie das Szenario als ein bedeutungsloses Zufallsereignis bezeichneten? Dabei stützten sie sich auf ein altehrwürdiges Prinzip in der Wissenschaft, das „Ockhams Rasiermesser" genannt wird und besagt, dass [im Zweifelsfalle] stets die einfachste Erklärung vorzuziehen ist. Gott an den Details festzumachen, wie es die Bevölkerung von Beatrice getan hat, kompliziere die Dinge unnötig und sollte deshalb unterbleiben, sagen sie. Doch hatten die Wahrscheinlichkeitsexperten recht mit ihrer Forderung nach so viel Vereinfachung? Eine Warnung Einsteins kommt mir in den Sinn, die zuweilen „Einsteins Rasiermesser" genannt wird: „Alles sollte so einfach wie möglich gemacht werden – aber nicht einfacher."[135]

Ich behaupte, dass die Kirchenexplosion von Beatrice das Subtile von Vorahnungen illustriert – wie sie sich in unserem Unbewussten oft so unauffällig manifestieren, dass wir auf sie ansprechen, ohne es zu merken. Bewusste Vorahnungen mögen für Schlagzeilen besser taugen, aber es sind die feinen, schwachen Spuren des Gewahrseins, in denen Zukunftswissen sich am häufigsten präsentiert.

DER BAUERNKALENDER

Weil es fünfzehn Individuen waren, die durch ihr unpünktliches Kommen oder Nichterscheinen dazu beitrugen, dass Beatrice ein blutiges Desaster erspart blieb, ist dieser Fall schwieriger als „glücklicher Zufall" abzutun. Doch wenn Einzelpersonen betroffen sind, können wir uns ratlos den Kopf darüber zerbrechen, ob Vorahnungen eine Rolle spielten oder nicht – zum Beispiel im folgenden Fall aus dem *Farmer's Almanac* (Bauernkalender).

Als das Manuskript des *Farmer's Almanac* für das Jahr 1816 in Druck gehen sollte, fiel jemandem auf, dass es keine Wettervorhersage für den 13. Juli enthielt. Der Gründungsverleger war krank nach Hause gegangen. Ein Laufjunge bekam die Anweisung, nach eigenem Belieben etwas einzusetzen, und er wählte den Eintrag „Regen, Hagel und Schnee". Als Teile von Neuengland an jenem Sommertag tatsächlich alle drei Wettererscheinungen erlebten, nahm der Herausgeber die Urheberschaft der Prognose für sich allein in Anspruch und erklärte: „Ich habe es vorhergesagt." In der Folge gewann der *Farmer's Almanac* für Millionen von Amerikanern den Ruhm und Reiz eines Orakels. Klimatologen zufolge wurde das eigenartige Wetter in jenem „Jahr ohne Sommer" vom Ausbruch des Vulkans Tambora in Indonesien 1815 verursacht.[136] Die die Sonneneinstrahlung dämpfende Staubwolke brachte eine „kleine Eiszeit", die im folgenden Sommer zu ungewöhnlich kühlem Klima in Neuengland führte, wo Teiche und Seen nicht tauten, wo es im Juni zu halbmeterhohen Schneeverwehungen kam und der Frost im August die Getreideernte vernichtete.

Doch wie hatte der Laufbursche dies richtig getroffen? War es eine unheimliche Vorahnung oder nur ein verrücktes Zusammentreffen zufälliger Ereignisse? Vielleicht hatte er mit viel Glück geraten oder mit viel Sachkenntnis vermutet ... Ich möchte gern mehr erfahren über den jungen Mann. War dies eine einmalige Sache, oder hat er öfter präzise Vorhersagen geäußert? War er bekannt als jemand, der die Gabe des „zweiten Gesichts" besaß? Hatten auch andere Mitglieder seiner Familie „die Gabe"? Diese Fragen wurden nie beantwortet. Doch die Amerikaner schreckt dies nicht; die jährliche Auflage des Bauernkalenders beträgt noch heute mehr als vier Millionen Exemplare.[137]

Unsere Erforschung der Vorahnungen ist jedoch nicht abhängig von nicht ganz eindeutigen Erlebnissen, wie jenen des Laufjungen in der Druckerei. Vorahnungen sind oft in Situationen des echten Lebens auf die Probe gestellt worden, manchmal von wagemutigen Forschern.

ÜBER RAUM *UND* ZEIT HINWEG: ZWEI FORSCHER UNTERSUCHEN DIE GRENZEN DER VORAHNUNG

Die Geschichte wirft sowohl Licht als auch Schatten, erhellt einige große Gestalten und verdunkelt andere – oft, wie es scheint, launisch und unberechenbar. Ein Beispiel der letzteren Kategorie ist der Australier Sir George Hubert Wilkins. Obwohl er heute weitgehend vergessen ist, war er für jeden, der in den 1920er bis 1940er Jahren Zugang zu den Medien hatte, ein Superheld. Wilkins war legendär: ein gefeierter Wochenschau-Kameramann, Reporter, Pilot, Spion, Kriegsheld, Wissenschaftler, Forscher,

Geograph und Abenteurer. Er war der erste Mensch, der die arktische Polkappe überflog (im Jahr 1928 von Barrow, Alaska, nach Spitzbergen), eine Leistung, die viele bis heute für den großartigsten aller Arktis-Überflüge halten. Wilkins umrundete den Globus in einem Zeppelin, fuhr als Erster mit dem Unterseeboot unter das polare Packeis, flog als Erster in die Antarktis und war ein Pionier in der planetaren Wettervorhersage und in der Erforschung der globalen Erwärmung.

Wilkins' Großtaten als Kameramann auf den Schlachtfeldern der Westfronten im ersten Weltkrieg sind fast unglaublich. Wiederholt schlug er dem Tod ein Schnippchen, trotz mehrerer Verwundungen und unzähliger Beinahetreffer. Sein Biograph, Simon Nasht, hat kürzlich die Geschichte dieses bemerkenswerten Mannes wieder ins Leben zurückgebracht, nachdem sie über Generationen in Vergessenheit geraten war. Er beschreibt in *The Last Explorer,* wie Wilkins gefasst über die blutgetränkten Schlachtfelder Flanderns schritt, während Kugeln von seinem Uniformrock abprallten und ihm Granaten als Blindgänger vor die Füße fielen. Wilkins glaubte, dass Glück allein sein Überleben in diesem tödlichen Umfeld nicht zu erklären vermochte. Er hatte Vorahnungen drohender Gefahren, die, wie er glaubte, von der „Vorsehung" kamen, die ihm den Weg wiesen und ihn in Sicherheit führten.[138]

Wilkins wuchs im ländlichen Südaustralien zwischen Ureinwohnern des Kontinents auf. Oft ist ihm aufgefallen, dass sie in der Lage schienen, „von einem Ereignis zu wissen, das Meilen jenseits ihres Sichtfeldes und ihrer Hörweite stattfand".[139] Wilkins hegte zeitlebens eine Faszination für das nicht-sinnliche, nicht-rationale Wirken des Bewusstseins.

Im Jahre 1937, als sechs sowjetische Flieger nördlich von Alaska in die Arktis stürzten, beauftragte die Sowjetregierung Sir Hubert, sie vom Flugzeug aus zu suchen. Er sah eine Gelegenheit, die Telepathie zu testen und plante zusammen mit Harold Sherman, einem New Yorker Medium und Schriftsteller, ein über sechs Monate dauerndes Experiment durchzuführen. Drei Nächte in der Woche, zwischen 23.30 Uhr und Mitternacht New Yorker Zeit, wollte Wilkins als „Sender" versuchen, seine gedanklichen Eindrücke von da aus, wo er sich gerade befand, zu Sherman, dem „Empfänger", zu übertragen, der aufschreiben sollte, was er aufnahm, während er in dem verdunkelten Arbeitszimmer seiner Wohnung am Riverside Drive saß. Jede Nacht sollte Sherman die Notizen seiner Eindrücke versiegeln und sie an Dr. Gardner Murphy, einen Psychologen an der Columbia University, schicken, der als neutraler Gutachter beurteilen sollte, was auch immer an Übereinstimmungen dabei zu Papier kam. Als Murphy schließlich Wilkins' Protokollbuch mit Shermans Aufzeichnungen verglich, fand er zu viele Übereinstimmungen, um sie als bloße Zufallsergebnisse abtun zu können. Als sie später die Resultate betrachteten, schätzten Wilkins und Sherman die Trefferquote auf sechzig Prozent.

Einige der Übereinstimmungen waren fast identisch formuliert. Am 7. Dezember – er befand sich gerade in Point Barrow, Alaska – hörte Wilkins eine Feueralarmglocke. Er ging ans Fenster und sah ein Haus von Einheimischen lichterloh in der Nacht brennen. Sherman, 5500 Kilometer entfernt in New York, notierte in jener Nacht: „Weiß nicht warum, aber ich scheine ein prasselndes Feuer zu sehen draußen im Dunkeln – empfange einen klaren Eindruck von Feuer, wie wenn ein Haus brennt –, Sie können es auf dem Eis von Ihrem Standort aus sehen." Dieses und viele ähnliche Beispiele überzeugten den Forscher und das Medium, dass gedankliche Eindrücke zwischen zwei Menschen über die Entfernung übermittelt werden konnten.[140]

Oberflächlich betrachtet, hatte es den Anschein, dass Wilkins und Sherman sich an einem einfachen telepathischen Experiment beteiligten, doch tatsächlich war die Situation komplexer: Wilkins' Verpflichtungen in der Arktis waren so dringend und gefährlich, dass er sich selten die Zeit nahm, bewusst gedankliche Botschaften an Sherman in New York zu „senden". So stellte sich heraus, dass Sherman Information empfing, bevor Wilkins sie abgeschickt hatte, und oft über Dinge, bevor sie überhaupt geschahen. Was Sherman empfing, war also Präkognition, und er nahm Ereignisse auf, die erst *später* passierten.

Sherman erkannte die Bedeutung dieses Geschehens: Er und Wilkins schienen über Raum *und* Zeit hinweg zu kommunizieren. Je größer die Gefahr, desto intensiver schienen Shermans Vorahnungen zu sein. Akkurat berichtet er im Voraus die beiden einzigen Unfälle, die Wilkins in der Arktis zustießen. Er schrieb: „Mehr als Telepathie ist hier beteiligt ... Zuweilen nimmt dein Geist Eindrücke von früheren und künftigen Ereignissen auf. ... Ich spürte und notierte akkurat die zwei einzigen Unfälle, welche Wilkins' Flugzeug im fernen Norden zustoßen sollten, mindestens zehn Tage, bevor sie tatsächlich passierten."[141]

Wilkins war kein Freund von Übertreibungen und wurde oft als ein Mensch beschrieben, der in seinen Aussagen „aggressive Bescheidenheit" unter Beweis stellte.[142] Doch wo es um die Bedeutung seiner Experimente mit Sherman ging, konnte er seine Begeisterung nicht zurückhalten. Er betrachtete die Resultate als „einen aufrüttelnden, überwältigenden Beweis für die Kräfte des menschlichen Geistes".[143] Sherman war gleichermaßen eindringlich: „Es gibt jetzt eine zunehmende Fülle von Beweisen, dass Präkognition eine Tatsache ist", sagte er. „Der Geist des Menschen kann in der Zeit mit der gleichen Leichtigkeit rückwärts und vorwärts gehen, wenn er so zur Tätigkeit bewegt ist."[144]

1942 befand sich die Welt im Krieg, und das Wilkins-Sherman-Buch wurde kaum wahrgenommen. Doch kürzlich wurde es neu veröffentlicht und zu einem Kult-Klassiker. Ein solches Buch hat es gewiss noch nie gegeben. Es schildert den heroischen und gefährlichen Rettungsversuch in der Arktis – die vermissten sowjetischen Flieger wurden nie gefunden –, und dazwischen die Einzelheiten und Ergebnisse der Experimente mit „Gedankenübertragung" über Raum und Zeit hinweg.

1971 wurden die Wilkins-Sherman-Experimente im Wesentlichen von einem anderen Forscher wiederholt, und zwar von dem Astronauten Edgar Mitchell, dem sechsten Mann auf dem Mond. Mitchell war Pilot der Mondfähre auf der Apollo-14-Mission. Vor jener Mission ersannen er und zwei Forschungsphysiker, Dr. Boyle und Dr. Maxie, die sich ebenfalls für dieses Gebiet interessierten, ein „Gedankenübertragungs"-Experiment. Wilkins, Sherman und andere hatten gezeigt, dass Information mental über Tausende von Meilen hinweg übermittelt werden konnte, doch keiner hatte dieses Phänomen bislang im interplanetaren Raum getestet. Die Apollo-14-Mission bot eine Gelegenheit, genau dies zu tun.

Mitchells Experiment umfasste vier Übertragungssitzungen während Ruhepausen, die im Laufe des Raumflugs eingeplant waren. Mit Hilfe von zufälligen Zahlentafeln – gedruckte Spalten und Reihen zufälliger Zahlen, die früher für Computer verwendet worden waren – erzeugte Mitchell vier Tabellen von fünfundzwanzig Zufallszahlen aus den Ziffern von 1 bis 5.[145] Dann ordnete er jeder Zahl ein Symbol von Zener-Karten zu. Die sogenannten Zener-Karten werden in standardisierten ASW-Tests verwendet und zeigen Sterne, Kreuze, Wellenlinien, Quadrate und Kreise. Für jede Übertragungssitzung, die etwa sechs Minuten dauerte, nahm

Mitchell die jeweilige Zahlentabelle und dachte fünfzehn Sekunden lang an das entsprechende Symbol. Dies tat er, bevor er abends schlafen ging. Wie Wilkins vierunddreißig Jahre früher, war Mitchell so beschäftigt, dass er nur für vier Übertragungssitzungen Zeit finden konnte. Trotz bester Planung stimmten Mitchells Sendezeiten nicht mit den Empfangszeiten der vier Probanden auf der Erde überein. Doch dies schien nichts auszumachen. Wie sich herausstellte, schrieben die Empfänger ihre Eindrücke auf, bevor Mitchells Sendezeiten überhaupt begannen, und verwandelten das Experiment in einen erfolgreichen Test der Präkognition oder des Vorauswissens.[146]

Die NASA, so empfindlich wie eh und je, wenn es um Öffentlichkeitswirkung ging, ignorierte das erste Weltraum-Erde-Gedankenübertragungs-Experiment der Geschichte bis auf die Bemerkung, dass es sich um einen persönlichen Test ohne offizielle Genehmigung gehandelt habe. Zurück auf Erden stellte Mitchell jedoch fest, dass das Experiment bei „nicht wenigen" Ingenieuren und bei dem legendären Raketengenie Wernher von Braun Begeisterung ausgelöst hatte. Mitchell beschrieb, wie viele von diesen Wissenschaftlern in sein Büro kamen, die Tür hinter sich schlossen und ihn baten, von dem Experiment zu erzählen, was er auch tat.[147]

Von Braun wollte die Experimente weiter ausdehnen. Er schlug Mitchell vor, eine Erkundung der NASA-Einrichtungen durchzuführen, um festzustellen, ob es einen passenden Ort gab, an dem diese Art von Arbeit vertieft werden könnte. Doch beide, Mitchell und von Braun, verließen die NASA, bevor irgendwelche weiteren Experimente durchgeführt werden konnten. Als Mitchell nach seinem Ausscheiden aus der NASA das *Institute of Noetic Sciences* gründete, blieben die beiden befreundet; von Braun hielt eine Rede bei einem Wohltätigkeits-Dinner.[148]

Die beiden Testreihen – die Experimente von Sir Hubert Wilkins aus der Arktis über 4500 Kilometer und die andere von Astronaut Edgar Mitchell über rund 320.000 Kilometer – sind in Ansatz und Ergebnis fast gleich. Beide zeigten, dass ferne Empfänger Informationen präkognitiv aufnehmen können, bevor sie ausgesendet werden.

GELDVERDIENEN

Das englische Wort für Vorahnung, *premonition,* bedeutet wörtlich „Vormahnung oder Vorwarnung", gewöhnlich vor Ereignissen, die unangenehm oder desaströs sind, wie in den Beispielen von Aberfan, vom 11. September und der Kirchenexplosion. Zukunftswissen kann jedoch auch für angenehme Ziele – einschließlich finanzielle Gewinne und Erfolg im Geschäft – genutzt werden.

Ich habe angedeutet, dass die Fähigkeit, in die Zukunft zu sehen, unseren Vorfahren einen evolutionären Vorteil gegeben hat, denn dank des Vorauswissens wurde es wahrscheinlicher, dass sie drohende Gefahren überlebten.

Die Bedeutung des Überlebens jedoch wandelt sich von Zeit zu Zeit. Eines der feindlichsten Umfelder in unserer Kultur ist heute der überaus konkurrenzeifrige höhere Rang einer Unternehmensleitung. Das Überleben für Geschäftsführer zum Beispiel ist für gewöhnlich keine Frage von Leben oder Tod, um die es noch bei unseren Ahnen ging, doch die hohen Tiere in der Hierarchie kämpfen nicht minder, um zu überleben. Könnten sie Vorahnungen nutzen, wie es wohl unsere Vorfahren in ihren Kämpfen ums Überleben getan haben?

Viele Menschen denken so, obwohl der bevorzugte Begriff für diese Fähigkeit nicht Vorahnung, Präkognition oder Zukunftswissen ist, sondern *Intuition*. Es gibt eine wachsende Industrie, die behauptet, Menschen zu lehren, ihre intuitiven Kräfte in der Geschäftswelt zu entfesseln. Die Internet-Suche nach „business intuition" führt zu fast einer Viertelmillion Websites.

Aber was genau bedeutet Intuition? Die meisten Menschen würden darin übereinstimmen, dass es eine Art von instinktivem Wissen ist, das sich nicht auf greifbare Beweise stützt. Wenn eine Intuition mit einer Voraussage einhergeht oder dem Gespür von dem, was in der Zukunft eintreten wird, wird die Intuition unterscheidbar von einer Vorahnung, einem Empfinden oder Glauben, dass etwas geschehen werde.

Geschäftsleute mögen es vorziehen, ihre Instinkte in Bezug auf die Zukunft Intuition zu nennen, aber das ändert nichts daran, dass es sich um Vorahnungen handelt. Ungeachtet der Vernichtung unvorstellbarer Geldsummen und des Untergangs Hunderter Kreditinstitute, die im Jahre 2008 einsetzten, berufen sich alle Geschäftsleute routinemäßig auf Vorahnungen. Beispiele hierfür sind das Gespür, in welche Richtung sich Geschäftszyklen bewegen, wie sich die Stärke des Aktienmarktes entwickelt, welche Maßnahmen die Zentralbank ergreifen und wie sich das Vertrauen der Konsumenten im kommenden Jahr entwickeln wird. Entscheidungen über Anschaffungen und Übernahmen, Ausverkäufe und Investitionen in Betriebskapital werden oft aufgrund von Ahnungen und Bauchgefühlen gefällt, nicht auf der Grundlage logischer Erwägungen oder rationaler Vorhersagen. Obwohl Geschäftsleute ihre Entscheidungen zuweilen als auf Sachkenntnis gestützte Vermutungen bezeichnen, sind echte Vorahnungen nicht „auf Sachkenntnis gestützt": Sie basieren nicht auf logischem Denken und können nicht aus dem in der Vergangenheit Geschehenen geschlussfolgert werden. Anleger sprechen oft davon, „die Würfel rollen zu lassen", wenn sie eine Entscheidung treffen, und verraten damit, dass sie sich auf etwas anderes als auf Logik stützen. Viele Titanen unter den Firmenbossen sind berühmt dafür, dass sie häufiger recht haben als sich irren, wenn sie auf diese Weise zu ihren Entscheidungen gelangt sind.

In einer klassischen Untersuchung der Universität von Texas in El Paso in den 1980er Jahren, testete Management-Professor Weston H. Agor die Intuition von zweitausend Managern und stellte fest, dass die Spitzen-Führungskräfte höhere Punktzahlen erreichten als jene, die in der Firmenhierarchie weiter unten angesiedelt waren. Spitzenmanager pflegten zuerst alle relevanten Informationen zu verdauen, doch wenn die Daten unvollständig oder verwirrend waren, wechselten sie zu intuitiven Ansätzen, wenn es eine Entscheidung zu fällen galt. Interessanterweise waren sie eher zurückhaltend, wenn es darum ging, ihren Kollegen gegenüber zu enthüllen, dass sie sich auf Intuition stützten; es war ihnen lieber, als kühle Intellektuelle zu gelten, die sich allein von ihrer Vernunft leiten ließen.[149]

Mitte der 1970er Jahre führten der Parapsychologie-Forscher Douglas Dean und der Professor für Wirtschaftsingenieurwesen John Mihalasky vom *New Jersey Institute of Technology* (früher das *Newark College of Engineering*) eine Reihe von Experimenten durch, die diesen Bereich beleuchten.[150] Sie verbrachten zehn Jahre mit der Untersuchung von 385 Geschäftsführern von US-amerikanischen Firmen. Die Manager wurden gebeten, eine hundertstellige Zahl zu erraten, die zu dem Zeitpunkt, als ihnen diese Aufgabe gestellt wurde, noch nicht existierte. Dann wurde die Zahl von einem Computer erzeugt, der mit einem Zufallsgenerator-Programm arbeitete. Anschließend wurden die Ergebnisse mit den Finanzberichten verglichen, welche die Firmen der Manager veröffentlicht hatten. Dean und Mihalasky stellten fest, dass achtzig Prozent der Manager, deren Firmengewinne sich in den letzten fünf Jahren mehr als verdoppelt hatten, überdurchschnittliche präkognitive Kräfte besaßen. „Es war ganz eindeutig", schreibt der Fernwahrnehmungs-Forscher Stephan A. Schwartz in seiner Besprechung dieser Experimente, „dass Dean in der Lage war, Finanzberichte zu prüfen und *im Voraus* zu sagen, wie ein bestimmter Manager in seinem Experiment abschneiden würde".[151]

Es gab keine Möglichkeit für die Manager, mit Hilfe von Logik oder Schlussfolgerung eine Reihe von Zahlen vorherzusagen, bevor der Computer sie überhaupt erzeugt hat. Sie arbeiteten mit Vorahnungen, nicht mit auf Sachkenntnis gestützten Vermutungen.

Seit die Dean-Mihalasky-Zahlenraten-Ergebnisse vor mehr als dreißig Jahren veröffentlicht wurden, ist der Test mit Menschen aller Altersgruppen und aus den verschiedensten Gesellschaftsschichten wiederholt worden. Die Resultate zeigen, dass die präkognitive Befähigung nicht mit Intelligenz in Wechselbeziehung steht. Tatsächlich stellten Dean und Mihalasky fest, dass Studenten technischer Zweige mit besseren Durchschnittsnoten etwas schlechter abschnitten als jene mit weniger guten Noten.[152]

Ein interessantes Ergebnis der Arbeit von Dean und Mihalasky mit Managern war der hohe Prozentsatz – rund achtzig Prozent – der Probanden, die zugaben, privat an ASW zu glauben. Dazu befragt, erklärten sie, dass ihr Glaube nicht auf einer Vertrautheit mit der wissenschaftlichen Literatur oder einer Bekanntheit mit medialen Menschen beruhte, sondern auf der Tatsache, dass sie im eigenen Leben gesehen hatten, dass es funktionierte.[153]

Viele Experten, deren Karriere auf Prognosen basiert, fühlen sich nicht wohl mit dem Image, dass sie Vorahnungen oder Präkognition nutzen. Beispiele hierfür sind etwa die Entwickler der Delphi-Methode, einer

Vorhersage-Technik, die in der RAND-Corporation zu Beginn des Kalten Krieges entwickelt wurde, um den Einfluss von Technik auf die Kriegsführung einzuschätzen. Die Urheber des Verfahrens sollen unglücklich über die Namensgebung gewesen sein, mit der man auf das Orakel von Delphi im antiken Griechenland Bezug nahm. Sie waren besorgt, der Name impliziere „etwas Orakelhaftes, etwas mit leicht okkultem Beigeschmack".[154] Im Delphi-Verfahren beantworten sorgfältig ausgewählte Experten Fragebögen in zwei oder mehr Runden. Nach jeder Runde fasst ein Moderator die anonymen Meinungen und die für die Einschätzungen genannten Begründungen zusammen. Dann werden die Teilnehmer aufgefordert, ihre Vorhersagen zu überarbeiten. Es heißt, dass sich das Spektrum der Antworten im Laufe des Prozesses zu einer „korrekten" Position verengt.

Wenn es der Empfindlichkeit der Experten zuträglicher ist, statt Vorahnung den Begriff *Intuition* zu verwenden – einverstanden. Doch nicht jeder lässt sich täuschen. Wie eine Organisation, die sich der Entwicklung präkognitiver Fähigkeiten widmet, offen feststellt, gebrauchten die Entwickler der Delphi-Methode und RAND das, „was ASW-Forscher Präkognition nennen würden".[155]

Das gleiche Muster wie bei Managern ist auch bei Börsenmaklern zu finden. Im Jahre 2007 stellten die Forscher Christian Harteis und Hans Gruber vom Institut für Pädagogik an der Universität Regensburg fest: „Intuitive Vorhersagen der Aktienmarktentwicklung sind zumeist besser als rational begründete. ... Entscheidungen über Kapitalanlagen am Aktienmarkt stützen sich auf Vorhersagen der Aktienmarktentwicklung. Da keine allumfassenden Informationen verfügbar sind, können keine vollständig rationalen Entscheidungen getroffen werden. Deshalb ist es notwendig, auf Intuition zu vertrauen."[156]

Einige Unternehmensberater haben sich durch das Nadelöhr gezwängt und geben zu, dass Führungskräfte in der Wirtschaft wirklich routinemäßig Präkognition nutzen. Carol Kinsey Goman, Ph.D., die Autorin von neun Büchern über Kreativität im Beruf, rät Führungskräften tatsächlich, ihre Träume, Empfindungen und Ahnungen aufzuschreiben[157] – eine althergebrachte Methode, Vorahnungen zu kultivieren.

Die Finanzkrise von 2008 dürfte den Wert von Vorahnungen im „Überleben des Stärksten in der vom Konkurrenzdenken dominierten Welt der

Kredite und Investitionen illustrieren. Jene Manager, die mit Zukunftswissen begabt waren, sollten mit größerer Wahrscheinlichkeit einen weiten Bogen um hochriskante Subprime-Hypotheken-Investitionen gemacht haben und die Krise überleben, während dies anderen, intuitiv weniger Begabten, mit geringerer Wahrscheinlichkeit gelungen ist. Die Hypothekenkrise dürfte auch illustrieren, in welchem Maße Gier tatsächlich vorhandene Vorahnungen wirkungslos zu machen oder zu sabotieren vermag.

Was geschieht, wenn Vorahnungen als solche anerkannt und in einem geschäftlichen Umfeld auf die Probe gestellt werden?

Im Jahr 1982 ließ das *St. Louis Business Journal* neunzehn prominente Börsenmakler gegen Beverly Jaegers, ein Medium in St. Louis, antreten. Jaegers war ein eher widerstrebendes Medium; ursprünglich war sie eine Skeptikerin, die Psi-Phänomene zu entlarven bestrebt war, bis sie aufgrund eigener Erlebnisse ihre Meinung änderte. In jenem Experiment wurde jeder Teilnehmer gebeten, fünf Aktien auszuwählen, deren Wert seiner Meinung nach im Laufe der nächsten sechs Monate steigen werde. Obwohl Jaegers nicht gelernt hatte, Aktiengesellschaften zu beurteilen, übertraf sie achtzehn der neunzehn Finanzexperten. Der Dow-Jones-Index fiel binnen eines halben Jahres um 8 %, die von Jaegers ausgewählten Aktienwerte stiegen um 17,2 %. Nur ein Börsenmakler schnitt etwas besser ab – mit 17,4 %.[158]

Jaegers hatte in den 1970er Jahren landesweit Aufmerksamkeit auf sich gezogen, als der Rohstoffmakler Pete Dixon beschloss, ihre medialen Fertigkeiten auf die Probe zu stellen. Er brachte ihr einen versiegelten Umschlag, der die Prognose enthielt, dass die Kaffeepreise steigen werden, und bat sie, eine Aussage über den Inhalt zu machen. In ihrem Bericht über diesen Fall in einer Rückschau auf die Karriere Jaegers' schrieb die Journalistin Stefene Russell: „[Sie] sah starken Regen und Menschen, die Körbe trugen; in jedem lagen ein paar verschrumpelte rote Beeren." Dixon war begeistert. Er versprach, Jaegers ein neues Haus zu kaufen, wenn sich als wahr erwiese, was Jaegers gesagt hatte. „Er kaufte Kaffee-Aktien in großer Zahl – gerade rechtzeitig, um beobachten zu können, wie der Preis in die Höhe schnellte, nachdem ein Frost in Brasilien die Ernte dezimiert hatte. Er machte Millionen und hielt sein Versprechen. Er überreichte Beverly Jaegers einen Scheck ... welchen sie verwendete, um ein neues Haus zu kaufen."[159]

Wenn alle Vorahnungen so eindeutig wären wie im Jaegers-Fall, wären alle Medien vermögend, in den Vorständen großer Firmen und im Genuss enormer Gehälter. Die Tatsache, dass sie es nicht sind, liegt an der ungenauen, launischen und oft unbrauchbaren Art der Vorahnungen.
Der Historiker Brian Inglis sah ein Muster in den Versuchen von Medien, Geld zu machen. „Weissagen", schrieb er, „ob spontan oder auf Wunsch, hat nur selten jemanden reich gemacht; entweder ist etwas passiert, das den Abschluss einer Wette verhinderte, oder es stellte sich heraus, dass die Information ein wenig irreführend gewesen ist."[160]
Inglis zitiert das Erlebnis von Dr. Christoph Knape, einem Hofapotheker in Berlin.* Im Jahre 1768 träumte der Lehrling Knape die Gewinnzahlen der staatlichen Lotterie und gewann eine bescheidene Summe. Er träumte sie erneut acht Jahre später, wurde aber von einem Geräusch abgelenkt, bevor er alle Zahlen notieren konnte. Dabei konnte er sich mit Gewissheit nur auf die ersten beiden Zahlen besinnen und vertraute auf seine verschwommene Erinnerung an die übrigen. Gleichwohl erwiesen sich diese als korrekt, doch er war vorsichtig gewesen und hatte nur wenige Lose gekauft, die ihm nur eine geringe Summe brachten, statt dass er den Jackpot gewann. Im folgenden Jahr träumte er wieder eine Reihe von Zahlen, von denen er einige als korrekt empfand, und beschloss, alles darauf zu setzen – nur um zu entdecken, dass alle die Lose für diese Zahlen bereits verkauft waren. Obwohl seine Vorahnung sich als korrekt erwies, gewann er nichts.
In seinem hervorragenden Buch *Healing Dreams* überliefert der Autor und Filmemacher Marc Ian Barasch das Erlebnis von Thelma, einer *Sangoma* (einer südafrikanischern Medizinfrau), die er in einer Barackenstadt an der Peripherie von Johannesburg kennengelernt hatte. Sie erzählte Barasch, wie sie einst um Geld betete, da sie ihr Haus erweitern wollte, um mehr Schüler aufnehmen zu können. In jener Nacht träumte sie, ihr Großvater teilte ihr mit, dass sie in der Tat ein besseres Haus brauchte; in dem Traum nannte er ihr eine sechsstellige Zahl. Beim Aufwachen erkannte sie, dass es eine Zahl für die Sechser-Lotterie sein könnte. Doch sie besaß nur sechzig Rand und dachte, das Los werde mehr kosten, des-

---

* Der „Prof. Dr. med., Obersanitätsrat, geheimer Obermedizinalrat" war (je nach Quelle) Professor für Anatomie oder Professor der Arzneikunde. Als 21-Jähriger, als der er seinen Traum schildert, arbeitete er bei einem Hofapotheker. (Anm.d.Ü.)

halb kaufte sie es nicht. „Dann, am nächsten Tag", sagte sie, „sah ich: Es war genau die Gewinnzahl, die ich geträumt hatte. Eine Million Rand wurden ausbezahlt – und ich habe eine Woche lang geweint!"[161]

Doch Knapes und Thelmas Erlebnisse sind noch nicht die ganze Geschichte. Manche Menschen handeln konsequent nach Trauminformationen und berichten zuweilen von beträchtlichen, sogar wiederholten finanziellen Erfolgen in der Lotterie und auf anderen Wegen. Jennie zum Beispiel, eine fünfzigjährige Hausfrau im Hinterland von New York, schrieb mir über ihre Vorahnungen in Träumen. Das Dach von Jennies Haus bedurfte dringend einer Reparatur, die sie sich jedoch nicht leisten konnte. Jennie war recht religiös und hütete sich vor Habgier, und so betete sie, in der Lotterie zu gewinnen – nicht den Jackpot, sondern gerade genug, um das Dach instandsetzen lassen zu können. In der Nacht träumte sie eine Reihe von Zahlen, schrieb sie auf und trug sie in einen bestimmten Tippzettel der staatlichen Lotterie ein. Sie gewann genau den Betrag, den sie für die Dachreparatur benötigte. Drei Jahre danach war sie wieder in einer Situation, in der sie Geld benötigte, um über die Runden zu kommen. Wie schon früher betete sie um die Summe, die ihr fehlte. Wie schon früher erschienen ihr die korrekten Lottozahlen im Traum, und die Lotterie zahlte ihr den Betrag aus, den sie benötigte.

Jennies Erlebnisse zeigen uns, dass Traum-Vorahnungen bedürfnisorientiert sind und mit größerer Wahrscheinlichkeit eintreten, wenn man eine spezifische Intention oder eine Bitte formuliert, die erfüllt werden soll.

Als in den 1980er Jahren ein bestimmtes Experiment veröffentlicht wurde, war darüber auf der Titelseite des *Wall Street Journal*[162] zu lesen, und es wurde zum Thema eines Nova-Films mit dem Titel *A Case of ESP* („Ein Fall von außersinnlicher Wahrnehmung").[163]

Das Experiment sollte zeigen, ob es einem Team von Einzelpersonen gelingen würde, mit Hilfe von außersinnlichen Mitteln Gewinne auf dem Markt zu erzielen.[164] Die Gruppe bestand aus Russell Targ, dem Physiker und Psi-Forscher am Stanford Research Institute, sowie einem Fernwahrnehmer, der schon an früheren Experimenten mit Erfolg teilgenommen hatte, einem enthusiastischen Investor, einem Geschäftsmann und einem einsatzfreudigen Börsenmakler. Sie nannten sich die *Delphi Associates*. Es war die Aufgabe des Mediums, Silber-Rohstoffpreise eine Woche in die Zukunft zu prognostizieren. In Psi-Forscherkreisen ist bekannt, dass es sehr schwierig ist, Zahlen oder Buchstaben aus einer medialen Vermittlung zu lesen. Deshalb hatte die Gruppe das Medium nicht aufgefordert, die Symbole an der großen Tafel in der New Yorker Rohstoffbörse eine Woche im Voraus zu lesen, sondern man gebrauchte statt dessen eine Technik, die man *assoziative Fernwahrnehmung* nennt. Sie ersannen eine Reihe von Symbolen, die sie mit den möglichen Verfassungen des Silbermarktes assoziierten. Sie wollten wissen, wie ein „Dezember-Silber" genannter Rohstoff notieren werde: „ein wenig höher" (d.h. weniger als einen Vierteldollar oder unverändert), „viel höher" (d.h. mehr als einen Vierteldollar), „ein wenig niedriger" oder „viel niedriger". Sie forderten den Geschäftsmann auf, vier klar unterscheidbare Symbole auszuwählen, eines für jede der vier möglichen Entwicklungen am Silbermarkt. Die Symbole bezogen sie aus einer Auswahl von Alltagsgegenständen, wie Glühlampe, Blume, Buch, Stein, Plüschtier und so weiter. Nur der Geschäftsmann wusste, welche vier Symbole er ausgewählt hatte und welcher Entwicklung am Silbermarkt sie entsprachen.

An diesem Punkt rief Targ den Fernwahrnehmer per Telefon an und bat ihn, seine Eindrücke von den Objekten zu schildern, die sie ihm in der kommenden Woche zeigen würden, wenn die tatsächliche Entwicklung am Silbermarkt bekannt wäre. Dann schritt der Börsenmakler zur Tat und kaufte oder verkaufte Silber-Verträge einzig aufgrund dessen, was der Fernwahrnehmer gesehen hatte – ein Buch, einen Teddybären, eine Blume oder was auch immer. Das Medium las also nicht wirklich Zahlen oder Kurse, sondern nannte ein Symbol, das mit dem assoziiert wurde, was der Silbermarkt eine Woche später tun würde, deshalb der Begriff *assoziative Fernwahrnehmung*. Am Ende der Woche, als der Silbermarkt schloss, löste das Team sein Depot auf und zeigte dem Fernwahrnehmer den Gegenstand, der dem tatsächlichen Verhalten des Silbermarktes entsprach. Dem Fernwahrnehmer eine Rückmeldung über Erfolg oder Versagen zu geben, ist nach Ansicht vieler Forscher ein wichtiger Faktor, der zukünftigen Erfolgen im präkognitiven Prozess förderlich sei. Alle neun Prognosen, die im Herbst 1982 auf diese Weise gemacht wurden, waren korrekt, was dem Team mehr als 100.000 Dollar einbrachte, die sie mit dem Investor teilten.

Im Jahr darauf waren sie nicht so erfolgreich. Der Investor erhoffte sich gute Chancen und wollte zwei Versuche pro Woche durchführen. Sie probierten es, aber das Ergebnis war ein gehetzter Ablauf und bedeutete eine Kompromittierung des entscheidend wichtigen Punktes – der Rückmeldung an den Fernwahrnehmer. Das Ziel des Experiments war auch ein anderes. Targs ursprünglicher Zweck war es, Geld aufzutreiben, um seine künftige Arbeit in der Psi-Forschung zu finanzieren. Im zweiten Jahr war das Ziel des Investors, einen großen Reibach zu machen. Um die Dinge weiter zu komplizieren, entwickelte einer der Teilnehmer eine persönliche Animosität gegen Targ, und ein Mitglied des Teams wollte die vereinbarte Gewinnaufteilung zu seinem Vorteil geändert haben. Belastende Gefühle vergifteten die vormals reibungslose Zusammenarbeit innerhalb der Gruppe, und nun waren die Ansagen jedes Mal falsch.[165] Den Grund für die Veränderung vermutete Targ in dem Umstand, dass die Gruppe ihre „spirituelle Ausrichtung" verloren hatte. Ein Aspekt der Zielsetzung im ersten Versuch war wissenschaftlicher Fortschritt. In der zweiten Versuchsreihe ging es definitiv darum, die Bank zu sprengen. Targ formulierte es so: „Eine mächtige Gier hat sich in unser Vorhaben eingeschlichen."[166]

Könnte man den ursprünglichen Erfolg erneut erzielen, wenn man den Ablauf mit einem anderen Team verbesserte, das harmonischer zusammenarbeitete? In einem folgenden, formellen Präkognitions-Experiment mit assoziativer Fernwahrnehmung sagten Medien bei elf von zwölf Anrufen mit Erfolg Veränderungen im Silbermarkt (nach oben oder unten) voraus. Doch dieses Mal brachte es keinen Gewinn in klingender Münze, denn die Studie wurde ohne eine reale Investition durchgeführt.[167]

Die uneigennützige Zielsetzung schien in einem ähnlichen Präkognitions-Experiment zu wirken, bei dem es um Prognosen über den Silberpreis im Warenterminhandel ging. In dieser Studie ging es dem Physiker Hal E. Puthoff, Targs Kollegen am Stanford Research Institute, darum, genau 26.000 Dollar für eine neue Waldorfschule aufzutreiben. Dies gelang ihm rasch, und er zog sich sofort aus dem Markt zurück.[168]

In einem anderen Investitions-Experiment setzten der Fernwahrnehmungs-Forscher Stephan A. Schwartz und sein Kollege Rand De Mattei assoziative Fernwahrnehmung zum Vorhersagen des Standard & Poor's 500 Index* ein, um Mittel zur Finanzierung ihres Forschungsprogramms aufzutreiben. Das Resultat war eine Verdreifachung ihrer Investition.[169]

Im Jahre 1995 machte sich der Psi-Forscher James Spottiswoode auf,

---

* Der S&P500 umfasst die Aktien von 500 der größten, börsennotierten Unternehmen der USA. (Anm.d.Ü.)

mit Hilfe von präkognitiven Fernwahrnehmern den Fantasy5-5-Jackpot der staatlichen Lotterie in Kalifornien zu gewinnen. Dazu war es nötig, fünf Zahlen zwischen 1 und 39 zu erraten. Die Chancen liegen bei 1 : 575757. Spottiswoode rekrutierte siebzehn Fernwahrnehmer zur Teilnahme. Er achtete auf einen guten Konsens zwischen ihnen und gebrauchte eine Technik, die zu komplex ist, um sie hier zu beschreiben. Nachdem ihm die Fernwahrnehmer ihre Visionen übermittelt hatten, entdeckte Spottiswoode, dass er für sich nicht genug Zeit eingeplant hatte, die Zahlen auf alle Lotteriescheine zu schreiben und diese in die Annahmestelle zurückzubringen, wo er sie erworben hatte. In der Folge „sah er hilflos zu, wie [sie] die kalifornische Lotterie gewannen, dabei aber nicht mehr als die Befriedigung erlangten, es geschafft zu haben".[170]

Diese Experimente deuten an, dass die den präkognitiven Bemühungen zugrundeliegende Zielsetzung ein Schlüssel zu der Frage sein könnte, ob ein Erfolg in Geschäft und Investment erreicht wird oder nicht. Gier scheint den Erfolg zu vereiteln; gemeinnützige, unpersönliche Ziele scheinen ihn zu begünstigen.

Während ich dies schreibe, hat der US-Kongress einen Rettungsplan für die Wall Street und die Kreditinstitute des Landes geschmiedet, nachdem viele von diesen dem Bankrott anheimgefallen sind. Der am häufigsten zitierte Grund für dieses finanzielle Desaster ist die Gier. „Die Manager wurden gierig", sagte der damalige Präsidentschaftskandidat Barack Obama.[171] Sein Rivale bei der Präsidentschaftswahl, Senator John McCain, ging wegen ihrer „grenzenlosen Gier"[172] ebenfalls mit der Wall Street ins Gericht. Habgier schrieben manche Analytiker auch Millionen von Eigenheimkäufern zu, die überteuertes Eigentum mit Darlehen finanzierten, die sie sich nicht leisten konnten.[173] Das ganze Schlamassel klingt wie ein erneuter Durchlauf von Targs zweiter Versuchsreihe zur Ermittlung der künftigen Silberpreise im Terminhandel in ganz großem Stil, bei dem das Gieren nach Profit die Oberhand gewann und das Experiment zum Scheitern verurteilte.

Vergleichen wir die Habgier der Wall Street mit dem Ansatz von Warren Buffett, dem zweitreichsten Mann der Welt, der sein Vermögen weiterhin mit Investitionen macht und es philanthropischen Zwecken zuführt. Buffett wird von Vielen als der intuitivste unter den heutigen Anleger-Gurus betrachtet. 2006 schrieb er in Amerika Geschichte, indem er die größte

Einzelspende aller Zeiten machte: 37 Millionen Dollar an die Stiftung von Bill und Melinda Gates. Buffett unterstützt eine Vielfalt von Anliegen – gefährdete und benachteiligte Jugendliche, Krebsforschung, Erziehung, Bildungs-, Familien- und Elternbelange, Gesundheit, Obdachlosigkeit, Organspende und Armut.[174]

Oder denken Sie an den Schauspieler Paul Newman, der im September 2008 starb. Seit Gründung seiner überaus erfolgreichen Lebensmittelkette Newman's Own, die er 1982 ins Leben rief, um seine besonderen Salatsaucen zu produzieren, spendete Newman mehr als 200 Millionen Dollar für verschiedene Anliegen – Aids- und Krebsforschung, Sommerlager für Kinder, Drogenprävention, Obdachlosigkeit, Wirbelsturmhilfe und mehr.[175]

Im starken Kontrast hierzu unterstützt die Wall Street nur ein einziges Anliegen – den eigenen Profit. Je mehr, desto besser.

Experimente, die Präkognition einsetzen, um Geld zu machen, deuten an, dass es ein inneres Kalkül geben könnte, durch das Gewinne an eine „spirituelle Ausrichtung" gebunden sind, wie Targ behauptet. Noch nie hat jemand der Wall Street den Vorwurf gemacht, spirituell ausgerichtet zu sein. Ist dies einer der Gründe für ihre derzeitige Kalamität?

Gewöhnlich betrachten wir eine Vorahnung als Erlebnis eines einzelnen Menschen. In manchen Situationen jedoch scheinen sich Vorahnungen spontan bei großen Gruppen von Menschen einzustellen. Dies ist das Gegenstand des Buches *The Wisdom of Crowds* von James Surowiecki, der die beliebte Wirtschaftskolumne „The Financial Page" für den *New Yorker* schreibt.[176] Solche kollektiven Vorahnungen können weitreichende finanzielle Konsequenzen haben.

Am 28. Januar 1986 explodierte die Raumfähre *Challenger*, Amerika erlitt einen Schock. Acht Minuten nach dem Zerbersten der *Challenger* erschien die Geschichte auf der Dow-Jones-Nachrichtentafel. „Der Aktienmarkt hat nicht einmal innegehalten, um zu trauern", beobachtet Surowiecki. Binnen Minuten begannen Anleger die Aktien der vier größten Firmen abzustoßen, die am Start der *Challenger* beteiligt waren: Rockwell International (Bau der Raumfähre und ihrer Haupttriebwerke), Martin Marietta (Bau des äußeren Treibstofftanks), Lockheed (Unterstützung am Boden) und Morton-Thiokol (Konstruktion der Festbrennstoff-Starthilferakete). Nur einundzwanzig Minuten nach der Explosion der *Chal-*

lenger war der Kurs der Lockheed-Aktie um 5 Prozent, der von Martin Marietta um 3 Prozent und der von Rockwell um 6 Prozent gefallen. Doch Morton-Thiokol musste den härtesten Schlag einstecken. Es waren so viele Anleger, die ihre Anteile an der Firma zu verschleudern suchten, dass sofort ein Handelsstopp für die Aktie angeordnet wurde. Am Ende des Tages war der Kurs um fast 13 Prozent gefallen, während sich die Notierungen der anderen drei Firmen wieder zu erholen begannen und bis auf drei Prozent unter dem ursprünglichen Wert stiegen.

Wie kam es dazu, dass Tausende von Aktionären im ganzen Land gerade Morton-Thiokol zur Bestrafung auserwählt hatten? Es gingen Wochen ins Land, bis die Öffentlichkeit erfuhr, dass die fehlerhaften Dichtungsringe aus der Produktion von Morton-Thiokol zu dem Unglück geführt hatten. Irgendwie hatten „die Vielen" das schon vorher gewusst. Doch woher hatten sie die Vorahnung?

Gruppen-Vorauswissen und kollektive Vorahnungen? Surowiecki, ein nüchterner Wirtschaftskolumnist, ist sich darüber im Klaren, wie gespenstisch und mystisch dies klingt. „Aber zufällig funktioniert die Welt nun einmal so", sagt er.[177]

Surowieckis Beteuerung, dass akkurate Vorahnungen aus großen Gruppen von Nichtfachleuten kommen können, ist eine Herausforderung für den in Ehren gehaltenen Inbegriff des fachkundigen Managers, der schlauer ist als die Angestellten seiner Firma und deren Tausende von Investoren und Aktionären. Angesichts des aktuellen Schiffsbruchs an der Wall Street ist es vielleicht an der Zeit, weniger auf die Manager und mehr auf die Vorahnungen „der Vielen" zu hören.

Bis hierher haben wir uns mit der „Persönlichkeit" von Vorahnungen befasst. Wir haben erforscht, wie sie im täglichen Leben gewöhnlicher Sterblicher auftauchen und Abstecher in die Welten der Forschung und der Wirtschaft unternehmen. Wir haben festgestellt, dass Vorahnungen überaus spezifisch sein können, es aber häufig nicht sind; dass sie sich zuweilen auf recht dramatische Weise in unserem Bewusstsein und unserer Wahrnehmung manifestieren, uns aber auch unbewusst und unbemerkt zum Handeln anstupsen können; dass sie bei Individuen oder in Gruppen vorkommen können und uns zwar gewöhnlich vor drohenden Ereignissen warnen, aber auch auf praktische, angenehme Weisen genutzt werden können.

Fälle, Geschichten und Anekdoten sind wichtig, aber sie erzählen uns nicht die ganze Geschichte. Nun ist die Zeit gekommen, uns in die Welt der Wissenschaft zu wagen, um zu sehen, wie Forscher das Bild vom Wissen um die Zukunft erweitert haben. Viele Wissenschaftler glauben, dass Vorahnungen durch die sich mehrenden Beweise in den Rang verbürgter Tatsachen erhoben werden. Wir wollen die Gründe dafür untersuchen.

TEIL ZWEI – DIE BEWEISE

„Wenn es geschieht, ist es möglich."
– ein namenloses Gesetz des Universums

UNS SELBST VORAUS – DIE VOREMPFINDUNGS-EXPERIMENTE

Das zwingende Beweismaterial aus Versuchslabors, das belegt, dass wir eine angeborene Fähigkeit besitzen, die Zukunft zu erspüren, ist in den vergangenen zwei Jahrzehnten weiter gewachsen. Es wurde hauptsächlich von Psi-Forscher Dean Radin, dem Laborleiter am *Institute for Noetic Sciences* in Petaluma, Kalifornien, zusammengetragen. Radin hat herausgefunden, dass unser Zentralnervensystem automatisch auf Ereignisse anspricht, die noch gar nicht eingetreten sind und derer wir uns in der Gegenwart noch nicht gewahr sind.[178, 179] Seine Entdeckungen sind vielleicht die massivste Herausforderung für die Annahme, dass unser Bewusstsein nur auf die Vergangenheit und Gegenwart zugreifen könne. Radin nennt jene Fähigkeit „Vorempfindung"* und definiert sie als ein vages, nichtkognitives Empfinden, dass etwas Gutes oder Schlechtes eintreten wird. Der Wert dieser Experimente ist kaum zu überschätzen, und Stanley Krippner, der berühmte Psi-Forscher, schreibt: Diese Studien „zeigen, dass die Vorempfindung tatsächlich ein Vorauswissen zukünftiger Ereignissen widerspiegelt. Meiner Meinung nach ist dies derzeit das wichtigste Experiment in der Psi-Forschung."[180]

Einen Anstoß zu Radins Untersuchungen gab das Erlebnis eines Freundes, der von Feuerwaffen sehr angetan war. Wenn er seine Pistole gereinigt hatte und die Patronen wieder einlegte, pflegte er die letzte (sechste) Kammer leerzulassen. Nach einem dieser Putzrituale hatte er eine starke,

---

* Das engl. *presentiment* ist eine Neuprägung – offenbar, um Kollisionen mit anderen Begriffen zu vermeiden. lat. *praesensio* = Vor[aus]empfindung (Anm.d.Ü.)

ungute Vorahnung, als er gerade im Begriff war, die letzte (fünfte) Patrone in ihre Kammer zu stecken. Er gab seinem vagen Grauen nach, legte die Patrone beiseite und drehte die sechste Kammer vor den Hahn. Einige Wochen später, bei einem Streit in seiner Hütte in angetrunkenem Zustand, griff sein Schwiegervater nach der Waffe und versuchte, ihn zu erschießen. Radins Freund wäre getötet worden, wenn jene Patrone in ihrer Kammer gesteckt hätte. Bis heute bewahrt er die „für ihn selbst bestimmte" Patrone in einem Tresorfach auf.[181]

Bei seinen Vorempfindungs-Experimenten, die er 1993 an der Universität von Nevada begann, nutzte Radin die wohlbekannte Orientierungsreaktion, die ein Organismus in einer Kampf- oder Flucht-Situation zeigt. Wenn Menschen mit einer Krise oder einer unbekannten, furchteinflößenden Situation konfrontiert sind, kommt es zu einer typischen Reaktion des autonomen Nervensystems: Die Pupillen weiten sich, die Gehirnwellen verändern sich, die Aktivität der Schweißdrüsen nimmt zu, der Puls beschleunigt sich und die Extremitäten werden blasser, weil die Blutzufuhr in die Peripherie gedrosselt wird. Diese physiologischen Veränderungen sind biologisch sinnvoll, denn wenn wir in Gefahr sind, schärfen diese Anpassungen unsere Sinneswahrnehmung, steigern unserer körperliche Kraft, vermindern die Gefährlichkeit von äußeren Blutungen und machen es allgemein wahrscheinlicher, dass wir die akute Bedrohung überleben.

Bei Radins Experiment saßen die Probanden vor einem Computerbildschirm. An der linken Hand der Versuchsperson maßen Radin und sein Team drei Reaktionen physiologischer Erregung: Herzschlag, Durchblutung der Fingerspitze und die elektrodermale Aktivität, das heißt die elektrische Leitfähigkeit bzw. den Leitungswiderstand als Anzeichen für eine Veränderung der Schweißsekretion. Mit der Rechten bedienten die Versuchspersonen eine Computermaus. Wenn sie auf die Taste klicken, zeigte der Computer ein wahllos aufgerufenes Bild aus einem Vorrat von einhundertzwanzig hochwertigen digitalisierten Fotos. Es gab zwei Typen von Bildern: Die ruhigen Fotos waren angenehme Bilder von Naturszenen, Landschaften und wohlgelaunten Menschen. Emotionelle Fotos waren beunruhigend, schockierend oder erregend, zum Beispiel erotische und sexuelle Bilder und grausige Fotos von Autopsien. Nachdem sie auf die Maustaste gedrückt hatten, blieb der Bildschirm vor den Versuchspersonen fünf Sekunden lang leer. Dann wählte der Computer zufällig ein Bild, das drei Sekunden lang zu sehen war. Danach blieb der Bildschirm wieder fünf Sekunden lang leer, worauf eine Ruhepause von fünf Sekunden folgte. Danach begann der nächste Versuch. Vierundzwanzig Personen nahmen an den Versuchen teil, sie betrachteten insgesamt neunhundert Bilder.

In den fünf Sekunden nach Drücken der Maustaste, während der Bildschirm also nichts anzeigte, begann die elektrodermale Aktivität in der gespannten Erwartung des folgenden Fotos zuzunehmen; was nicht überraschend ist. Verblüffend war jedoch, dass die elektrodermale Aktivität *stärker* zunahm, wenn das nächste Bild aus der „emotionalen" Kategorie stammte. Mit andere Worten, die Teilnehmer „prä-agierten" auf ihre eigenen zukünftigen Gefühlszustände, *bevor* die emotionalen Bilder zu sehen waren und noch bevor der Computer sie ausgewählt hatte. Radin und Kollegen nannten dies, wie erwähnt, einen *Vorempfindungs-Effekt*, um damit ein Gefühl oder Empfinden zu bezeichnen, das seinem Auslöser zuvorkommt.

Ende der 1990er Jahre hatte Radin vier separate Vorempfindungs-Experimente abgeschlossen. Die Chancen für einen echten Vorempfindungs-Effekt bei diesen Studien lagen insgesamt bei 125.000 : 1. Diese Studien sind für den gesunden Menschenverstand eine große Herausforderung, weil sie unter Doppelblind-Bedingungen zeigen, dass durchschnittliche Probanden, wenn sie *im Begriff sind,* ein emotionales Bild zu sehen, bereits darauf ansprechen, bevor dieses Bild erscheint.[182, 183]

Radin stellte auch die Hypothese auf, dass sich der Vorempfindungs-Effekt als um so größer oder massiver erweisen werde, je größer die Emotionalität eines Bildes ist. Er prüfte diese Möglichkeit, und sie erwies sich als zutreffend: Je größer die Emotionalität, desto größer der Vorausempfindungs-Effekt, und dies bei einer Wahrscheinlichkeit von 1 : 125.[184]

Die elektrodermale Aktivität oder galvanische Hautreaktion, die Radin messen ließ, ist natürlich nur ein Aspekt der Kampf-oder-Flucht-Mechanismen des Körpers. Würden auch andere Aspekte dieses Notfallreaktionsmusters Vorempfindungen widerspiegeln? Um dies zu prüfen, maß Radin den Pupillendurchmesser, der zunimmt, wenn sich der Körper auf Kampf oder Flucht einstellt. Er stieß auf das gleiche Muster. Wie schon die elektrodermale Aktivität, nahm auch die Pupillenweite deutlich zu – bereits mehrere Sekunden, bevor Bilder zu sehen waren, die Sex, Gewalt oder Verstümmelung zeigten, im Unterschied zu friedlichen, mit Gelassenheit zu betrachtenden Bildern.[185] Dies lässt darauf schließen, dass wohl das ganze autonome System des Körpers zukünftige Ereignisse zu erfassen vermag.

Signalisieren unsere Augen Vorempfindungen auch auf andere Weise? In seinem Blog „Entangled Minds" lädt Radin zu Fragen und Antworten zu seinen Experimenten ein. Eine Person schrieb 2007: „Ich habe sehr stark den Verdacht, dass meine Tochter immer dann eine Art von Vorempfindungs-Effekt zeigt, wenn sie fotografiert wird. Sie ist auf Fotos viel häufiger mit geschlossenen Augen zu sehen, als man erwarten würde, dass sie blinzelt. Damit meine ich Bilder, die mit einer [Digitalkamera] ohne Verschlussgeräusch und ohne Blitzlicht aufgenommen wurden."[186] Radin antwortete, dass sein Pupillenerweiterungsexperiment im Durchschnitt vieler Versuchspersonen ebenfalls auffällig häufiger ein Blinzeln gezeigt habe, kurz bevor emotionale Bilder gezeigt wurden, als vor ruhigen Bildern. „Vielleicht scheut sich Ihre Tochter, fotografiert zu werden", antwortete er humorvoll, „und spürt genau den richtigen Moment, um das Bild durch ihr Blinzeln zu ruinieren."

An einem stürmischen Tag im Februar 2008 sollten Radin und ich auf einer Konferenz in San Francisco über den Primat des Bewusstseins sprechen. Wie es bei wissenschaftlichen Zusammenkünften häufig der Fall ist, passieren die interessantesten Dinge nicht auf dem Podium, sondern in zwanglosen Gesprächen in Korridoren und während der Mahlzeiten. Bei einer solchen Zufallsbegegnung fragte ich Radin, wie er auf die Ideen zu seinen bahnbrechenden Experimenten komme. „Ich träume sie mir zusammen", antwortete er. Ich dachte erst, dies sei nur so dahingesagt, und lächelte. Er sah meine Erheiterung und fuhr fort: „Allen Ernstes, sie kommen mir in meinen Träumen. Das zeigt mir, dass ich auf der richtigen Spur bin und es in Ordnung ist, sie weiter zu verfolgen."

Ein entscheidendes Kriterium für gute Wissenschaft ist, ob andere Forscher die Entdeckungen validieren können. Bis heute wurden von verschiedenen Forschern in verschiedenen Laboratorien neunzehn Vorempfindungs-Studien durchgeführt, und zehn von ihnen haben statistisch signifikante Resultate erbracht.[187]

Unter denen, die Radins Experimente wiederholten, war Dick Bierman, ein Psychologie-Professor der Universitäten Amsterdam und Utrecht. Bierman folgte im Wesentlichen der Vorgehensweise Radins, verwendete

Fotos von ruhigen Szenen sowie solche mit Sex, Gewalt und Verstümmelung.[188]
Experimente am HeartMath Research Center in Boulder Creek, Kalifornien, im Jahre 2004 führten zu einer Erweiterung der Erkenntnisse aus Radins und Biermans Studien.[189, 190] Unter der Leitung von Rollin McCraty zeigte das HeartMath-Team sechsundzwanzig Versuchspersonen mit Erfahrung in Meditation oder Gefühlskontrolltechniken, die das Institut von HeartMath populär gemacht hatte, emotionell aufregende oder beruhigende Bilder.

Anders als die Probanden von Radin und Bierman, zeigten die HeartMath-Testpersonen keinen Vorempfindungs-Effekt beim elektrischen Leitungswiderstand der Haut (galvanische Hautreaktion). Dies führten die Forscher auf die Tatsache zurück, dass ihre Probanden durch Meditation und andere Techniken gelernt und geübt hatten, auf Stressreize *nicht* zu reagieren.

Einen signifikanten Vorempfindungs-Effekt zeigten die HeartMath-Versuchspersonen jedoch im Verhalten ihres Herzens: Rund fünf Sekunden vor der Präsentation eines aufregenden Bildes begann sich der Puls zu verändern, jedoch nicht, bevor ruhige Bilder zu sehen waren. Irgendwie „erkannte" das Herz, was in der Zukunft vor ihm lag, obwohl die Versuchspersonen bewusst keine Ahnung davon hatten. Darüber hinaus fanden die HeartMath-Forscher deutliche Unterschiede zwischen den Geschlechtern: Frauen zeigten einen stärkeren Vorausempfindungs-Effekt vor emotionalen Reizen als Männer.

Die Heartmath-Forscher konnten zudem belegen, dass das Herz auch künftige Ereignisse registrieren kann, bevor das Gehirn dies tut, und der Ursprung der Pulsveränderung innerhalb des Herzens und nicht im Gehirn liegt. Dies widerspricht der landläufigen Meinung, dass das Gehirn für die Reaktion des Herzens auf emotionelle Reize verantwortlich sei und ihm über das autonome Nervensystem entsprechende Signale übermittle. Die HeartMath-Forscher behaupteten sogar, dass „jüngere Arbeiten in der Neurokardiologie [andeuten, dass] das Herz ein Sinnesorgan und ein Informationen verschlüsselndes und verarbeitendes Zentrum mit einem ausgedehnten spezifischen Nervensystem ist, das es ihm ermöglicht, unabhängig vom Schädel-Gehirn zu lernen, zu erinnern und funktionell Entscheidungen zu treffen."

Es ist nicht notwendig zu entscheiden, welches Organ – das Herz oder das Gehirn – die Zukunft zuerst erspürt. Die HeartMath-Forscher behaupten vielmehr, dass wir auf ganzkörperliches Wissen Wert legen sollten. „Der Wahrnehmungsapparat des Körpers tastet ständig die Zukunft ab. Das Herz ist an der Verarbeitung von Informationen über einen zukünftigen emotionalen Reiz unmittelbar beteiligt, schon Sekunden bevor der Körper den Reiz tatsächlich erlebt. ... Was an diesem Ergebnis wirklich überrascht, ist die Tatsache, dass das Herz bei der Wahrnehmung zukünftiger Ereignisse eine direkte Rolle zu spielen scheint – zum allermindesten impliziert es, dass das Gehirn in dieser Hinsicht nicht allein tätig ist."

Diese Experimentatoren glauben, dass ihre Erkenntnisse der menschlichen Erfahrung entsprechen. Nahezu alle Kulturen, sowohl antike als auch moderne, haben das Herz als eine Verbindung zu einer Quelle von Information und Weisheit betrachtet, die außerhalb der Reichweite der körperlichen Sinne liegt – nennen wir sie Intuition, Zukunftswissen oder Vorahnungen. Dichter haben das Herz schon lange als eine emotionale Pforte verstanden. Die Erkenntnisse aus den HeartMath-Studien scheinen diese sentimentale Sicht nun von einer Metapher zu einer empirischen Tatsache zu erheben.

Eine der dramatischsten Bestätigungen für das Vorausempfinden lieferten Experimente, bei denen der Reiz besonders unangenehm war. An anstößige Bilder können sich Versuchspersonen gewöhnen, aber der menschliche Körper gewöhnt sich nicht an Stromschläge – wie alle Folterknechte wissen. Als der ungarische Physiker Zoltán Vassy Stromschläge als den Reiz verwendete, der im Voraus erspürt werden sollte, war der Vorempfindungs-Effekt „erstaunlich stark", wie Radin beobachtete, und ignorierte deutlich jede statistische Zufallswahrscheinlichkeit.[191, 192, 193]

Lärm ist einer der störendsten stresserzeugenden Faktoren im Leben von heute, besonders für Stadtbewohner.[194] In den Ländern der Ersten Welt wurde die Lärmbelastung in jüngeren Jahren zu einem immer größeren gesundheitlichen Problem. Im August 2007 veröffentlichte die Weltgesundheitsorganisation (WHO) schockierende Statistiken mit Schätzungen der Anzahl von Europäern, die durch Lärmbelastung getötet oder behindert wurden. Die Zeitschrift *New Scientist* fasste diese Informationen zusammen und berichtete: „Chronischer und exzessiver Verkehrslärm trägt zum Tode von drei Prozent der in Europa an koronarer

Herzkrankheit leidenden Menschen bei. Angesichts von sieben Millionen Menschen, die weltweit pro Jahr an Herzerkrankungen sterben, bedeutet dies einen jährlichen Todeszoll von 210.000 Menschen durch Lärmbelastung."[195] Diese Zahl kann man vergleichen mit den geschätzten vier Millionen Menschen, die weltweit pro Jahr an durch Rauchen verursachten Erkrankungen sterben.[196] Die WHO plant, Richtlinien über zumutbare Lärmbelastung herauszugeben, die den verschiedenen Verwaltungs- und Regierungsebenen helfen können, strenge Lärmvermeidungsregeln zu begründen. Dies ist ein bedeutender Schritt und in seiner Wichtigkeit vergleichbar mit dem bahnbrechenden Bericht des höchsten Militärarztes der US-Streitkräfte über Rauchen und Gesundheit im Jahr 1964. Die Schätzungen der Weltgesundheitsorganisation werden – wie jener Bericht des Generalarztes – wahrscheinlich dazu beitragen, dass Lärmbelastung von der Öffentlichkeit nicht länger als bloßes Ärgernis, sondern als ernst zu nehmender, todbringender Einfluss auf die Gesundheit wahrgenommen wird.

Wenn Lärm tödlich wirken kann – könnte unser Körper darauf eingestellt sein, ihn vorauszuahnen und zu meiden? Ist ein Vorausempfinden bevorstehenden Lärms möglich?

Im Jahre 2003 maßen die Physiker Edwin May und James Spottiswoode die elektrodermale Reaktion bei mehr als hundert Versuchspersonen, die im Begriff waren, ein zufällig wiederkehrendes lautes Geräusch über Kopfhörer zu vernehmen. Dieser Test simuliert die Lärmbelastung im echten Leben, welche gewöhnlich laute Geräusche bietet, die wir nicht vorhersagen können. Der Vorausempfindungs-Effekt war recht stark; das Nervensystem reagierte drei bis fünf Sekunden vor dem unangenehmen Reiz bei einer Zufallswahrscheinlichkeit von 1 : 1250.[197]

Der Physiker Vassy wiederholte diese Studie in Budapest mit fünfzig Probanden, ebenfalls mit statistisch signifikanten Ergebnissen.[198]

Holger Klintman vom Fachbereich Psychologie der Universität Lund, Schweden, begann in den frühen 1980er Jahren eine Reihe von Experimenten, die den Vorempfindungs-Effekt weiter bestätigen. In seinen Studien wurde den Probanden eine farbige Fläche gezeigt – rot, grün, blau oder gelb –, gefolgt von dem Bezeichnung der Farbe (das heißt dem Wort *Rot, Grün, Rot, Blau* oder *Gelb*).[199, 200] Die Versuchspersonen hatten die Aufgabe, den Namen der gezeigten Farbe so schnell wie möglich auszusprechen und danach die folgende Farbbezeichnung so rasch wie möglich vorzulesen. Wenn die zuerst gezeigte Farbe mit der danach zu lesenden Bezeichnung übereinstimmte, so stellte Klintmann fest, konnten die Probanden die Farbbezeichnung rasch und richtig aussprechen. Wenn hingegen die zuerst gezeigte Farbe nicht der danach zu lesenden Bezeichnung entsprach, wurde die Aufgabe überraschend schwierig und frustrierend, und die Versuchpersonen sprachen die gelesene Farbbezeichnung langsamer aus.

Dann beschloss Klintman, die Zeit zu bestimmen, die die Probanden benötigten, um die Farbe der zuerst gezeigten Fläche auszusprechen. Zu seiner Überraschung stellte sich heraus, dass die anfängliche Reaktionszeit kürzer war, wenn die farbige Fläche der folgenden Farbbezeichnung entsprach, und länger, wenn Farbfläche und Farbname nicht übereinstimmten. Wie aber konnte die Versuchsperson gewusst haben, ob die beiden *später* übereinstimmen würden? Klintman glaubt, dass dieser Effekt zeigt, was er als *zeitverkehrte Schlussfolgerung* bezeichnete, da sich hier ein späteres Ereignis irgendwie in der Zeit rückwärts bewegte und eine kognitive Schlussfolgerung bewirkte, wenn der zukünftige Reiz nicht passte, wobei sich die Zeit der Erstreaktion verzögerte. Um seine Hypothese zu prüfen, ersann er ein weiteres Doppelblind-Experiment, das er mit achtundzwanzig Versuchspersonen durchführte; die Wahrscheinlichkeit eines Zufallsergebnisses betrug 1 : 67. Insgesamt führte er fünf erfolgreiche Experimente durch – jedes etwas anders aufgebaut –, die Wahrscheinlichkeit eines Zufallsergebnisses betrug insgesamt 1 : 500.000.

In seiner Zusammenfassung dieser verschiedenen Versuche schreibt Radin: „Diese Experimente zum physiologischen Vorausempfinden ... zeigen, dass wir unter bestimmten Umständen bewusst oder unbewusst auf Ereignisse in der Zukunft ansprechen können – auf Ereignisse, von denen wir auf keinem normalen Wege Kenntnis erlangen können."[201]

Kary Mullis, ein mit dem Nobelpreis ausgezeichneter Chemiker, war fasziniert von Radins Entdeckungen und beschloss, dem Experiment in Radins Laboratorium eine Chance zu geben. Das Resultat erschütterte ihn. Als er im Mai 1999 als Gast in der Sendung *Science Friday* des öffentlich-rechtlichen Rundfunks erschien, sagte er: „Ich konnte etwa drei Sekunden in die Zukunft sehen.[202] ... Es ist unheimlich ... [Radin hat] das wieder und wieder mit Leuten gemacht. Aus meiner Sicht liegt das Experiment mit der Zeit am Rande der Physik. Da gibt es etwas Lustiges an der Zeit, das wir nicht verstehen, denn eigentlich sollte man das nicht tun können."[203]

Der Psychologe Dick Bierman, der auch Radins Arbeiten wiederholte, schreibt: „Wir sind zufrieden, dass Menschen die Zukunft spüren können, bevor sie passiert. Wir möchten jetzt gern weitergehen und sehen, welche Art von Personen besonders gut darin ist."[204]

So wie Mullis Radins Labor als Vorempfindungs-Proband besucht hatte, stellte sich Rupert Sheldrake, der in Cambridge studierte Biologe, Autor und Psi-Forscher, im Februar 2001 freiwillig als Versuchsperson zu einem von Biermans Vorausempfindungs-Experimenten an der Universität Amsterdam zur Verfügung. Wie Sheldrake in seinem Buch *The Sense of Being Stared At* berichtet, zeigte er eine starke emotionelle Erregung, bevor die erotischen Bilder gezeigt wurden, obwohl er sich dessen nicht bewusst war. Der dramatische Anstieg seiner elektrodermalen Aktivität begann fünf Sekunden, bevor die erotischen Bilder von dem Computer ausgewählt wurden und bevor sie auf dem Bildschirm erschienen. Keine solche Erregung trat ein, bevor die Bilder ruhigen Inhalts erschienen, oder gar vor den gewaltsamen. Obwohl er über die Vorempfindungs-Experimente gelesen hatte, bevor er sich daran beteiligte, war er gleichwohl überrascht wie Mullis, der das Erlebnis „unheimlich" fand.

Sheldrake hob die Präzision des Experiments hervor. Da die Zufallsauswahl automatisch geschah und innerhalb des Computers stattfand, gab es keine Möglichkeit, durch irgendwelche normalen Mittel zu entdecken, welche Art von Bild als Nächstes gezeigt würde, noch konnte er irgendwelche Hinweise von Bierman aufgenommen haben. Bierman selbst wusste nicht, welche Fotos erscheinen würden, und abgesehen davon hielt er sich nicht in dem gleichen Raum auf, als Sheldrake sich den Tests unterzog. „Ich war allein", sagte Sheldrake, „mit dem Computer, den Bildern und meinen Emotionen."[205]

Inzwischen hörte Chester Wildey, ein Masterstudent im Fach Elektrotechnik an der Universität von Texas in Arlington, das Interview mit Mullis im National Public Radio und war fasziniert. Er überredete sein Masterarbeits-Komitee, ihm zu gestatten, Vorausempfindungen und die elektrodermale Hautreaktion mit Hilfe einer Überwachungsschaltung zu erforschen, die er selbst entworfen hatte. Obwohl die Elektrotechnik um solche Dinge für gewöhnlich eine großen Bogen macht, gelang es Wildey, sein Komitee zu überzeugen: Wenn sich ein Nobelpreis-Chemiker (Mullis) für dieses Phänomen interessierte, sollten sie auch ihm einen Versuch gestatten. Sie gestatteten. Und wie Radin und die anderen Wissenschaftler fand auch Wildey Beweise für einen Vorausempfindungs-Effekt.

Dann fragte er sich, ob der Effekt sich auf die Menschen beschränkte. Existierte er bereits auf einer früheren Stufe der Evolution, bei den Tieren, und, falls ja, bei welchen? Fasziniert von der Behauptung des Cambridge-Mathematikers Roger Penrose und des Anästhesiologen Stuart Hameroff von der Universität von Arizona, dass Bewusstsein bereits bei Tieren vorhanden sein sollte, die über so viel Gehirn verfügten wie ein Wurm, gab Wildey den Experimenten eine neue Richtung: Er würde das Vorausempfinden von Regenwürmern testen. Doch welcher Reiz wäre hier geeignet? Visuelle oder auditive Stimuli würden bei Regenwürmern nicht funktionieren, denn diese besitzen nicht den notwendigen sensorischen Apparat, um sie wahrzunehmen. Wildey stieß auf Vibration als den perfekten Reiz, denn Regenwürmer reagieren extrem empfindlich darauf. Wildey führte 231 kontrollierte Studien mit seinen Regenwürmern durch, die Wahrscheinlichkeit eines Zufallsergebnisses betrug 1 : 17. Doch das Vorempfindungs-Fenster der Regenwürmer war schmaler – es währte nur eine Sekunde vor dem Reiz, verglichen mit etwa drei Sekunden bei Menschen.[206]

Wildeys gewagte Studie ist wichtig, weil sie das Phänomen der Vorempfindung über den Menschen hinaus in anderen Bereichen der Biologie bestätigt. Wenn die Fähigkeit bei einer Vielfalt von Lebewesen existiert, so zeigt dies deutlich, dass die Vorempfindungs-Experimente mit Menschen kein bloßer Glückstreffer waren.

Interessanterweise waren die zwei zukünftigen Reize, die Radins und Biermans Probanden am meisten erregten, Fotos mit sexuellen oder Gewalt-Darstellungen. Aus biologischer Sicht erscheint dies sinnvoll. Wenn ein Organismus gewahr wird, dass eine sexuelle Gelegenheit oder Aktivität bevorsteht, kann er oder sie sich auf Fortpflanzung einstellen; wenn Gewalt oder Gefahr drohen, kann er oder sie sich darauf vorbereiten oder ihr ausweichen. Dieses Vorauswissen gereicht uns zum Vorteil bei der Erfüllung unseres evolutionären Auftrags, nämlich am Leben zu bleiben und uns fortzupflanzen.

Bemerkenswert ist auch die Tatsache, dass das Vorausempfinden unbewusst ist; das Vorauswissen handelte quasi selbstständig, ohne dass es der Versuchsperson bewusst war.

Vorahnungen sind oft so. Da nimmt jemand aus irgendeinem Grund, der nicht offensichtlich ist, die Geschwindigkeit zurück, bevor er um eine Kurve fährt – und stellt wenige Sekunden später fest, dass die Straße nach der Biegung wegen eines Unfalls blockiert ist. Ein Angestellter hat aufgrund von nichts weiter als einer vagen Ahnung entschieden, am 11. September 2001 nicht zur Arbeit ins Welthandelszentrum zu gehen – und nach den Terroranschlägen berichten viele Menschen genau das Gleiche. Wie der Psychologe und Psi-Forscher James C. Carpenter sagt, sind außersinnliche Befürchtungen gewöhnlich „unbewusst, und wir können nur einen flüchtigen Blick auf ihre Auswirkungen erhaschen, indem wir die kognitive Tätigkeit aussetzen und das verschwommene Material am Rande des Erlebens betrachten."[207]

Die Vorausempfindungs-Entdeckungen werden unterstützt durch Experimente, die nicht im Rahmen eines Computerraums im Versuchslabor stattfinden, sondern in der Außenwelt, im echten Leben. Darunter sind Studien zur Fernwahrnehmung, die über mehr als zwei Jahrzehnte am *Princeton Engineering Anomalies Research* (PEAR) Laboratorium an der Universität von Princeton durchgeführt worden sind.

Mit Hilfe dieser Experimente sollte festgestellt werden, ob es möglich ist, zwischen zwei voneinander fernen Menschen – einem „Sender" und einem „Empfänger" – mental Informationen auszutauschen. Laut PEAR-Protokoll versucht der Empfänger, die Information aufzuzeichnen, die ein Sender mental von einem weit entfernten Zielort aus zu übermitteln versucht. Der spezifische Zielort wird im Voraus aus einer großen Auswahl möglicher Orte zufällig ausgewählt. Der Sender begibt sich an den Zielort und verbringt dort in der Regel zehn bis fünfzehn Minuten. Zu einer vereinbarten Zeit beginnt er sich umzusehen und notiert seine Eindrücke von der Umgebung anhand einer „30-Punkte-Liste", auf die sich die folgende Bewertung stützt. Zusätzlich macht der Sender Fotos von dem Ziel, die der späteren Bezugnahme dienen. Der ferne Empfänger zeichnet seinen oder ihren Eindruck auf, der schließlich mit der Beschreibung des Zielortes aus der Hand des Senders verglichen wird. Die Auswertung erfolgt anhand der Liste, deren Fragen mit Ja oder Nein beantwortet werden können. Zum Beispiel: Ist der Zielort innerhalb eines Gebäudes oder im Freien? Sind Bäume vorhanden? Wasser, Berge, Täler? Autos, Flugzeuge, Schiffe, Züge? Ist der Ort laut oder still, begrenzt oder weit, hektisch oder ruhig? Wie steht es mit architektonischen Details – Säulen, Türme, Bögen, Denkmälern? Vierbeiner, Insekten, Vögel, Fische? Und so weiter, dreißig Fragepunkte lang.

Der Empfänger weiß nicht, zu welcher bestimmten Zeit der Sender von dem Zielort aus „senden" wird. Er kann seine oder ihre Eindrücke von dem Übermittelten zu jeder beliebigen Zeit aufzeichnen, also wann immer sie bei ihm anzukommen scheinen.

Am PEAR-Laboratorium sind Hunderte von Fernwahrnehmungsversuchen mit beträchtlichem Erfolg durchgeführt worden, so dass die Gesamt-Zufallswahrscheinlichkeit für die Übereinstimmungen 1 : 10^{11} betrug. Die räumliche Entfernung zwischen Sender und Empfänger ist kein entscheidender Faktor. Die Erfolgsquote ist die Gleiche, ob sich Sender und Empfänger in der gleichen Stadt aufhalten oder ob sie durch zehntausend Kilometer oder mehr getrennt sind. Auch die Zeit scheint keine Rolle zu spielen, denn bei den meisten Versuchen „erhielt" der Empfänger die Information von dem Sender präkognitiv – und zwar bis zu mehrere Tage, *bevor* sie übermittelt wurde und *bevor* das Bild aus dem großen Fundus von Zielorten zufällig ausgewählt wurde.[208, 209]

Kritiker der Vorempfindungs-Experimente tun diese zuweilen als belanglos ab, weil sie Präkognitionsvorsprünge von nur wenigen Sekunden belegen (obwohl *jeder* Präkognitionsvorsprung an sich schon erstaunlich sein sollte). Die Fernwahrnehmungsstudien am PEAR-Laboratorium jedoch dokumentieren Präkognitionsvorsprünge von bis zu annähernd 150 Stunden, das ist fast eine Woche. Aus diesem Grund bezeichnet das PEAR-Team diese Studien als PRP-Experimente, das heißt als *präkognitive Fernwahrnehmung* (engl. *precognitive remote perception*).

In einem PRP-Experiment besucht der Sender das riesige Radioteleskop auf dem Kitt Peak in Pima, Arizona. Die vollständige Beschreibung durch den Empfänger lautet: „Recht seltsames, aber anhaltendes Bild vom [Sender] innerhalb einer großen Schüssel – eine halbkugelige Vertiefung in der Erde aus einem glatten, von Menschenhand gemachten Material, wie Beton oder Zement. Keine Farbe. Möglicherweise bedeckt von einer Glaskuppel. Ungewöhnliches Empfinden von Innen-/Außen-Gleichzeitigkeit. Das ist alles. Es ist eine große Schüssel. (Wäre sie voller Suppe, hätte [der Sender] das Format eines großen Knödels!)"

In diesem Falle lagen über 3500 Kilometer zwischen Sender und Empfänger. Der Empfänger zeichnete seine Beobachtung fünfundvierzig Minuten vor dem Besuch des Senders am Zielort auf. Laut statistischer Analyse betrug die Wahrscheinlichkeit, dass der Empfänger durch Zufall und bloßes Raten zu dieser Beschreibung gelangte, 1 : 33.

Bei einem anderen Experiment war der vom Sender aufgesuchte Zielort eine moderne Donaubrücke in Bratislava, Slowakei. Der eigentliche Zielort war das eine Ende der Brücke, wo ein Pylon aus zwei riesigen Pfeilern von einer kreisförmigen, scheibenähnlichen Struktur gekrönt wird, in der sich ein Panaroma-Restaurant befindet. Die sehr schöne, elegante Brücke wird von Schrägseilen gehalten, die oben am Pylon enden. Auf dem Foto des Senders ist eine Flussfähre zu sehen. Am Ufer unter der Brücke ist ein kleines Gebäude mit einem Zaun davor. Auf dem Uferweg sind Spaziergänger zu sehen.

Der Empfänger notierte (in Auszügen): „Ich habe das Gefühl, dass [der Sender] irgendwo in Wassernähe ist. Ich scheine zu spüren, dass es ein sehr ausgedehntes Gewässer ist. Da könnten Schiffe sein. Mehrere senkrechte Linien, etwa wie Maste. Sie sind schmal, nicht schwer. Vielleicht Laternen- oder Fahnenmaste. So etwas wie eine Kreisform. Fast wie ein Karussell oder ein Aussichtspavillon. Etwas großes Rundes. An der Seite ist es rund, wie eine Scheibe. Vielleicht mit Masten. Könnte möglicherweise zu einem Punkt an der Spitze kommen. Sehe wieder vertikale Linien. Scheint ein starker Eindruck zu sein, diese vertikalen Linien. Keine Ahnung, was sie sein könnten ... eine klare Wahrnehmung von draußen, nicht drinnen. Wieder Wasser. ... Auf einer Seite, wo [der Sender] ist, bekomme ich den Eindruck von einer Art kleinem Gebäude. Könnte ein Schuppen sein ... Vorherrschende Farben scheinen blau und grün zu sein ... Wieder Wasser. Ein ganz rascher Eindruck von einem Zaun, einem niedrigen Zaun ... Stufen. Weiß nicht, wohin sie führen. ... Die Stufen führen hinauf zu etwas wie einem Pfad oder Gehweg. Wie eine Strandpromenade. Und da entlang ist ein Zaun. Da sind auch Menschen, die entlang gehen, und da sind vertikale Linien längs dieses Gehwegs."

Bei diesem Experiment war die Entfernung zwischen dem Sender und dem Empfänger 9000 Kilometer. Der Präkognitionsvorsprung betrug 23,5

Stunden. Nach PEARs analytischer Methode betrug die Wahrscheinlichkeit, durch bloßes Raten zu dieser Beschreibung von fast fotografischer Genauigkeit zu gelangen, 1 : 1000.

Mehr als dreihundert Fernwahrnehmungs-Studien sind am PEAR-Laboratorium durchgeführt worden; die Mehrheit der Resultate erwies sich als präkognitiv, das heißt der Empfänger hat die Informationen aufgezeichnet, bevor sie gesendet wurden.

Die empfangene Information ist nicht immer von fotografischer Detailfülle; es gibt auch interessante Überraschungen. Zum Beispiel war der Zielort des Senders in einem Experiment inmitten der Komponenten der Saturn-Mondrakete im NASA-Weltraumzentrum in Houston, Texas. Der Empfänger in Princeton, New Jersey, beschrieb eine Innenszene und sah den Sender mit mehreren Hundewelpen spielen. Dies wurde bei der formellen Analyse als völliger Fehlschlag gewertet. Später an jenem Abend jedoch besuchte der Sender, bevor er selbst etwas über das Ergebnis des Fernwahrnehmungs-Experiments erfahren konnte, einen Freund zu Hause, wo er ausgiebig mit einem Wurf neugeborener Hündchen spielte und von diesem Erlebnis so berührt war, dass er eines von ihnen kaufte.

In einem ähnlichen Fall fuhr der Sender zu dem ausgewählten Zielort, einem Spielkasino in Nevada. Auf dem Weg hielt er an einer Tankstelle, wo er zum Spaß versuchte, mit einem Klappfahrrad zu fahren. Der Empfänger in Chicago erwähnte in seiner Beschreibung nichts, was mit einem Kasino zu tun hatte, beschrieb aber akkurat den unbeholfenen Versuch des Senders, mit dem Klappfahrrad zu fahren.

Obwohl als Fehlschläge gewertet, deuten diese beiden Fälle an, dass das Bewusstsein des Senders und Empfängers „seinen eigenen Kopf" hat und Informationen sendet oder empfängt, die außerhalb des strengen Rahmens liegen, der von den Experimentatoren vorgegeben wurde.

Diese Studien sind in mehreren Institutionen von vielen verschiedenen Forschern wiederholt worden, unter anderem im *Stanford Research Institute* (SRI) in Menlo Park, Kalifornien, und in der *Science Applications International Corporation* (SAIC) in La Jolla, Kalifornien. Die Zufallswahrscheinlichkeit bei den im SRI erarbeiteten Daten beträgt 1 : 1.000.000.000.[210] Diese Ergebnisse wurden in renommierten wissenschaftlichen Zeitschriften wie *Nature*[211], *Proceedings of the IEEE*[212] und im *Journal of Scientific Exploration*[213, 214] veröffentlicht.

Nach seiner Auswertung der SAIC-Tests räumte Ray Hyman, ein Psychologe an der Universität von Oregon und weithin bekannter Skeptiker im Hinblick auf Parapsychologisches ein: „Ich sehe mich außerstande, mögliche Fehlerquellen – falls es denn welche gibt – zu benennen."[215] Trotzdem war der hartnäckige Hyman nicht bereit anzuerkennen, dass die mentale Kommunikation über die Entfernung hinweg real ist.

Präkognitions-Tests beschränken sich jedoch nicht auf Fernwahrnehmung, es gibt sie in mannigfacher Gestalt, zum Beispiel als Karten-Rate-Experimente, bei denen Probanden vorherzusagen versuchen, welche Karte als nächste aufgedeckt wird. 1989 analysierten die Psi-Forscher Charles Honorton und Diane C. Ferrari die veröffentlichten Präkognitions-Studien aus den Jahren 1935 bis 1987.[216] Sie studierten 309 Präkognitions-Experimente, die von 62 Forschern durchgeführt wurden. An den mehr als zwei Millionen einzelnen Versuchen waren mehr als 50.000 Versuchspersonen beteiligt. Der Physiker Russell Targ stellt fest: „Dreißig Prozent dieser Studien waren statistisch signifikant und belegen, dass Menschen zukünftige Ereignisse beschreiben können; aufgrund der Zufallswahrscheinlichkeit könnte man dies nur von fünf Prozent erwarten. Dies entsprach insgesamt einer Zufallswahrscheinlichkeit von weniger als $1 : 10^{20}$, das ist etwa so, als würfe man siebzig Pennymünzen in die Luft, die dann alle auf der gleichen Seite landen. Das Datenmaterial bietet eine massive Bestätigung für die Existenz von Wissen um die Zukunft; das kann man nicht einfach damit abtun, dass jemand einen Glückstag gehabt habe."[217]

ONLINE-BEWEISE

Weitere Belege für Vorahnungen liefert ein Online-Experiment Radins, das seit August 2000 unter der Überschrift „Got Psi?" im Internet zugänglich ist.[218]

Die „Got Psi?"-Website bietet mehrere Tests zur Feststellung und Einschätzung von Psi-Fähigkeiten,[219, 220] die alle sensationelle Popularität erlangt haben. Bis August 2006 wurden über zwanzig Millionen Versuche von Teilnehmern aus fast allen Ländern der Erde aufgezeichnet. Innerhalb von nur einem Jahr konnten durch diese übers Internet zugänglichen Tests mehr Daten gesammelt werden als bei allen ASW-Tests zusammen, die im Laufe von sechzig Jahren in dem berühmten parapsychologischen Forschungsprojekt unter der Leitung des legendären J. B. Rhine und seinen Kollegen durchgeführt worden sind.[221] Die Einfachheit der Präsentation, die Tatsache, dass die Teilnehmer sich den Tests in ihrer Freizeit widmen und ihre Wiederholungs-Leistungen im Lauf der Zeit verfolgen können sowie der Vorteil, dass das Internet Hunderten von Millionen Menschen weltweit zugänglich ist, haben hier den Beginn eines neuen Zeitalters in der Psi-Forschung ermöglicht.

Bei dem Online-Kartentest wird der Teilnehmer aufgefordert, seine oder ihre Vorahnungsfähigkeit zu testen durch Raten, welche von fünf Karten ein Bild auf der Rückseite hat. Bei bloßem Raten besteht eine Chance von 1 : 5, die korrekte Karte zu nennen. Jeder Durchgang umfasst fünf, zehn oder zwanzig Versuche.

Ein etwas komplexeres Kartenrate-Experiment ist der sequenzielle Kartentest, bei dem es zu raten gilt, welche von fünf Karten der Computer auswählen wird. Wird die korrekte Karte angegeben, ist der Versuch beendet. Andernfalls wird die vom Teilnehmer gewählte Karte weiß (als wäre sie umgedreht worden), und der Teilnehmer wählt eine aus den verbleibenden Karten, bis er oder sie schließlich die Zielkarte findet.

Es gibt auch ein Fernwahrnehmungs-Experiment, bei dem der Teilnehmer versucht, ein komplexes Bild zu beschreiben, das erst *später* gezeigt wird.

Bei einem anderen Präkognitionstest werden die Teilnehmer aufgefordert zu raten, wo innerhalb eines bestimmten Bereichs auf dem Computerbildschirm ein „Ziel" erscheinen wird, das allerdings erst sichtbar wird, nachdem man auf das vermutete „Planquadrat" geklickt hat.

Nach ihrer Auswertung ergeben dieses Tests eine statistische Bewertung der Fähigkeit des Online-Probanden, einen Blick in die Zukunft zu erhaschen und zu erahnen, was bevorsteht.

Über Monate und Jahre hinweg gibt es leichte Schwankungen der Erfolgsquote bei den Millionen von Versuchen der Testpersonen rund um den Globus, doch sie bleibt im Allgemeinen innerhalb gewisser statistischer Grenzen. Manchmal jedoch passiert etwas Unerwartetes.

Von Juli bis Anfang September 2001 stieg die Erfolgsquote in dem Online-Kartentest dramatisch an und fiel dann kurz vor dem 11. September auf einen nie dagewesenen Tiefstand, wo sie mehr als zwei Wochen verweilte. Dann, fast unmittelbar nach dem 11. September, stieg die Erfolgsquote steil an und kehrte auf ihre ursprüngliche Höhe zurück. Obwohl es vorstellbar ist, dass diese Abweichungen rein zufälliger Natur gewesen sein können, ist die Wahrscheinlichkeit, so Radin, doch recht gering; zudem hatte es im Laufe von sechs Jahren dokumentierter Kartentests niemals eine ähnliche Abweichung gegeben.[222]

Warum hat die Psi-Begabung der Teilnehmer vor dem 11. September weltweit verrückt gespielt? Warum ist sie unmittelbar nach jenem tragischen Tag zum Normalwert zurückgekehrt? Radin und der Physiker Richard Shoup vom Boundary Institute, das die Online-Tests mit betreut, vermuten, dass die Versuchspersonen unbewusst die drohende Tragödie gespürt haben und diese unterschwellige Wahrnehmung ihre Online-Psi-Leistung beeinträchtigt hat.[223]

Der starke Rückgang der Psi-Leistungen einige Wochen vor dem 11. September stößt bei fast jedem, der davon erfährt, auf besonderes Interesse, denn er wirft eine naheliegende Frage auf: Könnten derartige Schwankungen in Online-Psi-Tests als Signale gedeutet werden, um Desaster vorauszusagen?

Doch wir müssen vorsichtig sein. Wie schon bei den Vorahnungen von dem Aberfan-Unglück ist das Wissen, *dass* eine Tragödie geschehen wird, etwas ganz anderes als das Wissen, wann und wo sie passieren wird. Dies bedeutet jedoch nicht, dass die Information nutzlos sei. Das Wissen, dass eine Katastrophe droht, mag als Anregung zu gesteigerter Achtsamkeit oder Sicherheitsmaßnahmen dienen und damit den Behörden helfen, zum Beispiel einen terroristischen Angriff zu vereiteln. Wir sollten für *jede* Warnung dankbar sein, die potenziell hilfreich ist, ob sie von hochgeachteten geheimdienstlichen Quellen, CIA-Spionen oder von „Versuchspersonen" kommt, die sich durch Online-Psi-Tests klicken.

Online-Tests künden von einer neuen Epoche in der Präkognitions-Forschung. Innerhalb relativ kurzer Zeit können Millionen Versuche von Tausenden von Probanden weltweit durchgeführt werden. Wenn Versuchspersonen auf herkömmliche Weise, einer nach dem anderen, in einem Forschungslaboratorium getestet werden, ist dies einfach nicht möglich.

Für das umfangreiche Datenmaterial aus Online-Experimenten gelten astronomische „Zufalls-Unwahrscheinlichkeiten", was bedeutet, dass sie für die Richtigkeit von Vorahnungen sprechen. Bei der Analyse der Daten können neue Muster entdeckt werden, so zum Beispiel der dramatische Rückgang der Vorahnungs-Genauigkeit kurz vor großen Desastern. Solche Muster untermauern, was wir bereits gesehen haben – die weitgehend unbewusste Qualität unserer Fähigkeit, die Zukunft zu erfahren.

SEHEN WIR DEN BEWEISEN INS AUGE

Auch wenn es an sich nicht von Vorahnungen handelte, ist ein interessantes Kapitel in der Geschichte der Erforschung mentaler Fern-Phänomene doch einen kurzen Abstecher wert, denn es demonstriert die Offenheit und den Mut, die erforderlich sind, um das diesem Gebiet zugrunde liegende Beweismaterial ehrlich zu beurteilen. In diesem Kapitel spielte Upton Sinclair eine Rolle, der mit dem Pulitzer-Preis geehrte sozialkritische Schriftsteller, dessen Buch *The Jungle* zur Verabschiedung eines Gesetzes führte, das die entsetzlichen Arbeitsbedingungen in der fleischverarbeitenden Industrie Amerikas reformierte. Sinclair war auch der Verfasser des Romans *Oil!* aus dem Jahr 1927, der den mit zwei Oscars ausgezeichneten Film *There Will Be Blood* aus dem Jahr 2007 inspirierte. Sinclairs Ehefrau, Mary Craig Sinclair, besaß telepathische Fähigkeiten, die er absolut überzeugend fand. In einem Test nach dem anderen stellte sie unter Beweis, dass sie mental aus der Entfernung akkurate Informationen erlangen konnte, ohne irgendwelche Eindrücke mit den fünf Sinnen wahrzunehmen.

Gegen den entschiedenen Rat seiner Freunde, die nicht daran zweifelten, dass er damit seinen guten Ruf ruinieren würde, schrieb Sinclair das Buch *Mental Radio*[*], in dem er diese Phänomene bestätigte. „Die Loyalität zur Natur des Universums lässt es mir notwendig erscheinen, dies zu sagen", schrieb er. „Es ist töricht, ohne Beweise von etwas überzeugt zu

---
[*] dt. Ausg.: Radar der Psyche, Düsseldorf: Econ 1990

sein, doch es ist gleichermaßen töricht, es abzulehnen, sich von echten Beweisen überzeugen zu lassen."[224]

Sinclair war berühmt, und er hatte berühmte Freunde, darunter Albert Einstein, der das Vorwort für die deutsche Ausgabe von *Mental Radio* schrieb. Am 23. Mai 1930 antwortete Einstein mit einer Erklärung, die, wie ich schon oft gedacht habe, auf die Gehirne jener ängstlichen Kritiker tätowiert werden sollte, die sich grundsätzlich weigern, die Beweise für nicht-sinnliches Fernwissen anzuerkennen, wie gut sie auch sein mögen. Einstein schrieb: „Ich habe das Buch von Upton Sinclair mit großem Interesse gelesen und bin überzeugt, dass es die ernsthafteste Beachtung nicht nur der Laien, sondern auch der Psychologen vom Fach verdient. Die Ergebnisse der in diesem Buch sorgfältig und deutlich beschriebenen telepathischen Experimente stehen sicher weit außerhalb desjenigen, was ein Naturforscher für denkbar hält. Andererseits aber ist es bei einem so gewissenhaften Beobachter und Schriftsteller wie Upton Sinclair ausgeschlossen, dass er eine bewusste Täuschung der Leserwelt anstrebt; seine *bona fides* und Zuverlässigkeit darf nicht bezweifelt werden. Wenn also etwa die mit großer Klarheit dargestellten Tatsachen nicht auf Telepathie, sondern etwa auf unbewussten hypnotischen Einflüssen von Person zu Person beruhen sollten, so wäre auch dies von hohem psychologischen Interesse. Keinesfalls also sollten die psychologisch interessierten Kreise an diesem Buch achtlos vorübergehen."[225]

Hatte Einstein einen geistigen Aussetzer, der diese Aufgeschlossenheit gegenüber der Möglichkeit von Telepathie bewirkte? Offenbar nicht. Achtzehn Jahre später, 1948, schrieb er eine ähnliche Botschaft an Jan Ehrenwald, einen Psychiater und Psi-Forscher, mit dem er einen kurzen Briefwechsel hatte. Einstein schrieb: „Ich habe Ihr Buch (*Telepathy and Medical Psychology*[226]) mit großem Interesse gelesen. Es ist gewiss eine gute Darstellung des Problems, und ich habe keinen Zweifel, dass es einen breiten Leserkreis finden wird. Ich kann nur als Laie urteilen und nicht behaupten, dass ich zu einem bejahenden oder negativen Schluss gelangt bin. Auf jeden Fall scheint es mir, dass wir aus der Sicht des Physikers kein Recht haben, die Möglichkeit von Telepathie a priori auszuschließen. Dafür sind die Grundlagen unserer Wissenschaft zu unsicher und unvollständig ..."

Einstein sagt weiter, dass er unbeeindruckt war von und argwöhnisch gegenüber Karten-Experimenten, größere Signifikanz jedoch in den Sinclair-Experimenten fand, bei denen Sinclair eine Zeichnung anfertigte, die dann von seiner Frau telepathisch empfangen und nachgezeichnet wurde. Er fährt fort: „Auf jeden Fall war Ihr Buch für mich sehr anregend und hat meine Haltung etwas 'aufgeweicht', die anfänglich ausgesprochen negativ zu dem ganzen Problem war. Man sollte nicht mit Scheuklappen durch diese Welt gehen ... Diesen Brief dürfen Sie ... auch anderen Menschen zeigen."[227]

In Hunderten von Experimenten, die in verschiedenen Laboratorien von anderen Forschern wiederholt wurden, sehen wir Anzeichen dafür, dass die Zukunft der Gegenwart irgendwie die Hand reicht, und Ursache und Wirkung tauschen die Plätze. Vielen fällt es jedoch nicht leicht, sich diesen Beweisen zu stellen. Einer von Sinclairs Freunden sagte, dass er nicht glauben könne, dass seine Frau über eine Entfernung hinweg telepathisch Kenntnisse erlangt habe, sonst müsste er „die fundamentalen Vorstellungen" über das aufgeben, worauf sein „ganzes Leben beruhte".[228]

VORAHNUNGEN BEI TIEREN

Da es Vorahnungen bei Menschen offensichtlich gibt, ist es wahrscheinlich, dass ein präkognitives Gespür gewissermaßen als evolutionärer Vorläufer auch bei Tieren existiert. Tiere könnten sogar einen noch ausgeprägteren präkognitiven Sinn haben als wir, da auch ihre Hör-, Geruchs- und Sehsinne oft schärfer sind als unsere.

Im Juli 2007 gab es einen großen Wirbel über die Existenz von Präkognition bei Tieren. Die Aufregung drehte sich um einen Kater namens Oscar, der über Nacht zum berühmtesten Katzenwesen auf Erden wurde, nachdem seine Geschichte in dem renommierten *New England Journal of Medicine* veröffentlicht wurde, das weithin als die einflussreichste medizinische Fachzeitschrift der Welt gilt. Innerhalb von zwei Monaten brachten mehr als zwei Millionen Websites etwas über Oscar. Paparazzi stürzten sich auf ihn, und Zeitungen und Zeitschriften weltweit wussten etwas über ihn zu melden. Oscars raketengleicher Aufstieg zum Ruhm war genau die Geschichte, von der Publicity-Jäger träumen.

Die Aufregung galt der Frage, ob Oscar tatsächlich vorausahnen konnte, ob Pflegeheim-Patienten im Begriff waren zu sterben oder nicht, oder ob er sich lediglich wie ... ein liebes Schmusekätzchen verhielt.

Oscar war zwei Jahre zuvor von Angestellten des *Steere House Nursing and Rehabilitation Centres* in Providence auf Rhode Island als grauweiß getigertes Katzenbaby aus einem Tierheim adoptiert worden. Das 1974 gegründete Steere House ist eine hochgeschätzte Institution, die sich rühmt, „altmodisches Handhalten" zu bieten, zudem innovative Pflege und Fachkenntnis sowie ein besonderes Augenmerk, um den Geist seiner Bewohner zu erheben, um „ein Gefühl von Glück, Frieden, Geborgenheit und Wohlbefinden zu fördern".[229]

Die Leitung von Steere House ist sich des Beitrages bewusst, den Haustiere zum Wohlbefinden von Pflegeheim-Patienten leisten, und so ist diese Institution schon seit langem haustierfreundlich.

Im Jahr 1991 adoptierte das Personal Henry, einen verlassenen, geschundenen und fast verhungerten Kater, den sie auf dem Personalparkplatz fanden, wo er sich unter einem Auto versteckte. Henry blühte auf. Jahrelang patrouillierte er in den Sälen von Steere und genoss dabei jeden Moment der Aufmerksamkeit von Angestellten und Patienten.

Wenige Monate nach Henrys Tod wurde Oscar adoptiert. Oscar übernahm die Amtsgeschäfte seines Vorgängers. Er wuchs auf der Demenz-Station im dritten Stock heran, wo ältere Patienten mit Alzheimer im Endstadium, mit Parkinson, Schlaganfall und anderen Gehirnleiden gepflegt werden. Inzwischen war Steere House etwas wie eine Menagerie geworden; es gab fünf weitere Katzen, das Schlappohr-Häschen Cadbury, Tilly und viele weitere Sittiche und Maxine, den Wachhund.

Etwa anderthalb Jahre bevor Oscar durch den Artikel im *New England Journal of Medicine* berühmt wurde, begann dem Pflegepersonal etwas Ungewöhnliches aufzufallen. Etwa zwei – und niemals mehr als vier – Stunden bevor ein Patient starb, betrat Oscar den Raum, sprang auf das Bett, nahm Witterung auf, leckte sich die Pfoten, rollte sich gleich neben dem sterbenden Patienten zusammen und begann aus tiefster Kehle zu schnurren. Von den fünfundzwanzig Todesfällen, die seit seiner Ankunft als Jungtier im Juli 2005 eingetreten sind, hat er keinen einzigen versäumt. Nur in einem Fall war er nicht dabei – weil die Angehörigen des Patienten gebeten hatten, das Tier aus dem Zimmer zu nehmen. Bei dieser

Gelegenheit protestierte Oscar heftig, maunzte und kratzte so aggressiv an der Tür, dass er vom Fußboden aufgehoben werden musste.

Manche Leute, die über Oscars Totenwachen lasen, betrachteten sie als krankhaft, als ob er ein Todesengel in Katzengestalt wäre. Die *Home and Hospice Care* von Rhode Island sah es anders. Sie bedachte ihn mit einer Auszeichnung – einer Art Oscar – für sein Mitgefühl, Patienten in den letzten Stunden ihres Lebens beizustehen; ohne ihn wären viele von ihnen allein gestorben. In die Gedenkplakette war graviert: „Oscar – Steere House: Für seine mitfühlende, erstklassige Lebensend-Pflege".

Als sich die Meldungen über Oscars Fähigkeit um die Welt verbreiteten, brach eine Debatte aus. Wie macht er das? Kann der Kater die Zukunft sehen? Hat er Vorahnungen vom Tode? Nicht eine einzige medizinische Autorität, die über Oscars Talente interviewt wurde, hielt den Kater für präkognitiv begabt, doch manche von ihnen gaben zu, dass seine Fertigkeit ein Mysterium sei und sie einfach nicht wüssten, wie er das machte. Fast alle Experten waren eifrig bemüht, der Angelegenheit einen konventionellen Anstrich zu geben und sich von einer Erklärung zu distanzieren, die sich auf die Möglichkeit von Vorahnungen bezog.

Viele Nichtwissenschaftler sahen es anders, so zum Beispiel Laurie Cabot, bekannt als die „offizielle Hexe" von Salem, Massachusetts, wo im 17. Jahrhundert die berüchtigten Hexenprozesse veranstaltet wurden. Sie betrachtet Oscar als einen „Mitwissenden" – also mit einem Begriff, den Hexen in alter Zeit für ihre Katzen-Gefährten verwendeten. Diese Bezeichnung impliziert, dass Oscar psychische Kräfte besitzt und mit den Patienten, denen er dient, zu kommunizieren vermag. Cabot, deren Vorfahren mit der *Mayflower* als Pilger ins Land gekommen waren, meint, dass Oscar die Gehirnwellen von den Patienten wahrnahm, die im Begriff waren zu sterben. „Dieser kleine Kater Oscar", sagt sie, „kennt all die Patienten in der Station und versucht, ihnen zu helfen, so wie sich die Katzen, die ich immer gehalten habe, auf meiner Brust zusammenrollen und versuchen, mich zu heilen, wenn ich aufgeregt oder krank bin. Dieser Oscar jedoch versucht nicht zu heilen, sondern er versucht offensichtlich, diesen Menschen beim Hinübergang in die andere Welt zu helfen."[230] Cabot beschreibt hier die Rolle des Psychopompos aus der griechischen Mythologie, des „Seelengeleiters" in das Leben danach.

Ärzte sind natürlich nervös, wenn es darum geht, die Existenz des

Nachlebens oder Vorauswissens zu bestätigen, deshalb stürzten sie sich auf jede Möglichkeit, Oscar in einen alltäglichen Rahmen zu analysieren. „[Oscar] scheint zu verstehen, wann Patienten im Begriff sind zu sterben. ... [Der] Kater könnte bestimmte Gerüche wahrnehmen, die den Tod umgeben", sagte der Geriatriker David M. Dosa, Autor des ursprünglichen Artikels im *New England Journal of Medicine,* der mit der *Warren Alpert Medical School* an der Brown-Universität in Providence in Verbindung steht.[231] Dr. Joan Teno, Professorin für Gesundheitswesen an der gleichen medizinischen Hochschule, kümmerte sich um Patienten aus dem Steere House und sah Oscar regelmäßig. Sie stellte fest: „Ich glaube nicht, dass dies eine mediale Katze ist. Ich denke, es gibt wahrscheinlich eine biochemische Erklärung."[232] Dr. Teno bot eine andere Erklärung an: „Ich denke, er verfolgt das Verhalten des Pflegepersonals", sagt sie. „Das ist ein exzellentes Pflegeheim. Wenn eine sterbende Person allein ist, geht tatsächlich jemand vom Pflegepersonal hinein, damit der Patient nicht allein ist. Sie wachen bei den Sterbenden."[233] Damit deutete sie an, dass Oscar, der diese Routine viele Male gesehen hat, das Gesehene nachahmt. Doch Dr. Teno war zwiespältig und räumte ein: „Als Wissenschaftlerin will ich eine biologische Erklärung dafür anbieten. Doch das kann ich nicht."[234] Die Tierärztin Margie Scherk aus Vancouver, British Columbia, Präsidentin der *Amerikanischen Gesellschaft der Katzenärzte*, votierte für die Geruchs-Hypothese: „Ich vermute, dass er irgendeine chemische Substanz riecht, die kurz vor dem Tode freigesetzt wird", sagt sie. „Katzen können viele Dinge riechen, die wir nicht wahrnehmen. Und Katzen können definitiv Krankheiten aufspüren."[235] Jill Goldman, Ph.D., eine staatlich geprüfte Angewandte Tier-Verhaltensforscherin in Laguna Beach, Kalifornien, schaltete sich ein und erklärte: „Katzen haben einen ausgezeichneten Geruchssinn. Oscar hatte reichlich Gelegenheiten, den Zusammenhang zwischen 'jenem bestimmten' Geruch [und dem Tod] zu registrieren."[236] Daniel Estep, Ph.D., ein staatlich geprüfter Angewandter Tier-Verhaltensforscher in Littleton, Colorado, bot eine andere Möglichkeit an: „Zu den Dingen, die mit Menschen geschehen, die sterben", sagte er, „gehört, dass sie sich nicht viel fortbewegen. Vielleicht nimmt die Katze die Tatsache wahr, dass die Person auf dem Bett sehr ruhig ist. Es sind vielleicht nicht Gerüche oder Geräusche, sondern einfach der Mangel an Bewegung."[237] Dr. Nicholas H. Dodman, ein führender Tier-

Verhaltensforscher und Professor an der Cummings School of Veterinary Medicine an der Tufts-Universität, ging noch weiter:[238] „Am Ende ist es vielleicht einfach Empathie." Dr. Thomas Graves, ein Katzenfachmann von der Universität Illinois, war in einem Interview mit der BBC einer der wenigen Experten, die es wagten, den sonst sorgfältig vermiedenen Begriffe Vorahnung aufs Tapet zu bringen: „Katzen können oft spüren, wenn ihre Besitzer krank sind oder wenn ein anderes Tier krank ist", sagte er. „Sie können spüren, wenn das Wetter sich ändert, und sie sind bekannt für ihre Empfänglichkeit für Vorahnungen von Erdbeben."[239]

Nach einer im Fernsehen auf *CBS News* übertragenen Oscar-Geschichte wurden die Hypothesen sogar noch kreativer, da Zuschauer ihre Ansichten auf der Website des Senders zum Besten gaben.[240] „Hat vielleicht jemand die Möglichkeit in Betracht gezogen, dass die Katze eine Krankheit hat und den Tod der Patienten nicht *vorhersieht,* sondern *verursacht?*", schrieb jemand. Andere vermuten „Katzen-Allergien" als Erklärung für den Zusammenhang zwischen Oscars Anwesenheit und dem Ableben des Patienten. In einem Blog war zu lesen: „Ich hatte schon immer den Verdacht, dass Katzen einem die Seele aussaugen, während man schläft."[241] Fernsehtalkshow-Gastgeber Glenn Beck bot in einem Interview mit Dr. Dosa Schwindel auf Seiten des Pflegepersonals eine Erklärung an. Er deutete an, dass möglicherweise „jemand dafür sorgte, dass Oscar recht behielt", was Dosa entschieden zurückwies.[242]

Doch wie sehen es die Angehörigen der Heimbewohner von Steere House, die Oscar erlebten? Dosa berichtete in seinem Artikel im *New England Journal of Medicine*: Als ein Enkel einer Sterbenden fragte, warum die Katze da sei, habe seine Mutter erklärt und dabei mit den Tränen gekämpft: „Er ist hier, um Oma zu helfen, in den Himmel zu kommen."

Doch solange Oscar nicht selbst das Wort ergreift, werden wir wohl nie erfahren, ob er von den hochentwickelten Sinnen Gebrauch macht, über die Katzen bekanntlich verfügen, ob er Vorahnungen hat – oder beides. Bis heute jedenfalls hat sich der Kater nicht dazu geäußert.

Es gibt eine Vielzahl von Fällen, die für die Existenz einer menschlich-tierischen Verbundenheit sprechen, die über Raum und Zeit hinweg funktioniert, eine Verbindung, die schwer zu trennen ist, selbst wenn die Menschen es versuchen. Betrachten Sie zum Beispiel, was geschah, als ein Mann seinen Hund loswerden wollte und ihn in einem dicht bebauten

Teil der Großstadt Durham, North Carolina, aussetzte, acht Kilometer von seinem Wohnsitz entfernt. Als er nach Hause zurückkehrte, wartete der Hund dort bereits auf ihn, munter und froh, wieder mit seinem Herrchen vereint zu sein. Der Mann bekam Gewissensbisse und beschloss, sein Tier nicht mehr zu verlassen.[243]

Doch es gibt noch extremere Beispiele, wie das von Minosch, einer deutschen Katze, die Berichten zufolge in einundsechzig Tagen 2400 Kilometer zurückgelegt hat, um nach Hause zurückzukehren, nachdem sie auf einer Ferienreise von ihrer Familie getrennt wurde.[244] Bobbie, ein zweijähriger Mischling zwischen Schottischem Collie und Englischem Schäferhund mit Stammbaum, wurde auf einer Reise im Bundesstaat Indiana von seiner Familie getrennt, fand aber seinen Weg zum neuen Zuhause seiner Familie in Oregon – wo der Hund nie zuvor gewesen war, rund viereinhalbtausend Kilometer entfernt –, nachdem er im tiefsten Winter die Rocky Mountains und zugefrorene Flüsse überquert hatte.[245, 246]

Tausende von ähnlichen Fällen wurden schon berichtet. Einige davon – aber nicht alle – können wir zweifellos vernachlässigen, weil es sich um sehr ähnlich aussehende Tiere gehandelt haben könnte; oft trägt das heimkehrende Tier aber sein ursprüngliches Halsband oder eine Marke mit dem richtigen Namen und kann durch unverwechselbare Merkmale und Narben identifiziert werden.

Besonders faszinierend sind jene Fälle, in denen das zurückkehrende Tier auf die physischen und emotionalen Bedürfnisse einer weit entfernten Person anzusprechen scheint. Ein Beispiel ist die Geschichte eines irischen Soldaten im ersten Weltkrieg, dessen Frau und kleiner Hund Prince sich 1914 in Hammersmith, London, niederließen, während er mit einem der ersten Kontingente auf die Schlachtfelder in Frankreich geschickt wurde. Nach einiger Zeit im Feld erhielt er die Erlaubnis, seine Familie zu besuchen. Als er danach an die Front zurückkehrte, war Prince absolut untröstlich und verweigerte die Nahrung. Dann verschwand der Hund. Zehn Tage lang versuchte seine Frau so verzweifelt wie vergeblich, ihn aufzuspüren. Schließlich rang sie sich dazu durch, ihrem Mann den Verlust in einem Brief mitzuteilen.

Zu ihrem großen Erstaunen erfuhr sie darauf, dass der Hund ihm unter schwerem Beschuss in die Schützengräben bei Armentières gefolgt war. Irgendwie hatte Prince seinen Weg durch die Straßen von London gefunden, dann mehr als hundert Kilometer übers Land, dann eine Mitfahrgelegenheit über den Ärmelkanal, hundert Kilometer auf französischem Boden, und dann „seinen Herrn inmitten eines Heeres von einer halben Million Engländer herausgeschnuppert [hat] und dies ungeachtet der Tatsache, dass die letzten rund anderthalb Kilometer von explodierenden Granaten eingeräuchert waren, darunter vielen mit Tränengas."[247]

Weder die Fülle noch ein einzelner dieser Fälle vermögen zu beweisen, dass der Kater Oscar echte Vorahnungen vom Tode hat. Nach allem, was wir wissen, könnte er einen besonders hoch entwickelten Geruchssinn besitzen, wie viele Fachleute vermuten. Andererseits sollten wir angesichts der jüngeren Forschungen aufgeschlossen bleiben für die Möglichkeit, dass es sich in Oscars Fall um Zukunftswissen in Verbindung mit irgendeinem körperlichen Wahrnehmungssinn handeln könnte.

Der britische Biologe Rupert Sheldrake hat mit seiner Forschung über Hunde, die zu wissen scheinen, wann ihre Besitzer zurückkehren, einen schlagenden Beweis für echte Vorahnungen bei Tieren geliefert.[248]

Hunde können auch wissen, wann ihre Besitzer *nicht* nach Hause kommen. In ihrem Buch *The Haunting of the Presidents* berichten Joel Martin und William J. Birnes, dass kurz vor der Ermordung Präsident Abraham Lincolns im Ford's Theatre in Washington, D.C., am Abend des 14. April 1865, der Hund der Familie Lincoln verrücktspielte – etwa um die Zeit, als sich der Vorhang im Theater hob. Das gewöhnlich sanfte und ruhige Haustier begann ohne ersichtlichen Grund wild zu bellen und rasend durch das Haus zu rennen, als suchte es nach seinem Herrn, dem Präsidenten. Keiner der Angestellten des Weißen Hauses vermochte das Tier zu beruhigen. Der Hund rannte weiter durch die Räume, bis er schließlich stehen blieb, den Kopf zurückwarf und zu jaulen begann. Jeder, der dieses Drama miterlebte, hatte nur einen Gedanken im Sinn: Etwas Schreckliches musste passiert sein, und der Präsident war in Gefahr. Der Hund beruhigte sich nicht, sein Jaulen weckte die Diener überall im Weißen Haus.[249]

Kein Ereignis in der jüngsten Geschichte entzündete die Debatte über Vorahnungen bei Tieren in dem gleichen Maße wie der Tsunami, der am 26. Dezember 2004 die Küsten rund um den Indischen Ozean überrollte,

Teil Zwei – Die Beweise | 129

ausgelöst von einem Erdbeben der Stärke Neun vor der Küste Nordsumatras. Eines der Gebiete, die am schwersten von den steigenden Fluten getroffen wurden, war der Yala-Nationalpark auf Sri Lanka. Doch anhand von Luftaufnahmen waren keine Anzeichen dafür zu finden, dass Elefanten, Leoparden, Hirsche, Wildschweine, Affen, Schakale und Krokodile, für die der Park berühmt war, ums Leben gekommen waren. Kurz bevor der Tsunami die Küste traf, hörten die Affen damit auf, von den Touristen Bananen anzunehmen – ein fast nie dagewesenes Ereignis.[250, 251] Lange bevor der Tsunami ankam, suchten die Flamingos an der indischen Südküste das Weite.[252] In Khao Lak, an der Westküste Thailands, die vom Tsunami ebenfalls schwer getroffen wurde, begann bereits Stunden vor Eintreffen der Flutwelle ein Dutzend Elefanten, die Touristen für Ausritte dienten, lautstark zu trompeten. Ihr auffälliges Verhalten wurde zur gleichen Zeit beobachtet, als das Erdbeben den Meeresboden zerriss, was den Tsunami auslöste. Eine Stunde vor Ankunft der Flutwelle wurden die Elefanten erneut unruhig, und unmittelbar bevor die Wassermassen aufs Land rollten, liefen sie davon und strebten ins höher gelegene Landesinnere; manche der Tiere haben sich dazu von ihren Ketten losgerissen. Wenige Minuten vor dem Tsunami wurden Hunde gesehen, die aus dem gleichen Küstenstreifen landeinwärts eilten.[253, 254]

Die anschließende Debatte darüber, ob die fliehenden Tiere Vorahnungen von dem drohendem Desaster hatten oder hochempfindliche körperliche Sinne besaßen – oder nicht –, entsprach der Aufregung über den Kater Oscar. Die Möglichkeit, dass die Tiere *beides* –, sowohl Wahrnehmungssinne als auch übersinnliche Wege zum Wissen – zur Verfügung haben, wird nur selten in Betracht gezogen.

Im Jahr 1981 untersuchte die Biologin Ruth Buskirk von der Universität Texas in Austin das ungewöhnliche Verhalten von Aalen, Fröschen, Schlangen, Schildkröten, Seevögeln, Tauben, Hühnern, Katzen, Hunden, Pferden, Kühen, Ratten und Mäusen im Vorfeld von sechsunddreißig Erdbeben auf vier Kontinenten. Nach erschöpfender Analyse ihrer Daten stellte sie fest: „Unsere Haupt-Schlussfolgerung ist diese: Die Tiere können alles spüren, einschließlich der minimalen Veränderungen kurz vor einem Erdbeben, doch während eines Erdbebens gibt es sehr viel Hintergrundgeräusch." Es bleibe also unklar, auf welche Art von Reizen – Geräusche, Schwingungen, elektrische oder Druck-Veränderungen in der

Atmosphäre oder andere physikalische Mikroveränderungen – die Tiere reagierten.[255]

Einige Seismologen sind gegenüber solchen Wahrnehmungen skeptisch, die durch die körperlichen Sinne vermittelt werden. Der Geologische Dienst der USA, eine Regierungsbehörde, behauptet, dass noch niemals ein reproduzierbarer Zusammenhang zwischen Erdbeben und dem Verhalten von Tieren festgestellt worden sei. Andy Michael, ein Geophysiker des Geologischen Dienstes, erklärt: „Womit wir es zu tun haben, ist eine Unmenge von Anekdoten. Tiere reagieren auf so viele Dinge – auf Hunger, auf Revierverteidigung, Paarung, Raubtiere –, da ist es schwer, eine kontrollierte Studie durchzuführen, um ein bestimmtes Frühwarnsignal zu identifizieren." In den 1970er Jahren habe es einige wenige Studien des Geologischen Dienstes über Vorhersagen durch Tiere gegeben; dabei sei aber nichts Konkretes herausgekommen, sagt Michael.[256]

Menschen, die das Verhalten der Tiere sehr aufmerksam beobachten, fuhren während des Tsunamis am besten: Die einheimischen Stämme auf den Inselgruppen der Andamanen und Nikobaren nahe dem Epizentrum des Erdbebens sollen ohne ein einziges Todesopfer überlebt haben: Sie zogen sich in höher gelegene Regionen zurück, weil sie ungewöhnliche Veränderungen im Verhalten von Delphinen, Vögeln und Eidechsen bemerkt hatten.[257]

Es ist nicht das erste Mal, dass auf diese Weise Leben gerettet wurden. Bevor 1975 ein schweres Erdbeben die dicht besiedelte Stadt Haicheng in Nordostchina traf, beobachteten die Bewohner auffälliges Verhalten bei Tieren – darunter Schlangen, die eine Woche vor dem Ereignis aus dem Winterschlaf erwachten. Die Einwohner der bevölkerungsreichen Stadt wurden eine Woche vor dem Unglück gewarnt, was Tausenden das Leben rettete. Jetzt konzentrieren sich chinesische Forscher auf das Verhalten von Tauben, die extrem empfindlich auf Schwingungen des Erdbodens ansprechen.[258]

Es ist unwahrscheinlich, dass Skeptiker sich durch den Fall von Kater Oscar oder durch Veränderungen im Verhalten von Tieren vor Erdbeben und Tsunamis davon überzeugen lassen, dass Tiere Vorahnungen haben. Jene Verhaltensauffälligkeiten könnten sich in der Tat durch Überempfindlichkeit gegenüber Gerüchen, elektrischen Entladungen oder Erschütterungen erklären lassen, die man nicht außer Acht lassen sollte. In manchen Fällen jedoch ist das Bemühen von Erklärungen durch die fünf Sinne wie das Greifen nach dem letzten Strohhalm. Manche Skeptiker behaupten auch, dass alle sogenannten ASW-Ereignisse bei Menschen durch Überempfindlichkeit gegenüber körperlichen Stimuli wie Gerüchen, Erschütterungen und elektrischen Signalen zu erklären seien. Diese „Erklärungen" scheinen bei Vorahnungen jedoch nicht auszureichen, weil sie eben keine allgemein akzeptierten Mechanismen sind, durch die mittels physischer Reize Informationen aus der Zukunft erlangt werden können.

Sheldrake hat Dutzende von Berichten erhalten, denen zufolge Tiere ihre Besitzer daran gehindert haben, sich in Situationen zu begeben, die gefährlich oder gar lebensbedrohlich waren. Viele Erlebnisse handeln von Hunden, die sich weigerten, einen Weg zu gehen, auf den Äste oder Bäume dorthin heruntergebrachen, wo Mensch oder Hund sonst gegangen wären. Andere Berichte handeln von Pferden, Hunden oder Katzen, die dafür sorgten, dass ihre Besitzer verzögert oder gar nicht zu Fuß oder mit dem Auto auf Wege oder Straßen aufbrachen, auf denen sich wenig später Unfälle ereigneten, bei welchen der Besitzer verletzt oder getötet hätte werden können. In einem Fall weigerte sich ein Hund, eine Fußgängerunterführung zu betreten, und zwang seinen Besitzer zur Umkehr. Im gleichen Augenblick war ein lautes Krachen zu hören, da die Betondecke herabfiel. In einem anderen Fall hielt ein Hund seinen Besitzer davon ab, ein Schiff zu besteigen, das wenig später explodierte. Ein anderer Hund rettete seinem Besitzer das Leben, indem er ihn vom Straßenrand fortzerrte, kurz bevor ein Lastwagen um die Kurve schoss und an die Stelle krachte, an der sie sich gerade befunden hatten.

Ein überscharfes Hörvermögen? Empfindlichkeit gegenüber Erschütterungen oder elektromagnetischen Signalen? Vielleicht. Doch in manchen Fällen ist der Befund *Vorahnung* fast unumgänglich, weil die Tiere anscheinend keine durch ihre Sinne wahrzunehmenden Anzeichen gehabt hatten von dem, was sich Augenblicke später ereignen sollte. Betrachten Sie zum Beispiel den Fall, in dem eine Frau mit dem Auto unterwegs war; ihre Katze war auf der Rückbank, ihrem bevorzugten Schlafplatz. Plötzlich erwachte sie und wurde immer unruhiger. Ihre Besitzerin fuhr weiter, als die Katze nach vorn sprang, sie am Arm stupste und sie sogar leicht in die Hand biss, die das Lenkrad hielt. Schließlich brachte die Frau das

Auto zum Stehen. In diesem Augenblick krachte wenige Meter vor ihnen ein großer Baum auf die Straße, der sie unter sich begraben hätte, wäre sie weitergefahren. In einem anderen Fall fuhr ein österreichisches Paar auf einer steilen Bergstraße, als ihr Pudel zu jaulen begann. Der Hund legte seine Pfoten auf den Fahrer, als wollte er ihn stoppen. Dann spielte der Hund verrückt. Der Fahrer bremste den Wagen ins Schritttempo, und als er langsam um die nächste Ecke fuhr, sah er, dass wenige Meter vor ihm die Straße verschwunden war: Ein Erdrutsch hatte sie in den Abgrund gerissen, nur ein Felsvorsprung war geblieben. Das Paar war davon überzeugt, dass ihr Pudel ihnen das Leben gerettet hatte.[259]

Diese Fälle aus dem umfangreichen Archiv Sheldrakes illustrieren die buchstäbliche Bedeutung einer Vorahnung als einer Warnung, die vorher kommt – außer dass die Warnung in diesen Fällen von einem Tier übermittelt und nicht direkt von einem Menschen erlebt wird.

Gleichwohl sind diese Fälle keine absoluten Beweise dafür, dass bei den beteiligten Tiere nicht hochentwickelte körperliche Sinne beteiligt sind. Ein neues Gebiet in der Erforschung der Vorahnungen könnte jedoch diesen Vorbehalt korrigieren – die sogenannten Vorausempfindungs-Experimente, mit denen wir uns bereits beschäftigt haben. Diese ausgeklügelten, computergestützten Studien scheinen gesicherte Beweise zu erbringen, dass Menschen – und vielleicht auch Tiere – zukünftige Ereignisse erspüren können. Bei dieser Art von Experimenten können überscharfe körperliche Sinne die Reaktion des Probanden unmöglich erklären, weil das Ereignis, das die Reaktion verursachte, *noch gar nicht geschehen war*. Ein Vorausempfindungs-Experiment mit Regenwürmern deutet an, dass die gleiche Fähigkeit auch bei niederen Lebensformen existiert. Es wäre überraschend, wenn Tiere, die im Hinblick auf ihre Komplexität zwischen Regenwürmern und Menschen anzusiedeln sind, nicht ebenfalls mit präkognitiven Fähigkeiten begabt wären. Sollte sich Letzteres als zutreffend erweisen, werden Millionen von Haustierhaltern sagen: „Das wissen wir schon lange."

ERSTES GESICHT UND SEELENSICHT

Die Fähigkeit, ferne oder zukünftige Ereignisse wahrzunehmen, wird schon seit langem das „zweite Gesicht" genannt. Der Psychologe und Bewusstseinsforscher James C. Carpenter vom *Rhine Research Centre* in Durham, North Carolina, hält den Begriff *zweites Gesicht* für irreführend. In zwei 2004 veröffentlichten, bahnbrechenden Arbeiten schlug Carpenter vor, die menschliche Fähigkeit, Fern- und Vorauswissen zu erlangen, als *erstes Gesicht* zu bezeichnen – eine elementare, angeborene Fähigkeit, die jeder besitzt und die über unseren Sehsinn hinausgeht.[261]

Das *erste Gesicht* kann man sich praktischerweise als psychische Antennen oder mentales Radar vorstellen, die unsere Welt sowohl in Raum als auch in der Zeit abtasten und Informationen sammeln, die wir jeden Augenblick unserer Existenz nutzen. Das *erste Gesicht* ermöglicht uns ein Leben stets „ein wenig über uns selbst hinaus im Raum und uns selbst voraus in der Zeit", wie Carpenter es ausdrückte. Das *erste Gesicht* ist jedoch nicht auf kurze Distanzen und kurze Dauer beschränkt; wenn es notwendig ist, können wir die Reichweite unseres Gewahrens deutlich vergrößern.[262]

Wenn wir darüber nachdenken, ähnelt das *erste Gesicht* unseren anderen Sinnen. Wir können das Berühren nicht berühren, das Hören nicht hören, das Fühlen nicht fühlen und das Sehen nicht sehen. Statt dessen berühren, hören, fühlen und sehen wir ohne Vorbedacht oder Analyse. Sobald diese Sinne tätig werden, intellektualisieren wir ihr Tun nicht, indem wir denken: „Ich berühre jetzt etwas." Wir sind uns ihrer nicht wirklich gewahr, selbst während sie für uns tätig sind. In diesem Augenblick berühre ich die Tasten meiner Computer-Tastatur, während ich diesen Satz tippe; und obwohl mir mein Berühren der Tasten eine nervliche Rückmeldung vermittelt, ist es so subtil, dass ich nicht innehalte, um es bewusst zu registrieren. Gleiches gilt für Vorahnungen: Wir denken gewöhnlich nicht darüber nach, während wir eine Vorahnung haben. Sie begegnet uns einfach – wie das *erste Gesicht* – als ein Wissen, das außerhalb des voll Bewussten ist. Doch es gibt natürlich einen grundlegenden Unterschied zwischen dem *ersten Gesicht* und unseren körperlichen Sinnen: Unsere fünf Sinne sind an den Körper gebunden, das *erste Gesicht* jedoch nicht.

Laut Aussage des Psychologen Kenneth Ring von der Universität von Connecticut und seiner Forschungskollegin Evelyn E. Valarino scheinen selbst blinde Menschen das *erste Gesicht* zu besitzen. Ring und Valarino berichten, dass Blindgeborene, die Todesnähe-Erlebnisse (TNE, engl. *near-death experiences*, NDE) oder außerkörperliche Erlebnisse (AKE, engl. *out-of-body experiences*, OBE) gehabt haben, manchmal detailliert darüber berichten – was später bestätigt wurde –, dass sie aus der Ferne eine bestimmte Person, ein Ereignis oder eine Szene während des Todesnähe- oder außerkörperlichen Erlebnisses *gesehen* haben. Wie ist dies möglich, wenn sie von Geburt an blind gewesen sind?

Diese Fähigkeit der Blindgeborenen klingt nach „Blindsehen", einem Zustand, der in den letzten Jahren von Neurowissenschaftlern ausgiebig untersucht worden ist. Beim Blindsehen spricht ein Menschen auf visuelle Reize an, ohne sie bewusst wahrzunehmen. Wenn eine „blindsichtige" Person ohne jegliches Gewahrsein irgendeiner visuellen Wahrnehmung aufgefordert wird, Aspekte eines visuellen Reizes vorherzusehen – etwa den Aufenthaltsort oder die Bewegung des Reizes –, vermag sie dies zu tun, und zwar deutlich über jede Zufallswahrscheinlichkeit hinaus. Dies ist ein Beleg dafür, dass die Person „sieht, ohne zu sehen". Blindsehen kommt am häufigsten nach einer Verletzung der normalen visuellen Bahnen im Gehirn nach einem Trauma, Schlaganfall oder einer anderen krankhaften Veränderung vor.

Trotz der Ähnlichkeit ist dies *nicht* der Zustand, den Ring und Valarino entdeckt haben. Zum einen haben und hatten deren von Geburt an blinde Probanden keine normalen visuellen Bahnen, die hätten verletzt werden *können*. Zudem nehmen sie Dinge über eine Entfernung wahr, die über den Sehbereich von normalsichtigen Menschen hinausgeht.

Ring glaubt, dass diejenigen Blindgeborenen, die während eines Todesnähe-Erlebnisses (TNE) Dinge über eine Entfernung hinweg sehen, dies tun, weil sie in einen charakteristischen Zustand transzendenten Gewahrseins eingetreten sind, den er *Seelensicht* nennt.[263]

Dieser Bereich transzendenten Gewahrseins ist uns während des normalen Wachzustandes verschlossen, sagt Ring. Während man sich aber dem Tode nähert, wird das bewusste Gewahrsein paradoxerweise erweitert, wie aus den typischen Berichten von Todesnähe-Erfahrenen hervorgeht, die dort gewesen sind. In diesem Zustand, so Ring, wird die *Seelensicht* aktiv und ermöglicht es, Fern- und Zukunfts-Informationen zu erlangen, und zwar ohne Einschränkung durch Raum und Zeit.

Ring und Valarino widersprechen der Behauptung, dass Fernwissen mit einer subtilen, hochsensitiven Nutzung des normalen Sehvermögens einhergehe. Um dies hervorzuheben, haben Rings und Valarinos von Geburt an blinde Probanden nicht nur keine normalen visuellen Bahnen – und hatten solche auch nie gehabt –, sondern in vielen Fällen *gibt es gar keinen visuellen Reiz*, weil die „gesehenen" Dinge selbst für Normalsichtige außerhalb des sichtbaren Bereichs liegen. All dessen ungeachtet findet bewusste Wahrnehmung statt.

Carpenter geht noch einen Schritt weiter. Er glaubt, dass das *erste Gesicht* – Rings und Valarinos *Seelensicht* – ständig aktiv ist, das heißt pausenlos, rund um die Uhr und nicht nur im Rahmen von Todesnähe-Erlebnissen, sondern immer. Darüber hinaus funktioniert es so effizient und unterschwellig, dass wir uns dessen selten gewahr sind.

Für Indianerstämme war das erste Gedicht etwas Selbstverständliches. Josiah Gregg war ein Forschungsreisender, Naturforscher und Schriftsteller, der sich den Santa-Fe-Trail zunutze machte, eine historische Handelsroute in den 1830er Jahren. Er beobachtete einmal einen Komantschen, der seinen Bogen spannte und einen Pfeil abschoss und damit einen Präriehund tötete, der außer Sicht hinter einem kleinen Hügel war – ein Kunststück, das Gregg mit dem Gewehr nicht nachmachen konnte.[264]

Wenn Victorio, der Apachenführer, die Position des Feindes zu erfahren wünschte – was häufig die US-Kavallerie betraf –, stellte sich Lozen, seine Schamanin und Schwester, mit ausgestreckten und nach oben geöffneten Handflächen hin und betete. Während sie sich, dem Lauf der Sonne folgend, langsam drehte, pflegten ihre Hände zu kribbeln und die Innenflächen ihre Farbe zu wechseln, sobald sie dem Gegner zugewandt waren. Aus der Intensität der Sensation konnte sie auf die ungefähre Entfernung des Feindes schließen.[265]

David Unaipon, ein australischer Ureinwohner, beschrieb zu Beginn des 20. Jahrhunderts, dass der Einsatz von Rauchsignalen von einer nichtlokalen Funktion des Bewusstseins abhängig war. „Westler", die diesen Brauch beobachteten, nahmen an, dass zum Signalisieren eine Art von

Schlüssel verwendet wurde. Dies treffe jedoch nicht zu, so Unaipon: Die Funktion des Rauchsignals war lediglich, jedermanns Aufmerksamkeit zu erlangen, um dann mit der Gedankenübertragung über die Distanz zu beginnen.[266]

Wenn das *erste Gesicht* etwas so Grundlegendes ist, warum ist es dann für uns moderne Menschen nicht ebenso offensichtlich wie für die Stammesangehörigen? Doch vielleicht ist es gar nicht überraschend, dass das *erste Gesicht* unentdeckt bleibt. Menschliche Funktionen – und Dysfunktionen – existieren manchmal unbemerkt, sozusagen direkt vor unserer Nase. Ein Beispiel ist angeborene Farbenblindheit.

Der englische Chemiker John Dalton beschrieb diesen Zustand im Jahre 1798 als Erster – vier Jahre, nachdem er seine eigene Farbenblindheit erkannt hatte. Er entdeckte, dass er, wie auch sein Bruder, Scharlachrot mit Grün verwechselte, und Rosa mit Blau, und vermutete deshalb, dass es sich um eine ererbte Fehlsichtigkeit handelte. Dalton nahm an, dass der Glaskörper, das flüssige Augeninnere, blau gefärbt sei, was bewirke, dass er selektiv längere Wellenlängen absorbierte. Er hinterließ Anweisungen, seine Augen nach dem Tode zu untersuchen, doch der Glaskörper erwies sich als vollkommen klar. Erst in den 1990er Jahren wurde aus Gewebeproben seiner in Spiritus konservierten Augen die DNS extrahiert, deren Untersuchung ergab, dass seine Netzhaut einen Mangel an bestimmten Photopigmenten aufwies.[267] Nachdem er seine berühmte Arbeit *Extraordinary Facts Relating to the Vision of Colours*[268] ("Außerordentliche Tatsachen im Hinblick auf das Farbensehen") veröffentlicht hatte, wurden die Menschen auf die Existenz einer Krankheit aufmerksam, die weltweit verbreitet ist und 7 % der männlichen und 0,4 % der weiblichen Bewohner der Vereinigten Staaten betrifft.

Warum hatten die Anatomen der Welt die Zirkulation des Blutes durch den ganzen Körper nicht entdeckt, bis William Harvey sie im Jahre 1628 beschrieb? Warum blieb der Umlauf der Erde um die Sonne über Jahrtausende unerkannt? Die Geschichte ist voll von „Unsichtbarem", das sich dem Bemerktwerden entzog und nach seiner Entdeckung als selbstverständlich und offenkundig erschien. Solche Beispiele erinnern uns an die Volksweisheit: „Wenn Du einen Schatz verstecken willst, lege ihn dahin, wo ihn jeder sehen kann."

Wir sehen, was wir sehen *können*, und was wir sehen können, wird weitgehend von dem bestimmt, was wir glauben. Laut Lawrence Blair (in *Rhythms of Vision: The Changing Pattern of Belief*) konnten die Eingeborenen von Patagonien Magellans Schiffe nicht sehen, als diese 1520 das südliche Ende von Südamerika erreichten. Aus Sicht der Eingeborenen tauchten sie aus dem Nichts auf. Ihre Schamanen machten schließlich ein blasses Bild von den großen Schiffen aus, die vor der Küste ankerten. Nachdem sie auf die Bilder hingewiesen und sich jedermann eine Zeit lang auf die Vorstellung von riesigen Segelschiffen konzentriert hatte, materialisierten sich die Galeonen.[269] Michael Polanyi berichtet einen ähnlichen Vorfall, als Darwins Schiff, die *HMS Beagle*, 1831 vor Patagonien ankerte. Die Eingeborenen konnten die kleinen Ruderboote sehen, aber das Mutterschiff nicht entdecken. In ihrem Glaubenssystem war zwar Platz für kleine Schiffe, aber nicht für große.[270]

Wir alle, auch die Wissenschaftler, tragen Scheuklappen, die unsere Sicht der Welt einschränken. Der Astronom und Autor David Darling schrieb: „Wenn die Wissenschaft das Universum nach bestimmten Wahrheiten durchsucht – wie sie es tut –, dann sind diese zwangsläufig die einzigen, die sie finden wird. Alles andere wird ihnen entgehen."[271] Das *erste Gesicht* und Vorahnungen sind solche Fälle.

Vorahnungen zählen zu den am häufigsten vorkommenden Ausdrucksformen des *ersten Gesichts*. Sie sind wie der Strahl eines Suchscheinwerfers ins Dunkel der Zukunft und machen uns auf Ereignisse aufmerksam, die noch vor uns liegen. Damit diese Fähigkeit optimal funktioniert, ist es nötig, rasch aktiv zu werden und sofort zu handeln. Damit dies geschieht, sind Vorahnungen und andere Funktionen des *ersten Gesichts* mit Hilfe analytischen Denkens kaum zu verarbeiten, denn rationale Analyse würde das gebotene Handeln verzögern oder gänzlich vereiteln.

Wenn wir von dem *ersten Gesicht* Gebrauch machen, denken wir nicht logisch, sondern wir handeln einfach. Die Geschichte kennt eine Fülle von Beispielen von Menschen, die gelernt haben, entsprechend den Erkenntnissen aus dieser Fähigkeit unverzüglich zu handeln, was dann oft als Glück oder Intuition betrachtet wird.

Ein Kampfflieger weiß, wann er nach rechts oder links ausweichen muss, um einem Fliegerabwehrfeuer zu entkommen, bevor es ihn erreicht. Ein Adept der Kampfkünste weiß die Bewegungen seines Gegners, bevor sie ihn treffen. Große Feldherrn wissen die Züge des Feindes auf dem

Schlachtfeld im Voraus. Ein versierter Runningback* sieht Lücken in der gegnerischen Abwehr, bevor sie sich auftun. Ein begabter Forscher „weiß einfach", welches Vorgehen zu wählen ist, um Ergebnisse zu erzielen. Solches Handeln findet oft ohne das Eingreifen logischen Denkens statt, der Eingebung des Augenblicks folgend und aus Gründen, die dem Individuum, das sie erlebt, verborgen sind.

Doch das *erste Gesicht* ist nicht immer korrekt. Manchmal ist es beschämend falsch und irreführend – wie das mit dem ersten Blick Erfasste. Das überrascht uns nicht. Keine menschliche Fähigkeit ist perfekt, und dies gilt auch für jene autonomen Vorgänge, die normalerweise außerhalb unseres bewussten Gewahrens ablaufen. Unser Herz lässt einzelne Pulsschläge aus, selbst wenn es nicht unter Stress steht; unser Blutdruck gerät aus dem Gleichgewicht, auch ohne einen äußeren Reiz; unser Darm kann träge oder überaktiv werden, selbst ohne erkennbare Provokation. Es ist das Gesamtverhalten der Aktivität – also wie uns eine Funktion langfristig dient –, worauf es am meisten ankommt, nicht ob ein System zu jeder Zeit perfekt funktioniert.

Wenn ich mit einem Segelschiff von San Francisco nach Honolulu unterwegs bin, werde ich fast die ganze Zeit vom genauen Kurs abweichen, weil es unmöglich ist, mein Boot perfekt ohne Abweichung zu lenken. Ich werde an meinem Ziel ankommen – nicht dank perfekter Lenkkunst, sondern dank ständiger Kurskorrekturen. So ist es auch mit den Vorahnungen. Sie brauchen uns kein perfektes Bild von der Zukunft zu liefern. Ein einfaches Warnzeichen oder Bauchgefühl wird oft genügen, um unsere Aufmerksamkeit zu wecken, so dass wir genauer als gewöhnlich auf das achten, was bald geschehen kann. Es kann sich als ein unbestimmtes Empfinden einer Vorahnung bemerkbar machen, als bruchstückhaftes Bild eines künftigen Ereignisses, als ein Bild mit Symbolen oder übertragenem Sinn oder in einigen Fällen als eine ungemein detaillierte Schau dessen, was vor uns liegt.

„Am Tage", schreibt Carpenter, „ist der Himmel überstrahlt vom Licht der Sonne und sieht blau und leer aus, aber in der Nacht, ohne die Sonne, sieht man ihn erfüllt von den flimmernden Lichtern der Sterne."[272] Auf ähnliche Weise kann das blendende Licht der Logik das Vorhandensein

---

* im amerikanischen Football (Anm.d.Ü.)

subtiler Vorahnungen und anderer Manifestationen des *ersten Gesichts* überstrahlen und verbergen. Wenn wir also besser entdecken und wahrnehmen wollen, wie das *erste Gesicht* in unserem Leben wirkt, gilt es, „seine Sprache zu lernen", die oft symbolisch ist, nicht logisch. Vorahnungen kommen für gewöhnlich nicht mit fettgedruckten Schlagzeilen daher und verkünden: „Hinter der Kurve ist die Straße blockiert. *Fahren Sie jetzt langsamer!*" Statt dessen kann die Aufforderung zum langsameren Fahren zum Beispiel die Gestalt einer Schlange annehmen mit einem Gürtel um die Mitte oder die von einem Tau mit einem Knoten – also etwas Kurviges mit einer Blockade oder einem Hindernis. Die Symbole können so subtil sein, dass wir sie niemals wirklich ergründen, aber das müssen wir auch nicht. Wir bekommen einen ausreichenden Hinweis und sprechen darauf an – in diesem Fall durch Bremsen und Vermeiden des Hindernisses, ohne den Grund dafür zu wissen. Später reden wir vielleicht von „einer bloßen Ahnung", einem Gefühl, einer Intuition – oder von dem Glück, das wir hatten.

Manche Menschen sind imstande, ihre Fähigkeiten des *ersten Gesichts* bewusst einzusetzen und sie konstruktiv zu nutzen, sagt Carpenter – vergleichbar anderen Personen, die ihre Sensibilitäten in Kunst oder Musik entwickeln oder ihre Gedächtniskräfte oder ihre Aufmerksamkeit fürs Detail kultivieren.[273] Hierzu bedarf es gewöhnlich einiger mentaler Disziplin, wie zum Beispiel der Meditation, um die Fähigkeit zur Entspannung, zur Konzentration und zur Aufmerksamkeit zu verfeinern auf das, was gerade geschieht, nicht nur im Äußeren, sondern auch im eigenen Inneren, Emotionalen.[274]

Ich bin überzeugt, dass das *erste Gesicht* in meinem Beruf des Mediziners recht verbreitet ist. Und es wird vehement geleugnet. Auf der Hochschule war ich fasziniert von den diagnostischen Fertigkeiten von drei meiner Professoren. Sie vermochten aufgrund nur spärlichster Informationen Diagnosen zu erstellen. Ich konnte oft nicht eine Spur von Logik entdecken, die sie zu den richtigen Antworten geführt haben musste. Als ich sie fragte, wie sie das machten, konnten sie ihre Gedankengänge nicht erklären, sondern reagierten mit Worten, unter denen „Erfahrung" und „klinisches Urteilsvermögen" vorkamen – oder mit irgendeiner anderen Nichterklärung. Diese glänzenden Lehrer waren durch und durch Materialisten. Sie wären verlegen oder verärgert gewesen, hätte jemand angedeutet, dass sie im Rahmen ihrer beruflichen Fertigkeiten das *erste Gesicht* nutzten. Besonders faszinierend waren CPCs – klinisch-pathologische Besprechungen –, in welchen der Fall eines verstorbenen Patienten präsentiert wurde. Als Referenten pflegten sie die korrekte Diagnose vorherzusagen, die sich bei der Autopsie herausstellen würde. Mit diesen Voraussagen lagen sie fast immer bis ins kleinste Detail richtig – aus Gründen, die sich mir oft entzogen.

Ohne Zweifel gab es in vielen Bereichen Experten, die in der Anwendung des *ersten Gesichts* beim Lösen von Problemen gleichermaßen versiert waren – und gleichermaßen begabt, dies zu verbergen, nicht nur vor anderen, sondern auch vor sich selbst.

VORAHNUNGEN UND DAS GEHIRN

Ein „Vorahnungs-Zentrum" im Gehirn hat bis heute noch niemand entdeckt. Doch mit dem Aufkommen von hochentwickelten Gehirn-Durchleuchtungstechniken lernen wir mehr über jene Bereiche des Gehirns, die beim Zukunftswissen eine Rolle spielen könnten.

Amnesie nennt man einen partiellen oder vollständigen Verlust der Erinnerung. Er wird oft verursacht durch eine Schädigung eines tiefsitzenden Hirnbereichs namens Hippocampus, der auch an Emotionen und der Tätigkeit des autonomen Nervensystems beteiligt ist. Eine Schädigung kann eintreten infolge einer Infektion, einer Verletzung, eines Schlaganfalls oder von Erkrankungen wie der Alzheimer- oder Parkinson-Krankheit.

Eleanor Maguire vom *Wellcome Trust Centre for Neuroimaging* am University College London untersuchte fünf Patienten mit klassischer Amnesie, die alle Gehirninfektionen erlitten hatten, die den Hippocampus schädigten. Obwohl sie sich auf die Namen von Angehörigen besinnen konnten, waren die Patienten außerstande, sich an Ereignisse in der Vergangenheit zu erinnern. Doch es war nicht nur das Erinnerungsvermögen beeinträchtigt. Die Forscher forderten sie und eine Kontrollgruppe von Versuchspersonen ohne Amnesie auf, mehrere *zukünftige* Szenarien zu visualisieren und in Einzelheiten zu beschreiben – zum Beispiel den Besuch eines Strandes, Waldes, Museums, Schlosses oder Pubs, eine künftige Weihnachtsfeier oder ein Treffen mit einem guten Freund – und zu schildern, wie das Erlebnis sich anfühlen würde. Die Beschreibungen waren ungeordnet und emotionslos. Die Hippocampus-geschädigten Versuchspersonen konnten keine räumliche Beziehung zwischen Objekten beschreiben, die Teil der Zukunfts-Szenarien waren, und sie sagten nur wenig darüber, wie sie sich fühlten. Sie vermochten das Erlebnis nicht als ein Ganzes zu sehen, sondern nahmen statt dessen eine Sammlung von separaten Bildern wahr. Einer der Probanden sagte: „Es ist nicht sehr real. Es passiert einfach nicht. Mein Vorstellungsvermögen ist nicht ... nun, sagen wir es so: Ich stelle es mir nicht vor."

„Die Ergebnisse zeigen tatsächlich, dass Amnesie in Wirklichkeit schlimmer ist, als wir dachten – die Patienten stecken wirklich in der Gegenwart fest", sagt Maguire.[275, 276]

Maguires Arbeit wirft neues Licht auf ein altes Thema. Sie zeigt, dass Amnesie nicht nur Erinnerungsmängel umfasst, sondern auch das Unvermögen, sich zukünftige Ereignisse vorzustellen.

Andere Forschungsberichte bestätigen diese Entdeckungen. In einer Studie, die funktionelle Magnetresonanztomografie (fMRT) bei normalen Versuchspersonen einsetzte, fanden Kathleen McDermott und ihre Kollegen an der Washington-Universität in St. Louis, dass Erinnerungsverarbeitende Zentren im Gehirn aktiviert werden, wenn Menschen sich potenzielle zukünftige Ereignisse vorstellen.[277]

Die Entdeckung, dass der Hippocampus am Visualisieren der Zukunft beteiligt ist, könnte für das Verständnis von Vorahnungen wichtig sein. Die Gehirnfunktion kann bei normalen Menschen dramatisch schwanken. So haben zum Beispiel manche Menschen ein erstaunliches Gedächtnis, während andere um die Erinnerung kämpfen, wo sie den Autoschlüssel abgelegt oder was sie zum Mittagessen gespeist haben. Verfügen jene Personen, die eine gute Erinnerung haben, über einen „größeren und besseren" Hippocampus als diejenigen mit schwachem Gedächtnis? Könnten Individuen, die eine Gabe für Vorahnungen besitzen, einen „Hippocampus-Vorteil" haben, der sie befähigt, die Zukunft genauer zu sehen? Und leiden jene, die die Existenz von Vorahnungen leugnen und darauf beharren, selbst niemals Vorahnungen erlebt zu haben, vielleicht unter einer Funktionsstörung des Hippocampus?

Maguire bat ihre Probanden, sich mögliche Zukunftsszenarien bildlich vorzustellen. Menschen, die Vorahnungen haben, visualisieren ebenfalls mögliche zukünftige Ereignisse. Ein Hauptunterschied ist jedoch, dass jemand, der eine Vorahnung erlebt, oft eine Gewissheit empfindet, dass das zukünftige Geschehen eintreten wird, während der Proband, der sich ein mögliches zukünftiges Ereignis lediglich vorstellt, dieses als Phantasie betrachtet. Das Gehirn trifft diesen Unterschied möglicherweise gar nicht. Es spricht darauf an, als ob das vorgestellte Ereignis real sei. Wenn wir uns lebhaft vorstellen oder träumen, dass wir von einem Raubtier angegriffen werden, spricht das Gehirn darauf an, als wäre das bildlich vorgestellte oder geträumte Ereignis real, und es sendet Signale in den Körper, damit Stresshormone ausgeschüttet werden, die uns für das wirkliche Geschehen bereit machen. So vermag vielleicht auch der Hippocampus-Bereich im Gehirn nicht zu unterscheiden zwischen imaginären zukünftigen Ereignissen und Vorahnungen, die real scheinen. Dies bedeutet, dass es unmöglich sein könnte, die Validität von Vorahnungen zu bestimmen, indem wir uns auf das konzentrieren, was das Gehirn gerade tut – aber es macht Spaß, darüber zu spekulieren, was wir wohl lernten, wenn wir es könnten.

Zum Beispiel würde ich gerne einen Blick auf die Hippocampus-Funktion von Skeptikern werfen, die die Aussagekraft von Vorahnungen leugnen. Ist ihr Hippocampus in Urlaub? Ich wüsste auch gerne, ob Menschen, die mit Vorahnungen begabt sind, eine erhebliche höhere Hippocampus-Funktion haben als jene, die behaupten, sie seien in Bezug auf Vorahnungen gehandicapt.

Wo ließe sich so etwas wohl herausfinden? In einer Gruppe von geübten Visualisierern künftiger Szenarien: Londons professionellen Taxifahrern.

Es ist nicht einfach, in London eine Lizenz für ein schwarzes Taxi zu erhalten. Die Fahrer müssen „das Wissen" lernen, wie es genannt wird, es umfasst bis zu fünfundzwanzigtausend Straßennamen und die Adressen aller wichtigen Touristen-Attraktionen. Die Taxifahrer müssen nicht nur wissen, wie man ein beliebiges Ziel erreicht, sondern sie müssen auch die direkteste Route kennen. Das verwirrende Straßenlabyrinth im Umkreis von zehn Kilometern um Charing Cross ist besonders beängstigend. Man braucht im Allgemeinen drei Jahre der Ausbildung, um „das Wissen" zu beherrschen; drei Viertel derer, die in einer Taxischule anfangen, verlassen sie schon vor dem Ende ihrer Ausbildung wieder. Im Laufe des Kurses passiert etwas mit den Taxifahrern, und wenn sie fertig sind, haben sie kein gewöhnliches Gehirn mehr.

Maguire und ihre Kollegen führten funktionelle Magnetresonanztomografien an sechzehn Londoner Taxifahrern durch und stellten fest, dass sie sich in allen Fällen von fünfzig Vergleichspersonen unterschieden. Ein bestimmter Bereich, die posteriore (hintere) Region des Hippocampus, war bei allen Taxifahrern größer. Je länger sie in ihrem Beruf arbeiteten, desto größer wurde diese Region.[278, 279]

Als Maguires Entdeckungen in den BBC-Nachrichten gemeldet wurden, fanden sie ihren Nachhall bei vielen Menschen auf beiden Seiten des Atlantiks. Ein Taxifahrer meldete, dass seine Erfahrung im Beruf ihm nützlich sei, wenn es gelte, geschäftliche Entscheidungen zu treffen – eine Bestätigung von gesteigerter Intuition und des *ersten Gesichts*? Ein anderer Fahrer beschrieb, dass er, als er Taxi fuhr, um sein Studium zu finanzieren, eine deutliche Zunahme seiner mathematischen Fähigkeiten erlebte, darunter auch der Fähigkeit, komplexe geometrische Muster, Formen und Diagramme zu visualisieren. Später, beim Militär, hatte er bei speziellen Tests zur Navigation, Steuerung und Verschlüsselung sehr hohe Punktzahlen erreicht. Es gingen auch zynische Kommentare ein. Ein Amerikaner monierte, dass Maguires Studie offenbar nicht an New Yorker Taxifahrern durchgeführt worden sei. Ein anderer stimmte dem zu und erklärte, er habe in den Vereinigten Staaten Taxifahrer erlebt, die wohl überhaupt keinen Hippocampus besaßen. Ein Leser schrieb einem groben New Yorker Taxifahrer gar eine Vorahnung zu. Er schilderte, wie er selbst einem extrem korpulenten Neunzigjährigen in das Taxi half, der zu einem Krankenhaus gelangen wollte, um sich dort einer Staroperation zu unterziehen. Der mürrische Taxifahrer habe nicht mitgewirkt, dem älteren Mann in sein Taxi oder aus diesem heraus zu helfen. Gleichwohl habe er die Hand um ein Trinkgeld ausgestreckt. Als der jüngere Mann keines gab, ärgerte sich der Taxifahrer und brauste davon. Später stellte sich heraus, dass der Chirurg das falsche Auge operiert hatte. Der junge Mann vermutet – möglicherweise zu unrecht – eine unbewusste Vorahnung auf Seiten des Fahrers, der tat bzw. unterließ, was er nur konnte, um zu verhindern, dass der ältere Patient zum Krankenhaus gelangte.[280]

Maguire warnt vor der Verwendung von GPS-Navigationshilfen in

Londoner Taxis. „Wir hoffen sehr, dass sie nicht dazu übergehen", sagte sie. „Wir glauben, dass dieser Bereich des Gehirns größer geworden ist ... aufgrund der gewaltigen Menge von Daten, die sie sich merken müssen. Wenn sie alle anfangen, mit GPS zu fahren, wird dieser Wissensschatz weniger und möglicherweise die Veränderungen des Gehirns beeinträchtigen, die wir festgestellt haben."[281, 282]

Navigationssysteme dürften nicht die einzigen Vorahnungs-Verhinderer sein, die uns Anlass zur Sorge geben. Je mehr wir uns auf Informationstechnik verlassen, desto weniger Notwendigkeit besteht, uns auf unseren ersten Sinn zu verlassen, auf unsere Fähigkeit, uns selbst in Raum und Zeit ein wenig voraus zu sein. Warum sollte ich eine Vorahnung von dem Wetter am Wochenende benötigen, wenn ich die Website des Wetterkanals aufrufen und mir die Zehn-Tage-Vorschau für jede beliebige Stadt in den Vereinigten Staaten präsentieren lassen kann? Ich brauche nicht auf meine Intuition zurückzugreifen, um die Bewegungen des Aktienmarktes zu beurteilen; Finanzgurus haben bereits von *ihrer* Intuition Gebrauch gemacht und ihre Vorhersagen online und in Rundschreiben veröffentlicht. Ich kann Jahre im Voraus Vorhersagen über den Anstieg der globalen Temperaturen und das Schmelzen der Polkappen erhalten, Prognosen zur Regenwahrscheinlichkeit über meinen Gemüsegarten diesen Sommer und Berechnungen, wer wahrscheinlich den *Super Bowl** gewinnen wird und so weiter.

Wenn ich mir dies klarmache, kann ich fast fühlen, wie mein Hippocampus zu schrumpfen beginnt. Ich spüre, dass Maguires Warnungen ernst genommen werden sollten. Die Abhängigkeit von elektronischen Geräten, die es uns abnehmen, uns etwas vorzustellen, könnten in der Tat das Gehirn negativ beeinflussen und unseren *ersten Sinn* abstumpfen.

Können wir uns dagegen wehren? Wir werden wohl kaum all die elektronischen Hilfen abschalten, die zu einem festen Bestandteil unseres modernen Lebens geworden sind, aber es gibt Gegenmittel für alle diese Vorahnungs-Ersatztechniken. Erinnern wir uns an McDermotts Entdeckungen: Wenn wir uns mögliche zukünftige Ereignisse bewusst vorstellen, werden die Erinnerungsverarbeitungszentren im Gehirn aktiviert. Dies lässt darauf schließen, dass es gut für das Gehirn und unsere kognitive Fähigkeit ist, wenn wir uns die Zukunft vorstellen.

---

* jährliches American-Football-Meisterschaftsendspiel der National Football League (Anm. d. Ü.)

In einer Studie, an der dreizehntausend amerikanische Frauen beteiligt waren, die ein höheres Alter erreichten, identifizierten Forscher mehrere Aktivitäten, die mit der Erhaltung der kognitiven Funktion beim Altern zu tun hatten.[283] Unter diesen Tätigkeiten war das Lesen von Büchern. Beim Lesen eines guten Romans ist man ständig dabei, sich zukünftige Szenarien vorzustellen und sich Bilder von kommenden Wendungen und Entwicklungen der Geschichte auszumalen. Es ist unmöglich, einen spannenden Roman zu lesen, ohne diese Fähigkeit zu praktizieren. Ob wir es richtig hinbekommen oder nicht: Diese mentalen Übungen sind im Grunde genommen Vorahnungen im Kleinen, bildliche Mikro-Visionen der Zukunft, und sie scheinen gut fürs Gehirn zu sein.

ZUM MEDIUM GESCHLAGEN?

Maguires Forschung befasst sich mit den Auswirkungen einer *Steigerung* von Gehirnfunktionen auf die mentale Leistungsfähigkeit. Manchmal hat es den Anschein, dass vielmehr eine Gehirn-*Schädigung* eine gute Voraussetzung für Vorahnungen sein könnte.

Ein in Hollywood-Produktionen wiederkehrendes Motiv ist der nicht richtig funktionierende Computer, die Maschine oder das Raumschiff, die mit sofortigem Erfolg zur Ordnung gerufen werden, indem ein verzweifelter oder gereizter Bediener dem Gerät einen schnellen Tritt oder einen Schlag mit einem groben Schraubenschlüssel verpasst. Ein solches Verhalten ist so praktisch wie archetypisch. Wenn unsere Armbanduhr, das Mobiltelefon oder die Fernbedienung des Fernsehers verrückt spielt, entspricht es unserem Instinkt, das Gerät gründlich zu schütteln und, wenn das nicht reicht, ihm einen kräftigen Schlag zu verabreichen. Manchmal bewirkt dies, dass der eigensinnige Gegenstand zur Besinnung kommt und wieder normal funktioniert.

Die Psychotherapeutin Sandra Ingerman wurde von körperlich traumatischen Ereignissen „aufgerüttelt", die ihre Wahrnehmungsfähigkeiten verändert haben könnten.[284, 285] Zusammen mit dem Anthropologen Michael Harner hat Ingerman dazu beigetragen, uralte schamanische Techniken wieder zu beleben, zu denen bezeichnenderweise Hellsehen und Vorahnungen gehören. Wie aus der anthropologischen Literatur klar hervorgeht, treffen Menschen nicht einen rationalen Entschluss, Schamane zu werden, sondern sie werden dazu berufen. Mit der Berufung gehen oft Erlebnisse auf Leben und Tod einher, zum Beispiel schwere Erkrankungen, Gefahr und körperliches Trauma.

Ingerman lebt in meiner Heimatstadt Santa Fe, was uns etliche interessante Diskussionen über Schamanismus ermöglicht hat. Bei einer Gelegenheit fragte ich sie, ob es irgendwelche einschneidenden Erlebnisse gegeben habe, die ihren beruflichen Weg beeinflussten. Sie antwortete, dass sie drei Todesnähe-Erlebnisse einschließlich eines Blitzschlages überlebt habe.

Sie schilderte, wie sie einst gebeten wurde, vor einer Gruppe von Indianern über Schamanismus zu sprechen. Bei dem Gedanken daran habe sie sich nicht wohlgefühlt, da die Indianer im Allgemeinen über Schamanismus unendlich viel mehr wissen als Weiße. Wie sie befürchtet hatte, schienen ihre Zuhörer äußerst gelangweilt und halb einzuschlafen bei dem, was sie zu sagen hatte – bis sie beiläufig erwähnte, dass sie einmal von einem Blitz getroffen worden sei. Augenblicklich erwachte ihre ganze Zuhörerschar zum Leben und setzte sich kerzengerade auf, als ob *sie* von einem Blitz getroffen wäre. In ihren Augen war es diese einzelne Tatsache, die Ingerman legitimierte, und während des übrigen Vortrages waren sie fasziniert von ihren Ausführungen. Ingerman hatte den Nerv getroffen – ihr Wissen, dass ein möglicherweise tödliches Trauma ein Vorbote sein kann von profundem Wissen und Kräften, die in der schamanischen Tradition fast immer mit Zukunftswissen assoziiert werden.

Harriet Tubman, eine Vorkämpferin für die Sklavenbefreiung, die schon in den Jahren vor dem Sezessionskrieg selbst Hunderten von Sklaven zur Freiheit verhalf, war ein klassisches Beispiel der Verbindung zwischen Zukunftswissen und körperlichem Trauma. Im Alter von zwölf Jahren kam Harriet fast ums Leben, als sie von einem zweipfündigen Bleigewicht an die Stirn getroffen wurde, das ein verärgerter Sklavenaufseher nach ihr geworfen hatte. Es brach ihr den Schädel und hinterließ ein Loch an der Stirn, das sie später mit Hilfe von Männerhüten kaschierte, die sie trug. Nach jener massiven Verletzung erhielt Tubman keine konventionelle medizinische Behandlung – was sich als Segen erwiesen haben mag, wenn wir an den damaligen Stand der ärztlichen Kunst denken. Als Harriet genas, war sie anders. Sie hatte zunehmend „Probleme mit dem Kopf". Sie erlebte, was sie selbst als „Schlaf" bezeichnete: Das plötzliche Bedürfnis, sich hinzulegen und ein kurzes Schläfchen zu halten, und dies oft unter den ungeeignetsten Umständen. Sie begann Visionen von zukünftigen Ereignissen zu erleben. Manchmal hörte sie Musik, die die Luft erfüllte. Sie spürte, dass sich ein Fenster in ihrem Kopf öffnete, und sie blickte oder flog hindurch und beobachtete wichtige Dinge. Obwohl diese Erlebnisse nach ihrer beinahe tödlichen Verletzung eintraten, behauptete sie auch, dass sie spezielle Begabungen von ihrem Vater geerbt habe, der „immer die Zukunft voraussagen konnte".[286]

Moderne Ärzte würden Tubman als Narkoleptikerin oder Schläfenlappen-Epileptikerin diagnostizieren. Weil ihre Visionen, außerkörperlichen Erlebnisse und Vorahnungen kurz nach ihrer Kopfverletzung begannen, ist die Versuchung groß, daraus den Schluss zu ziehen, dass das Trauma sie verursacht hat. Das ist nicht weit hergeholt. Bei näherer Betrachtung finden wir auch durchaus berühmte Gestalten in der Geschichte, deren Schläfenlappenepilepsie mit dem Sehen von Visionen und Hören von Stimmen einherging, zum Beispiel Dostojewski.

War es eine Fehlfunktion des Gehirns, was Tubmans präkognitive Fähigkeit ermöglichte? Es ist verlockend, dies zu denken. Obwohl sie schon geträumt hatte, bevor sie die schwere Kopfverletzung erlitt, schien der Schlag ihren Träumen zu einer Dimension größerer Klarheit und Kraft verholfen zu haben.

Über die sogenannte *Underground Railroad*[*] begleitete Harriet Tubman persönlich dreihundert Sklaven in die Freiheit, ohne jemals gefasst zu werden oder auch nur einen der Sklaven zu verlieren, denen sie half. Ihre erstaunlichen Leistungen wurden von spezifischen Träumen und Vorahnungen geleitet, durch welche sie von sicheren Häusern, Flussüberquerungen und freundlich gesinnten Helfern erfuhr, denen sie nie zuvor begegnet war. Sie wurde „eine der größten Träumer aller Zeiten" genannt.[287]

Eine typische Episode geschah im November 1856, als sie eine Gruppe von vier Sklaven in die Freiheit führte. Ganz plötzlich überkam sie ein „Schlaf", und sie brach zusammen. Während ihrer Bewusstlosigkeit sah

---

* ein informelles Netzwerk, das geflohenen Sklaven aus den Südstaaten nach Norden half (Anm.d.Ü.)

sie eine Furt im Fluss, die seicht genug war, um diesen zu durchqueren, sowie eine Hütte auf der anderen Seite, wo sie Nahrung und Obdach erhalten konnten. Sie erwachte gerade rechtzeitig, um den Verfolgern mit ihren Bluthunden zu entkommen und den Fluss an der erträumten Furt zu durchqueren. Auf der anderen Seite stießen sie auf eine schwarze Familie, die ihnen zu essen und Unterschlupf gab, wie sie es vorausgesehen hatte.

Leider ist über die Zusammenhänge zwischen Zukunftswissen und traumatischen Gehirnverletzungen nicht viel bekannt. Nach „Vorahnungen" oder „Präkognition" sucht man in den Stichwortverzeichnissen aktueller neurologischer Lehrbücher vergeblich. Dies ist nicht verwunderlich, da fast alle Neurologen Präkognition für unmöglich halten – für sie ist sie nichts mehr als bloße Phantasie, Halluzination, Anzeichen von Geisteskrankheit oder die Folge irgendeines krankhaften Prozesses im Gehirn.

Eine seltene Ausnahme ist der Neuropsychiater Vernon Neppe vom *Pacific Neuropsychiatric Institute* in Seattle, Washington. Gemeinsam mit dem Psi-Forscher John Palmer von der Neurologischen Klinik des Universitätsspitals Zürich untersuchte er Zusammenhänge zwischen paranormalen Erlebnissen einschließlich Vorahnungen und Funktionsstörungen des Schläfenlappens, wie sie mit Epilepsie, Drogenmissbrauch und Schädelverletzungen einhergehen. Solche Zusammenhänge erwiesen sich als statistisch relevant, sowohl bei normalen Individuen als auch bei jenen, die wegen neuropsychiatrischer Probleme um Hilfe ersuchen.[288, 289]

Wie könnte ein Schädeltrauma das Gehirn *funktionstüchtiger* machen, so dass es besser fähig ist zur Wahrnehmung außerhalb des Hier und Jetzt? Niemand weiß das. Wir können jedoch spekulieren, dass ein Schädeltrauma gewisse Prozesse im Gehirn hemmt oder ausschaltet, die Präkognition unter normalen Umständen ausfiltern oder blockieren. So kommen möglicherweise Mechanismen des Gehirns, die normalerweise latent sind, als gesteigerte Wahrnehmungskräfte wieder zum Vorschein – wurde da sozusagen eine Schraube gelockert?

Würde Harriet Tubman heute leben, könnte sie uns helfen, die Rolle des Gehirntraumas bei Vorahnungen zu klären, indem sie sich Schädeldurchleuchtungen und anderen Tests unterzöge. Doch nun ruht ihr Geheimnis mit ihr.

Es ist nicht überraschend, dass unsere präkognitiven Fähigkeiten oft außerhalb unseres bewussten Gewahrseins liegen. Früher galten Personen, die die Zukunft in Einzelheiten schauen konnten, als Schamanen, Propheten und Orakel, und sie nahmen Ehrenplätze in ihrer Gesellschaft ein. Heute hingegen gibt es nicht viele attraktive Stellenangebote für Seher und Visionäre. Sie werden eher medikamentös *ein*gestellt als mit ihrer Begabung *an*gestellt. So haben sich die alten Kräfte in die Sicherheit des Unbewussten und das Dunkel der Träume zurückgezogen, wo der Widerstand der „Kultur" vorübergehend außer Kraft gesetzt ist.

Wie können wir die Vorahnungen auf die Bühne des vollen Gewahrseins schubsen? Bevor wir uns mit dieser Frage beschäftigen, wollen wir ausführlicher erforschen, wie sie sich manifestieren, welchen Zwecken sie dienen, welche Einstellungen wir selbst zu ihnen haben und welche Faktoren beeinflussen, ob und wie wir sie wahrnehmen.

TEIL DREI – VORAHNUNGEN: WARUM, WAS UND WIE?

„In Wirklichkeit gibt es für den Geist kein Vorher und kein Nachher."[290]
– ERWIN SCHRÖDINGER, PHYSIKER UND NOBELPREISTRÄGER

DIE SPRACHE DER VORAHNUNGEN

Gegenüber dem *ersten Gesicht* benehmen wir uns oft wie hässliche Amerikaner, die ein fremdes Land besuchen und fordern: „Wenn Sie mit mir reden sollen, dann sprechen Sie Englisch." Wir wollen, dass Vorahnungen unsere Sprache sprechen; wir wollen sie ganz bewusst erleben, und es ist uns lieber, wenn sie in klarem, buchstabengetreuem Detail erscheinen und keine Deutung verlangen. Gebt uns einfach die Fakten, verlangen wir, dazu den Ort, den Tag und die genaue Zeit.

Leider entspricht das *erste Gesicht* diesen Erwartungen gewöhnlich nicht. Wir müssen *seine* Sprache lernen, die in den meisten Fällen eher der Kunst, Poesie oder Musik ähnelt. Carpenter beschreibt diesen Vorgang: „Ein Bild kommt uns in den Sinn, die Erinnerung an ein Lied klingt aus eigenem Antrieb in uns nach, eine Stimmung senkt sich herab oder kommt auf, eine dumme, fehlerhafte Aussprache purzelt in die alltägliche Rede, ein Name wird mit einem anderen vertauscht, ein Schatten als eine Schlange fehlgedeutet, oder in der Tiefe unseres Schlafs nimmt ein Traum Gestalt an."[291]

Als Tourist braucht man eine fremde Sprache nicht vollendet zu beherrschen, um sie mit Vorteil nutzen zu können; wenige Sätze und eine respektvolle Haltung werden Wunder wirken und die Einheimischen aus der Reserve locken. Das *erste Gesicht* folgt ähnlichen Regeln. Wenn wir wollen, dass es von seiner normalerweise unsichtbaren Ebene hervorkommt, müssen wir seine Sprache lernen, uns ihm mit Demut nähern und dankbar sein für jegliche Botschaft, die es uns offenbart. Mit ein wenig Respekt ist da schon sehr viel zu erreichen.

Eine beeindruckende Symbolik brach hervor in den Erlebnissen von Susan Faludi, der mit dem Pulitzer-Preis geehrten Journalistin und Gesellschaftskritikerin. In ihrem Buch *The Terror Dream: Fear and Fantasy in Post-9/11 America*[292] untersucht sie, wie die Terrorangriffe zu einer Inflation der hypermaskulinen Tugenden führten, zur Verunglimpfung von Frauen und dem Ruf nach mehr Häuslichkeit in der amerikanischen Gesellschaft. In einem Interview sagte sie: „Es gab Artikel …, die Feministen Vorwürfe machten und sagten, dass sie unser Militär geschwächt hätten, unsere Entschlossenheit geschwächt hätten, dass Feminismus unpatriotisch sei. Die ganze Botschaft an die Frauen lautete, dass es notwendig wäre, dass sie sozusagen zurücktreten von ihren Forderungen nach Unabhängigkeit … oder gewärtigen, fast als verräterisch betrachtet zu werden."[293]

In den frühen Morgenstunden des 11. September, bevor die Ereignisse des Tages ihren Lauf nahmen, hatte Faludi einen Traum, der diese Entwicklungen vorauszusagen schien – in eine Symbolik gefasst, wie sie für Vorahnungen so typisch ist. In ihrem Traum saß sie neben einer anderen Frau in einem Flugzeug, als ein junger Mann auf die beiden zukam und zwei Kugeln abfeuerte. „Die eine ging in einem etwas schrägen Winkel in meinen Hals, und die andere in einem schrägen Winkel in ihren Hals", berichtete sie. „Mir wurde bewusst, dass wir beide am Leben waren, aber wir konnten nicht sprechen." Faludi glaubt, dass dieser Traum prophetisch war. „Ich behaupte nicht, ein Medium zu sein", erklärte sie. „Ich weiß nicht, warum ich diesen Traum hatte. Aber später kam mir in den Sinn, dass er diese erstaunliche metaphorische Qualität besaß. Als ich begann, unsere Reaktion auf den 11. September zu betrachten, [sah ich,] was wiederholt und immer wieder neu wiederholt wurde, … wie Frauen zum Schweigen gebracht wurden und, allgemeiner ausgedrückt, die Art und Weise, wie unsere Kultur jede Art von Infragestellen oder Untersuchen unserer Reaktionen zum Verstummen brachte."[294]

In symbolischer Sprache traten Vorahnungen auch in das Leben von Dr. Kathleen Hall, eine Stressbewältigungsexpertin und Autorin mit Abschlüssen in Finanzwesen, Theologie und Spiritualität. Ihr Rat wird auf den wichtigen Fernsehsendern und in wichtigen Zeitungen weithin verbreitet. Sie lebt mit ihrer Familie auf der Pferderanch „Oak Haven" südlich von Atlanta, Georgia, wo sie ein Vogelreservat unterhält und Tiere rettet. Durch eine Reihe von nervenzermürbenden Ereignissen, die auf ihrer Ranch stattfanden, erhielt sie ein hartes Training zum Übersetzen der Sprache von Vorahnungen.

Eines Morgens nach einer anstrengenden Autofahrt trank Hall auf der Veranda hinter ihrem Haus bei ihren Hunden und Katzen einen Kaffee und blickte nachdenklich zu dem in der Nähe schimmernden See. Plötzlich bemerkte sie etwa zwanzig große schwarze Geier, die sich auf dem Zaun in der Nähe des Sees niederließen. Sie hatte schon seit mehr als zwei Jahrzehnten auf der Ranch gelebt und dort noch niemals Geier zu Gesicht bekommen.

Hall erinnerte sich, dass Geier in der Natur eine wichtige Rolle spielen, da sie die Kadaver toter Tiere beseitigen. Doch obwohl auf der Farm schon früher Tiere gestorben waren, hatten sich noch niemals Geier gezeigt. Das Erlebnis verunsicherte sie, und Hall fragte sich, ob die Anwesenheit der Vögel ein Omen sei. Im Laufe der vergangenen drei Wochen waren auf der Farm mehrere Tiere gestorben – zwei Hunde, eine Katze und ihr Pferd. Hatte sich eine Art von Todesenergie auf der Farm niedergelassen? Es könnte noch weitere Todesfälle geben, dachte sie; drei ihrer Hunde waren zwölf Jahre alt, zwei Katzen bereits achtzehn. Könnte es sein, dass die Geier spürten, dass die Lebenskraft dieser Geschöpfe nun nachließ? Warteten sie dort auf deren Ableben?

Hall wollte die Geier loswerden, und so holte sie ihr Kleinkalibergewehr und feuerte in die Luft, um sie zu erschrecken. Die Vögel flogen auf, kreisten aber dann in der Luft hoch über ihr, ohne das Weite zu suchen. War dieses Kreisen ein Vorzeichen ihres eigenen Todes?, fragte sie sich. „Ich habe nicht das Gefühl, dass ich bald sterben werde", vergewisserte sie sich selbst. „Vielleicht stirbt etwas oder eine Energie in mir, und sie machen mich auf eine bestimmte Phase meines Lebens aufmerksam. Ich glaube an Zeichen, deshalb nehme ich das nicht auf die leichte Schulter. ... Also danke ich euch Geiern widerstrebend, dass ihr mich einladet, über alle Facetten meines Lebens nachzudenken und mich mit dieser Todesenergie zu verbinden."

Am Morgen des übernächsten Tages, während sie wieder auf der Veranda saß, bemerkte sie einen dunklen Schatten auf der Weide beim See. Als sie genauer hinsah, entdeckte sie, dass es das Skelett eines Opossums war – kurioserweise nur knapp neben der Stelle, wo sie in der Woche zuvor den Leichnam ihrer Katze gefunden hatte. Im gleichen Moment sah sie einige tote Fische am Rande des Gewässers treiben. Es geschah zum ersten Mal; noch nie zuvor hatte sie tote Fische in diesem reinen, aus einer Quelle gespeisten See gesehen.

Sie wollte die Fische genauer untersuchen, um mehr darüber zu erfahren, warum sie gestorben waren, und stieg über einen Zaun, um sie aus dem Wasser zu holen. Als sie den Fuß auf einen kleinen Sandhügel setzte, gab dieser nach, und sie wurde in einen treibsand-ähnlichen Morast hinabgezogen. Binnen Sekunden steckte sie bis zur Taille darin, dann bis zu den Schultern. „Das war's wohl", dachte sie. Bei jeder kleinsten Bewegung sank sie ein wenig tiefer. Dann entdeckte sie einen Zaunpfosten, den sie erreichen könnte, und ohne mehr als den Arm zu bewegen, um nicht weiter einzusinken, ergriff sie den Pfosten. Langsam und systematisch zog sie sich aus dem Morast. Als sie schließlich erschöpft aufs Ufer sank, war sie von den Zehen bis zum Kinn mit Schlamm bedeckt.

Dies war genau der Platz, wo die Geier vor zwei Tagen hockten, und einen Meter von der Stelle, wo die anderen Tiere in der vergangenen Woche gefressen worden waren. „Ich bin fast ausgeflippt", sagte sie. „Waren die Geier die Vorahnung oder Ankündigung meines eigenen möglichen Ablebens? Erhalten wir alle Vorahnungen bevorstehender Ereignisse und sind in unserem chaotischen Leben vielleicht nur zu beschäftigt, um sie zu erkennen?"

Ihr Mann war erschüttert, als er davon hörte. Er sagte immer wieder: „Und was wäre, wenn jener Zaunpfosten nicht dort gestanden hätte, nach dem du greifen konntest? Und wenn du noch eine Handbreit weiter eingesunken wärst? Niemand hätte auch nur deine Leiche gefunden."

Waren die toten Haustiere, ein totes Pferd, ein totes Wildtier, tote Fische und die Geier symbolische Warnungen vor ihrem eigenen Tod? Sie lösten in der Tat Vorahnungen aus, dass sie sterben könnte, und Hall kam ihrem Sterben bis auf ein, zwei Handbreiten nahe. Hätte sie die Warnungen – falls es denn Warnungen waren – ernster genommen, hätte sie ihr fast-tödliches Erlebnis vermeiden können?

Dr. Halls Erlebnis ist ein Paradebeispiel für die Grundzüge von Vorahnungen – ihre symbolische Art und ihr häufiger Zusammenhang mit lebensbedrohenden Ereignissen. Das Erlebnis erinnert einen an die überzeugendsten Gründe, aus denen sich Vorahnungen entwickelt haben könnten: Menschen, die das Gespür dafür hatten, dürften einen überlebenswichtigen Vorteil gegenüber den anderen gehabt haben.

WARUM SIND VORAHNUNGEN NICHT PRÄZISER?

Einer der Dreh- und Angelpunkte der Quantenphysik ist die Unschärferelation, die zu Beginn des 20. Jahrhunderts von dem legendären Physiker Werner Heisenberg ausgearbeitet wurde. Laut dieser ehrwürdigen Regel ist es unmöglich, zum gleichen Zeitpunkt sowohl den Ort als auch den Impuls eines subatomaren Teilchens zu bestimmen. Unser Wissen über die Eigenschaften eines Teilchens ist grundsätzlich begrenzt. Konzentrieren wir uns auf die Position eines Teilchens, verzerren wir seinen Impuls, konzentrieren wir uns auf den Impuls, können wir die Position des Teilchens nicht fixieren. Unser Wissen ist Teilwissen, und es gibt offenbar keinen Weg, dieses Hindernis zu umgehen.

Diese Gegebenheit hat eine verblüffende Ähnlichkeit mit der Situation von Vorahnungen. In einem Fall nach dem anderen erhalten Menschen verblüffend genaue Eindrücke über das „Was" eines Ereignisses, doch sie können das „Wo" und das „Wann" dazu nicht liefern. Wenn Personen von detaillierten Bildern drohender Desaster berichten – wie es vor den schrecklichen Ereignissen von Aberfan und vom 11. September der Fall war –, dabei aber den genauen Ort und Zeitpunkt des Unglücks nicht näher angeben können, ist dies vielleicht nicht ein Beweis für ihr fehlerhaftes Talent, sondern Merkmal eines Prinzips, das für vieles Vorauswissen gilt – wie die Unschärfe in der Welt der subatomaren Teilchen.

Wenn aber Vorahnungen jenen, die sie erleben, einen Überlebensvorteil verschaffen, warum sollten sie bruchstückhaft sein? Warum offenbaren sie sich nicht vollständig? Die partielle Natur der Vorahnungen ist gewiss einer der Gründe, warum immer noch viele Menschen Unglücken und Katastrophen erliegen.

Doch die Situation ist nicht so simpel. Es ist nicht einfach zu bestimmen, ob Vorahnungen präzise sind oder nicht, weil man nur schwierig unterscheiden kann zwischen einer Vorahnung, die unvollständig ankommt, und einer anderen, die nur unvollständig erinnert wird. Vorahnungen zeigen sich gewöhnlich in Träumen, die bekanntlich bald vergessen sind. Darüber hinaus kann der Vorahnungsvorsprung – nämlich die Zeit zwischen der Vorahnung und ihrer Erfüllung – Tage oder Wochen dauern. Je länger die Verzögerung, desto größer ist die Chance, dass die Erinnerung an die Vorahnung verfälscht wird. In vielen Traum-Vorahnungen vom 11. September, die bekannt wurden, hatten die Menschen vergessen, dass sie von dem Desaster träumten, bis die Ereignisse des Tages ihre Erinnerung geweckt haben. Es wäre schwierig, wenn nicht unmöglich für jene Menschen, zu wissen, ob sie sich an alles genau so erinnerten, wie sie es geträumt hatten, wenn sie den Traum nicht sofort nach dem Erwachen aufgeschrieben oder unverzüglich jemandem berichtet hätten.

Selbst wenn Vorahnungen in jeder Einzelheit präzise sind, bedeutet dies nicht, dass jemand zwangsläufig danach handeln würde. Eine Vorahnung zu erleben, heißt nicht immer, sie zu beachten und zu befolgen. Die Menschen haben oft Ahnungen oder einen Verdacht, nach dem sie nicht handeln – und wünschen später, sie hätten es getan.

In den frühen Morgenstunden des 13. September 2008 stürzte sich der Hurrikan Ike auf die Insel und Stadt Galveston vor der texanischen Küste. Trotz der Warnungen, dass der Verbleib der Bewohner ihren sicheren Tod bedeuten könnte, hatten es viele abgelehnt, die Stadt zu verlassen. Eine Woche später wurden sechsundfünfzig Leichen aus den Trümmern geborgen, Hunderte von Menschen blieben vermisst. Wenn die Menschen sich weigern, derart klare Warnungen vor einem physisch beweisbaren Hurrikan zu befolgen, der geradewegs auf sie zukommt, ist es nicht überraschend, dass sie „eine bloße Vorahnung" verächtlich abtun.

Vorahnungen von einem schrecklichen Ereignis können auch in Lethargie untergehen. Es ist vielleicht einfach bequemer, im alten Trott, in Gewohnheiten und Routinen zu verharren, als das Risiko der Peinlichkeit einzugehen, dass sich eine Intuition nicht bewahrheitet. Zudem mag es auch sekundäre Gewinne beim Ignorieren von Vorahnungen geben. Für jene wackeren Bewohner Galvestons, die sich dafür entschieden, Hurrikan Ike auszusitzen, mag dies zu ihrem Selbstbild als robuste Texaner beigetragen haben – falls sie es überlebten.

Doch was wäre, wenn es keine Unschärfe bei den Vorahnungen gäbe? Wenn sie unfehlbar wären? Könnten wir die Zukunft mit unfehlbarer Präzision vorhersehen, würde das Leben, wie wir es kennen, auf den Kopf gestellt.

Wenn Kriegstreiber mit absoluter Präzision wüssten, dass sie den Sieg davontragen werden, würden sie hemmungslos vorpreschen. Wenn Anleger mit Gewissheit wüssten, welche Schwankungen der Aktienmarkt vor sich hat, wäre das ganze System zunichte, weil jeder alles auf einen sicheren Wert setzen und die Einlagen von schwächeren Firmen abziehen würde, die damit zum Tode verurteilt wären. Sportereignisse, deren Anziehungskraft weitgehend auf der Tatsache beruht, dass wir ihren Ausgang nicht wissen, würden uns nicht mehr faszinieren; vielleicht würden sie mangels Interesse sogar aussterben. Arten würden verschwinden, wenn Jäger, Fallensteller und Fischer im Voraus wüssten, wo ihre Beute zu finden ist. Zwischenmenschliche Affären würden verwandelt. Warum sollten Sie das Objekt Ihrer Liebe geduldig umwerben, wenn Sie dessen Entscheidung im Voraus kennen? Das Verbrechen würde zur Seuche, da Kriminelle nur solche Taten begingen, von denen sie im Voraus wüssten, dass sie unentdeckt blieben. Aus Tausenden von Gründen wären perfekte Vorahnungen ein Desaster. Wir vergessen zu leicht, dass menschliche Angelegenheiten einen viel höheren Grad an Unschärfe, Unordnung und Chaos benötigen, um reibungslos zu funktionieren. Ja, wir sind wirklich ein widersprüchlicher Haufen.

Nach allem, was wir wissen, könnte die Natur in der Vergangenheit mit absolut präzisem Zukunftswissen experimentiert und in der Folge „entschieden" haben, dass es besser ist, uns auf unserem gegenwärtigen Grad an Ungenauigkeit einzustellen. Laut Tadeusz Kawecki, einem Evolutionsbiologen an der Universität von Fribourg in der Schweiz, kostet Lernen im Allgemeinen einen evolutionären Preis. In Experimenten mit Fruchtfliegen stellte er fest, dass die Insekten gelernt haben, dass die schnellsten früher als ihre langsam lernenden Altersgenossen sterben. „Wenn es so großartig ist, schlau zu sein, warum sind dann die meisten Tiere dumm geblieben?", fragt er.[295, 296] Und weiter: Wenn absolut präzises Vorauswissen ein Vorteil ist, warum sind Vorahnungen dann unvollkommen geblieben? Begrenzte Vorahnungen, so scheint es, sind wohl ein Glück im Unglück. Sie halten das „Ökosystem" im Gleichgewicht.

DER VERDRÄNGUNGSEFFEKT

Kein Ereignis in der modernen Zeit hat mehr Gesprächsstoff zum Thema Vorahnungen geliefert als der Untergang der riesigen RMS *Titanic* auf ihrer Jungfernfahrt in den frühen Morgenstunden des 15. April 1912. Der Passagierdampfer galt als die höchste Errungenschaft technischer Innovation im Schiffsbau und wurde von der Fachzeitschrift *The Shipbuilder* als „praktisch unsinkbar" bezeichnet. Wer hätte sich vorgestellt, dass er 1523 Menschen in den Tod befördern würde?[297]

Die Antwort, so stellte sich heraus, lautet: viele Menschen. Hunderte von lebhaften Träumen, Vorahnungen, unguten Gefühlen, Intuitionen und Visionen wurden von beiden Seiten des Atlantiks berichtet. Ian Stevenson, der inzwischen verstorbene emeritierte Professor für Psychiatrie an der Universität von Virginia, sammelte viele davon und stellte schließlich neunzehn Berichte aus England, Amerika, Kanada und Brasilien aus den zwei Wochen vor der Tragödie zusammen.[298, 299]

Manche davon ließen kaum Spielraum für Phantasie. Eine Person, die eine Überfahrt gebucht hatte, träumte zwei Mal, dass die *Titanic* kieloben im Meer trieb, während Besatzung und Passagiere im Wasser strampelten. Obwohl er diese Träume zum Anlass nahm, seine Reise zu stornieren, tat er dies schließlich wegen einer Veränderung in seinen geschäftlichen Plänen.[300]

Nicht jeder hat seine Instinkte ignoriert. Unter den Menschen, die die Passage gebucht hatten und in letzter Minute absagten, war der Bankier John Pierpont Morgan, einer der reichsten Männer der Welt.[301] Morgan, so sagte man, sei abergläubisch gewesen im Hinblick auf die Teilnahme an der Jungfernfahrt eines Schiffes. George W. Vanderbilt II. aus der berühmten Familie Vanderbilt stornierte seine Reise aufgrund einer Vorahnung, die Mrs. Vanderbilts Mutter erlebt hatte.[302] Colin MacDonald, der zweite Ingenieur des Schiffes, hatte eine Vorahnung, dass ein Unglück bevorstehe, und entschied sich gegen die Überfahrt. Die Frau von Luigi Gatti, dem Manager des eleganten Schiffsrestaurants „À la Carte", das Passagiere als das *Ritz* bezeichneten, hatte ebenfalls eine Vorahnung, dass etwas nicht stimmte, und bat ihren Mann, nicht mitzufahren. Er ignorierte ihre Warnung und ging mit dem Schiff unter.[303] Weitere Passagiere dürften sich aus unbewussten Gründen aus dem Staub gemacht haben. Eine Gruppe von vierundzwanzig Heizern kam zu spät, und der Kapitän entschied, ohne sie in See zu stechen, was ihnen eine Ruhestätte auf dem Meeresgrund ersparte.[304]

Die Psi-Forscher Dean Radin ging der Frage nach, warum Menschen Vorahnungen von Unglücken häufig nicht ernst nehmen. Er entwarf im September 2000 eine Reihe von Internet-Spielen, die es den Teilnehmern ermöglicht, ihre medialen Fähigkeiten online zu testen.[305] Einer dieser Tests erfasst die präkognitive Befähigung, wobei beurteilt wird, wie treffend der Nutzer ein Foto beschreiben kann, das der Computer erst auswählt, *nachdem* das Individuum eine Beschreibung des Bildes eingegeben hat. Der Nutzer gibt eigene Eindrücke ein oder kreuzt Details darüber an, um das künftige Bild zu beschreiben – ob es eine Innen- oder eine Außen-Aufnahme ist, ob es Menschen, Wasser und eine Menge anderer Dinge zeigen wird. Die Bilder sind im Allgemeinen beruhigend – es gibt keine Brände, Explosionen oder Flugzeugabstürze.

Radin wollte herausfinden, ob sich Vorahnungen über den 11. September in die Bildbeschreibungen aus Online-Tests „eingeschlichen" haben, bei denen die Probanden versuchten, das jeweils nächste Bild vorherzusehen. Er wertete die Begriffe aus, die vom 9. September bis zum Morgen des 11. September 2001 – also kurz vor den Terroranschlägen – von den Testpersonen als Voraussage über die Bilder eingetragen wurden, die aus einer zufälligen Auswahl gezeigt würden. Innerhalb dieses Zeitraums wurden rund neunhundert Versuche und mehr als zweitausendfünfhundert Wörter aufgezeichnet. Ein Proband gab ein:

Passagierflugzeug (von hinten links gesehen) vor dem Hintergrund einer stürmischen Wolke, Lichtblitze von streifiger Wolke, eiförmig, zwei Personen
Zuerst eine Libelle? Dann ein Holzklotz oder Zweig, Hinweis auf die

Everglades, dann eine schnelle dynamische Szene des Fallens zwischen zwei hohen Gebäuden, vorbei an schachbrettartigem Muster von Fensterflächen

Erstes hohes Bauwerk wie ein Industrieschornstein, dann Lichtblitze von gerundeter, ausgezackter Form – pfauenähnlicher Kopfschmuck einer Indianerin?

Dann Oberfläche wie Vulkanasche-Rauchfahne oder Blumenkohl

Ein anderer Online-Teilnehmer trug folgende Worte ein:

Es handelt von etwas Fallendem; es wird eine chaotische Szene sein.

Ein weiterer Online-Nutzer schrieb folgenden Beitrag:

Heftig ... zu heiß zum Anfassen; sprengend; ist die Küste klar? Sie haben die Küste kontrolliert!

Ein anderer sagte:

Weißes Haus; in einem Augenblick verschwunden; Verbrühung; menschliche Torheit; Band rot; anschwellend; Palast; nicht leicht reinzulegen; US-Machtbasis; die Muskeln spielen lassen; Überraschung

Waren dies Vorahnungen der Ereignisse vom 11. September? Radin untersuchte die Daten aus allen Online-Präkognitions-Versuchen vom 2. September 2000 bis 20. Juni 2003. In dieser Zeit nahmen rund fünfundzwanzigtausend Menschen an fast einer halben Million Versuchen teil. Aus diesen wählte er nur jene Versuche aus, bei denen Aussagen zum folgenden Bild mit eigenen Worten eingetragen wurden, nicht durch Ankreuzen vorgegebener Möglichkeiten. Dies schränkte die Daten auf etwa eine Viertelmillion Versuche und 841.000 Wörter ein. Danach analysierte er jeden Versuch, um zu sehen, ob er eines von neun Wörtern oder ihrer Synonyme enthielt, die für das Chaos vom 11. September zutrafen: *Flugzeug, fallen/abstürzen, explodieren, Feuer, Angriff, Terror, Desaster, Pentagon* und *Rauch*. Er sagte voraus, dass es am 11. September eine Zunahme der Versuche gebe, in denen diese Wörter auftauchten. Zu seiner

Überraschung fiel die Kurve jedoch auf den tiefsten Punkt in dem dreijährigen Untersuchungszeitraum. Je näher der 11. September kam, desto seltener tauchten die Schlüsselwörter auf. Ein statistischer Test ergab, dass die Wahrscheinlichkeit derart niedriger Werte, die am 11. September noch fielen, bei 1 : 3300 lag. „Damit", stellt Radin fest, „haben die Daten nicht nur gezeigt, dass Vorahnungen kurz vor dem 11. September in die Gedanken der Menschen Einlass fanden. Vielmehr deutet es an, dass solche Gedanken im Durchschnitt signifikant *vermieden* wurden."

Falls dies nicht nur ein Zufall ist – und die Unwahrscheinlichkeit spricht überzeugend dagegen – was könnte dann ursächlich dazu geführt haben? „Eine Möglichkeit ist", meint Radin, „dass viele Menschen in den Tagen vor dem 11. September unbewusst angefangen haben, sich zusammenbrauende Störungen zu spüren, doch da es keinen Kontext für diese Gefühle gab, wurden sie verdrängt." Verdrängung, bemerkte er, ist ein unbewusster psychologischer Mechanismus, der uns gestattet, beunruhigende Emotionen oder Bilder zu meiden. „Keiner möchte mit beängstigenden Bildern von Desastern in seinem Kopf durch die Welt spazieren", sagt Radin, „also ist Verdrängung zu erwarten. Nur Einzelne können es vermeiden, die negativen Gedanken persönlich zu identifizieren, ohne sie zu verdrängen, und noch weniger Menschen sind willens, solche Gedanken öffentlich zuzugeben. Dies könnte der Grund sein, warum verifizierte Vorahnungen von größeren Desastern, die noch vor der äußeren Manifestation dokumentiert werden, relativ selten sind."[306]

In dem nach dem 11. September veröffentlichten Video von Osama bin Laden erzählten viele der Terroristen, dass sie vor den Attacken Träume und Visionen hatten, die sehr intensiv auf diese Anschläge hingewiesen haben, obwohl die Personen selbst bis zur letzten Minute über die Einzelheiten dessen, was passieren sollte, im Unklaren gehalten worden waren. Aus Furcht, dass diese Terroristen über ihre Vorahnungen öffentlich reden würden und seine Angriffspläne damit bloßstellen könnten, gebot bin Laden den Terroristen, ihre Vorahnungen zu ignorieren. Dass die Terroristen ihre Vorahnungen bewusst annahmen und Radins Internet-Probanden dies nicht taten, könnte nach Radins Logik daran liegen, dass die Terroristen einen Kontext hatten, der den „explosiven" Bildern erlaubte, sinnvoll zu erscheinen: Sie planten, so viele Amerikaner zu töten, wie sie konnten; sie *wollten*, dass das Chaos eintritt.

Dies könnte helfen, zu erklären, warum viele Passagiere der *Titanic* zwar Vorahnungen vom Untergang hatten, diesen aber keine Beachtung schenkten. Sie wollten nicht, dass ein solches Ereignis eintritt, und der dominierende Glaube, das Schiff sei unsinkbar, löschte jeden Kontext aus, in dem es zu einem Untergang kommen *konnte*.

Radin ging weiter und stellte die Frage, ob das Leugnen spezifisch Vorahnungen von Desastern gilt oder ob es Vorahnungen allgemein betrifft. Von August 2000 bis Juni 2004 machten Internet-Nutzer kolossale siebzehn Millionen Versuche auf seiner Internetseite in dem präkognitiven Karten-Rate-Test. Als Radin die Ergebnisse analysierte, stellte er einen dramatischen Rückgang der Resultate kurz vor dem 11. September fest, wie in Teil Zwei bereits erwähnt. Die Wahrscheinlichkeit eines so starken Absinkens wie kurz vor dem 11. September betrug 1 : 2700. Wie groß war die Wahrscheinlichkeit, dass zwei Tests – der Bildbeschreibungs-Test und das Karten-Rate-Experiment – kurz vor dem 11. September 2001 das gleiche Phänomen zeigen würden? Radin rechnete und kam auf eine Wahrscheinlichkeit von 1 : 1.800.000 – die ein zufälliges Zusammentreffen höchst unwahrscheinlich macht.[307]

Alles in allem sind diese Ergebnisse sehr starke Indizien dafür, dass Menschen Vorahnungen von einem sich anbahnenden Desaster unbewusst verdängen, und dass die Verdrängung sich auf Vorahnungen im Allgemeinen bezieht.

Leute sagen mir oft, dass sie gerne die Fähigkeit besäßen, Vorahnungen von nahendem Unheil zu erleben, und je lebhafter die Warnungen seien, desto besser. Für einige Menschen mag dies wahr sein. Doch Radins Arbeit lässt erkennen, dass diese Ansicht oft naiv ist. Seine Entdeckungen zeigen, dass uns ein flüchtiger Blick in die Zukunft zu Tode erschrecken kann und dazu bringt, die Köpfe lieber in den Sand zu stecken angesichts dessen, was wir geschaut haben.

Vorahnungen zu verdrängen, könnte ein angelerntes Verhalten sein, das über die Generationen auf uns gekommen ist. Vor noch nicht allzu langer Zeit konnte es in der westlichen Welt tödliche Konsequenzen haben, wenn man Vorahnungen nicht für sich behielt.

Der bekannteste Hexenprozess in Schottland war der, den man von 1590 bis 1592 den Hexen von North Berwick bereitete. Siebzig Personen waren angeklagt, manche von ihnen wurden zur Erzwingung eines Geständnisses gefoltert und dann bei lebendigem Leibe verbrannt. Das „zweite Gesicht" – die Gabe, Dinge außerhalb der Reichweite der physischen Sinne zu erfahren, noch bevor sie geschahen – wurde bei den Angeklagten als besonders schwerwiegender, zur Verurteilung führender Tatbestand angesehen.

König Jakob, bekannt durch die [von ihm in Auftrag gegebene, über Jahrhunderte in der Anglikanischen Kirche maßgebliche] Bibelübersetzung, war ebenfalls in die Hexenprozesse von North Berwick verwickelt. Im Frühjahr 1590, als er mit Anna, seiner frisch angetrauten Gemahlin, der Tochter des Königs von Dänemark, nach Schottland zurückkehrte, geriet die königliche Flotte in einen heftigen Sturm. Einer der Admirale hatte das Empfinden, die Stürme seien das Werk dänischer Hexen. Verdächtige wurden ergriffen. Unter der Folter gestanden sie, dass sie Teufel geschickt hätten, die den Kiel von Annas Schiff hinaufklettern sollten. Jakob, der später als „weisester Narr der Christenheit" bezeichnet wurde, beschloss, ein eigenes Tribunal in Schottland einzurichten.[308] Bis zum Herbst hatte die Hysterie das ganze Land erfasst.

Eine der Angeklagten war Agnes Sampson, die Jakob in seinem Palast persönlich verhörte. Dass man der Frau, die in ihrer Gemeinde als Hebamme tätig war, Heilkräfte nachsagte, half ihr nicht. Sie wurde nach Einsetzung eines Hexenzaumzeugs an die Wand ihrer Zelle gekettet. Das eiserne Folterwerkzeug hatte vier spitze Zinken, die ihr in den Mund gezwängt wurden; zwei der Dornen drückten gegen ihre Zunge, die beiden anderen gegen die Wangen. Man ließ sie nicht schlafen und riss ihren Kopf mit einem Seil hin und her, was „eine überaus schmerzliche Pein" war. Nach diesen und anderen Torturen und der Entdeckung des gesuchten Teufelsmals an ihrer „geheimsten Stelle" bekannte sie sich in allen dreiundfünfzig Anklagepunkten schuldig. Am 28. Januar 1590 wurde sie erdrosselt und anschließend zu Asche verbrannt. Ihre Familie bekam die Prozesskosten auferlegt, die sich auf etwas über 6 Pfund beliefen.[309, 310]

König Jakob meinte, Gottes Werk zu tun, als er sieben Jahre später in Edinburgh sein ausführliches Buch *Daemonology* veröffentlichte, ein Dokument, das die verwickelten intellektuell-verstandesmäßigen Erklärungen für die Hexenjagden seiner Zeit veranschaulichte. Nur von Deutschland wurde Schottland in der Grausamkeit und Zahl seiner Hexenprozesse übertroffen; man schätzt die Zahl der hingerichteten Hexen auf drei- bis viertausend.[311] Es bedurfte keines Geständnisses, um verbrannt zu werden; der Ruf in der Gemeinde galt als hinreichender Beweis für Anklage und Exekution. War erst einmal Anklage erhoben, durfte die Beschuldigte deren Richtigkeit nicht in Frage stellen. Die Hinrichtung fand im Allgemeinen durch Verbrennen statt. Die Kosten für Prozess und Exekution wurden den Beschuldigten oder ihrer Familie auferlegt. Die Angst vor Hexen hielt sich lange in Schottland, erst im Jahre 1727 wurde mit Janet Horne die letzte schottische Frau als Hexe verbrannt.[312, 313, 314]

Was provozierte derart tief sitzende Angst und entsetzliche Beschuldigungen gegen Menschen, denen man die Gabe von Vorahnungen und prophetischen Visionen nachsagte? Damals wie heute handelten solche Visionen häufig von Ernteausfällen, Naturkatastrophen, Krankheit und Tod. Dieser fatale Inhalt konnte für den Seher zum Problem werden, denn ein Desaster zu sehen, wurde häufig gleichgesetzt mit „ein Desaster verursachen".

Einer der frühesten präkognitiven Träume, die uns überliefert sind, handelt ebenfalls von einem Desaster, nämlich in Form von Missernte und Hungersnot. Wie in 1. Mose 41 berichtet, hatte der Pharao zwei Träume. In einem schaute er sieben fette Kühe, gefolgt von sieben mageren Kühen. Dann verschlangen die hässlichen, mageren Kühe die sieben gesunden Tiere. In einem zweiten Traum sah der Pharao sieben gesunde Ähren an einem Halm wachsen, dann einen Halm mit sieben dünnen, vom Wetter mitgenommenen Ähren. Dann verschlangen die sieben mageren Ähren die sieben gesunden Ähren. Keiner der Weisen Ägyptens vermochte die Bedeutung des Traumes zu enträtseln. Joseph, der einen Ruf als Traumdeuter hatte, erklärte alles. Die Kühe und die Ähren handelten von wechselnden Phasen von Fülle und Hungersnot, sagte er. Während der ersten sieben Jahre der Fülle sollte das Land ernten und so viel Korn wie möglich speichern, damit man die folgenden sieben mageren Jahre überstehe. Der Pharao war erfreut, und Joseph wurde berühmt. Andere, wie die Hexen von Berwick, hatten nicht so viel Glück.

Weil es für das Ankündigen von unerfreulichen Vorahnungen oft einen Preis zu bezahlen gilt, ist es vielleicht nicht weiter verwunderlich, dass so viele von ihnen heutzutage unbewusst bleiben, wie zum Beispiel im Falle der explodierenden Kirche in Beatrice, Nebraska. Der gesellschaftliche Preis für Vorahnungen könnte weiter dazu beitragen, deren Knappheit zu erklären. Es ist einfacher, eine Vorahnung zu verdrängen, die nur drei bis fünf Sekunden dauerte (wie in den Vorausempfindungs-Experimenten), als eine, die drei bis fünf Stunden dauert.

EVOLUTION UND INSTINKT: DER KONKURRENZ VORAUS BLEIBEN

Vor mehreren Jahren, als der Psi-Experimentator Richard Broughton Präsident der *Parapsychological Association* war, hielt er bei deren Jahresversammlung eine Ansprache mit der Überschrift: „Wenn Sie wissen wollen, wie es funktioniert, finden Sie zuerst heraus, wofür es ist", wobei „es" sich auf Psi bezog. Wenn Psi allgemein eine menschliche Fähigkeit ist, so Broughton, dann ist seine Funktion wahrscheinlich die Gleiche wie bei allen anderen Fähigkeiten, mit welchen die Evolution den Menschen auszustatten beliebte – das Überleben.[315]

Obwohl der Vorahnungsvorsprung Stunden, Tage oder Wochen ausmachen kann, beträgt er bei den Vorausempfindungs-Experimenten in der Regel drei bis fünf Sekunden. Kann eine Drei-Sekunden-Warnzeit dem Überleben dienlich sein? Manche verneinen dies. Doch wie lange braucht man wirklich, um einem herannahenden Auto aus dem Weg zu springen, von dem man „plötzlich weiß", dass es genau auf einen zufährt? Wie lange für die Entscheidung, eine Speise nicht zu essen oder Wasser nicht zu trinken, wenn eine Ahnung uns sagt, dass es verseucht ist? Entscheidungen wie diese können wir fast augenblicklich treffen. Piloten eines Düsenjägers können binnen Sekundenbruchteilen Abwehrmaßnahmen gegen Raketen einleiten und ausweichen, um Flugabwehrfeuer zu vermeiden. Autofahrer können mit plötzlichen Lenkbewegungen den Kurs wechseln, um einem Hindernis auszuweichen, das sie um die Kurve „sahen". Bei Spitzenathleten sind Augenblicksentscheidungen besonders verbreitet, ja an der Tagesordnung. Versierte Basketballer können in die Richtung abgeben, wo ein Spieler gleich sein *wird;* große Baseball-Schlagmänner wissen oft, ob der nächste Wurf bogenförmig oder als Fastball erfolgen wird, *bevor* er die Hand des Werfers verlässt. Es hat den Anschein, dass eine biologische Evolution sogar *großzügig* gewesen ist, indem sie uns bloße drei Sekunden für die Entfaltung von Vorahnungen zuerkannte. Intellektuelles Debattieren über eine Entscheidungsfindung kostet wertvolle Zeit. Vielleicht ist dies der Grund, warum sich Vorahnungen so häufig außerhalb unseres Gewahrens abspielen. Während drei Sekunden für reflexartige, augenblickliche, unbewusste Aktionen eine Ewigkeit bieten, sind sie doch für Überlegungen nicht lang genug. Wenn Vorahnungen dem Überleben dienen sollen, können wir uns den Luxus nicht leisten, erst noch über sie nachzudenken.

ENTROPIE UND EMOTION

Warum sind Vorahnungen von Unglücksfällen, Desastern, Tragödien und Tod so häufig?

Fernwahrnehmungs-Pionier Stephan A. Schwartz hat Tausende von Menschen geschult und festgestellt, dass ihnen das Fernwahrnehmen von bestimmten Typen von Bildern leichter fällt als das Erspüren anderer. Sie zeigen sich besonders geschickt beim Beschreiben von Zielen, bei denen eine energetische Umwandlung stattfindet. Solche Ziele weisen einen hohen Grad an Entropie auf; dieser wissenschaftliche Ausdruck ist von einem griechischen Wort abgeleitet, das „innere Verwandlung" bedeutet. Entropie ist ein Maß der Unordnung, der Zufälligkeit oder des Chaos in einem System.

Bei einer Reihe von Fernwahrnehmungs-Sitzungen, die Schwartz in den frühern 1980er-Jahren leitete, war eines der Ziele eine Fotografie der USS *Enterprise*, des ersten Flugzeugträgers der Welt mit Nuklearantrieb. Im Laufe von mehreren hundert Fernwahrnehmungs-Sitzungen wurde dieses bestimmte Foto von Schwartz siebenundzwanzig Mal als Zielbild zufällig ausgewählt und von Versuchspersonen dreiundzwanzig Mal korrekt identifiziert. Viele der Zielfotos waren ästhetisch ansprechender, doch hier wurde offensichtlich, dass es etwas an der *Enterprise* gab, das sie beim Fernwahrnehmen zu einem besonderen Ziel machte.[316]

Die Probanden machten immer wieder Bemerkungen über den Atomreaktor des Schiffes, obwohl dieser auf dem Zielfoto nicht zu sehen war. Dies überraschte Schwartz, den Marine-Veteran, der Schiffe aus eigener Anschauung kannte. Wie konnten Zivilisten wissen, dass dieses Schiff mit Atomenergie angetrieben wurde und nicht mit einem Erdölprodukt? Die Betrachter haben den Reaktor als solchen nicht identifiziert, aber sie bemerkten wieder und wieder etwas über die energetische Umwandlung, die innerhalb des Schiffes stattfand. Typische Bemerkungen waren: „Da ist ein kleiner Stern im Inneren dieses Zielobjekts", oder „Etwas sehr Heißes und Glühendes ist in diesem Ding", oder „Es ist wie eine Sonne in einer Metallkiste".

In den Hunderten von Sitzungen hat nur ein einziges Ziel ähnliche Ergebnisse erreicht: ein kommerzielles Sonnenkraftwerk in Arizona. Das Sonnenkraftwerk war ein hoher Turm mit einer kastenähnlichen Struktur an der Spitze. Ein großes Feld von Spiegeln auf der Erde reflektierte die Sonnenstrahlen dorthin, wo in ihrem Brennpunkt Wasser in Dampf verwandelt wurde. Diese Energie-Umwandlung erfasste die Aufmerksamkeit der Fernwahrnehmer mit Leichtigkeit.

Der Kernphysiker und Bewusstseinsforscher Edwin C. May, Leiter des *Cognitive Sciences Laboratory* in Palo Alto, Kalifornien, wurde, als er vom Pentagon finanzierte Forschungen über Fernwahrnehmung durchführte, gelegentlich gebeten, in mutmaßliche Atomwaffen-Testanlagen, Raketentests oder -Starts oder irgendwelche anderen Systeme „hineinzusehen", die Energie-Umwandlungen erforderten. Wie bereits Schwartz, stellte auch May fest, dass diese Arten von Zielobjekten für die Fernwahrnehmer offenbar besonders einfach zu beschreiben waren.

Die Ähnlichkeit dieser Ergebnisse mit Vorahnungen ist verblüffend. Wir haben bereits einige Beispiele von Vorahnungen untersucht – die explodierende Kirche in Beatrice, Nebraska; das Unglück von Aberfan, in welchem eine Abraumhalde ins Rutschen geriet und eine Schule unter sich begrub; und die feurigen Tragödien des 11. Septembers. In jedem dieser Beispiele traten schlagartige Veränderungen der Entropie ein, als das „System" plötzlich überaus „ent-ordnet", durcheinandergebracht, das heißt zerstört wurde. In jedem dieser Fälle fand eine Energie-Umwandlung statt – eine Gasexplosion in der Kirche, eine Lageveränderung am Berg und eine Explosion großer Mengen von Kerosin, als Flugzeuge in Gebäude krachten, die dann einstürzten.

Der Physiker May fragte sich, ob die Entropie selbst der informationstragende Faktor für die erfolgreiche Fernwahrnehmung sei. Um diese Möglichkeit zu prüfen, sammelte er eine riesige Zahl von Zielfotos und sortierte sie nach dem Grad der im Bild vorhandenen Entropie und ihrer räumlichen Veränderung über das Foto. Dies ergab einen räumlichen Gradienten für jedes Bild – ein technischer Begriff dafür, wie sich die Veränderung über das Bild hinweg bewegte, unabhängig von der eigentlichen Art der jeweiligen Entropie.[317] Nach seiner Hypothese sollte es keine Rolle spielen, ob es sich um das Foto von einem Schiff mit Atomantrieb, einer explodierenden Kirche, einstürzenden Wolkenkratzern oder einem Erdbeben handelte. Das Maß der Entropie-Veränderungen oder Bewegung in Richtung Unordnung war entscheidend.

Bisher sind fünf Experimente mit Fernwahrnehmern durchgeführt worden, um diese Idee zu prüfen, vier von May und eines von einem anderen Forscher. Alle fünf bestätigen Mays Hypothese: Je höher der Entropie-Gradient, desto präziser die Fernwahrnehmungen.

May stellte auch fest, dass diese Korrelation *für verschiedene Teile des Bildes* gilt. Menschen konnten bestimmte Komponenten des Bildes korrekt fernwahrnehmen, andere jedoch nicht, abhängig vom jeweiligen Entropie-Gradienten.[318, 319, 320, 321]

Mays Entdeckung könnte das „Wie" und das „Was" der Vorahnungen zu erklären helfen. Im Laufe der Geschichte wurde der Begriff Vorahnung mit der Assoziation von etwas Schrecklichem wie einer Katastrophe oder einer lebensbedrohenden Erkrankung verbunden. Jedes Desaster geht mit einer Zunahme von Unordnung einher, mit Desorganisation und Chaos – Dinge wechseln plötzlich vom Guten zum Schlechten, zum Schlimmeren. Also berichten Menschen Vorahnungen von drohenden Autounfällen, Erdbeben, Explosionen, Flugzeugabstürzen, untergehenden Schiffen, ausbrechender Krankheit oder Tod viel häufiger als von angenehmen Dingen wie Gehaltserhöhungen, freien Parkplätzen und Lotteriegewinnen.

Der Tod ist für den Körper die endgültige Entropie, bei *gewaltsamen* Todesfällen erfolgt die Entropieveränderung sehr rasch. Nach Mays Hypothese dürften gewaltsame Todesfälle ein häufiges Thema von Vorahnungen sein. Und das sind sie in der Tat.

Vielleicht das größte tödliche und entropische Ereignis des 20. Jahrhunderts war der zweite Weltkrieg mit seinen fünfzig Millionen Toten und entsetzlichen Schrecken. Hile Wechsler, ein orthodoxer Rabbi aus Unterfranken, schien diese Ereignisse in einer Serie von Träumen vorausgesehen zu haben. Wechsler veröffentlichte 1881 eine anonyme Schilderung seiner Träume in einem Traktat mit dem Titel „Ein Wort der Mahnung [an Israel um Beherzigung der Judenhetze und merkwürdige darauf bezügliche Träume...]". Die Träume zeigten einen Völkermord als Schicksal der Juden in Westeuropa. Wechsler sah, dass der Antisemitismus extrem destruktiv werde und sich, von Deutschland ausgehend, in östliche Richtung ausbreiten und schließlich die meisten Staaten Europas erfassen würde. Er schrieb: „Mit Stumpf und Stiel will man das 'semitische Element' vertilgen, man will ... 'die Semiten' ... so radikal zertrümmern, dass sich ihre Atome nie mehr zusammenfügen und verbinden lassen."[322] Er sah, dass die Großmächte Europas die Juden nicht retten würden. Diese sollten vielmehr nach Palästina gehen, sich dort ansiedeln und Landwirtschaft betreiben. Ein halbes Jahrhundert später, als Adolf Hitler an die Macht kam, wurden Rabbi Wechslers Träume wahr.[323] Sie sind eine schaurige Lektüre und wurden in *The Reluctant Prophet: An Exploration of Prophecy and Dreams* des Jungschen Analytikers James Kirsch abgedruckt.[324]

In manchen Träumen ist das entropische Element wirklich bemerkenswert. Im Jahr 1836 schrieb Robert Macnish, der schottische Autor von *The Anatomy of Drunkenness,* einen Vorahnungs-Traum seines eigenen Todes auf, der ihn ein Jahr später ereilen sollte. In dem Traum ist er völlig entropisch: Er wurde zu Stein. Man spürt Entropie und Desorganisation buchstäblich zwischen den Seiten seines Buches hervorquellen: „Ich träumte, dass ich in einen mächtigen Pfeiler von Stein verwandelt war", schrieb er, „welcher seinen Kopf inmitten einer Wüste erhob, wo er über Zeitalter hinweg stand, bis Generation nach Generation vor ihm verging. Selbst in diesem Zustand, obschon unbewusst des Besitzes irgendwelcher Sinnesorgane, oder mehr zu sein als eine Masse leblosen Gesteins, sah ich jeden Gegenstand um mich herum – die Berge, die kahl wurden mit dem Alter, die Bäume des Waldes, die zerfielen und moderten; und ich hörte jedwedes Geräusch, das die Natur hervorzubringen pflegt, wie den dröhnenden Donner, der über meinem nackten Kopf herabbrach, den Wind, der an mir vorüber heulte oder das unaufhörliche Murmeln der Bäche. Schließlich wurde auch ich alt und begann, zu Staub zu zerfallen, während das Moos und Efeu sich auf mir ausbreiteten und mir den Stempel ehrwürdigen Altertums verliehen."[325] Monate später erkrankte Macnish an Flecktyphus und starb nach zweiwöchiger Krankheit.[326] *Typhus* stammt von dem griechischem Wort für „Dampf" oder „Rauch", beides starke Symbole der Auflösung.

Mays bahnbrechende Idee könnte erklären, warum Menschen oft nur teilweise korrekte Vorahnungen haben. Bei dem Unglück von Aberfan hatten viele Menschen von den Waschbergen der Kohlemine berichtet, die in die Stadt rutschten, und von der Zerstörung von etwas, aber sie konnten nicht die Zeit und den Ort des Geschehens fixieren. Es war der entropische Aspekt des Ereignisses, was sie sahen – dass etwas aus einem geordneten, stabilen Zustand in einen Zustand von Chaos und Unordnung wechselte. Viele Menschen hatten Vorahnungen vom 11. September, in denen Flugzeuge explodierten, nachdem sie irgendwo in irgendetwas hineingeflogen waren. Auch sie identifizierten die Energie-Verwandlungen oder den entropischen Aspekt des Geschehens.

Ein Vorahnungs-Traum von Samuel Clemens, besser bekannt unter seinem Pseudonym Mark Twain, illustriert dieses partielle, entropie-bezogene Muster. Im Jahr 1858 arbeiteten er und sein Bruder Henry auf Dampfschiffen auf dem Mississippi. Eines Nachts hatte Sam einen erschreckend lebhaften Traum, in welchem er Henrys Leiche in einem Sarg sah, der über zwei Stühle gelegt war. Auf dem Sarg lag ein Strauß weißer Rosen mit einer einzelnen roten in der Mitte. Wenige Trage später erfuhr Sam, dass der Kessel auf Henrys Schiff explodiert war; sein Bruder wurde schwer verletzt, auch 150 weitere Personen wurden verletzt oder kamen ums Leben. Sam eilte an die Seite seines Bruders und saß bei ihm während seiner letzten Stunden. Am nächsten Morgen, benommen vor Trauer, ging er nach unten in den Bereich, wo die Leichen für die Bestattung aufgebahrt waren. Henrys Leichnam lag in einem Metallsarg, der über zwei Stühlen lag. Doch es fehlte etwas – die Rosen. In diesem Augenblick trat eine ehrenamtliche Krankenschwester ein, die einen Strauß weißer Rosen brachte und auf Henrys Sarg legte. In der Mitte des Buketts war eine einzelne rote Rose.[327]

In Twains Traum ist das dominierende Bild nicht der Unfall, sondern der Tod seines geliebten Bruders. Wenn der Entropie-Gradient das entscheidende Element ist, so könnte man meinen, hätte Twain von der Explosion geträumt. Aber für Twain, der seinen Bruder sehr liebte und sich zeitlebens Vorwürfe wegen seines Todes machte, war es vermutlich Henrys Tod selbst, der am meisten entropisch war, nicht der explodierende Dampfkessel.

In den 1970er und 1980er Jahren berichtete der Experimentator Charles Honorton vom *Psychophysical Laboratory,* damals an der Universität von Princeton, dass Bilder, die starke emotionelle Reaktionen auslösten, wie jene, die Gewalt oder Sexuelles zum Inhalt hatten, für die Versuchspersonen recht einfach durch Fernwahrnehmung zu identifizieren waren. Die Forscherin Caroline Watt an der Universität von Edinburgh stellte fest, dass Zielbilder, die einen emotionellen Schlag vermittelten und Bewegung, Neuigkeit und Nichtübereinstimmung enthielten, als Fernziele bei Fernwahrnehmungs-Experimenten mit größerer Wahrscheinlichkeit identifiziert wurden. Diese Faktoren scheinen auch bei Vorahnungen eine wichtige Rolle zu spielen, wie in Mark Twains Traum vom Tode seines Bruders und in Rabbi Wechslers Träumen von den Tragödien, die die Juden in Europa heimsuchen sollten.

Das entscheidende Ingrediens mag *Bedeutung* sein. Damit ein Individuum Informationen über Vorahnungen erlangt, hilft es, wenn das Ziel eine emotionelle Signifikanz verkörpert und persönliche Wichtigkeit birgt. Einer meiner Freunde, ein Sportfanatiker, träumt davon, wer Meisterschaftsspiele in einer Vielzahl von Sportarten gewinnen wird. Er nennt diese Träume seine „mentalen Filme". Als ich andeutete, dass es sich hier nicht um echte Traum-Vorahnungen handelte, sondern um Schlussfolgerungen und Voraussagen, die auf seinem profunden Wissen über Sport beruhten, war er gereizt. Er behauptet weiterhin, dass seine mentalen Filme Vorahnungen seien und glaubt lieber, dass er „die Gabe" besitze.

Doch an den Vorahnungen, die wir bis hier untersucht haben, wie jenen von Aberfan, dem 11. September, Beatrice, das Vermeiden von später verunglückenden Zügen und von dem Spüren, wann das eigene Kind in Gefahr ist, ist mehr beteiligt als das Spektakel von Bergrutschen, Explosionen und zerstörten Gebäuden. Es liegt eine Ernsthaftigkeit in diesen Fällen von Vorauswissen, die durch die Idee von einem „mentalen Kino" nicht zu vermitteln ist. Vorahnungen existieren nicht, um uns zu unterhalten oder zu amüsieren. Sie haben auf überwältigende Weise mit dem Überleben zu tun – von uns selbst und jenen, die wir lieben.

Wir werden nie verstehen, wie diese Phänomene wirken, ohne ihrem subjektiven Aspekt einen Platz einzuräumen, das heißt den Elementen Fürsorge, Mitgefühl, Liebe und Bedeutung, die so oft in das Vorauswissen eingebettet sind. Diese persönlichen Aspekte unterscheiden Vorahnungen von bedeutungslosen, wahllosen Zufallsereignissen und erklären, warum sie sich in unsere Erinnerung einbrennen.

Bei unserer weiteren Erforschung der Vorahnungen wollen wir die „Bedeutungs-Komponente" dieser Erlebnisse im Sinn behalten. Ein einzelner Faktor kann uns besser verstehen helfen, dass wir Vorahnungen erleben, warum sie uns faszinieren und wie wir sie kultivieren können.

TEIL VIER – WARUM SOLLTEN WIR VORAHNUNGEN KULTIVIEREN, UND WIE STELLEN WIR DAS AN?

„Anstatt seine Erfahrungen im 'Hier und Jetzt' zu gestalten, könnte das Bewusstsein die Wahl treffen, sie 'dort und dann' zu kosten."
– ROBERT G. JAHN, PH.D.[328],
PRINCETON ENGINEERING ANOMALIES RESEARCH LABORATORY

KULTUR UND VORAHNUNGEN

Weil die meisten Vorahnungen spontan und ungebeten kommen, glauben viele Menschen, es sei unmöglich, unsere Fähigkeit, die Zukunft zu erfahren, gezielt zu kultivieren. Vorahnungen und präkognitive Träume, sagen sie, seien immun gegenüber unseren Wünschen und Absichten. Sie machen sich aus dem Staube, wenn wir uns darauf konzentrieren, sie zu erlangen, und deshalb sollten wir sie in Ruhe lassen.

Für diese Frage interessierte sich auch Samuel Johnson, Englands großer Schriftsteller, Dichter, Biograf und Lexikograf. Im Jahre 1773 besuchte er mit seinem Biografen und Freund James Boswell die Hebriden. Diese atemberaubend schöne Inselgruppe vor der Nordwestküste Schottlands ist relativ unberührt geblieben und Heimat einer einzigartigen Flora und Fauna. Das von den meisten Bewohnern gesprochene Gälisch trägt zum exotischen Zauber der Inseln bei. Schon in einer frühen Phase der britischen Geschichte wurden die Hebriden besiedelt; die Steinkreise von Callanish dürften bis zu fünftausend Jahre alt sein. Die erste schriftliche Erwähnung der Hebriden finden wir bei dem griechischen Geschichtsschreiber Diodoros um 55 v. Chr. Später erwähnten Plinius der Ältere und der ägyptische Astronom Ptolemäus die Inseln, was auf Kontakte zur römischen Welt schließen lässt. Im 6. Jahrhundert brachte der Heilige Columban das Christentum auf die Hebriden und gründete mehrere Kirchen. Später dominierten Wikinger die Inseln, bis die Schotten 1275 eine entscheidende Schlacht und damit die Herrschaft gewannen.

Johnson war einer der großen Informavoren [„Informationsfresser", Anm.d.Ü.] seiner Tage. Er war fasziniert von Berichten von den Hebriden über das „zweite Gesicht", die angebliche Fähigkeit, Dinge jenseits der Reichweite menschlicher Sinne zu erfahren. „Das zweite Gesicht", schrieb er, „ist ein Eindruck entweder des Geistes auf das Auge oder des Auges auf den Geist, durch welchen Dinge in der Ferne oder Zukunft wahrgenommen und gesehen werden, als wären sie präsent."[329] Für die Inselbewohner war diese Fähigkeit einfach ein natürlicher – sogar erwarteter – Teil des Lebens. Visionen, Stimmen und Vorahnungen lagen in der Luft und Personen, die *nicht* an sie glaubten, galten vermutlich als sonderbar.[330]

Johnson war entschlossen, den Berichten über das zweite Gesicht eine faire Chance zu geben. Er war nicht der erste Forscher auf den Hebriden. Der Arzt Martin Martin von der Insel Skye hatte bereits 1703 in seiner Abhandlung „Bericht über das zweite Gesicht" in seinem Klassiker *A Description of the Western Isles of Scotland* über diese Dinge geschrieben.[331] Martin glaubte, dass die am meisten verbreitete Form von Vorahnungen diejenige vom bevorstehenden Tod war. Eine Todesvision konnte symbolisch sein, etwa ein Leichentuch oder einen leeren Stuhl zeigen. Manche wandten ein, es sei der örtliche Whiskey, der Visionen ermöglichte. Nein, widersprach Martin: Ein Betrunkener habe nie das zweite Gesicht. Martin war ein gewissenhafter Berichterstatter; er gab nicht nur die Geschichten wieder, die ihm erzählt worden waren, sondern interviewte auch alle die Zeugen der Ereignisse, und seine Befragungen waren unerbittlich.[332]

Zehn Jahre vor Dr. Johnsons Reise zu den Hebriden sammelte Reverend Donald MacLeod vierzig Beispiele für das zweite Gesicht, die er 1763 veröffentlichte. In den meisten Fällen handelte es sich um Vorahnungen von Todesfällen, die sich bewahrheiteten. Doch nicht alle handelten vom Tode. In einem Fall kehrte ein Seefahrer aus Skye überraschend nach Hause zurück mit der Absicht, den Ruf seiner Schwiegermutter, über das zweite Gesicht zu verfügen, auf die Probe zu stellen. Er hatte eine Rehkeule als Geschenk für sie dabei und beschloss, ihr diese Information zu

Teil Vier – Warum sollten wir Vorahnungen kultivieren und wie stellen wir das an? | 175

„senden". Als er zu Hause ankam, erklärte die Schwiegermutter, sie habe an seiner Rückkehr gezweifelt und das Schlimmste befürchtet, bis sie ihn plötzlich „gesehen" habe, wie er etwas in der Hand hielt, das wie Fleisch aussah.[333]

Johnson wusste bestimmt über Martins und MacLeods Berichte über das zweite Gesicht. Er hatte vor, auf diese Berichte näher einzugehen und weitere Überlieferungen zu sammeln, doch dies war ihm nicht möglich: Die Inselbewohner sprachen nicht Englisch, und er konnte kein Gälisch. Doch er fand heraus, dass auf den Inseln jeder „außer dem Pfarrer vom Festland" die Existenz des zweiten Gesichts akzeptierte.[334]

Johnson fasste seine Erkenntnisse und Ansichten in dem 1775 erschienenen Klassiker *Journey to the Western Isles of Scotland*[335] zusammen. Er kam zu dem Schluss, dass das zweite Gesicht nicht zu beherrschen oder zu manipulieren war, sondern eine Art Segen darstellte, der einem beschieden war: „Diese empfängliche Fähigkeit – denn eine Kraft kann man es nicht nennen – ist weder vorsätzlich noch gleichbleibend. Die Erscheinungen sind von keiner Wahl oder Entscheidung abhängig; sie können nicht aufgerufen, gehemmt oder zurückgerufen werden. Der Eindruck ist plötzlich, und die Wirkung oft schmerzlich ... Nie hat jemand durch Anmaßung des zweiten Gesichts Gewinn angestrebt oder erworben. Es ist ein unwillkürlicher Effekt, bei welchem bekanntlich weder Hoffnung noch Angst eine Rolle spielen. Jene, die bekunden, es zu fühlen, prahlen nicht damit wie mit einem Vorrecht, noch werden sie von anderen als bevorzugt oder begünstigt angesehen. Sie sind nicht versucht, etwas vorzutäuschen, und ihre Zuhörer haben keinen Beweggrund, sie zum Schwindel zu ermutigen."[336]

Johnson dürfte gewusst haben, dass einige Menschen, die die Gabe des zweiten Gesichts besaßen, dies nicht als Segen, sondern eher als Fluch empfanden. Das bekannteste Beispiel war Heinrich IV., genannt Heinrich der Große, König von Frankreich von 1589 bis 1610. Heinrich war einer der beliebtesten Herrscher in der französischen Geschichte, sein Volk verehrte ihn wegen seines Mitgefühls und seiner Freundlichkeit. Im Laufe seiner Regentschaft wurden mehrere erfolglose Mordanschläge auf sein Leben verübt, und er selbst hatte die makabre Vorahnung, dass er während der Krönungsfeierlichkeiten für seine zweite Gemahlin in seiner Kutsche ermordet würde. „Oh, diese verfluchte Krönung, sie wird mir den Tod bringen", teilte er seinem Vertrauten Maximilian von Béthune mit, dem Herzog von Sully, der dies in seinen Memoiren berichtete. Die Vision bewahrheitete sich, als François Ravaillac den König auf dessen Fahrt in der Kutsche nach der Krönung die tödlichen Messerstiche beibrachte.[337, 338]

Dessen ungeachtet, schrieb Johnson, dass der Glaube an das zweite Gesicht irrational und im Grunde wertlos sei: „Diese Befähigung ... ist ... ohne irgendwelchen sichtbaren Grund oder wahrnehmbaren Nutzen. Es wird nur einem Volke zugeschrieben, das sehr wenig aufgeklärt ist, und unter diesem zumeist nur den Gemeinen und Unwissenden."[339]

Obwohl Johnsons Offenheit in Bezug auf das „zweite Gesicht" zu bewundern ist, hat er sich in vielen Punkten geirrt. Traditionelle Kulturen überall auf der Welt fänden seine Argumente lächerlich, dass diese Ereignisse „gewöhnlich nutzlos" und „von keiner Wahl oder Entscheidung abhängig" seien und „nicht aufgerufen, gehemmt oder zurückgerufen werden" könnten. In vielen Kulturen laden die Menschen präkognitive Träume allabendlich ein, sie erinnern sich ihrer und analysieren sie am folgenden Morgen. Diese Gesellschaften als „gemein und unwissend" abzutun, sagt mehr über unsere eigene als über ihre Unwissenheit aus. Doch in anderer Hinsicht war Johnson ein genauer Richter, denn er räumte ein: Am Ende „müssen wir zufrieden sein, uns der Macht des Zeugnisses zu beugen" in der Entscheidung über die Echtheit und Validität dieser Dinge.

Wäre Johnson von den Äußeren Hebriden nur 830 Kilometer nach Nordwesten gereist, hätte er ein Land erreicht, das wahrscheinlich nahezu alle seine Schlussfolgerungen zunichte gemacht hätte. Er hätte die östlichste Spitze von Island erreicht, einem Land, in dem die große Mehrheit der Bevölkerung an „psychische Träume" glaubte. Seit die Insel im 9. Jahrhundert ständig besiedelt ist, fanden Träume im Überfluss Eingang in ihre Sagas, Literatur, Biographien, Briefe, Artikel, Bücher und Folklore. Eine Gallup-Umfrage im Jahr 2003 unter zwölfhundert Isländern zwischen achtzehn und fünfundachtzig Jahren stellte fest, dass 72 % eine Bedeutung in ihren Träumen erkannte. Rund 70 % glaubten, dass Präkognition im Traum real ist, und mehr als 40 % sagten, dass sie selbst präkognitive Träume gehabt haben. Interessanterweise bekundet mehr als die Hälfte der Befragten, in Farben zu träumen.

Eine der ersten psychologischen Studien, die in Island je durchgeführt

Teil Vier – Warum sollten wir Vorahnungen kultivieren und wie stellen wir das an? | 177

– und 1915 veröffentlicht – wurden, handelte von präkognitiven Träumen. Bücher über Träume und Traumdeutung werden seit Jahrzehnten ständig publiziert und viel gelesen. Die akademische Philosophie und Psychologie in Island sind eng verbunden mit dem Studium von Träumen. „Isländer waren schon immer und sind bis heute große Träumer", verkündet das Skuggsjá-Traumzentrum in Akureyri im Nordosten Islands.[340, 341]

Einer der am höchsten geschätzten Forscher in der internationalen Psi-Gemeinde ist Professor Erlendur Haraldsson von der Universität Island in Reykjavik. Professor Haraldsson hat über drei Jahrzehnte die medialen Erlebnisse von Isländern verfolgt. 1974 stellte er fest, dass nahezu 40% seiner Landsleute bestätigten, psychische Träume erlebt zu haben; fast 90% glaubten, dass Präkognition in Träumen möglich, wahrscheinlich oder gewiss ist, und nur 3% hielten sie für unwahrscheinlich oder unmöglich.[342] Diese Resultate sind im Laufe der Jahre immer wieder bestätigt worden.[343]

Eine der dauerhaftesten isländischen Legenden der modernen Zeit ist die von „Dreaming Joe", einem Bauern und Schäfer, der berühmt war für seine Fähigkeit, in Träumen zu sehen, wo sich verlorener oder gestohlener Besitz und Schiffe auf hoher See befanden.[344]

Island ist eine Fischernation, und so überrascht es nicht, dass Fisch auch in Vorahnungen oft eine Rolle spielt. „Den Fisch träumen" gehört zum geheimnisvollen Zauber des isländischen Skippers, der oft eine heroische, legendäre Gestalt ist. Seiner Mannschaft im Allgemeinen als „der Mann" bekannt, setzt der Skipper alle Mittel ein, die taugen, um Fisch zu finden. Dies umfasst oft auch präkognitive Träume.

Ein Beispiel ist ein Skipper namens Eggert Gíslason, der behauptete, seit Kindheit an in Träumen die Zukunft sehen zu können. Die Seeleute drängten sich, auf seinem Schiff anzuheuern, weil er im Rufe stand, auch dann Fisch zu finden, wenn die anderen dies nicht vermochten. Bei seiner ersten Ausfahrt träumte er den Kurs des Fischerbootes und sah die Kompassnadel. Nach dem Aufwachen legte er die genaue Route fest und wurde mit einem reichlichen Fang belohnt, der wiederum zu seinem Ruhm beitrug. Er forderte seine ganze Mannschaft auf, sich am Fisch-Träumen zu beteiligen. Eines Tages träumte einer von Eggerts Leuten, dass sie in der Nähe eines Dorfes im Osten den Körper einer riesigen Kuh fänden, die gefleckt war mit hellen, schimmernden Fischschuppen. Obwohl der größte Teil der Fischflotte Richtung Westen ausfuhr, nahm Eggert den Traum ernst und segelte ostwärts. Seine Mannschaft brachte einen gewaltigen Fang an Land.[345]

Auch die Seeleute in Islands Küstenwache nutzen präkognitive Träume. Kapitän Eiríkur Kristófersson von dem Kutter *Thor* der Küstenwache träumte, dass ihm ein unbekannter Mann fünfzehn menschliche Kieferknochen gab, die offenbar schon lange Zeit ausgeblichen waren. Der entsetzte Kapitän warf sie zurück nach dem Mann. Er deutete den Traum als Vorhersage von etwas „sehr Dunklem und Schlechtem" und drohender Gefahr. Als er in See stach, wurde der Kapitän von dem Traum verfolgt. Er betete, von Unglück verschont zu bleiben, das fünfzehn Menschenleben kosten könnte. In dem Glauben, dass Gefahr drohe, bereitete die Besatzung sich auf einen Unglücksfall vor. Bald begann der Traum, im Äußeren Gestalt anzunehmen. Ein schrecklicher Sturm kam auf und zerstörte die *Thor,* doch die fünfzehn Männer bestiegen auf wogender See ihre Rettungsboote und erreichten sicher das Land.[346]

Island ist nicht das einzige Land, das zu einer Korrektur von Johnsons voreiligem und herablassendem Urteil beitragen könnte. Haraldssons internationale Untersuchungen zeigen, dass in zwei weiteren westlichen Ländern ein fast ebenso hoher Prozentsatz der Bevölkerung wie in Island Psi-Erlebnisse berichtet: Italien und die Vereinigten Staaten.[347]

WARUM WIR VORAHNUNGEN KULTIVIEREN WOLLEN

Zu allen Zeiten haben Menschen präkognitive Fähigkeiten begehrt, teils aus ehrenhaften, teils aus unedlen Gründen. Oft waren sie von dem Wunsch getrieben, Macht über andere auszuüben, sie zu manipulieren und zu kontrollieren. *Warum wollen Sie Vorahnungen kultivieren?* Wenn Sie nicht einen ehrenhaften, ethischen Grund dafür haben, ist es am besten, dass Sie gar nicht weiterlesen.

Ich will meine Gründe ausführen. Die wenigen präkognitiven Ereignisse, die ich erlebte, habe ich nicht ausgewählt; sie haben mich ausgewählt.

Sie sind nicht zustande gekommen, ohne dass ich selbst irgendetwas vorsätzlich getan hätte, um sie zu erleben. Sie schienen mir eine Botschaft zu sein, die mir zeigen sollte, wie die Welt funktioniert. Sie kamen ungebeten, wie ein Segen oder eine Gnade.

Dies geschieht vielen Leuten so, weil, wie ich glaube, die Menschen von Natur aus mit der Fähigkeit zu Vorahnungen begabt sind. Sie entsprechen einfach der Art und Weise, wie unser Bewusstsein normalerweise funktioniert, bevor wir lernen, seine Funktion unter dem Druck und den Erwartungen der Gesellschaft einzuengen. Vorahnungen sind unser Geburtsrecht. Wir wissen dies nicht nur von den mündlichen und schriftlichen Überlieferungen aus vergangenen Jahrtausenden, sondern auch von den Vorausempfindungs-Experimenten, die in jüngster Zeit durchgeführt und von Wissenschaftlern rund um den Globus wiederholt wurden. Heute wissen wir: Wenn wir uns entscheiden, Vorahnungen zu kultivieren, dann kämpfen wir nicht darum, eine fremde Fähigkeit zu erwerben, sondern öffnen uns einer Gabe, die angeboren und natürlich ist. Wir versuchen zurückzugewinnen, wer wir sind – nicht etwas zu werden, was wir nicht sind. Wir streben an, bessere Wisser zu werden, wie manche Menschen sich bemühen, bessere Musiker, Künstler oder Athleten zu werden.

Allerdings kann diese Seite der Psyche ein Minenfeld sein und ist nicht für jedermann geeignet. „Die menschliche Art kann nicht sehr viel Wirklichkeit ertragen", erinnert uns T. S. Eliot. Dies gilt auch für Vorahnungen. Es gibt einen Grund, warum manches Menschen Geist verengt ist, um nur einen Bruchteil der Information einzulassen, die uns zur Verfügung steht. Zu viel Wissen kann überwältigen. Es kann beunruhigend, erschreckend oder bedrohlich sein, einen Blick in die Zukunft zu werfen oder mit jemandem Gedanken über eine große Entfernung hinweg auszutauschen. Dies ist keine Kritik; wir alle sind unterschiedlich in unserer Toleranz gegenüber der Wirklichkeit, und es ist keine Schande, unsere Begrenzungen zuzugeben. Die Unterschiede zwischen den Menschen sollten respektiert werden. Ein Aphorismus sagt: „Der Psychotiker ertrinkt in dem gleichen Wasser, in dem der Mystiker schwimmt." Und Sie brauchen kein Psychotiker zu sein, um psychische Schwierigkeiten zu erleben, wenn Sie auf dem Meer der Vorahnungen schwimmen.

Wenn Sie sich entschließen, Vorahnungen in Ihr Leben einzulassen, mahne ich Sie zur Bedachtsamkeit in der Art, wie Sie dies in Angriff nehmen. Sie könnten ungeheuren Gestalten begegnen, wie eine junge Frau aus Cincinnati, Ohio. Während ihr Mann nicht in der Stadt, sondern auf einer Geschäftsreise war, blickte sie aus dem Fenster und erlebte, wie in einer kurzen Benommenheit, eine unheilvolle Vision des Gevatters Tod, der wie ein Verrückter über ihre Wiese rannte. Er war sofort wieder verschwunden, hatte sich aber so lebhaft und bedrohlich gezeigt, dass es sie schüttelte und erschreckte und mit der Gewissheit zurückließ, dass etwas Schreckliches passiert war.

Die junge Frau rechnete mit der Rückkehr ihres Mannes bis 15 Uhr, doch er kam nicht an. Beunruhigt ging sie auf und ab, als um 19 Uhr das Telefon klingelte. Das Krankenhaus rief an, um ihr mitzuteilen, dass ihr Mann verletzt und bewusstlos war. Um ungefähr die gleiche Zeit, als sie den Sensenmann gesehen hatte, war das Auto ihres Mannes von einem anderen Fahrzeug mit hoher Geschwindigkeit gerammt und ihr Mann gegen die Windschutzscheibe geschleudert worden. Zum Glück überlebte er.[348]

Ich will nicht den Eindruck vermitteln, dass alle die Rollen, die die Bühne der nächtlichen Landschaft bevölkern, Ungeheuer seien. Manche sind wohlwollend und göttlich, selbst wenn sie den Tod ankündigen, wie der folgende Fall offenbart – auch wenn es sich nicht um eine Vorahnung handelt.

Eine Frau in Minnesota, die zu einer größeren Operation ins Krankenhaus gekommen war, hörte aus dem Zimmer auf der anderen Seite des Flures ständig einen Patienten stöhnen und weinen. Später in der Nacht erwachte sie und sah die Tür zu jenem Raum geöffnet. Als sie genauer hinsah, kam eine in weiße fließende Gewänder gekleidete Christus-Gestalt aus dem Zimmer. Langsam und lautlos trat er ans Bett der Frau und sagte lächelnd: „Ich bin seinetwegen gekommen. Es ist alles in Ordnung." Dann verließ er das Krankenzimmer und schloss die Tür hinter sich. Der Wecker auf ihrem Nachttisch zeigte 2.40 Uhr.

Als am nächsten Morgen die Krankenschwester das Zimmer betrat, sagte die Frau: „Der Mann auf der anderen Seite des Flurs ist letzte Nacht gestorben, nicht wahr?"

„Ja", antwortete die Schwester. „Woher wissen Sie das?"

Sie erzählte der Schwester, was sie nachts erlebt hatte. Auf ihr Drängen hin verriet die Schwester, dass der Patient um 2.40 Uhr gestorben war.[349]

PERSÖNLICHKEIT UND TEMPERAMENT

Die computer-gestützten Vorausempfindungs-Experimente von Dean Radin mit der Betrachtung von ruhigen oder aufwühlenden Bildern deutet an, dass vielleicht jeder eine eingebaute Fähigkeit besitzt, die Zukunft zu erspüren, obwohl manche geschickter darin sind als andere. Doch welche Personen haben die beste Eignung für Vorahnungen?

Einen Zugang zu dieser Frage bietet der Myers-Briggs-Typindikator (MBTI), ein Fragebogen, der psychologische Muster untersucht.[350]

Der MBTI beruht auf den Theorien des Psychologen Carl Gustav Jung, die er in seinem Werk *Psychologische Typen*[351] (1921) veröffentlichte. Der „Myers-Briggs" gilt als der am häufigsten verwendete psychometrische Test in der westlichen Welt. Sein Hauptnutzen liegt in der Identifizierung von allgemeinen Neigungen in der Persönlichkeit des Individuums, die wiederum auf geeignete Betätigungen und Berufe schließen lassen. Seine Urheberinnen, Katharina Cook Briggs und ihre Tochter Isabel Briggs Myers, entwickelten den Test während des zweiten Weltkriegs, um Frauen zu helfen, die zum ersten Mal Arbeiten in der Industrie übernahmen, um die Art von kriegsförderlichen Aufgaben festzustellen, bei denen sie sich „am wohlsten fühlen und am tüchtigsten erweisen" würden.[352]

Forschungen mit Hilfe des MBTI haben gezeigt, dass Intuition und Extraversion mit Psi-Fähigkeiten im Allgemeinen in Wechselbeziehung stehen.[353] Wie Sie weiter unten über diese Faktoren lesen, ist es eine natürliche Neigung, sich zu fragen, wie man selbst dabei wohl abschneidet. Das ist in Ordnung, aber behalten Sie im Sinn, dass der MBTI weder genau abgrenzt noch das letzte Wort ist. Kein Persönlichkeitstest kann Sie unters Mikroskop legen und Ihnen sagen, wie gut Sie alle bekannten für Vorahnungs-Neigungen sprechenden Faktoren in Ihr Leben integriert haben, zum Beispiel Sinnhaftigkeit, Transzendenz, ein Gespür der Verbundenheit mit anderen und eine Toleranz gegenüber Chaos, Mysterium, Komplexität und Mehrdeutigkeit, um nur wenige zu nennen. Keiner dieser Faktoren ist zu verabsolutieren, und sie alle können von unserem Verhalten, unseren Entscheidungen, Überzeugungen und selbst von der Gesellschaft beeinflusst werden, in der wir uns bewegen.

Wie auch immer Ihr MBTI-Ergebnis ausfällt: Das Kultivieren von vorahnungsfördernden Qualitäten ist eine Lebensaufgabe. Unverzichtbar für diese Aufgabe ist eine Disziplin oder Praxis, die uns hilft, in jedem Augenblick präsent zu sein, aufmerksam zu sein und die winzigen Geschehnisse in unserem Dasein wahrzunehmen. Für manche mag dies eine Disziplin bedeuten, die Spiritualität, Meditation, Gebet, Tragträumen, Stille oder Alleinsein betont. Andere mögen dieses Bedürfnis durch ein Sich-Versenken in Kunst, Musik oder Natur erfüllen. Manche bevorzugen vielleicht ein eher praktisches Engagement in der Welt, etwa den Einsatz für gemeinnützige Aufgaben oder eine Betätigung in helfenden Berufen. Wie viele Weisheitstraditionen uns erzählen, gibt es mehr als einen Weg zum Gipfel des Berges. Es gilt zu lernen, dass die Qualitäten, die unsere Neigung zu Vorahnungen fördern, nicht von der Stange zu kaufen sind oder auf Abruf bereit stehen. Sie kommen durch Einladung, Disziplin und Praxis.

Nun zu einigen der wichtigsten Faktoren, die uns vorahnungs-geneigt machen.

Wenn Sie gerne mehr über die folgenden Charakteristika und die sie dokumentierende Forschung lesen möchten, empfehle ich ein wissenschaftliches Buch, das bereits in der Einführung erwähnt wurde: *Varieties of Anomalous Experience: Examining the Scientific Evidence*, herausgegeben von den Forschern Etzel Cardeña, Stanley Krippner und Steven Jay Lynn, sowie *Parapsychology: The Controversial Science* von dem Forscher Richard Broughton.

Absorption: Menschen, die zu Vorahnungen neigen, haben die Tendenz, sich mit Phantasie und der Welt der Imagination wohlzufühlen. Eine Vorahnung ist schließlich ein „Was wäre, wenn", ein Vielleicht, das in der Zukunft liegt und noch nicht geschehen ist. Imagination ist erforderlich, um seine Möglichkeit zu Vorahnungen einzuladen. Die Fähigkeit zu phantasieren ist mit dem verwandt, was Psychologen als Absorption bezeichnen, das heißt die Fähigkeit, sich ganz zu vertiefen, sich zu versenken in das, was man gerade tut. Im Zustand der Absorption nimmt die Selbstwahrnehmung ab und man wird eins mit der vorliegenden Aufgabe. Grenzen zwischen einem selbst und dem anderen weichen auf, und die Unterscheidungen zwischen Vergangenheit, Gegenwart und Zukunft verschwimmen, der Strom der Zeit weicht einem Gefühl des Alles-zugleich, des zeitlosen Jetzt. In diesem Zustand des Gewahrseins gibt es nichts besonders Abwegiges an einer Vorahnung, weil das „Vor-" seine Bedeutung verliert.

Glauben an das Transzendente: Das Transzendente mag man empfinden als ein höchstes Wesen oder als ein vage definiertes Anderes, das nicht mit der Vorstellung einer Gottheit verknüpft ist. Wie auch immer es empfunden wird, geht ein Gefühl des Transzendenten mit einer Gewissheit einher, dass das Hier und Jetzt nicht alle Wirklichkeit ist; es gibt etwas mehr als die profane, alltägliche, seh- und greifbare Welt. Dieser Glaube vermutet eine größere Weisheit oder Intelligenz, aus der Vorahnungen aufsteigen können.

Ein Gefühl des Einsseins allen Lebens: Vorauswissen ist oft die Gewissheit, dass einer anderen Person oder einer Gruppe von Menschen etwas Schreckliches zustoßen wird – ein drohender Flugzeugabsturz, ein Erdbeben, Tsunami oder anderes Desaster. Oft betreffen solche Warnungen nicht Menschen, sondern Tiere oder eine andere Form des Lebens. Manchmal ist das Schicksal eines Ökosystems oder der Erde selbst der Gegenstand der Sorge. Menschen, die sich mit anderen oder mit der Natur verbunden fühlen, finden es nicht absonderlich, dass solche Informationen in ihr Gewahrsein treten, weil sie ihr Getrenntsein von „dem/den Anderen" nicht für grundsätzlich halten.

Mitgefühl und Einfühlungsvermögen: Diese Züge werden aus dem gleichen Grund mit Vorahnungen assoziiert, da ein Gefühl der Verbundenheit mit anderen gern mit Vorauswissen einhergeht.

Intuition: Menschen, die hochintuitiv sind, neigen zu Vorahnungen. Sie scheinen Dinge instinktiv zu wissen, ohne sie durch Verstand und logische Analyse filtern zu müssen. Sie fühlen sich wohl mit der Möglichkeit von spontanem inneren Wissen. Mit Mehrdeutigkeit und dem Unbekannten können sie gut leben. Wenn sie Vorahnungen plötzlich und unvermittelt erleben, wehren sie sie nicht kurzerhand ab, sondern untersuchen sie mit aufgeschlossenem Sinn.

Wohlfühlen mit Chaos und Unordnung: Menschen, die zu Vorahnungen neigen, haben meist viel Toleranz gegenüber Unberechenbarem, Unerwartetem und Unvorhersagbarem im Leben – ein Zug, der auch typisch ist für sehr kreative Dichter, Musiker und Künstler. Einige hofieren die Unordnung geradewegs als einen Weg, ungewöhnliche und inspirierende Einsichten zu erleben. Dies bedeutet, dass ihr Bedürfnis nach Kontrolle entspannt ist; sie „schwimmen mit dem Strom".[354]

Externalisierte Kontrollüberzeugung: Menschen, die vor Vorahnungen und anderen psi-artigen Gegebenheiten zurückscheuen, neigen zu dem Glauben, sie könnten beherrschen, was in ihrem Leben geschieht. Sie selbst gestalten die Ereignisse, nicht die Ereignisse formen sie; eigene Entscheidung, Verantwortung und Kontrolle hängen weitgehend von Faktoren in ihnen selbst ab.[355] Psychologen nennen diese Einstellung eine internalisierte Kontrollüberzeugung. Im Gegensatz hierzu neigen Menschen, die Vorahnungen ernst nehmen, zu einer externalen Kontrollüberzeugung. Sie empfinden nicht das Bedürfnis, immer zuständig und verantwortlich zu sein. Im Unterschied zu den „Internalisierten" vertrauen sie eher dem Wirken der Welt und dem anderen Menschen innewohnenden Guten. Sie sehen sich selbst als Teile eines endlosen Geflechts von Beziehungen, in dem sie unentwirrbar mit allen anderen Personen und Dingen in der Welt verbunden sind. Sie akzeptieren die Verantwortung für ihr Handeln und Entscheiden und erkennen an, dass diese Entscheidungen stets von einem komplexen Spektrum von Faktoren beeinflusst sind. Die Idee von einem stabilen Individuum bedeutet ihnen weniger als jenen mit einer internalisierten Kontrollüberzeugung.

Sinn: Zu Vorahnungen neigende Menschen finden in der Regel einen Sinn in den Ereignissen des Lebens. Was auch geschieht, wie geringfügig es auch sei, repräsentiert oder symbolisiert etwas für sie: Es hat einen Sinn, der über das Geschehen selbst hinausgeht. Dank ihrer Aufmerksamkeit entdecken diese Menschen vielleicht Muster und Zusammenhänge, die vorher nicht zu sehen waren, und bereichern ihr Leben dadurch um Tiefe und Fülle.

Interesse und Positivität: Zu Vorahnungen neigende Menschen sind keine gleichgültigen Zuschauer, die sich von einem zufälligen Ein- oder Ausblick in die Zukunft überraschen lassen. Sie erwarten, dass solche Dinge geschehen, denn dass sie geschehen, entspricht ihrer Vorstellung davon, wie die Welt funktioniert. Sie neigen zu Vertrauen, Zuversicht, Optimismus und Positivität, weil sie spüren, dass die Welt insgesamt gut ist.

Achtung vor dem Unbewussten: Die Menschen, die am wahrscheinlichsten Vorahnungen erleben werden, würdigen die Beiträge ihres Unbewussten zu ihrem mentalen Leben. Sie pflegen Gelegenheiten, bei denen sich das Unbewusste offenbaren kann, wie zum Beispiel Träume und Tragträume, oder Aktivitäten wie Wandern, Malen, Handarbeiten, Gärtnern – jegliche Tätigkeit, bei der das rationale Denken gewissermaßen ausgekuppelt und der Motor abgestellt ist. Dies bedeutet nicht, dass zu Vorahnungen neigende Menschen anti-intellektuell seien. Sie widersetzen sich nicht dem Verstand, sondern ergänzen ihn durch Aktivitäten, die ihren Erfahrungs- und Wissensbereich erweitern und vertiefen.

Persönlichkeitstyp: Vorahnungen kann jeder Persönlichkeitstyp erleben, der jemals beschrieben oder definiert worden ist. Menschen, die besonders zu Vorahnungen neigen, gehören laut Myers-Briggs-Typindikator (MBTI) zum intuitiven, fühlenden (NF-) Persönlichkeitstyp. Laut dem Psychologen David Keirsey streben NF-Individuen danach, „die materielle Welt zu überschreiten (und damit Einblick in das Wesen der Dinge zu erlangen), die Sinne zu transzendieren (und damit Wissen von der Seele zu gewinnen), das Ich zu transzendieren (und damit sich mit aller Schöpfung vereint zu fühlen), [und] sogar die Zeit zu transzendieren (und damit die Kraft von früheren Leben und Prophezeiungen zu fühlen)."[356]

Gesunder Menschenverstand: Zu Vorahnungen neigende Menschen setzen den gesunden Menschenverstand ein – besonders wenn es die Vorahnungen zu erinnern gilt. Viele Vorahnungen sind flüchtig und kommen in Träumen, an die man sich vielleicht nicht erinnert. Deshalb haben sich viele Menschen zur vernünftigen Praxis gemacht, Bleistift und Papier auf den Nachttisch zu legen, um ihre Träume unmittelbar nach dem Erwachen aufzeichnen zu können, bevor der Traum verblasst und unwiederbringlich entgleitet.[357]

Doch hier ist ein Wort der Warnung angebracht: Obwohl bestimmte Persönlichkeitsmuster mit Psi-Leistung und Vorahnung zusammenzuhängen scheinen, sollten wir Persönlichkeitstests nur mit Vorsicht genießen. Es gibt Zeiten in meinem Leben, in denen ich mich mit verschiedenen Myers-Briggs-Kombinationen identifiziere. An manchen Tagen fühle ich mich so dröhnend extravertiert, dass ich es mit der ganzen Welt aufnehmen könnte; an manch anderem Morgen fühle ich mich so introvertiert, dass ich mich in mein Arbeitszimmer zurückziehen und nie wieder daraus hervorkommen möchte. Welche Persönlichkeit bin ich nun? Meine Antwort lautet: beide.

Der MBTI bietet eine Momentaufnahme. Aber wir sind keine im Augenblick versteinerten Kreaturen, sondern fähig zu Wachstum, Veränderung und Flexibilität. Ich habe Menschen kennengelernt, die dies vergessen haben. Nachdem sie sich dem MBTI unterzogen hatten, waren sie von ihrem Persönlichkeitsmuster so fasziniert, dass sie sich ihm versklavten. Sie passten sich ihrem MBTI-Resultat an und überließen dem Persönlichkeitstyp ihr Leben. Wir sollten Persönlichkeits-Bestandsaufnahmen besser als eine grobe Orientierung betrachten und erkennen, dass sie nicht das letzte Wort darüber haben, wer wir sind.

Selbst wenn wir alle oben genannten zwölf Züge besitzen, bedeutet dies nicht, dass wir Vorahnungen auf Abruf beherrschen, wie etwa die Auswahl eines Liedes aus der Jukebox. Vorahnungen brauchen ein gewisses Entspannen in die Welt, die für uns mehr eine Grundlage für die Art unseres *Seins* ist als für die Art unseres *Tuns*.

Auch wenn es nicht spezifisch von Vorahnung handelt, wird ein reizendes Beispiel für das Verhältnis zwischen Sein und Tun, das Vorahnungen favorisiert, von dem Sinologen Richard Wilhelm (1873-1930) überliefert.[358] Wilhelm übertrug viele philosophische Texte vom Chinesischen ins Deutsche, darunter *I-Ging: Das Buch der Wandlungen* und *Das Geheimnis der Goldenen Blüte*, die in der Folge in die wichtigsten Weltsprachen übersetzt wurden.

Wilhelm besuchte einmal ein abgelegenes chinesisches Dorf, das zu dieser Zeit gerade unter einer lang anhaltenden Dürre litt. Jede Form von Opfer und Gebet war bereits versucht worden, um die Dürre zu beenden – doch vergebens. In ihrer Verzweiflung schickten die Dorfbewohner nach einem sehr berühmten, aber weit entfernt wohnenden Regenmacher

Wilhelm war dabei, als der Regenmacher, ein runzeliger alter Mann, in einem mit einer Plane bedeckten zweirädrigen Karren eintraf. Er stieg heraus, schnupperte geringschätzig die Luft und bat dann um eine Hütte am Rande des Dorfes. Er gab Anweisungen, nicht gestört zu werden, sein Essen solle man vor der Tür ablegen.

Drei Tage lang hörte oder sah niemand etwas von dem Mann. Dann wurden die Dorfbewohner von einem Wolkenbruch aus Regen und sogar Schnee geweckt, wie man ihn in dieser Jahreszeit noch nie erlebt hatte.

Tief beeindruckt sprach Wilhelm den alten Mann an, der seine selbst gewählte Isolation nun aufgegeben hatte: „Sie können also wirklich Regen machen?", fragte er ihn. „Natürlich nicht!", entgegnete der Alte spöttisch. „Aber bevor Sie hierher kamen, herrschte eine schlimme, lang anhaltende Dürre", wand Wilhelm ein, „und nun, innerhalb von drei Tagen, regnet es!?" – „Oh", antwortete der alte Mann, „das war doch etwas ganz anderes. Sehen Sie, ich komme aus einer Gegend, in der alles in Ordnung ist: Es regnet, wenn es regnen soll, und es ist schön, wenn es schön sein soll, und auch die Menschen sind in Ordnung und bei sich. Aber bei den Leuten hier war dies nicht der Fall. Sie waren alle aus ihrem Tao [aus der Vollkommenheit der Natur] und außer sich selbst. Ich war sofort angesteckt, als ich hier ankam, deshalb musste ich mich ganz zurückziehen, bis ich wieder mehr im Tao war – und dann regnete es natürlich auch!"

Die Dorfbewohner, erklärte der Regenmacher, hatten versucht, sich das Klima zu unterwerfen, statt in sich selbst hineinzusehen.

„Einfach zu sein", wie der Regenmacher erkannt hatte, kann mächtiger sein als Muskelkraft und aggressive Aktion. Der Lohn für die innere Ruhe kann Regen sein. Er kann Vorahnungen sein. Er kann gar nichts sein – oder alles.

DIE BEDEUTUNG DES GLAUBENS

Einer der geheiligten Grundsätze der klassischen Wissenschaft lautet, dass der eigene Glauben nicht das Ergebnis eines Experiments beeinflussen sollte. Die physische Welt kümmert sich nicht um das, was wir gerade über sie denken; sie folgt den sogenannten blinden Gesetzen der Natur, welche immun ist gegenüber unseren Vorlieben und Abneigungen. Alle Physiker wissen jedoch, dass diese Sicht unvollständig ist. Sie mag sich in einem chemischen Versuch bewähren, aber nicht beim Heilen. Die eigene Einstellung zu einer bestimmten Therapie – ob man daran glaubt, dass sie wirken wird oder nicht – kann einen machtvollen Einfluss auf ihre Wirkung ausüben. Jeder hat schon von dem Placebo-Effekt gehört, das heißt den positiven Einfluss, den Erwartungen, Suggestionen und Überzeugungen auf den Effekt nahezu aller Therapien haben. Der Placebo-Effekt hat auch eine Kehrseite, den sogenannten Nocebo-Effekt, das heißt die Hemmung der therapeutischen Wirkung aufgrund negativer Einstellungen oder des Unglaubens gegenüber einer bestimmten Behandlung.

Seit mehr als einem halben Jahrhundert ist bekannt, dass die eigenen Überzeugungen die Leistung in verschiedenen ASW-Tests beeinflussen. Die Wegbereiterin auf diesem Forschungsgebiet war Dr. Gertrude Schmeidler, die die ersten Tests über die Auswirkung von Glauben und Überzeugungen auf Psi-Leistungen 1945 an der Harvard-Universität durchführte.[359] Sie teilte Studenten in zwei Gruppen: „Schafe", die glaubten, dass ASW-Wirkungen im Laufe des Experiments eintreten könnten, und „Böcke", die nicht glaubten, dass außersinnliche Wahrnehmung existierte. Sie fand höchst signifikante Unterschiede zwischen den Schafen und den Böcken, wobei die Schafe eine gesteigerte Fähigkeit bewiesen, Ereignisse vorherzusagen, und die Böcke eine verminderte Fähigkeit.

Zwischen 1947 und 1993 wurden dreiundsiebzig Schafe-Böcke-Experimente durchgeführt. Als die Resultate dieser Studien in einer sogenannten Meta-Analyse zusammengefasst und untersucht wurden, zeigten die Ergebnisse einen weitreichenden, gleichmäßigen Einfluss des Glaubens auf das Auftreten von Psi-Leistungen – in einer Relation, deren Zufallswahrscheinlichkeit eins zu einer Billion betrug.[360]

Im Jahre 2007 prüften die Forscher Kevin Walsh und Garret Moddel von der Universität von Colorado in Boulder, ob der Schafe-Böcke-Effekt absichtlich beeinflusst sein könnte. Sie rekrutierten zwölf Stundenten – sechs „gläubige Schafe" und sechs „ungläubige Böcke" – und forderten sie auf, das Symbol auf der verdeckten Seite von hundert Zener-Karten zu erraten, einer Kartenserie, die seit den 1940er Jahren bei Psi-Experimenten verwendet wurde. Bevor das Raten begann, versuchten sie jedoch, den Glauben der Teilnehmer zu formen, indem sie ihnen „Fakten-Listen" vorlegten, die Argumente für oder gegen Psi enthielten.

Die Ergebnisse zeigten, dass an Psi Glaubende, deren Überzeugungen durch Pro-Psi-Faktenlisten und verbale Bestätigung unterstützt wurden, deutlich bessere Leistungen erbrachten als jede andere Gruppe.

Walsh und Moddel schlossen daraus, dass eine angeborene Psi-Fähigkeit allein nicht zu erklären vermag, warum einige Versuchspersonen bei Psi-Aufgaben besser abschnitten als andere. Der Glaube an Psi ist ebenfalls sehr wichtig, und er kann verstärkt oder geschwächt werden durch Argumente und anderes Material.[361]

In einer verwandten Studie versuchten die Forscher Lance Storm und Michael A. Thalbourne die Einstellung von Psi-Skeptikern bei einem computer-gestützten Zenerkarten-Rateexperiment zu beeinflussen. Sie fanden einen deutlichen Zusammenhang zwischen dem Erfolg beim Kartenraten und dem Glauben, nachdem „Bekehrungs"-Versuche unternommen wurden, um die Gesinnung der Skeptiker zu beeinflussen.[362]

Diese Studie sowie die Messwerte aus vorangegangenen Schafe-Böcke-Experimenten vermitteln wertvolle Lehren für das Kultivieren von Vorahnungen. Glauben Sie, dass Vorahnungen möglich sind? Sind sie ein Teil der natürlichen Ordnung, oder sind sie kraft der Gesetze der Natur verboten? Ihre eigenen Antworten auf diese Fragen könnten wichtiger sein als die Frage, ob Sie „die Gabe" besitzen.

Der Einfluss von schriftlichen und mündlichen Argumenten bei diesen Experimenten wirft weitere Fragen auf. Lesen Sie Pro-Psi- oder Kontra-Psi-Literatur? Lesen Sie Autoren, die eine umfassende Sicht über die Tausenden von Psi-Studien bieten oder beschränken Sie Ihre Aufmerksamkeit auf die skeptische Literatur, die nur selten – falls überhaupt – eine ausgeglichene Sicht der Psi-Forschung bietet? Verkehren Sie mit Individuen, die positive Bestätigung für die Existenz von Psi bieten oder umgeben Sie sich mit Skeptikern? Jeder, der Vorahnungen im eigenen Leben zu kultivieren wünscht, sollte diese Punkte sorgfältig bedenken.

Ich habe von diesen Lektionen zeitlebens Gebrauch gemacht. Ich habe eine ansehnliche Bibliothek angesammelt, die von Psi handelt. Ich habe mich in die Psi-Geschichte und die Forschungen vertieft, die auf diesem Gebiet durchgeführt worden sind. Ich gehöre zu einer beruflichen Organisation, die psi-freundlich ist, und ich besuche ihre jährlichen Tagungen. Ich korrespondiere mit Menschen, die diese Interessen teilen. Ich verbringe Zeit mit Psi-Forschern, von denen ich viele zu meinen engen Freunden zähle. Ich finde diese Freundschaften aufbauend, und nachdem ich mit diesen Individuen zusammen bin, stelle ich fest, dass ich immer mehr zu Vorahnungen neige. Ich finde, dass meine Träume mit zunehmender Wahrscheinlichkeit präkognitiv sind, meine Intuition sich schärft und mir neue Ideen leichter in den Sinn kommen.

DAS CHAOS RESPEKTIEREN

Zum Kultivieren von Vorahnungen gehört es, unsere „Pforten der Wahrnehmung" zu reinigen, wofür William Blake und Aldous Huxley plädierten, und in einen Gewahrseinszustand einzutreten, in welchem die Welt zu ihren eigenen Bedingungen akzeptiert wird. Dies verlangt, dem Gewirr von Ereignissen, die im täglichen Leben entstehen, Aufmerksamkeit zu schenken, ohne unsere Erlebnisse zu zensieren, zu korrigieren oder zu sortieren nach dem Maßstab unseres Wünschens.

Zu den Zügen der Persönlichkeit, die Vorahnungen förderlich sind, gehört der Respekt vor Chaos und Unordnung. Dies bedeutet nicht, dass wir nie unser Bett machen oder das Bad putzen; es bedeutet einfach, dass wir die Welt als das anerkennen und annehmen, was sie ist.

Als die Viktorianer im 19. Jahrhundert als Programmpunkt ihrer Reise durch Kontinentaleuropa das Schweizer Oberland bereisten, wurden sie von den begleitenden Geistlichen oft angewiesen, ihren Blick abzuwenden oder zu senken: Die ungeordnete Emporhäufung von Bergen, so hörten sie, sei ein Beweis dafür, dass der Teufel seine Hand im Spiel gehabt habe – und daher gotteslästerlich. Sie hegten die Gewissheit, dass Gott niemals derart chaotische Landschaften erschaffen würde – einen Glauben, den sie in ihrer Heimat durch ihre Vorliebe für manikürte Rasenflächen und bis ins Details geplante Landschaftsgärten unter Beweis stellten. Doch jeder Rucksacktourist, der sich in die Wildnis aufmacht, weiß, das gesundes Wald- und Bergland immer ein liebliches Durcheinander bietet mit hohen, kräftigen Bäumen, die zwischen umgestürztem, verrottendem Gehölz emporstreben, und von Felsen übersäten Hängen, Tälern und Schluchten immenser Komplexität.

Chaos und Unordnung zu respektieren, verlangt eine Toleranz gegenüber Mehrdeutigkeit. Diese abzulehnen, kann das Leben des Menschen einengen und zu Intoleranz führen. Solche Ablehnung vermag Vorahnungen auszulöschen.[363]

Einer meiner Freunde, ein produktiver, kreativer Schriftsteller, erlebte Vorauswissen mit einiger Regelmäßigkeit. Seine Frau jedoch, Mitglied einer fundamentalistischen Religionsgemeinschaft, hielt seine Vorahnungen für satanisch. Im Interesse des häuslichen Friedens hörte er auf, seine Erlebnisse mit ihr zu teilen und dachte, dies werde ihre Einwände zum Schweigen bringen. Sie schalt ihn jedoch weiter und grollte umso mehr, da er sie nun von einem Teil seines Lebens ausgeschlossen hatte, der ihm, wie sie wusste, wichtig war. Hin- und hergerissen zwischen der Feindseligkeit seiner Frau und seinen unkonventionellen Erlebnissen, versiegten seine Vorahnungen. Auch seine Schriftstellerei versiegte. Eines Tages sagt er zu mir: „Ich sterbe." Er ließ sich von seiner Frau scheiden, „um seine Seele zu retten", wie er es ausdrückte. In der Freiheit, die das Unheimliche und Mehrdeutige in seinem Leben nach der Scheidung willkommen hieß, kehrten seine präkognitiven Erlebnisse zurück, und seine Schriftstellerei erblühte neu.

Was wäre, wenn wir die Welt durch die Augen eines Liebenden sehen könnten? Paare, die sehr verliebt sind, halten sich nicht bei den gegenseitigen Fehlern auf; sie akzeptieren einander ganz und freuen sich sogar über etwaige Unvollkommenheiten des anderen. Jeder geht ganz im Anderen auf, alles wird miteinander geteilt und nichts wird einander verwehrt. Vorahnungen zu umwerben, ist genau so.

Deshalb lautet mein Rat an alle, die ihre Neigung zu Vorahnungen kultivieren wollen: Umwerben Sie Verschiedenheit, Mannigfaltigkeit und Mehrdeutigkeit in Ihrem Leben. Entspannen Sie und lassen Sie los. Strengen Sie sich nicht zu sehr an. Trennen Sie sich von Ihrer Lieblingsidee, wie die Welt funktionieren oder sein *sollte*. Versuchen Sie sich in Poesie, spielen Sie mit Metaphern, umgehen Sie Buchstäblichkeit. Vermeiden Sie Gewohnheiten, eingefahrene Geleise und Routinen. Schaffen Sie Raum für Abwechslung, Vielfalt, Risiko, Neuartiges, Spielerisches, Großzügigkeit und Geheimnis in Ihrem Leben. Von Rumi stammt die Aufforderung: „Verkaufe die Schlauheit und kaufe das Staunen." Hängen Sie sich nicht zu sehr an Resultate, denn es würde Sie zu dem Versuch verleiten, den Ausgang zu kontrollieren und zu manipulieren. Das wäre Gift für die Offenheit und Flexibilität, nach der Sie streben. Wenn Sie diese Dinge beachten, werden Sie wahrscheinlich entdecken, dass das Universum Ihnen mehr als den halben Weg entgegenkommt – vielleicht mit Vorahnungen als Willkommensgeschenk.

Eines der universellsten Gebote in vielen spirituellen Traditionen ist das Nichtverhaftetsein – das heißt seine ich-bezogenen Wünsche und Vorlieben beiseite zu legen und das Leben fließen und sich selbst entfalten zu lassen.

Einige meiner besten Lehrer im Fach „Nichtverhaftetsein" waren Heiler. Fast ausnahmslos beschreiben sie Heilen nicht als irgendeine „muskuläre" Anstrengung, um etwas geschehen zu machen, sondern als eine „Nicht-Anstrengung", in der sie ihre persönlichen Wünsche beiseite legen und einfach bestrebt sind, ein Gefäß oder ein Kanal zu sein für eine Kraft, die größer ist als sie selbst. Oft bitten sie gar nicht darum, dass etwas Spezifisches geschieht, nur dass in jeder Situation das beste Ergebnis eintreten möge, ohne zu präzisieren, welcher Art dieses Ergebnis sein sollte.[364]

Dies ist der „kontrollierte Zufall", von dem in den Traditionen des Ostens so oft die Rede ist. Es ist Aldous Huxleys Gesetz vom vereitelten Bemühen.* Es ist „Folge dem Tao", dem Weg der Natur. Im Christentum ist es die Bereitwilligkeit, dass „dein Wille geschehe". Es ist das Sich-Verlassen auf eine Weisheit, die größer ist als die eigene.

In jüngeren Jahren haben Psi-Forscher angefangen, sich mit dieser anstrengungslosen, nicht-manipulativen Haltung zu befassen. Der deutsche Physiker, Psychologe und Psi-Experimentator Walter von Lucadou trieb das sogenannte *Modell der Pragmatischen Information* (MPI) voran.

Wie die meisten Forscher auf diesem Gebiet, behauptet Lucadou, dass

---

* „Es gibt ein Gesetz des vereitelten Bemühens: Je mehr wir mit dem bewussten Willen etwas zu erreichen versuchen, desto weniger wird es uns gelingen. Tüchtigkeit und deren Resultate werden nur dem zuteil, der die paradoxe Kunst des Tuns im Nichttun, der Gelassenheit im Tätigsein erlernt hat – als Person zurückzutreten, damit die immanente und transzendente Unbekannte Größe sich durchsetzen kann." – Aldous Huxley in Vedanta and the West 1956, verfügbar auf: http://www.platinnetz.de/artikel/erkennen-und-verstehen-3-teil-2759 (Anm.d.Ü.)

Teil Vier – Warum sollten wir Vorahnungen kultivieren und wie stellen wir das an? | 193

Psi-Erlebnisse, wie etwa Vorahnungen, nicht durch Raum und Zeit begrenzt werden. Dies sei eine Analogie zum Unschärfeprinzip in der modernen Physik. Diese Regel ist auch unter der Bezeichnung *Unschärfe-Relation* bekannt und besagt, dass wir nicht zur gleichen Zeit den Ort und den Bewegungsimpuls, die Geschwindigkeit eines subatomaren Teilchens bestimmen können. Das Maß unseres Wissens ist immer begrenzt, denn wenn wir uns bemühen, ein Charakteristikum zu definieren, stört unser Sondieren den anderen Wert in einem nicht vorhersagbaren Grade. Es gibt deshalb immer eine Grenze dessen, was wir wissen *können*.

Lucadou sah eine entsprechende Situation bei Psi-Erlebnissen. Legen wir sie unter das Mikroskop, hemmen wir ihr Erscheinen.[365] Die meisten Psi-Forscher haben dies festgestellt: Während Psi-Erlebnisse im Laboratorium immer genauer untersucht werden, werden sie zugleich immer schwächer.[366] Dies bedeutet nicht, dass sie nicht existieren oder die früheren Experimente, die ihre Existenz dokumentierten, gelogen hätten, sondern dass wir sie sozusagen mit unseren launischen Forderungen so lange gejagt haben, bis sie sich verbargen.

Dieses Phänomen ist als *Absinkungseffekt* bekannt und wurde zum Fluch der Psi-Forscher, seit sie in den 1930er Jahren mit seriösen Labor-Untersuchungen begannen. Skeptiker sagen, dass der Absinkungseffekt beweise, dass von vornherein gar nichts geschehen ist. Doch der Effekt ist so anhaltend, dass seriöse Forscher ihn für eine spezifische Eigenheit von Psi-Phänomenen halten – wie die Unbestimmtheit und Unschärfe quasi angeborene Merkmale der subatomaren Welt sind.

Die Folgen reichen aus, um die Forscher verrückt zu machen, denn sie deuten an: Wenn wir wollen, dass ein Psi-Phänomen erblüht, müssen wir es *in Ruhe lassen*. Wenn wir darauf bestehen, unter strengen Laborbedingungen seiner habhaft zu werden, wird es sich wie ein Elektron aus dem Staube machen. Ziehen wir uns hingegen zurück, so sprechen Anzeichen dafür, dass das Phänomen sich erholen und wieder erscheinen könnte.[367]

Absinkungseffekte sollten von jedem ernstlich in Betracht gezogen werden, der seine Fähigkeit für Vorahnungen kultivieren will. Der sicherste Weg, Vorahnungen zu vertreiben, könnte sein, Methoden zu systematisieren, um sie zu erlangen, und diese dann sklavisch und ohne Unterbrechung anzuwenden.

Meine Großmutter väterlicherseits war präkognitiv veranlagt. Sie vermochte Wetterveränderungen vorherzusagen, was für unsere Familie auf der Farm eine wertvolle Gabe bedeutete. Und sie war die Geduld in Person. Einer ihrer liebsten Aussprüche war: „Ein Topf, den man beobachtet, kommt nie zum Kochen" – was uns Enkel stets zur Raserei trieb. Sie hatte wirklich eine Gabe, Dinge abzuwarten, achtzugeben, wahrzunehmen, was die meisten Menschen für unbedeutend hielten. Ich kann mich nicht daran erinnern, dass sie auch nur ein einziges Mal wegen irgendetwas zur Eile angetrieben hat. Ich bin sicher, dass die Geduld meiner Großmutter und ihre Begabung für Vorahnungen etwas miteinander zu tun hatten. Großmutter war die Verkörperung des kontrollierten Zufalls. Sie ließ Vorahnungen auf sich zukommen, ohne etwas zu erwarten – und die Vorahnungen kamen.

WANN SOLLTEN WIR AUF VORAHNUNGEN ACHTEN?

WENN VORAHNUNGEN MIT PHYSISCHEN SYMPTOMEN EINHERGEHEN, SOLLTE MAN AUF SIE HÖREN.

Eine der berühmtesten Vorahnungen in der modernen Geschichte ereignete sich bei einer Begegnung der beiden Titanen der Psychiatrie im 20. Jahrhundert, Sigmund Freud und Carl Gustav Jung.

Im Jahre 1909 besuchte Jung Freud in Wien. Obwohl er Freuds Student und Vertrauter gewesen war, stand es zwischen beiden nicht zum Besten; drei Jahre später sollte ihre Zusammenarbeit ein Ende finden. Ein Aspekt ihrer Meinungsverschiedenheit betraf psychische Phänomene: Jung war offen für sie, Freud hingegen nicht – vielleicht weil er nicht wollte, dass seine frischgebackenen psychosexuellen Theorien durch die Assoziation mit noch mehr Kontroversem weiter belastet würden. Bei ihrer Begegnung drängte Jung Freud, ihm seine Meinung über psychische Geschehnisse zu offenbaren. Was passierte, als ihr Treffen sich dem Ende näherte, schilderte Jung: „Während Freud seine Argumente vorbrachte, hatte ich eine merkwürdige Empfindung. Es schien mir, als ob mein Zwerchfell aus Eisen bestünde und glühend würde – ein glühendes Zwerchfellgewölbe. Und in diesem Augenblick ertönte ein solcher Krach im Bücherschrank, der unmittelbar neben uns stand, dass wir beide furchtbar erschraken. Wir dachten, der Schrank fiele über uns zusammen. Genauso hatte es getönt. Ich sagte zu Freud: 'Das ist jetzt ein sogenanntes katalytisches Exteriorisationsphänomen.' – 'Ach', sagte er, 'das ist ja ein leibhaftiger Unsinn!' – 'Aber nein', erwiderte ich, 'Sie irren, Herr Professor. Und zum Beweis, dass ich recht habe, sage ich nun voraus, dass es gleich nochmals so einen Krach geben wird!' – Und tatsächlich: Kaum hatte ich die Worte ausgesprochen, begann der gleiche Krach im Schrank! Ich weiß heute noch nicht, woher ich diese Sicherheit nahm. Aber ich wusste mit Bestimmtheit, dass das Krachen sich wiederholen würde. Freud hat mich nur entsetzt angeschaut. Ich weiß nicht, was er dachte, oder was er schaute!"[368]

Ob wir eine extreme Wahrnehmung erleben, wie Jung sein glühendes Zwerchfell, oder etwas Geringeres wie Kopfschmerzen – körperliche Symptome können uns alarmieren, dass bevorstehende Vorahnungen ernst genommen werden sollten.

ACHTEN SIE AUF VORAHNUNGEN, WENN SIE AUFDRINGLICH UND HARTNÄCKIG SIND, ALS SCHRIEN SIE UM AUFMERKSAMKEIT.

Ein weiteres Beispiel aus Jungs reichem Erfahrungsschatz:
„Einmal fuhr ich von Bollingen nach Hause. Es war in der Zeit des Zweiten Weltkrieges. Ich hatte ein Buch bei mir, aber ich konnte nicht lesen, denn im Augenblick, als sich der Zug in Bewegung setzte, hatte mich das Bild eines Ertrinkenden überfallen. Es war die Erinnerung an einen Unglücksfall im Militärdienst. Während der ganzen Fahrt kam ich nicht davon los. Das war mir unheimlich, und ich dachte: Was ist denn geschehen? Ist etwa ein Unglück passiert?

In Erlenbach stieg ich aus und ging heim, immer noch mit dieser Erinnerung und meinen Sorgen beschäftigt. Im Garten standen die Kinder meiner zweiten Tochter herum. ... Alle schauten etwas dumm drein, und als ich fragte: ‚Was ist denn los?' erzählten sie's: Adrian, damals der Kleinste, sei im Bootshaus ins Wasser gefallen. Es ist dort schon recht tief, und da er noch nicht schwimmen konnte, wäre er beinahe ertrunken. Der ältere Bruder habe ihm dann herausgeholfen. Dies spielte sich genau zu der Zeit ab, als ich im Zug von den Erinnerungen überfallen worden war. Das Unbewusste hatte mir also einen Wink gegeben."[369]

ACHTEN SIE AUF EINE VORAHNUNG, WENN SIE DEN TOD ANZEIGT – GANZ GLEICH WIE UNDEUTLICH ODER UNKLAR DIE DETAILS AUCH SEIN MÖGEN.

In einem anderen Traum besuchte C. G. Jung ein Gartenfest. „Ich erblickte meine Schwester, was mich sehr wunderte, denn sie war schon einige Jahre zuvor gestorben. Auch ein verstorbener Freund von mir war anwesend. Die übrigen waren noch lebende Bekannte. Meine Schwester befand sich in Gesellschaft einer mir wohlbekannten Dame, und schon im Traum schloss ich daraus, dass diese anscheinend vom Tode berührt war. – Sie ist vorgemerkt, dachte ich. Im Traum wusste ich, wer sie war, und dass sie in Basel wohnte. Kaum war ich erwacht, konnte ich mich jedoch beim besten Willen nicht mehr erinnern, wer sie war, obwohl mir der ganze Traum noch lebhaft vor Augen stand. ... Einige Wochen später erhielt ich die Nachricht vom tödlichen Unfall einer befreundeten Dame. Da wusste ich sofort: Sie war es, die ich im Traum gesehen, aber nicht erinnert hatte."[370]

Der Jungsche Psychologe Jerome S. Bernstein, der viele Vorahnungen beschrieben hat, die den Tragödien vom 11. September vorausgingen, bestätigt dies und empfiehlt: Wenn eine Vorahnung im Traum außerordentlich lebhaft ist und vom Körper, dem körperlichen Tod oder einer Situation auf Leben und Tod handelt, ist es angezeigt, ihn als eine buchstäblich zu verstehende Botschaft zu betrachten und danach zu handeln, denn es könnte sein, dass wir keine weitere Gelegenheit dazu erhalten.[371]

ACHTEN SIE AUF VORAHNUNGEN, DIE UNGEMEIN REAL WIRKEN.

Dies geschieht besonders im Laufe von Vorahnungen in Träumen, im Gegensatz zu solchen im Wachzustand. Die Traum-Vorahnung kann „mit einer glühenden Dringlichkeit aufleuchten", wie es jemand formulierte, als sei sie „realer als real". Der Traum kann so wichtig erscheinen, dass man den Drang verspürt, ihn aufzuzeichnen oder seinen Partner zu wecken, um ihn ihm oder ihr zu erzählen.

Über diese Kriterien hinaus entwickeln viele Menschen einfach ein intuitives Gespür dafür, wann sie auf eine Vorahnung achten sollten und wann sie sie ignorieren dürfen. Ihre Sensitivität wird mit zunehmender Erfahrung verfeinert und präziser.

Ich habe auch festgestellt, dass die Lektüre über die Vorahnungen anderer den Lernprozess beschleunigt, etwa die Berichte über Vorahnungen in *The Gift,* einer Zusammenstellung von Fällen aus dem Archiv des Rhine Research Center.[372]

Darüber hinaus gibt es Internet-Diskussionsgruppen, in denen Menschen ihre Wahrträume und Traum-Vorahnungen mitteilen und vergleichen können, zum Beispiel die Website der *International Association for the Study of Dreams* (IASD).[373]

ETHIK

In den 1990er Jahren schrieb ich drei Bücher über die Rolle des Gebets, über heilende Intentionen und Spiritualität im Gesundheitswesen.[374, 375, 376] Das letzte Buch jener Trilogie war den schädlichen oder negativen Anwendungen des Gebets gewidmet. Ich hatte diesem Thema nie viel Beachtung geschenkt, bis ich auf eine Gallup-Umfrage aus dem Jahr 1994 stieß, die feststellte, dass fünf Prozent der Amerikaner darum beteten, dass andere Schaden erleiden.[377] Ich dachte sofort: „Das ist nur der Eine von zwanzig, der es zugibt." Falls jener Prozentsatz korrekt ist, haben fünfzehn Millionen von uns gebetet, dass jemand anderes von Krankheit befallen werde – Gebete, die buchstäblich für eine Epidemie ausreichen. Wenn Menschen willens sind, das Gebet einzusetzen, um andere zu manipulieren, zu beherrschen oder zu schädigen, dann können wir einigermaßen sicher sein, dass sehr viele Menschen ihr Vorauswissen benutzen, um das Gleiche zu erreichen.

Man ist geneigt, den Einsatz von Wissen um die Zukunft nur mit edlen Beweggründen zu assoziieren. So wünschen wir etwa, dass unsere Ärztin die Gabe zu solchem Wissen besitzt, dann wüsste sie unseren Befund schon im Voraus und auch, wie gut wir auf eine bestimmte Therapie ansprechen. Wir möchten, dass auch unsere Staatenlenker präkognitiv begabt sind, denn Zukunftswissen könnte in der Diplomatie genutzt werden und damit zu Abwendung von Kriegen beitragen. Aber wie steht es mit dem Dieb, der seine Vorahnung nutzt, um zu wissen, wann Sie das Haus verlassen, um so einen ungestörten Einbruch planen zu können? Oder der Folterer, der schon im Voraus „einfach weiß", wie viel Schmerz er seinem Opfer zufügen kann, ohne es zu töten? Oder der Despot, der weiß, dass er Völkermord begehen kann, ohne dass andere Nationen eingreifen?

Das Wechselspiel von edlen und minderwertigen Aspekten des Vorauswissens ist an den Vorahnungen rund um den 11. September zu sehen, wo wir zwei Typen von Vorahnungen unterscheiden können: Jene, die eher lebensrettende Warnungen vermittelten, und jene, die zur mörderischen Konsequenz führten.

Rund eine Woche vor dem 11. September träumte jemand in Neuseeland, dass er durch ein Gebäude rannte und versuchte, etwas Entsetzlichem zu entkommen. In dem Traum war er von Menschen mit sehr dunklen Augen umgeben. Es gibt eine Verschwörung, und alles ist in einem Zustand des Zusammenbruchs. Ein Araber kam auf ihn zu und schlitzte ihm langsam und überlegt mit dem Teppichmesser einen Finger auf. Es war ein sinnlos grausamer und unerwarteter Akt. Der Träumer erwachte am 12. September ungewöhnlich früh und schaltete das Radio an, um die Nachrichten zu hören, und war wie betäubt.

Am 29. Juli träumte ein Mann in Michigan, dass ein Erdbeben die Stadt New York getroffen habe. Er sah Katie Couric in der Sendung *Today*, die von einem Übertragungswagen aus eine Zusammenschaltung veranlasste. Sie sprach von über zehntausend Menschen, die in einem Gebäude ums Leben kamen; dabei wurde dem Träumenden klar, dass es sich entweder um das Empire State Building oder das Welthandelszentrum handeln musste. Er wusste, dass das Erdbeben verheerend war, denn Couric konnte ihre Gefühle kaum beherrschen. Im Hintergrund waren große Lücken zu sehen, wo vorher Wolkenkratzer gestanden waren. Bei einem noch stehenden Gebäude quoll Rauch aus den Fenstern, die alle zerbrochen waren.[378]

Hunderte ähnlicher Träume können Sie nachlesen, die nun auf den mehr als achtzehn Millionen Internetseiten eingetragen sind, die sich den Träumen vom 11. September widmen. Die meisten Eintragungen kamen in den Tagen unmittelbar vor dem 11. September zusammen. Manche erinnern in grauenerregenden Details an das tatsächliche Geschehen. Am Ablauf der Ereignisse vermochten sie nichts zu ändern; sie waren ja „nur Träume".

Vielleicht haben wir die präkognitiven Träume zum 11. September nicht ernst genommen – doch unserer Feinde haben es getan.

Drei Monate nach dem Blutbad, am 13. Dezember 2001, veröffentlichte das US-Verteidigungsministerium die Niederschrift eines einstündigen Videobandes von Osama bin Laden, der mit anderen Personen über die Angriffe sprach.[379] In einem Abschnitt reden bin Laden und seine Offiziere mit einer Gruppe von Menschen in einem Gästehaus in Kandahar, Afghanistan. Das Gespräch wendet sich Träumen und Visionen zu.

Bin Laden sagt: „Abu Al-Hasan ... teilte mir vor einem Jahr mit: ‚Ich sah in einem Traum, wie wir Fußball gegen die Amerikaner spielten. Als unsere Mannschaft das Spielfeld betrat, waren sie alle Piloten! ... Und da fragte ich mich: War das nun ein Fußballspiel oder ein Pilotenspiel? Unsere Spieler waren Piloten.' Er [Abu Al-Hasan] wusste nichts über die Operation, bis er davon im Radio gehört hat. Er sagte, das Spiel sei weitergegangen, und wir hätten die Amerikaner geschlagen. Das war ein gutes Omen für uns."

Ein nicht identifizierter Mann sagte außerhalb des Kamera-Bildfelds: „Abd al-Rahman ... sagte, er sah eine Vision, kurz vor der Operation: Ein Flugzeug krachte in ein hohes Gebäude. Er hatte nichts darüber gewusst."

Ein nicht identifizierter Scheich ergänzt: „Das Flugzeug, das er sah, wie es in das Gebäude krachte, war vorher schon von mehr als einer Person gesehen worden. Einer der guten religiösen Leute hat alles liegen und stehen lassen und ist hierher gekommen. Er erzählte mir: ‚Ich hatte eine Vision, ich war in einem sehr großen Flugzeug, lang und breit. Ich trug es auf den Schultern, und ich ging einen halben Kilometer von der Straße zur Wüste. Ich schleppte das Flugzeug.' Ich lauschte ihm und betete zu Allah, er möge ihm helfen." Der Scheich fährt fort: „Ein anderer erzählte mir letztes Jahr, was er gesehen habe: ‚Menschen, die zum Dschihad aufbrachen ... und sich wiederfanden in ... Washington und New York.' Er sagte, das Flugzeug habe das Gebäude getroffen. Das war letztes Jahr. ... Ich habe einen anderen Mann ... mein Gott ... er sagte und schwor bei Allah, dass seine Frau den Vorfall eine Woche vorher gesehen habe. Sie sah das Flugzeug in das Gebäude krachen ... das war unglaublich, mein Gott."

Dann beschreibt bin Laden seine Sorge, dass die Terroristen die Operationen vom 11. September vereiteln könnten, wenn sie über ihre Träume und Visionen redeten, und wie er Maßnahmen ergriffen habe, um solche potenziellen Lecks zu stopfen. Er erklärt: „Alles, was die Brüder, die die Operation durchführten, wussten, war, dass eine Märtyrer-Mission geplant war und wir jeden von ihnen gebeten hatten, nach Amerika zu gehen, doch sie wussten gar nichts über die Operation, nicht einen Buchstaben. Aber sie waren trainiert, und wir haben ihnen die Operation nicht enthüllt, bis sie dort waren, und erst kurz bevor sie an Bord der Flugzeuge gingen ... Wir waren in einem Lager von einer der von unseren Brüdern gebildeten Garden in Kandahar. Dieser Bruder gehörte zur Mehrheit der Gruppe [der Terroristen vom 11. September]. Er kam zu mir und erzählte mir, dass er im Traum ein hohes Gebäude in Amerika gesehen habe, und in dem gleichen Traum sei auch Mukhtar vorgekommen, der ihnen beibrachte, wie man Karate macht. An diesem Punkt begann ich mir Sorgen zu machen, dass das Geheimnis enthüllt werden könnte, wenn nun jeder anfing, es in seinen Träumen zu sehen. Also schloss ich dieses Thema ab. Ich sagte ihm, wenn er noch einmal so einen Traum habe, solle er es niemandem erzählen, weil die Leute sich über ihn aufregen würden."

Das Gespräch über Vorahnungen geht auf dem Videoband noch weiter, als eine anderer Anwesender seinen Traum schildert, in dem er zwei Flugzeuge gesehen habe, die ein großes Gebäude trafen. Die mitgeschnittenen Gespräche lassen eine fast kindliche Begeisterung erkennen. Jeder brennt darauf, seinen Traum zu erzählen. Warum?

Teil Vier – Warum sollten wir Vorahnungen kultivieren und wie stellen wir das an? | 201

Sigmund Freud schrieb in seinem Werk *Traumdeutung:* „Die Alten vor Aristoteles haben den Traum bekanntlich nicht für ein Erzeugnis der träumenden Seele gehalten, sondern für eine Eingebung von göttlicher Seite."[380] Wohlan, wenn die Terroristen eine Verbindung zwischen ihren Aktionen und ihren Träumen herstellen können, wird dies bedeuten, dass Allah auf ihrer Seite ist. Deshalb sind sie keine groben Mörder, sondern Dschihad-Krieger auf dem glorreichen Marsch der islamischen Geschichte. Ihre Träume bestätigen, dass sie nicht allein handeln, sondern göttlichen Befehlen gehorchen. Also sagt bin Laden: „Mir wurde befohlen, die Menschen so lange zu bekämpfen, bis sie sagen, dass es keinen Gott außer Allah gibt und Muhammad sein Prophet ist."[381, 382]

Viele sehen Vorahnungen durch eine rosa Brille. Sie glauben, Vorahnungen seien immer segensreich und warnten uns vor drohender Gefahr oder Gesundheitsproblemen. Menschen, die diese Ansicht hegen, fällt es schwer, die Tatsache zu akzeptieren, dass Vorahnungen auch eine Hilfe für Terroristen, Mörder und Despoten sein können.

Es ist leicht, für einen sonnig-frohsinnigen Blick auf Vorahnungen zu werben. Der Pädagoge Alfred S. Alschuler III. hat 150 bedeutende Persönlichkeiten der Geschichte gesammelt, die innere Stimmen vernommen haben, die Heilung, wertvolle Information und Inspiration vermittelten. Darunter waren Personen wie Martin Luther, die Heilige Theresa von Avila und Winston Churchill.

Churchills Erlebnisse sind typisch. Während des zweiten Weltkrieges rettete es ihm vermutlich das Leben, dass er eine innere Stimme vernahm, die ihn aufforderte, sich statt auf den gewohnten Platz auf die andere Seite des Dienstwagens zu setzen. Nachdem der Wagen einige Blöcke weit gefahren war, fiel eine Bombe neben das Fahrzeug – auf der Seite, die zu meiden ihn die Stimme geheißen hatte. Bei einer anderen Gelegenheit, während eines Luftangriffs auf London, hatte Churchill eine Vorahnung, unterbrach das Dinner und schickte sein Küchenpersonal in den Luftschutzbunker hinab. Minuten später wurde das Haus von einer Bombe getroffen und die Küche zerstört.[383]

Doch wie das Bin-Laden-Video zeigt, sind Vorahnungen nicht nur den Guten vorbehalten. Während des ersten Weltkrieges forderte eine Stimme den jungen Adolf Hitler auf, sich in einen Schützengraben zu ducken, kurz bevor eine Granate explodierte und alle Soldaten in der Gruppe tötete, in der er gesessen war.[384, 385, 386] Ohne diese Vorahnung hätte das 20. Jahrhundert wohl einen deutlich anderen Verlauf genommen.

Den ethischen Fragen um den bewussten Einsatz von Zukunftswissen wurde bisher wenig Aufmerksamkeit gewidmet. Dies muss sich ändern. Sich nur mit der lichten Seite des Vorauswissens zu beschäftigen ist so, als betrachtete man nur die positiven Wirkungen einer Medikation und ignorierte dabei ihre potenziell tödlichen Nebenwirkungen.[387]

Wie wir gesehen haben, zeigen Studien, dass die Nutzung von Vorahnungen, um Geld auf den Finanzmärkten zu machen, nicht mehr funktioniert, wenn Gier und Egoismus die Oberhand gewinnen. Auf dem Gebiet der Fernwahrnehmung, auf das Zukunftswissen eine wichtige Rolle spielt, scheint die Kommunikation am besten zu funktionieren, wenn sie einem guten Zweck dient. Vielleicht gibt es einen dem Zukunftswissen innewohnenden Aspekt, der negative Anwendungsmöglichkeiten einschränkt.

Diese Begrenzung können wir auch im nationalen Maßstab wirken sehen. Während ich dies schreibe, versagen Kreditmärkte, Kreditinstitute und Banken in den Vereinigten Staaten, und viele Aktienkurse befinden sich im freien Fall. Analytiker sprechen von der schlimmsten Finanzkrise seit der Weltwirtschaftskrise 1929. Abgeordnete tagen rund um die Uhr, um einen Rettungsplan für die Wall Street aufzustellen. Zwar hat noch niemand eine gänzlich befriedigende Erklärung dafür, warum es zu diesem Zusammenbruch gekommen ist, doch wird als offensichtlichste Ursache Gier genannt.[388]

Amerikas Anlagemärkte sind an sich eine massive nationale Übung in Zukunftswissen. Überaus erfolgreiche Investment-Gurus sind bekannt für ihre unheimliche Intuition – eine gesellschaftlich akzeptable Bezeichnung für die Fähigkeit, die Zukunft zu sehen. Schon der Name „futures market" (Terminmarkt) ist eine indirekte Anerkennung der Rolle, die das Zukunftswissen in der Welt der Geldanlagen spielt.

Die Finanzmärkte mögen Rückkopplungsschleifen enthalten, die verhindern, dass Gier die Oberhand behält – wie bei den echten Experimenten, in denen Präkognition genutzt wurde, um Gewinne am Silberterminmarkt zu erzielen, wie wir schon gesehen haben. Wenn die Gier bei jenen Experimenten zu groß wurde, scheiterten sie. Vielleicht ist es dies, was zu dem Kollaps geführt hat, der gerade im Großen stattfindet.

Die Griechen hatten ein Wort für diesen begrenzenden Faktor: Sie

Teil Vier – Warum sollten wir Vorahnungen kultivieren und wie stellen wir das an? | 203

nannten ihn *Hybris* – übertriebenen Hochmut und Selbstüberschätzung. Eine nahe Verwandte der Hybris ist die Gier, das überstarke Verlangen nach Reichtum und Macht. Warnungen vor der Hybris gibt es überall. Bereits in Sprüche [Salomos] 16,18 lesen wir: „Hoffart kommt vor dem Sturz, und Hochmut kommt vor dem Fall."

Ein Zen-Sprichwort weiß: „Wenn der falsche Mann die richtigen Methoden anwendet, wirken die richtigen Methoden auf die falsche Weise." Die Lösung ist, der richtige Mann zu werden, dessen spiritueller und moralischer Entwicklungsstand Einfühlungsvermögen und Mitgefühl für andere gewährleistet. Erst dann werden die richtigen Methoden auf die richtige Weise wirken – einschließlich unseres „ersten Gesichts", unserer Fähigkeit, über uns selbst hinauszugehen im Raum und uns selbst voraus in der Zeit.

Fast alle Menschen, die ich kenne und die ein hoch entwickeltes Gespür für Vorahnungen haben, entsprechen diesem Maßstab. Sie sind ausgeglichene Personen, die ein schöpferisches, produktives, harmonisches Leben führen. Sie neigen zur Großzügigkeit, sind kontaktfreudig und mitfühlend. Sie wollen die Welt zu einem bessere Ort machen und das Leiden der anderen lindern. Oft sind sie Heiler. Diejenigen, die mit der Gabe des Vorauswissens gesegnet sind, streben kaum aktiv danach, sondern stellen fest, dass sie im Laufe ihrer spirituellen Reifung zunimmt. Aber auch das natürliche Mitwachsen des Zukunftswissens und ein wohlwollender, selbstloser Geist können außer Kraft gesetzt werden. Wenn dies passiert, folgt das Unglück oft auf dem Fuße. Fragen Sie an der Börse!

STELLEN SIE DEN URSPRUNG IN FRAGE!

Vorahnungen können sehr irreführend sein, und sie können als Ausrede herhalten für unverantwortliches, rücksichtsloses oder kriminelles Verhalten. Napoleons größenwahnsinnige Vorahnungen sind klassische Beispiele. „Ich hatte immer ein inneres Gespür für das, was mich erwartet ...", prahlte er. „Nichts ist mir je begegnet, das ich nicht vorhergesehen hatte, und nur ich habe mich nicht gewundert über das, was ich erreichte."[389] Wirklich? Und wie steht es mit der Schlacht bei Waterloo und seiner Verbannung und seinem Tod auf St. Helena?

Vorahnungen können besonders trügerisch sein, wenn autoritäre Gestalten sie gebrauchten, um das Leben anderer Menschen zu beeinflussen. 1997 handelte der fünfundsechzigjährige Marshall Herff Applewhite, der Anführer einer Gruppe namens *Heaven's Gate* („Himmelstor") nach seiner langjährigen Vorahnung, dass der Planet Erde im Begriff sei, „recycelt" und von menschlichem Leben gereinigt zu werden. Applewhite glaubte, die Erde sei nur ein Trittstein auf dem Weg zu einer höheren Bestimmung, die er die *Nächste Stufe* nannte. Der materielle Körper sei nur ein Gefährt, um dorthin zu gelangen. Die einzige Chance, die er und seine Anhänger hatten, um die Reinigung der Erde zu überleben, bestand darin, den Planeten auf der Stelle zu verlassen. Diesem Zweck wiederum diene ein außerirdisches Raumschiff, das sich, wie er glaubte, hinter dem Kometen Hale-Bopp verberge, der kurz zuvor entdeckt worden war. Der Weg ins Raumschiff lautete Suizid. Und so fand man am 26. März 1997 achtunddreißig Mitglieder der Gruppe und Applewhite selbst tot in einer gemieteten Villa in Rancho Santa Fe, Kalifornien, einer vornehmen Gemeinde nördlich von San Diego. Bevor sie sich das Leben nahmen, hatten sie Säfte von Zitrusfrüchten getrunken, um ihren Körper rituell zu reinigen. In der letzten Nacht nahmen sie alle die gleiche Mahlzeit ein und packten eine kleine Reisetasche mit Lippenpflegestift, Kleidung, Spiralblock, einer Fünf-Dollar-Note und etwas Wechselgeld. Sie trugen einheitliche schwarze Hemden und Trainingsanzughosen, neue schwarzweiße Nike-Turnschuhe und hatten ihre Armbänder mit der Aufschrift „Heaven's Gate Away Team" angelegt, bevor sie sich auf ihre Etagenbetten zurücklegten und eine tödliche Dosis Phenobarbital – gemischt mit Pudding oder Apfelmus und gefolgt von einem Schluck Wodka – einnahmen und sich eine Plastiktüte über den Kopf zogen. Es waren sehr ordentliche Suizide; in drei Schichten, über drei Tage verteilt, „legten [die Gruppenmitglieder] ihre Körperhüllen ab. Sie nahmen Rücksicht auf jene, die ihre Leichen entdecken würden; bevor die beiden letzten Mitglieder sich töteten, trugen sie den Abfall hinaus. Sie schickten zwei Videobänder an frühere Mitglieder, die erkannten, was geschehen war und die Polizei benachrichtigten. Die Opfer waren einundzwanzig Frauen und achtzehn Männer weißer Hautfarbe im Alter zwischen sechsundzwanzig und zweiundsiebzig Jahren. In den zwei folgenden Monaten nahmen sich zwei frühere Mitglieder der Gruppe, die bedauerten, den Massenabgang versäumt zu haben, auf exakt die gleiche Weise das Leben. Dies war der größte Massenselbstmord in der Geschichte der Vereinigten Staaten.[390, 391, 392]

Es gab zahlreiche Warnzeichen von schwerer Psychopathologie, darunter die Tatsache, dass sechs männliche Angehörige der Gruppe, einschließlich Applewhite, sich einer freiwilligen Kastration unterzogen hatten, um ihrer asketischen, zölibatären Lebensweise treu zu bleiben.

Marshall Applewhite könnte das Paradebeispiel für die gefährliche Kombination von mentaler Labilität und verrückten Vorahnungen sein. 1970 begab er sich selbstständig in eine psychiatrische Klinik, nachdem er Stimmen gehört hatte und weil er sich von „homosexuellen Trieben" kurieren wollte. Nach Abbruch der psychiatrischen Behandlung ließ er sich kastrieren. Er glaubte, einst Jesus gewesen zu sein. Er ließ seine Anhänger wissen, dass er ihre Verbindung zu einer höheren Stufe der menschlichen Entwicklung sein werde, wenn sie an ihn glaubten. Die Videobänder seiner letzten Verlautbarung wurden Louis Jolyon West gezeigt, einem Professor der Psychiatrie an der Medizinischen Fakultät der Universität von Kalifornien in Los Angeles, der zu dem Schluss kam, dass Applewhite „wahnhaft und sexuell verklemmt [war] und unter klinischer Paranoia litt".[393, 394]

Die Tragödie von Heaven's Gate wirft ernste Fragen darüber auf, wie echte Vorahnungen von Halluzinationen und eingebildeten Glaubensvorstellungen zu unterscheiden sind. Die Frage ist schwierig und uralt. In biblischen Zeiten quälten sich die Menschen mit dem Problem, wie man falsche Propheten erkennen könne. War der Seher ein echter Visionär oder ein wahnsinniger Geisteskranker? Sollten die Griechen in der Antike den Prophezeiungen der Sibyllen oder dem Orakel von Delphi vertrauen? Die Fragen bestehen bis heute. Wenn ich eine Vorahnung habe, die Sie betrifft – woher wissen Sie, dass *ich* nicht verrückt bin?

Gesunder Menschenverstand ist eine Hilfe. Manches anormale Erlebnis würde fast jeder für unwirklich halten, so zum Beispiel den Gedanken, man sei Jesus, Elvis oder ein Einhorn. Andererseits gibt es Dinge, die zwar mit den allgemein akzeptierten Versionen von Wirklichkeit nicht zu erklären sind, gleichwohl aber von einem signifikanten Anteil der Bevölkerung erlebt werden, zum Beispiel Vorahnungen, Hellsehen,

Telepathie oder Todesnähe-Erlebnisse. Hier wiederum vermag der gesunde Menschenverstand beim Sortieren helfen, welche dieser Erlebnisse pathologisch sind und welche nicht. Mit einem Engel zu sprechen, mag ja harmlos sein, doch wenn der Engel einem den Befehl erteilt, ein Sturmgewehr zu kaufen und Kinder auf dem Schulhof zu erschießen, dann ist die Grenze vom Anormalen zum Psychopathologischen eindeutig überschritten.

Manche anormalen Erlebnisse gehören zu einem mittleren Bereich, in dem es schwierig ist zu entscheiden, ob sie pathologisch sind oder nicht. Denken Sie nur an das Stimmenhören, das weithin als ein Symptom der Schizophrenie gilt. Bei einer Befragung von fünfzehntausend Menschen in Baltimore bekundeten zweitausend – das heißt dreizehn Prozent – der Befragten, dass sie Stimmen hörten.[395] Es ist offensichtlich, dass nicht alle diese Menschen schizophren sind – es sei denn, in Baltimore geht etwas sehr Unheimliches vor, denn Schizophrenie sollte nach allgemeinem Dafürhalten nicht mehr als ein Prozent der Bevölkerung befallen.[396] Überdies hören auch hoch gebildete, kreative, nüchterne Individuen manchmal Stimmen. Die amerikanische Pflegetheoretikerin Barbara Stevens Barnum, Ph.D., R.N., untersuchte, was Pflegepersonen im Bereich des (wie sie es nennt) „erweiterten Bewusstseins" erleben – Dinge also, die rational nicht zu erklären sind und über das Spektrum der physischen Sinne hinauszugehen scheinen. Bei einer Befragung von 121 Pflegeleiterinnen, die ausnahmslos Doktor- oder Master-Abschlüsse hatten, stellte sie fest, dass einundvierzig Prozent der Befragten solche Erlebnisse schilderte, darunter auch, gelegentlich Stimmen gehört zu haben. Keine dieser Personen erwähnte etwas von Angst oder Grauen im Zusammenhang mit dem Erlebten.[397]

Ein einleuchtendes Kriterium für die Beurteilung der Echtheit von Vorahnungen ist die psychische Ausgeglichenheit des Individuums. Ungeachtet Marshall Applewhites, scheinen anormale Erlebnisse im Allgemeinen gut für die mentale Gesundheit der Menschen zu sein.[398] Diese optimistische Sicht wurde von Forschern am *National Opinion Research Center* (NORC) der Universität von Chicago bestätigt. Der Soziologe, katholische Priester und Autor Andrew Greeley und seine Kollegen am NORC untersuchten Menschen, die profunde mystische Erlebnisse hatten, und stellte fest, dass diese Personen bei den Standardtests für psychisches Wohlbefinden Spitzenwerte erzielten. Tatsächlich wurde bis heute kein anderer Faktor gefunden, der mit psychischer Ausgeglichenheit so stark korrelierte wie mystische Erlebnisse.[399]

DIE NICHTBEACHTUNG VON VORAHNUNGEN UND IHR PREIS

Während ich 1999 mit meinem Buch *Reinventing Medicine* auf Lesereise war, in dem ich zum ersten Mal meinen präkognitiven Traum über Justin preisgab (der auch am Anfang des vorliegenden Buches steht), wurde ich zu einer Live-Gesprächsrunde im landesweiten Rundfunk eingeladen. Ohne dass ich davon wusste, hatte der Gastgeber auch einen sehr bekannten Kardiologen eingeladen, der die Aufgabe hatte, mein Buch zu entlarven und schlechtzumachen. Während wir auf den Beginn der Talkshow warteten, wandte sich der Arzt zu mir und erklärte kühl: „Ich muss Ihnen sagen, dass ich in fast allen Dingen, die Sie geschrieben habe, anderer Meinung bin." Ich atmete tief durch und versuchte, mich mental auf einen Angriff vorzubereiten.

In seinem Bemühen, so bald wie möglich Uneinigkeit herbeizuführen, bat mich der Gastgeber sofort, meinen präkognitiven Traum zu erzählen. Als ich damit fertig war, wandte er sich dem Kardiologen zu und fragte ihn: „Nun, Herr Doktor, was denken *Sie* über dieses Traumzeug?" Dann lehnte er sich zurück und erwartete den Ausbruch des Feuerwerks.

Anstatt anzugreifen, verfiel der Kardiologe jedoch in ein peinliches Schweigen; es herrschte buchstäblich Funkstille, was für keine Sendung gut ist. Ich hatte keine Ahnung, was er gerade dachte, auch der Moderator nicht, der sich einer Panik zu nähern schien. Schließlich sagte der Arzt nachdenklich: „Ich denke, an Dr. Dosseys Traum könnte etwas dran sein." Der Gastgeber wurde fast ohnmächtig, denn das hatte wiederum er sich nicht erträumt. Nach einer weiteren langen Stille sagte der Kardiologe widerspruchslos: „Ich denke, ich würde jetzt gerne auch einen Traum erzählen." Dann ergänzte er, fast zärtlich: „Diesen Traum habe ich noch niemals jemanden erzählt."

Während der Moderator sich den Schweiß von der Stirn wischte, schilderte der Kardiologe, wie er einst eine ältere Patientin im Krankenhaus hatte, die eine Herzkatheterisierung benötigte. In der Nacht vor dem Eingriff träumte der Arzt, wie er den Katheter einführte; dabei wurde die Patientin sprachlos, halbseitig gelähmt und verlor die Besinnung – Anzeichen eines schweren Schlaganfalls. Beim Erwachen war er noch verunsichert und fragte sich, ob er nach diesem Alptraum die Untersuchung absagen sollte. Doch er redete sich zu, dass Träume nichts bedeuteten und beschloss, die Sache durchzuziehen. Später an jenem Tag, während der Katheteruntersuchung, erlitt die Patientin einen Schlaganfall, und es kam genau so, wie er es geträumt hatte. Obwohl die Frau sich wieder vollständig erholte, erschütterte dieser Vorfall ihn zutiefst.

Im weiteren Verlauf der Radiosendung fanden der Kardiologe und ich nichts, in dem wir nicht übereinstimmten. Wir hatten eine vergnügliche Plauderstunde, sehr zum Verdruss unseres Gastgebers.

Es war ein bewegendes Erlebnis für mich und auch für den Kardiologen. Als ich nach Hause zurückkam, erhielt ich einige E-Mails von ihm, in denen er mir ähnliche Erlebnisse schilderte, die er gehabt hatte. „Eine nette Geste", neckte ich ihn, „Sie wollten wohl erst in die Öffentlichkeit gehen, als Ihnen ein landesweites Radiopublikum sicher war? Das spricht für ein gutes Timing!"

Ich fragte mich, warum er das getan hatte. Warum hatte er seine Erlebnisse nicht weiter für sich behalten? Ich glaube, es war ihm ein Bedürfnis, sich zu entlasten, indem er jenes sehr bedeutsame Ereignis mit uns teilte, und er fühlte sich sicher dabei, weil er in mir einen Berufskollegen an der Seite hatte. Er wusste, dass ich ihn nicht bloßstellen, sondern seine Enthüllung unterstützen würde.

Doch wie viele Menschen, fragte ich mich, sehnen sich auch danach? Ich glaube, es sind Tausende.

Die Psychoanalytikerin Elizabeth Lloyd Mayer schreibt über einen ihrer Patienten, dessen Vorahnungen mit dazu beitrugen, dass er berühmt wurde.[400] Er kam wegen schlimmer, hartnäckiger Kopfschmerzen, für die sich keine körperliche Ursache finden ließ. Als letzten Ausweg suchte er Mayer auf.

Als er zu ihr kam, war er ein weltbekannter Neurochirurg. Er wurde gerufen, wenn Staatsoberhäupter, Würdenträger und Reiche einer Gehirnoperation bedurften. Der Ruf dieses Mannes war wohlverdient; er schien nie einen Patienten zu verlieren. Sein Leben glich einer einzigen Erfolgsgeschichte: Er war nicht nur auf dem Gipfel seines beruflichen Könnens, sondern auch mit einer liebevollen Ehe und wunderbaren Kindern gesegnet. Und so vermochte er auch keinen psychologischen Grund für die Kopfschmerzen zu finden, die ihm das Leben zerstörten.

Mayer prüfte hier und sondierte dort auf der Suche nach Hinweisen und Anhaltspunkten. Weil er eine herausragende Kapazität war und an einer bedeutenden Universitätsklinik arbeitete, erkundigte sie sich auch nach seinen Lehrverpflichtungen. Traurig sagte der Mann, er halte keine Vorlesungen mehr.

„Ich musste aufhören", sagte er.

„Sie *mussten?* ", fragte Mayer.

Da erklärte er, dass er seine Lehrtätigkeit nicht aufrechterhalten konnte und sie aufgeben musste, obwohl er sie ebenso sehr liebte wie das Operieren. Er gab auch preis, was er noch nie jemandem gestanden hatte, dass er aufgehört hatte zu unterrichten, weil er nicht mehr glaubte, das lehren zu können, was er tatsächlich tat.

Er erzählte Mayer, warum ihm keine Patienten auf dem Tisch starben. Sobald er erfuhr, dass jemand eine Operation brauchte, ging der Arzt an das Bett des Patienten und setzte sich ans Kopfende, manchmal nur eine halbe Minute, manchmal stundenlang. Dort wartete er, bis er ein markantes weißes Licht um den Kopf des Patienten erscheinen sah. Dies war etwas, das er den angehenden Chirurgen unmöglich sagen – und noch weniger beibringen konnte. Er wusste: Erst wenn das weiße Licht auftauchte, war er sicher, die Operation durchzuführen. Sobald es zu sehen war, konnte er operieren – und der Patient überlebte.

„Wie, fragte er mich, könnte er das enthüllen?", fragte Mayer. „Was würden die Ärzte in der Facharztausbildung denken? Sie würden ihn für verrückt halten. Mag sein, dass er verrückt ist. Doch verrückt oder nicht: Er weiß, wenn er das weiße Licht sieht, wird die Operation kein Desaster. Wie kann er sein Können vermitteln und darüber *nicht* sprechen? Es ist ein schreckliches Dilemma. Und er hat die einzige mögliche Lösung gewählt: Er hat aufgehört, Vorlesungen zu halten."

Als Mayer ihn fragte, wann seine Kopfschmerzen begonnen hatten, war er über die Antwort selbst verblüfft: „*Das* ist interessant", stellte er fest: „Die Kopfschmerzen haben vor zwei Jahren angefangen. Und ich erinnere mich noch genau an das erste Mal: Es war an dem Tag, an dem ich meine Lehrtätigkeit beendete, unmittelbar nachdem ich den Dekan darüber informiert hatte."

Was *ist* also jenes weiße Licht, das diesen Weltklasse-Neurochirurgen leitet? Wenn ich mich an die Stelle eines seiner Patienten versetze, wäre es mir nicht wichtig zu wissen, was das Licht war. Es wäre mir gleichgültig, ob es sich um ein Engelwesen, eine Elfe oder eine gute Fee handelte. Ich würde auf die Knie gehen und dem Himmel danken, dass mich der beste Chirurg von allen operierte, selbst wenn er so verrückt wäre wie ein Bekloppter.

Was ist das für ein System, dass unsere besten und glänzendsten Heiler zwingt, kein Wort mehr zu sagen, ihre Weisheit im Inneren zu verstecken und zu verstummen über die Dinge, die ihnen am meisten bedeuten? Welcher Berufsstand bestimmt, dass seine begabtesten Praktiker eine Lüge leben müssen?

Mayer hat mir nicht verraten, ob die Kopfschmerzen des Gehirnchirurgen besser geworden sind oder ob dieser sich zu seinen Erlebnissen bekannt und seine Lehrtätigkeit wieder aufgenommen hat. Statt dessen malte sie ein lebhaftes Bild seines Zwiespalts. Sie schloss mit den Worten: „Der Neurochirurg mit seinen Kopfschmerzen war ein eindringlicher Beweis dafür, wie die Furcht, leichtgläubig oder verrückt zu erscheinen, viele Menschen dazu bringt, ihre Wirklichkeit zu leugnen. Dies kann ihre Kreativität, ihr Gewissen und ihre Freiheit lähmen, sie selbst zu sein."[401]

Nicht jeder Arzt verheimlicht ungewöhnliche Erlebnisse dieser Art. Ein bewundernswertes Beispiel ist der mutige Geburtshelfer und Gynäkologe Larry Kincheloe, der mit seinen Vorahnungen und Körperempfindungen, die ihn auf bevorstehende Entbindungen seiner Patientinnen aufmerksam machten, in die Öffentlichkeit ging.

Um die Wahrheit zu sagen: Wir wissen nicht wirklich, wie verbreitet solche Erlebnisse sind, weil die meisten derer, die sie erleben, einfach nicht darüber sprechen.

Jeffrey S. Levin ist ein herausragender Pionier in der das Bewusstsein betreffenden medizinischen Forschung. Jeff ist ein Sozialmediziner und Epidemiologe, dessen bahnbrechende Forschung viele Jahre lang von der Nationalen Gesundheitsbehörde finanziert wurde. In den 1980er Jahren begründete er ein neues Forschungsgebiet, die „Epidemiologie der Religion".

Es ist Jeffs Leidenschaft, die Rolle von religiösen und spirituellen Praktiken für Gesundheit und Langlebigkeit zu enträtseln. Als er seine Untersuchungen auf diesem Gebiet begann, galt dies als wissenschaftliche Häresie – nicht unbedingt die ideale Art und Weise für einen jungen Wissenschaftler, seine Karriere aufzubauen. Doch er hielt durch, und andere folgten nach. Als Resultat gibt es inzwischen Tausende von Studien auf diesem Gebiet, und sie vermitteln ein übereinstimmendes Bild: Menschen, die einen spirituellen Weg beschreiten – wobei es keine große Rolle zu spielen scheint, für welchen sie sich entscheiden –, leben länger und sind gesünder als jene, die es nicht tun. All die Haupt-Todesursachen unserer Tage, einschließlich Herzerkrankungen und Krebs, kommen bei ihnen seltener vor.

An einem Punkt in seiner Laufbahn wurde Jeff in den Lehrkörper einer medizinischen Hochschule an der Ostküste berufen. Seine Errungenschaften waren damals bereits weithin bekannt. Sein Ruhm war ihm vorausgeeilt, und seine neuen Kollegen schätzten ihn als jemanden, der für unkonventionelle Ideen aufgeschlossen war.

Sobald er sich in seiner neuen Position eingerichtet hatte, begannen seine Kollegen ihn in seinem Büro aufzusuchen und ihm Dinge anzuvertrauen, über die sie noch nie zuvor mit jemandem gesprochen hatten. Lautlos betraten sie sein Büro, schlossen die Tür hinter sich und erzählten oft nur flüsternd, als ob die Wände Ohren hätten. Sie berichteten ihm von unheimlichen Vorahnungen, die sich bewahrheiteten, „eigenartigen Zufällen", die sie aufgerüttelt hatten, und Visionen und Offenbarungen, die ihnen aus heiterem Himmel begegnet waren. Dies alles geschah in großer Heimlichkeit, als ob sie eine Strafe zu bezahlen hätten, falls jemand entdeckte, dass sie derlei Wissen und Gedanken gehegt hatten. Jeff pflegte geduldig zuzuhören und ihnen absolute Vertraulichkeit zuzusichern.

Schließlich kam für Jeff die Zeit, vor größeren Kreisen zu sprechen, in der wöchentlichen Runde, in der Angehörige der Fakultät Forschungen aus ihrem Spezialbereich präsentierten. Am Ende seines Vortrages beschloss Jeff, sich sehr weit aus dem Fenster zu lehnen. Er erinnerte seine versammelten Fakultätskollegen, dass sich die meisten von ihnen im Laufe der zurückliegenden Monate in seinem Büro ihrer privaten Erlebnisse entlastet hatten. „Die Person zu Ihrer Rechten hat mir Dinge mitgeteilt, die er öffentlich nicht enthüllen will", sagte er. „Die Person links von Ihnen hat das Gleiche getan. Im Laufe des vergangenen Jahres haben mir fast alle von Ihnen Dinge anvertraut, über die Sie miteinander nicht sprechen würden. Wir alle wissen, dass derlei Dinge möglich sind, denn wir haben sie erlebt und gelebt. Wir sitzen alle im gleichen Boot. *Können wir also die Masken ablegen und aufrichtig miteinander sein?*"

Sie konnten es nicht. Sie waren nicht bereit, sich auszusprechen. Ihre Sorge um ihre öffentliche Persona stand als ein mentales Hindernis der Weitergabe, dem Fluss ihres eigenen Erlebens im Wege und nahm ihnen den Mut. Stattdessen wählten sie eine Scheinversion der Wirklichkeit, in der unheimliche Dinge nicht vorkommen – oder, falls sie es dennoch tun, zum Geheimnis gestempelt werden –, eine falsche Welt, in der alles in Ordnung, Wohlverhalten und vor allem professionelle Akzeptanz gewahrt bleiben. Ihre Besuche in Levins Büro hörten auf, als sie ihre Masken wieder anlegten und von neuem verstummten über einige der bedeutsamsten Erfahrungen in ihrem Leben.

Vorahnungen und Vorauswissen zu leugnen, kann zuweilen fatal sein. Freud glaubte nicht, dass Träume zukünftige Ereignisse offenbaren. Der Traumforscher Robert Moss schreibt: „Im Gegenteil, so beharrte er, stammten Träume aus der Vergangenheit des Träumenden, beginnen mit den Überbleibseln des letzten Tages und reichen weiter zurück – unter die Schleier der Verdrängung – bis in die frühe Kindheit. Träume sind keine Vorhersagen; sie sind psychosexuelle Biographien."[402]

Im Jahre 1895 hatte Freud einen Traum über „Irma", eine Patientin, die er wegen ihrer Hysterie in Behandlung hatte.[403] Der Traum wurde historisch; er führte ihn, wie er sagte, zur Erfindung der Psychoanalyse.

Es gibt jedoch auch einen tragischen Aspekt jenes Traumes. Dr. José Schavelzon, ein argentinischer Krebschirurg und Psychoanalytiker, untersuchte Freuds persönliche Krankengeschichte und kam zu dem Schluss, dass sein Irma-Traum eine nahezu identische Vorausschau auf den Gaumenkrebs enthielt, an dem er achtundzwanzig Jahre später sterben sollte.[404]

Am Abend vor jenem Traum empfing Freud „Otto", einen jüngeren Kollegen, zu Besuch, mit dem er noch lange Karten spielte und Zigarren rauchte. Im Laufe des Abends sprachen sie über Irmas Fall. Über Ottos Feststellung „Es geht ihr besser, aber nicht ganz gut", ärgerte sich Freud.

Teil Vier – Warum sollten wir Vorahnungen kultivieren und wie stellen wir das an? | 213

In Freuds Traum in der folgenden Nacht betrat Irma eine große Halle, in der er Gäste empfing. Er nahm sie sofort beiseite und teilte ihr mit: „Wenn Sie immer noch Schmerzen bekommen, ist es wirklich nur Ihre Schuld." Irma sah krank aus und teilte Freud mit, dass sie unter schrecklichen Schmerzen leide, besonders in der Kehle. „Es erstickt mich", sagte sie. Mit dem Gedanken, möglicherweise doch etwas übersehen zu haben, führte er Irma zu einem Fenster, um ihr in den Mund zu blicken. Sie sträubte sich, und es fiel ihr schwer, den Mund zu öffnen, aber Freud konnte schließlich gut Einblick nehmen und fand etwas Beunruhigendes, „einen großen weißen Fleck" auf der rechten Seite der Mundhöhle, einen „ausgedehnten weißlich-grauen Schorf", der Freud an eine Nachbildung der Nasenmuscheln erinnerte.

Noch im Traum bat er zwei Kollegen um ihre Meinung. Einer sagte, es handele sich tatsächlich um eine Infektion, doch „das Gift werde sich ausscheiden". Der andere Spezialist war nicht so optimistisch; er stellte fest, dass die Infektion sich auf die linke Schulter der Patientin ausgebreitet habe. Ein weiterer Arzt kam hinzu. Alle vier waren sich einig über den Ursprung von Irmas Erkrankung, und sie erhielt [von „Otto"] eine Injektion mit der Spritze. In dem Bericht, den Freud später schrieb, sagte er, dass die Injektion leichtfertig und die Spritze wahrscheinlich nicht rein gewesen sei.

Was bedeutete dies alles? In seinem Kommentar zu dem Traum bemerkte Freud, dass Irma im wirklichen Leben keine Symptome wie die geträumten hatte. Konnte sie stellvertretend für einen anderen Patienten aufgetreten sein, der Erstickungsempfindungen hatte? Am Vorabend hatte er sich über Otto geärgert, der gesagt hatte, dass Irma noch nicht völlig geheilt sei. Sein Traum, folgerte Freud schließlich, stellte Wunscherfüllung auf seiner Seite dar – die symbolische Erlangung eines oft unbewussten Verlangens. Er brachte Rache an Otto zum Ausdruck und zeigte indirekt, dass Irmas Schmerzen Ottos Schuld waren, nicht seine. Der Traum war vor allem ein Versuch, ihn zu entlasten von der Schuld an Irmas anhaltenden körperlichen Symptomen.

Freud interpretierte die Spritze in dem Traum, die verwendet wurde, um Irma eine Injektion zu geben, als Darstellung eines Penis und schloss daraus, dass Geschlechtsverkehr die Heilung von Irmas Symptomen sei.

Freud wusste, dass Stellvertretung in Träumen häufig stattfindet, in welchen ein Darsteller für eine andere Person oder mehrere Personen steht, doch er schien nicht ernstlich in Betracht zu ziehen, dass Irma den Träumenden selbst darstellte.

Dies hätte vielleicht besser getan. Achtundzwanzig Jahre später, 1923, entfernten Mundchirurgen eine weißliche Läsion aus Freuds Mundhöhle gleich jener in Irmas Mund, von der er geträumt hatte – gleiches Aussehen, gleiche Stelle. Und es begann eine Reihe von Bestrahlungen und zahlreichen Operationen über fünfzehn Jahre hinweg. Die Eingriffe hinterließen weiteren „Schorf", ähnlich dem im Irma-Traum. 1936 hatte sich ein aktives Karzinom entwickelt. Wie Irma im Traum, bekam nun Freud – infolge seiner zahlreichen Operationen – Schwierigkeiten, den Mund zu öffnen. Er musste von einer herausnehmbaren Prothese Gebrauch machen. Die inneren Nasenmuscheln, die Freud in seinem Traum gesehen hatte, könnten auch ein Ausblick auf seinen Zustand gewesen sein, weil die chirurgischen Eingriffe und die Entfernung eines Gaumenteils und des rechten Oberkiefers den Blick durch die Mundhöhle bis hinauf zu den Nasenmuscheln ermöglichten.

Moss schlussfolgert: „Die Indizien deuten an, dass Freuds Traum ihm ein recht genaues Bild sowohl vom Ursprung als auch von der Histologie des Mundkrebses gab, der für ihn zu einem schmerzhaften und verfrühten Tod führte." Obwohl Freud sich für die Vorstellung interessierte, dass Träume Botschaften des Körpers enthalten können, hatte er diese Botschaft übersehen – im Unterschied zu Jung, der aufgrund eines Traumes das Rauchen aufgab.[405]

Freud bezeichnete den Irma-Traum als seinen „Mustertraum", das Kernstück für seine Theorie der Psychoanalyse. Er war nicht bescheiden. Er betrachtete den Traum als eine Bestätigung seiner schöpferischen Kräfte und eine Leistung auf einer Stufe mit den Eroberungen von Heerführern wie Alexander dem Großen, Oliver Cromwell oder Napoleon Bonaparte.[406] Er wünschte eine Marmortafel an dem Haus, in dem er seinen Traum über Irma analysiert hatte, mit der Inschrift „Hier enthüllte sich am 24. Juli 1895 dem Dr. Sigmund Freud das Geheimnis des Traumes".[407]

Eine auf Vorahnung beruhende Erklärung für den Irma-Traum hatte also wirklich keine Chance. Sie geriet nicht nur deshalb ins Hintertreffen, weil die alternative Erklärung deutlich schmeichelhafter war, sondern auch weil der Traum, falls er denn eine Vorahnung zum Ausdruck brachte, auf ein krankhaftes Geschehen hinwies, das keinen angenehmen Gesprächsstoff bot. Zudem war Freud davon überzeugt, dass Träume und Psychoanalyse von der Vergangenheit handelten, nicht von der Zukunft. Hat Freud jemals bedacht, welchen Preis es kosten könnte, präkognitive Träume zu leugnen? Das ist schwer zu ermitteln. Spät in seinem Leben schrieb er [an seinen Biographen Ernest Jones]: „Ich bin nicht durch und durch Skeptiker ... Wenn ich noch einmal beginnen könnte, würde ich mich der Parapsychologie widmen."[408, 409]

Ein Biograph hat geschrieben, dass Freud ein tiefes und anhaltendes Interesse am Paranormalen gehegt, aber aus pragmatischen Gründen jedoch verborgen habe. Solange die Psychoanalyse nicht gut eingeführt war, so habe er gefürchtet, werde seine Bestätigung des Paranormalen seinen Feinden eine Waffe in die Hand geben, mit der sie die noch junge Bewegung lächerlich machen und in Misskredit bringen könnten.[410] Freuds Vorsicht mag der Psychoanalyse zugute gekommen sein, könnte ihn aber auch das Leben gekostet haben. Hätte er sich nicht auf sein Glaubenssystem über die Psychoanalyse versteift, hätte er den Irma-Traum als Anlass nutzen können, um sein massives Zigarrenrauchen aufzugeben, das fast mit Sicherheit die Ursache seines tödlichen Gaumenkrebses war.

Vorahnungen werden oft als Anomalien bezeichnet, das heißt als Dinge, die vom Standard, vom Normalen, vom Erwarteten abweichen. Das Wort *Anomalie* ist aus dem Griechischen abgeleitet und bedeutet etwas Unebenes, wie eine Unebenheit der Straße. Aus diesem Grunde werden Vorahnungen häufig ignoriert. Wissenschaftler, die dieser Praxis folgen, halten sie für völlig gerechtfertigt. Würden sie auf alle wilden Intuitionen und Vorhersagen achten, die die Menschen äußern, gelangte die Wissenschaft nicht weiter, sondern verharrte im Stillstand. Die Praxis, Dinge hinauszuwerfen, die nicht hereinpassen, wurde in der Welt der Wissenschaft zur Formsache, und man hat ausgeklügelte Richtlinien entwickelt, um die Wissenschaftler dabei anzuleiten.

Angenommen, ich will meine durchschnittliche Körpertemperatur wissen. Ich messe sie eine Woche lang stets zur gleichen Zeit und auf die gleiche Weise. Alle Messwerte scharen sich um 37°C, außer einigen Ergebnissen von etwa 43,3°C. Nun weiß ich, dass eine anhaltende Temperatur von 43,3°C nicht zu überleben ist und ich selbst nicht krank gewesen bin, also muss ein Fehler vorliegen. Vielleicht habe ich das Thermometer falsch abgelesen oder einen Fehler beim Aufschreiben gemacht, vielleicht hat auch das Thermometer zwischendurch nicht richtig funktioniert. Sollte ich die hohen Werte nun mit berücksichtigen? Wenn ich sie einbeziehe, werden sie den Rest meiner Daten verzerren und meine Durchschnittstemperatur verfälschen. Ich entscheide, dass sie vermutlich nicht korrekt sind und verwerfe sie.

Wissenschaftler und Statistiker gehen auf ähnliche Weise vor bei Dingen, die ihren Erwartungen nicht entsprechen. Die Beobachtungen, die verworfen werden, nennt man Ausreißer, denn sie reißen gewissermaßen aus dem Bereich des Erwarteten aus. Manche dieser abweichenden Ergebnisse sollte man in der Tat ignorieren. Instrumente versagen zuweilen, die Aufzeichnung oder Übertragung der Daten kann fehlerhaft sein oder verrückt spielen, Versuchsanordnungen können zusammenbrechen, Proben können verunreinigt sein und so weiter. Aber manchmal sagen Ausreißer – und auch Vorahnungen – die Wahrheit. Manchmal sind unsere Erwartungen oder Theorien fehlerhaft, nicht die unerwarteten Ergebnisse. Indem wir die Ausreißer als Anomalien bezeichnen und sie verwerfen, beschwören wir möglicherweise eine falsche Sicht der Dinge.

Im Jahre 1985 verblüffte Joe Farman, ein bis dato unbekannter britischer Geophysiker, der auf einem entlegenen Außenposten in der Antarktis arbeitete, die wissenschaftlicher Welt mit einem Fachartikel in der renommierten Zeitschrift *Nature*.[411] Farman und sein kleines Team hatten in aller Stille seit 1957 die Ozonschicht im fernsten Süden des Globus gemessen. Hierzu verwendeten sie ein altmodisches Lowtech-Instrument namens Dobsonmeter, das fünfzig Jahre früher in einem Schuppen außerhalb von Oxford zusammengebaut worden war. 1982 begannen ihre Messwerte zu sinken. 1983 sagte Farman: „Jetzt spielt es verrückt, die Messwerte fallen wirklich ab." Farman erkannte, dass die Hälfte des Ozons verschwunden war. Weil er befürchtete, dass ihr uraltes Dobsonmeter Theater machte, erwarb er ein Ersatzgerät, das jedoch noch geringere Messwerte anzeigte.

Diese Entdeckung ließ nichts Gutes erahnen. Die hoch in der Atmosphäre liegende Ozonschicht schützt das Leben auf der Erde vor den schädigenden Wirkungen der ultravioletten Strahlung von der Sonne. Biologen glauben, dass sich das Leben zu Lande ohne die schützende Ozonschicht wahrscheinlich nicht entwickelt hätte und weiter bestehen könnte.

Farman dokumentierte nicht nur das riesige Ozonloch, das sich aufgetan hatte, sondern benannte auch die Ursache: Die ozon-zerstörenden chemischen Reaktionen in der Stratosphäre, ausgelöst durch künstliche chemische Verbindungen, die Fluorchlorkohlenwasserstoffe (FCKW).
Viele Wissenschaftler konnten dies nicht glauben. Seit Jahren hatten NASA-Satelliten rund um die Uhr die Ozonschicht erfasst und dazu 140.000 Messungen täglich übermittelt. Wenn das Ozon im Verschwinden begriffen war, warum hatte es nicht die NASA zuerst festgestellt? Die Meinungen gingen auseinander. Manche Experten vermuteten, die Software, die die Daten analysierte, habe die niedrigen Messwerte als Ausreißer behandelt und nicht berücksichtigt. Andere Fachleute meinten, die anomalen Daten seien nicht gelöscht, sondern als unzuverlässig eingestuft und deshalb ignoriert worden. Ein Experte sagte, die Daten seien aufgrund eines „Schreibfehlers" falsch gedeutet worden.[412]

Wie man es auch betrachten mag, war es ein demütigender Moment in der Geschichte der NASA. Ein winziges, unbekanntes Forschungsteam, das mit einem klobigen, tragbaren, in eine Steppdecke eingewickelten Instrument arbeitete, war ihnen in dieser überaus wichtigen Angelegenheit zuvorgekommen. Zu Farmans Entdeckung kam es auf althergebrachte Weise: Durch beharrliche Aufmerksamkeit auf das Detail und Aufgeschlossenheit gegenüber Dingen, die nicht ins Bild passten.

Doch nicht nur die Leute bei der NASA waren blamiert. Anfang der 1980er Jahre machten sich Wissenschaftler Sorgen wegen der möglichen Probleme aufgrund von FCKW, doch das Problem wurde kleingeredet. 1984 berichtete der Nationale Forschungsrat, dass der Ozon-Rückgang weit geringer ausfalle als befürchtet und es keinen Grund zur Besorgnis gebe. Das *Wall Street Journal* posaunte hinaus: „Die Ozonschicht verflüchtigt sich also doch nicht!"[413]

Farman fand nicht nur eine Lücke in der Ozonschicht, sondern auch eine Lücke in der Art und Weise, wie man mit Ausreißern umzugehen pflegte. Dies war keine bloße Haarspalterei zwischen Experten. Hätte Farman nicht auf die Abweichungen geachtet, wäre die Wahrheit über den Abbau der Ozonschicht noch weitere Jahre unentdeckt geblieben. Das Montrealer Protokoll von 1987, das zu drastischen Reduzierungen der Produktion von Fluorchlorkohlenwasserstoffen führte, wäre aufgeschoben worden, was fast mit Sicherheit zu Zunahmen von Hautkrebs und anderen gesundheitlichen Problemen rund um den Globus geführt hätte.

Die Ozonloch-Geschichte demonstriert stellvertretend, was es kosten kann, Vorahnungen zu missachten. Den Abbau der Ozonschicht zu leugnen, bringt die Gesundheit der Menschen in Gefahr. Vorahnungen zu verneinen, hat die gleiche Wirkung, weil sie uns so oft vor drohenden Gefahren warnen. Wenn Vorahnungen und Vorauswissen als Anomalien und Ausreißer abgelehnt werden, deuten wir die Natur unseres eigenen Bewusstseins falsch. Das Resultat ist eine verstümmelte, minderwertige, beschränkte Vorstellung von dem, wer wir sind – was wir uns im derzeitigen prekären Daseinszustand unserer Spezies kaum leisten können.

HÄTTE DIE GESCHICHTE SICH ANDERS ENTWICKELT?

Die Preis für das Verneinen von Vorahnungen und Vorauswissen übersteigt oft die Möglichkeiten des Einzelnen und betrifft ganze Nationen. Es ist also nicht nur unser Selbstbild, das Schaden nehmen kann, wenn wir Vorahnungen ignorieren; auch die Geschichte kann entstellt werden.

Im Laufe der Geschichte haben viele Kulturen Vorahnungen, Träume und Prophezeiungen ernst genommen. Keilschrift-Tafeln aus der großen Bibliothek von Ninive, die etwa 5000 v. Chr. entstanden, offenbaren, dass die Babylonier und Assyrer Träume mit Respekt behandelten und Methoden kannten, sie zu entschlüsseln. Im Alten Testament wurden etwa fünfzehn prophetische Träume überliefert, zum Beispiel der berühmte Traum des Pharaos in 1. Mose 41. Hannibal soll einen prophetischen Traum gehabt haben, der ihn ermutigte, mit seinen Kriegselefanten die Alpen zu überqueren und im Jahre 218 v. Chr. in Italien einzumarschieren. Ein ähnlicher Traum soll Cäsar animiert haben, im Jahre 49 v. Chr. den Rubikon zu überqueren. Laut Plutarchs Bericht hat Calpurnia, Cäsars Frau, in der Nacht vor dessen Ermordung von dem Attentat geträumt und vergeblich versucht, ihn zu warnen. Thomas von Aquin bestätigte in seiner *Summa Theologia* den präkognitiven Aspekt der Träume.[414, 415]

Die meisten präkognitiven Träume sind Warnungen vor schlimmen Ereignissen, die dem Träumenden selbst oder lieben Menschen aus seinem Umfeld zustoßen könnten; nur ein kleiner Prozentsatz bezieht sich auf glückliche Ereignisse. So erscheint es verständlich, dass die meisten ignoriert werden. Abgesehen von der Tatsache, dass die Vorahnungen oft ungenau sind, liegt es in der Natur des Menschen, sich von Nachrichten abzuwenden, die furchteinflößend sind.

Selbst große und weise Persönlichkeiten, so weiß man, haben düsteren Andeutungen der Zukunft den Rücken zugewandt. Handelt es sich bei diesen Menschen zufällig um Staatsoberhäupter, wird das ganze Land den Preis zu bezahlen haben.

Ein wohldokumentiertes Beispiel betrifft Abraham Lincoln, der von seiner Ermordung träumte, kurz bevor er dem Attentat zum Opfer fiel. Lincoln erzählte den Traum Ward Hill Lamon, seinem Freund und früheren Kanzleipartner in Illinois. Lamon, ein großer Mann, diente Lincoln oft als Leibwächter. Er beaufsichtigte den Sicherheitsdienst im Weißen Haus und schlief oft, bis zu den Zähnen bewaffnet und in eine Decke gehüllt, auf dem Fußboden vor Lincolns Schlafzimmer. Obwohl Lincoln von einer Leiche träumte, die im East Room des Weißen Hauses feierlich aufgebahrt lag, obwohl er trauerndes Klagen hörte und den Sarg von einer Ehrenwache umstellt sah, und obwohl einer der Wachsoldaten ihm mitteilte, der Präsident sei tot, war Lincoln nicht überzeugt, dass sein Traum von Bedeutung war. Als er seiner Frau Mary und Lamon von dem Traum erzählte, spielte er dessen Bedeutung herab. „Hill", sagte Lincoln zu Lamon, „Ihre Befürchtung, irgendein versteckter Feind könnte mir Schaden zufügen, ist eine ausgesprochene Dummheit. Schon so lange haben Sie versucht, jemanden – Gott weiß, wen – daran zu hindern, mich zu töten. Sehen Sie jetzt, wie es ausgehen wird? In diesem Traum war nicht ich es, sondern irgendein anderer Kerl, der umgebracht wurde. Anscheinend hat es dieser gespenstische Attentäter bei jemand anderem probiert."[416] Etwa zwei Wochen später wurde Lincoln von dem Schauspieler John Wilkes Booth im Ford's Theatre erschossen.

Man kann sich fragen, ob die Geschichte anders verlaufen wäre, wenn Lincoln seinen Warntraum ernst genommen hätte. Obwohl der Sezessionskrieg gerade zu Ende gegangen war, befand sich Amerika in einer prekären Phase. Viele Nordstaatler waren bereit, am Süden Rache zu nehmen. Ohne Lincoln, der entschlossen und mitfühlend das Heft in der Hand behielt, stieg das Land in die Rekonstruktionsphase ab, in der sich die Verachtung unter den besiegten Südstaatlern breitmachte, die in manchen Gegenden noch anderthalb Jahrhunderte später bestand.

Denken wir an das auslösende Ereignis, das Europa in den ersten Weltkrieg stürzte – das Attentat auf den österreichisch-ungarischen Thronfolger, den Erzherzog Franz Ferdinand in Sarajevo. Hätte man den Vorahnungen von Bischof Joseph Lanyi von Großwardein (Oradea) in Ungarn mehr Gewicht gegeben, wäre das Blutbad des großen Krieges vielleicht verhindert worden.

Früh am Morgen des 28. Juni 1914 stand Bischof Lanyi auf und schrieb seinen Traum über den Erzherzog Franz Ferdinand auf, dem er einst als Lehrer gedient hatte:

Im Traum war der Bischof zu seinem Tisch gegangen, um einige Briefe durchzusehen. Der obenauf liegende war schwarz umrandet und trug ein schwarzes Siegel mit dem Wappen des Erzbischofs. Als er die Handschrift als diejenige des Erzherzogs erkannte, öffnete Bischof Lanyi den Brief. Auf dessen oberem Teil war ein postkartenähnliches Bild, das eine Straße und einen schmalen Durchgang zeigte. In einem Automobil sitzend, waren der Erzherzog und seine Frau mit einem General zu sehen, der ihnen gegenübersaß. Ein anderer Offizier saß neben dem Chauffeur. Plötzlich sprangen aus der Menge zwei junge Männer, die auf den Erzherzog und seine Frau schossen. Der folgende Text begleitete das Bild:

> *Lieber Dr. Lanyi,*
> *hiermit setze ich Sie in Kenntnis, dass meine Gattin und ich heute einem Attentat zum Opfer fallen werden. Wir empfehlen uns Ihrem frommen Gebet.*
> *Mit freundlichsten Grüßen von Ihrem*
> *Erzherzog Franz*
> *Sarajevo, am 28. Juni,*
> *3.45 Uhr früh*

Bestürzt und mit Tränen in den Augen sprang der Bischof aus dem Bett auf und notierte, dass die Uhr genau ein Viertel vor vier anzeigte. Er ging unverzüglich an seinen Schreibtisch und schrieb alles auf, was er in dem Traum gesehen und gelesen hatte. Rund zwei Stunden später trat ein Diener ein und bemerkte, dass der Bischof den Rosenkranz betete. Er bat den Diener, die Mutter des Bischofs und einen Hausgast zu rufen, weil er eine Messe für den Erzherzog und seine Gattin lesen wolle. Dann zeichnete er eine Skizze der Attentatsszene, weil er das Gefühl hatte, dass an diesem Bild etwas Merkwürdiges war. Er ließ seine Zeichnung von zwei Freunden beglaubigen und schickte dann eine Niederschrift des Traumes an seinen Bruder Edward, einen Jesuitenpriester. Dem Brief beigefügt war eine Zeichnung des Automobils, des schmalen Durchgangs, der Menschenmenge und der Attentäter, die auf den Wagen zustürzen und feuern. Als wenige Tage später Fotografien in der Presse erschienen, stellte sich heraus, dass die Zeichnungen weitgehend mit ihnen übereinstimmten, außer dass es nur ein Attentäter war, nicht zwei.

Als das nächtliche Erlebnis des Bischofs bekannt wurde, kamen natürlich Zweifel auf. Ein Reporter der *Wiener Reichspost* untersuchte die Angelegenheit auf der Stelle, prüfte die Zeichnung und sprach mit den beiden Zeugen, welche die Geschichte bestätigten. Auch des Bischofs Bruder Edward wurde sofort von dem Herausgeber und Schriftsteller Bruno Grabinsky befragt, der festhielt, dass der Priester bestätigte, den Brief und die Skizzen erhalten zu haben.[417]

Wenn Warnträume immer so akkurat wären wie der des Bischofs Lanyi, gäbe es kaum einen Disput über ihre Nützlichkeit. Aber es gibt ein breites Spektrum von Genauigkeit bei Vorahnungen und Fällen von Vorauswissen, das von solchen Fällen, die in jeder Einzelheit präzise sind, bis hin zu jenen reicht, die sich als völlig falsch erweisen. Dazwischen sind Träume, die zum Teil akkurat sein können und dann wieder unklar durch frustrierende Symbolik, wie die folgenden Beispiele.

Barbara Garwell, eine englische Hausfrau aus Hull, träumte Anfang März 1981, dass sie in einem Auto mit zwei Deutschen fuhr, die SS-Uniformen trugen. Eine Limousine näherte sich und kam zum Stehen, aus der ein sehr bekannter Schauspieler stieg. Die beiden SS-Männer stiegen aus ihrem Wagen, und einer von ihnen schoss mit der Pistole auf den Schauspieler, der zu Boden fiel. Drei Wochen später stieg Präsident Ronald Reagan, der frühere Filmstar, aus einer Limousine und wurde von John Hinckley junior beschossen und schwer verletzt. Waren die SS-Uniformen von Bedeutung? Hinckley war Mitglied einer Neonazi-Gruppierung, aber aufgrund seiner Gewaltphantasien 1978 ausgeschlossen worden.[418] Garwell hatte im selben Jahr – im September 1981 – einen weiteren lebhaften Traum, in dem eine einzelne Reihe von Männern in einem Stadion saß. Sie trugen schwarze Anzüge und waren von „kaffeebrauner Hautfarbe". Garwell wusste nur, dass die Szene irgendwo im Nahen Osten anzusiedeln war. Dann griffen zwei Soldaten, ebenfalls von „kaffeebrauner Hautfarbe", die sitzenden Männer an und beschossen sie mit Salven aus automatischen Gewehren. Drei Wochen später, am 6. Oktober 1981, wurde der ägyptische Staatspräsident Anwar as-Sadat erschossen, als vier ägyptische Soldaten bei einer Militärparade von einem gepanzerten Lastwagen sprangen und eine Zuschauertribüne mit Feuer aus Maschinengewehren angriffen.[419] Garwell hatte sorgfältig dokumentiert, dass sie beide Träume selbst erlebt hatte, und ihre Aufzeichnungen von Zeugen beglaubigen lassen, bevor die fraglichen Ereignisse in die Geschichte eingingen.

Sollte jemand auf Garwell gehört haben? Sind ihre Wahrträume Zufall gewesen? Hat sie nur diejenigen Vorahnungen berichtet, die sich als wahr erwiesen und die anderen ignoriert, die sich nicht bewahrheitet hatten? Sind solche Träume zu allgemein, um von Nutzen zu sein?

Der Psychologe Keith Hearne, ein Pionier auf dem Gebiet des luziden Träumens, sammelte jeden einzelnen Wahrtraum von Garwell im Jahre 1981. Sie beschrieb jeden auf einem Formular, wie sie ihn erlebt hatte, und schickte ihre Aufzeichnungen an Hearne. Im Lauf des Jahres berichtete sie insgesamt zweiundfünfzig Träume. Diese wurden zwei 'blinden Sachverständigen' vorgelegt, die die Übereinstimmung jedes Traumes mit Ereignissen bewerteten, die in den jeweils folgenden achtundzwanzig Tagen eintraten. Sie trugen die Träume auch in ein Kontrolljahr ein – das heißt in ein willkürlich gewähltes Jahr außer 1981, als die Vorahnungen tatsächlich geträumt wurden. Auf diese Weise wurde geprüft, ob Garwells Vorahnungen so allgemein waren, dass sie mit Ereignissen in jedem beliebigen Jahr in Übereinstimmung gesehen werden konnten. Die Vorahnungen für das korrekte Jahr hatten eine deutlich höhere spezifische Übereinstimmung, als wenn man versuchte, sie mit Ereignissen in dem Kontrolljahr in Übereinstimmung zu bringen. Sie waren *nicht* so allgemein, dass sie sich mit Ereignissen in einem beliebigen anderen Jahr deckten. Einer der interessantesten Aspekte war eine gleichmäßige einundzwanzigtägige Latenzphase

– ein Präkognitionsvorsprung – zwischen ihren Vorahnungen und deren offensichtlicher Erfüllung, wie bei den Vorahnungen der Attentate auf Reagan und Sadat. Obwohl niemand weiß, warum in Garwells Fall dieses bestimmte Intervall existiert, mag es sich als nützlich erweisen, weil es den Verantwortlichen Zeit zum Handeln nach Garwells Vorahnungen geben kann – sollten sie den Wunsch haben, diese ernstzunehmen.[420]

Am 11. Oktober 1982 berichtete *Time* einen Traum von George Wallace junior aus dem Jahr 1972. In dem Traum wurde sein Vater erschossen. Dieses geschah wenige Nächte, bevor Arthur Bremer auf den Vater des Träumenden schoss – ihn allerdings nicht tötete –, während dieser auf Wahlkampfreise als Präsidentschaftskandidat in Maryland war.[421]

Starke Staatenlenker sind nie bei allen beliebt. Wahrscheinlich gibt es immer irgendwo jemanden, der ihnen großes Leid zufügen will. Um eine Hilfe zu sein, genügt es deshalb nicht, dass jemand verkündet, eine Vorahnung zu haben, dass „jemand im Begriff ist, einen Anschlag auf den Präsidenten zu verüben". Spezifische Angaben über Zeit und Ort sowie Einzelheiten, die zur Identifizierung des Attentäters beitragen, sind notwendig, damit sich die Vorahnung als hilfreich erweisen kann. Leider fehlen diese Aspekte nur allzu oft, selbst bei Vorahnungen, die sich später als wahr herausstellen.

Das Problem wird noch größer dadurch, dass Menschen wie John Williams, die überaus spezifische Vorahnungen von Attentaten erleben, äußerst abgeneigt sind, sie zu offenbaren, um nicht für verrückt oder womöglich für Beteiligte des Anschlags gehalten zu werden. Williams, der die Ermordung des britischen Premierministers Spencer Perceval 1812 voraussah, wurde von seiner Frau und engen Freunden überredet, nicht darüber zu sprechen, obwohl er bei drei verschiedenen Gelegenheiten von dem Attentat träumte.

Ein Freund von mir, der sich für medial begabt hält, wurde von Polizeikommissariaten überall im Lande um seine Hilfe gebeten, vermisste Personen aufzuspüren. Bei einer Gelegenheit führte er sie zu der Leiche des Opfers – nur um dann zu erleben, dass man wegen Mordverdachts gegen ihn ermittelte. Wie sonst, hieß es, konnte er denn wissen, wo die Leiche versteckt war?

Unter der Myriade falscher Vorahnungen, die bekannt werden, gibt es immer einige verborgene Perlen. Diese Situation unterscheidet sich nur wenig von konventioneller Intelligenz. Wird die Geschichte eine andere sein für Gesellschaften und Nationen, die bereit sind, beide Quellen der Information miteinander zu verbinden?

WENN WIR DIE ZUKUNFT SEHEN KÖNNEN – KÖNNEN WIE SIE ÄNDERN?

Den präkognitiven Traum des Pharaos im Alten Testament deutete Joseph nicht nur, sondern er gab dem Pharao einen Handlungsplan, um der bevorstehenden Hungersnot vorzubeugen. Er solle sich nach einem verständigen und weisen Mann umsehen und diesen über Ägypten setzen, sagte Joseph, sowie während der sieben üppigen Jahre eine neue Steuer erheben, um die Kornspeicher zu füllen als Absicherung gegen die bevorstehende Hungersnot – eine Aufgabe, mit welcher der Pharao Joseph selbst betraute. Dies zeigt, wie manche Kulturen Vorahnungen und präkognitive Träume sehen – als Einblick in eine Zukunft, die flexibel und beeinflussbar ist. Daher sagt Joseph in einer Version der Geschichte zum Pharao: „Nicht um die Menschen zu beunruhigen, lässt Gott sie ahnen, was da kommen soll, sondern damit sie vorgewarnt sind und von ihrem Verstande Gebrauch machen, um die angekündigten Prüfungen zu erleichtern, wenn sie hereinbrechen."[422]

Die Vorstellung, dass alles, was in „schlechten" Träumen vorhergesagt wird, durch rituelle Praktiken aufgelöst werden könne, ist uralt. Im *Traumbuch des neuen Reiches* aus dem 13. Jahrhundert v. Chr. (auch bekannt als der *Chester Beatty III. Papyrus*) wird ein zweiteiliges Ritual empfohlen. Zuerst wird der Träumer durch Abreiben seines Gesichts mit Brot gereinigt, das mit Bier, Kräutern und Myrrhe getränkt ist. Danach muss der Träumer seinen Traum der Göttin Isis erzählen und sie dabei als „Mutter" ansprechen.[423, 424] Eine mesopotamische Praxis zur Zerstreuung des Bösen in einem präkognitiven Traum bestand darin, es in einen Klumpen Lehm zu übertragen, der sich dann in einem strömenden Fluss auflösen durfte.[425] Ähnliche Praktiken stammen aus dem 8. Jahrhundert v. Chr. in Mittelasien, wo Rituale verwendet wurden, um die negative

Teil Vier – Warum sollten wir Vorahnungen kultivieren und wie stellen wir das an? | 225

Energie von üblen Präkognitionen auf ein Stückchen Erde oder Holz zu übertragen, welche dann zerstört oder verstreut wurden.[426] All dies wurde getan, damit schlechte Träume nicht wahr würden.

Die Irokesen glaubten, sie könnten den Verlauf vorausgesehener Ereignisse beeinflussen, indem sie einen Teil des Traumes unter kontrollierten Bedingungen inszenierten. In einem Fall träumte ein Irokesen-Krieger, dass er gefangen genommen und mit Feuer zu Tode gequält werde. Er bat die Bewohner seines Dorfes, ihn zu fesseln und ihm Verbrennungen mit rotglühenden Messern und Äxten zuzufügen, wie er es im Traum erlebt hatte – jedoch nicht bis zum Tode.[427]

Captain Robert S. Rattray, der sich vor und nach dem ersten Weltkrieg als Anthropologe im Dienste der britischen Regierung in der afrikanischen Kolonie Goldküste aufhielt, war fasziniert von dem Volk der Aschanti. Er schildert, wie sich die Aschanti eines „schlechten" Traumes entledigten, indem sie ihn flüsternd der Müllhalde des Dorfes oder der Gemeinschafts-Latrine anvertrauten.[428]

In Texas, wo ich aufgewachsen bin, konnte man bei den Amerikanern spanischer Herkunft die Macht eines unheilverheißenden Traumes aufheben, indem man ein Eigelb in ein Glas Wasser gab und dieses in der nächsten Nacht unter das Bett des Träumers stellte. Das Eigelb, so glaubte man, absorbierte die negative Energie des Traumes und wurde am folgenden Tag beseitigt.

Die Frage, ob wir ein Zukunftsszenario verändern können, das wir in einer Vorahnung gesehen haben, birgt den gordischen Knoten der Philosophie, den freien Willen. Wenn wir die Zukunft sehen – sind wir dann darin gefangen und müssen sklavisch ausagieren, was der Blick voraus uns gezeigt hat? Falls nicht, und falls wir handeln, um die Zukunft zu verändern, in die wir einen Blick werfen durften, war es dann wirklich die Zukunft, die wir vorausgesehen hatten, die ja nun aber nicht eintritt? Dieser Dreh des freien Willens ist als Bierman-Paradox bekannt: Man kann nicht beweisen, dass man die Zukunft verändert hat, denn wenn es einem gelungen ist, sie zu verändern, war es nicht wirklich die Zukunft, weil sie niemals eingetreten ist.

Kulturen rund um den Globus glauben, dass der Ausgang von im Voraus geschauten Ereignissen verändert werden könne, und die moderne

Analyse bestätigt diesen Glauben auch in unserer Kultur. In 433 Berichten, die am Rhine Research Center gesammelt wurden, werden Präkognitionen geschildert, die genügend Gefahrenpotenzial vermittelten, um ein Eingreifen zu rechtfertigen. In zwei Dritteln der Fälle hat das Individuum nie etwas unternommen. Doch in dem Drittel der Fälle, in denen das Individuum eine Intervention versucht hat, um die im Voraus geschaute Zukunft zu beeinflussen, überwogen erfolgreiche Versuche die vergeblichen im Verhältnis 2 : 1.[429]

Nicht alle Interventionsversuche sind erfolgreich. Laut eines Berichts erlebte eine Frau im Staate New York im Traum eine Vorahnung, dass ein Flugzeug am Ufer eines Sees abstürzen und infolge des Unglücks das Dach des dritten Hauses an der unbefestigten Straße, die zu dem See führte, Feuer fangen werde. Ein einziger Mann wäre davon betroffen, der lebendig verbrannte. Am Morgen nach dem Traum versuchte die Frau, zwei Warnbriefe zu schreiben, sagte sich aber dann, dass das Feuerlöschfahrzeug versuchen würde, den Ort über den Kanalweg zu erreichen, welches der falsche Weg war, was zur Folge hätte, dass sie zu spät an der Absturzstelle einträfen. Der Traum war so lebhaft gewesen, dass sie an jenem Tag bei jedem Flugzeug aufmerkte, das vorüber kam. Am späten Nachmittag, während sie gerade kochte, sagte sie zu ihrem Mann: „Das ist jetzt das Flugzeug – das, was abstürzen wird! Robert, halte die Feuerwehr an, bevor sie den Kanalweg probieren; sie müssen die Beckenstraße nehmen und wissen das nicht." Ihr Mann trat vor das Haus, blickte empor und meldete: „Das Flugzeug ist in Ordnung", worauf seine Frau herausschrie: „Nein, ist es *nicht!*" Wenige Sekunden später stürzte die Maschine ab. Die Feuerwehrleute konnten die Absturzstelle nicht rechtzeitig erreichen, weil sie über den Kanalweg fuhren, statt die Beckenstraße zu benutzen. Der Pilot verbrannte auf dem Sitz. Das Haus, das sie im Traum gesehen hatte, wurde leicht beschädigt. Die Frau war wochenlang am Boden zerstört und quälte sich mit Überlegungen, wie sie das Unglück hätte verhindern können.[430]

Was sollte man tun, wenn eine Vorahnung auf eine drohende Tragödie hinweist? Louisa E. Rhine, die Tausende solcher Berichte gesammelt und analysiert hat, gab einen sehr praktischen Rat. Wenn die Vorahnung das Individuum mit einer starken Überzeugung zurücklässt, dass es eine echte Warnung ist, sollte man sie als solche behandeln und im Rahmen des

Vernünftigen Maßnahmen ergreifen, um das drohende Unheil zu verhindern. Doch da wir keine narrensicheren Kriterien für die Unterscheidung zwischen falschen und richtigen Vorahnungen haben, und da Spinner und Fanatiker zuhauf unterwegs sind, riet sie von öffentlichen Warnungen ab. Darüber hinaus betreffen manche Vorahnungen so viele Menschen und Elemente, dass es schwierig ist, praktisch und effektiv danach zu handeln, selbst wenn man den Wunsch hat, es zu tun, wie bei der Vorahnung von dem Flugzeugabsturz. Schließlich gibt es Fälle, in welchen Menschen einzugreifen versuchten und die Angelegenheit dadurch nur verschlimmerten oder gerade dazu beitrugen, dass das Vorausgeahnte eintrat.[431, 432]

Betrachten Sie zum Beispiel den Fall einer Frau in Oregon, die eines Morgens mit der unerklärlichen Furcht erwachte, dass ihr dreijähriger Sohn in der Gefahr schwebe, bei einem Verkehrsunfall ums Leben zu kommen. Um jeder Eventualität vorzubeugen, beschloss sie, den Sohn zu ihrer Mutter zu bringen, die mehrere Kilometer entfernt lebte. Nach der Ankunft dort fühlte sie sich derart erleichtert, das Richtige unternommen zu haben, dass sie in Tränen ausbrach. Diese verwandelten sich jedoch schon bald in Tränen des Kummers, als plötzlich ein Polizist an der Tür klingelte mit einer kleinen Menschenmenge hinter sich und ihrem Sohn schlaff, aber lebendig auf den Armen. Der Kleine hatte irgendwie unbemerkt das Haus verlassen und sich still im Hof unter einen Baum gesetzt, wo er von einem außer Kontrolle geratenen Auto überrollt und schwer verletzt wurde.[433]

Weitaus verbreiteter sind jedoch Vorahnungen, die mit Erfolg zum Anlass von Maßnahmen genommen wurden, wie der Fall von Amanda, die ihr Kleinkind aus dem Bettchen rettete, bevor der Lüster darauf herunterkrachte.

Manchmal sind Maßnahmen zur Abwendung einer Gefahr nur zum Teil von Erfolg gekrönt. Ein Mann kaufte ein Gebäude für ein Autohaus in Georgia und installierte ein Flachglasfenster mit einer großen Leuchtreklame davor. Seine Frau träumte, dass ein Tornado das Schild in die Scheibe blies und diese zerbrach. Die Vorahnung seiner Frau ernstnehmend, schloss er noch am gleiche Tag eine Tornado-Versicherung ab. Wenige Tage später schleuderte ein Tornado das Zeichen ins Fenster und zerschmetterte dieses genau so, wie seine Frau es geträumt hatte.[434]

Fälle wie diesen könnte man „Sicherheitshalber-Fälle" nennen. Der

Mann hat weder die Leuchtreklame verankert noch das Glasfenster mit Brettern geschützt, sondern Maßnahmen ergriffen, um den Schaden zu mindern für den Fall, dass der Traum seiner Frau sich als wahr erwiese. Ähnlich könnten Menschen, die Vorahnungen von einem Flugzeugabsturz haben, statt ihre Flugreise zu stornieren, lediglich Zeit oder Tag ihrer Flugreservierung verschieben.

Laut Joseph B. Rhine, dem Pionier der Psi-Forschung im Versuchslabor, ist das entscheidende Element beim Verändern der Zukunft die „Effizienz" der Präkognition, das heißt ihr Detailreichtum. Vorahnungen liefern nur selten ein Bild der Zukunft in exotischen Einzelheiten. Laut Rhine zeigt die Detailarmut an, dass die Zukunft grundsätzlich unklar, verschwommen und nicht festgelegt ist. Sie birgt genügend Spielraum, um Handlungen und Maßnahmen einzubringen, die einen Unterschied bewirken können in der Art und Weise, wie die Ereignisse sich entfalten werden.[435]

Insgesamt scheint eine Lösung dieser Frage, die jedermann zufriedenstellen würde, so weit entfernt wie immer. Das Problem ist natürlich, dass wir nicht genug wissen über die Natur von Raum, Zeit und Bewusstsein, um diesen Knoten zu lösen. Um die Hauptbegriffe aus Walter Bagehots berühmtem Satz zu verwenden: Das Tageslicht hat diesen Zauber noch nicht ganz durchdrungen.

„Keiner vermag einen von der Wirklichkeit der Präkognition zu überzeugen", sagte der Psychoanalytiker Stephan Kierulff.[436] Oder vielleicht davon, dass man die Zukunft verändern kann.

GEFAHREN

Eine Frage sollte zum Thema Vorahnungen immer gestellt werden – und wird doch fast nie gestellt: „Ist dieses Zeug sicher?" Es gibt Gründe zur Besorgnis, weil es zu Problemen führt, wenn Menschen sich konzentriert und anhaltend bemühen, die Zukunft zu sehen.

Ein Beispiel war die von der CIA unterstützte Fernwahrnehmungsforschung in den 1970er, 1980er und 1990er Jahren am Stanford Research Institute (SRI) und andernorts unter der Leitung der Physiker Harold E.

Puthoff, Russell Targ, Edwin C. May und anderen. Einige Ergebnisse jener Arbeit wurden aufgrund einer Verfügung des Präsidenten Clinton 1995 freigegeben.[437, 438, 439] An einem Punkt des Projekts wurde Targ von sowjetischen Psi-Forschern, die in ähnlichen Fernwahrnehmungs-Aktivitäten engagiert waren, gefragt: „Was unternehmen Sie, um zu verhindern, dass Ihre Versuchsperson im Laufe der Experimente durchdreht oder verrückt wird?"[440] Der Kernphysiker Edwin C. May, der Direktor des CIA-Projekts zur Zeit von dessen Beendigung im Jahre 1995, bestätigte die psychologischen Risiken: „Ich glaube, Fernwahrnehmung kann psychologisch gefährlich sein ... Ich musste ansonsten gesunde Menschen aus dem Projekt entlassen, weil sie durchgedreht sind, nachdem wir zu viele Fernwahrnehmungsversuche durchgeführt haben ... Ich habe eine feste Regel, dass ich selbst bei jedem neuen Experiment einmal als Proband teilnehme. Ich will den ganzen Ablauf erleben, um zu sehen, ob es sich richtig *anfühlt*. Ich denke, dass es im Allgemeinen – und mit Sicherheit in meinem eigenen Fall – zu leicht passiert, dass man nach erfolgreichen Versuchen von seinem Ego überwältigt wird. Ich schlage mich wacker, und es erschreckt mich. Deshalb mache ich es im Allgemeinen nicht."[441]

Gelten Vorbehalte gegenüber der Fernwahrnehmung auch für Vorahnungen? Eine Vorahnung ist im Grunde eine Fernwahrnehmung der Zukunft. Wenn intensive Bemühungen zur Fernwahrnehmung mit psychologischen Risiken verbunden sind, sind anhaltende Bemühungen um Vorahnungen vermutlich ebenfalls riskant.

Ereignisse, die mit einer physischen Gefahr verbunden sind, wie Naturkatastrophen und von Menschen herbeigeführte Desaster sowie drohende Gesundheitsprobleme, sind, wie wir gesehen haben, mit die häufigsten Themen von Vorahnungen. Wir sind von Natur aus darauf eingestellt, Ereignisse dieser Art zu entdecken, bevor sie eintreten. Bei den Vorausempfindungs-Experimenten waren es die gewaltsamen Bilder, die den Probanden später gezeigt wurden – nicht die angenehmen, beruhigenden –, welche eine unbewusste körperliche Reaktion auslösten, *bevor* sie vom Computer ausgewählt und den Versuchspersonen präsentiert wurden. Auch bei Umfragen über Vorahnungen dominieren die Berichte über heftige, Gefahren vermittelnde Warnungen. Gibt es eine Kehrseite dieser Vorahnungen? Das Sorgen über zukünftige Probleme kann eine psychische Belastung bedeuten. Gibt es auch körperliche Konsequenzen?

Alison Holman, Professorin der Pflegewissenschaft an der Universität von Kalifornien in Irvine, und ihre Kolleg(inn)en veröffentlichten 2008 eine Studie über die Langzeitwirkungen von akuten Stressreaktionen auf die terroristischen Angriffe vom 11. September 2001. Ihre Studie bezog 2729 Amerikaner landesweit ein. Ihr Artikel „Terrorism, Acute Stress, and Cardiovascular Health: A 3-Year National Study Following the September 11 Attacks" („Terrorismus, akuter Stress und die Gesundheit der Herzkranzgefäße: Eine 3-Jahres-Studie nach den Angriffen vom 11. September") erschien in *Archives of General Psychiatry,* einer der führenden psychiatrischen Zeitschriften des Landes.[442]

Obwohl fast alle Befragten außerhalb der Städte New York und Washington lebten und niemanden kannten, der von den Anschlägen direkt betroffen war, berichteten mehr als ein Zehntel von ihnen akute Stress-Symptome wie Alpträume und Schlaflosigkeit unmittelbar nach den Attacken. In den folgenden drei Jahren sagten mehr als vierzig Prozent, dass sie sich weiterhin sorgten, dass ein erneuter terroristischer Angriff sie oder Angehörige ihrer Familie treffen könnte. Die Ergebnisse: Bei den ängstlichsten Menschen war die Wahrscheinlichkeit eines Befundes von kardiovaskulären Problemen, wie einer Herzerkrankung oder eines Infarktes, über die nächsten Jahre drei bis fünf Mal größer.

Diese Menschen unterschieden sich nicht von den meisten Amerikanern. Viele von uns sind immer noch etwas nervös. Etwa ein Drittel bis die Hälfte unserer Bürger erzählen Meinungsforschern weiterhin, dass sie sich Sorgen machen, Opfer eines terroristischen Anschlags zu werden, und dass ein Angriff innerhalb der nächsten Monate sehr wahrscheinlich oder einigermaßen wahrscheinlich sei.

Diese Befürchtungen sind rational nicht zu erklären. Das statistische Risiko, in Amerika als Opfer eines terroristischen Angriffs zu sterben, ist vergleichbar der Wahrscheinlichkeit, mit der man von einem Asteroiden getroffen wird oder in einer Toilette ertrinkt, und es hat in den Vereinigten Staaten seit dem 11. September 2001 keinen weiteren Angriff gegeben.[443] Doch die Furcht lebt weiter.[444, 445]

Ein Hauptgrund für die Zunahme der Furcht ist, dass die nationale Warnstufe, die vom Heimatschutzministerium festgelegt wird, seit dem 11. September niemals unter „gelb" gesunken ist, die dritte von fünf Stufen. Auffällige Warnungen vor drohendem Unheil sind allgegenwärtig.

Jedes Mal, wenn jemand in den Vereinigten Staaten zu einem der etwa dreißigtausend Passagierflugzeuge pro Tag an Bord geht und barfuß und teilentkleidet eine Sicherheitsschleuse passiert, werden die alten Befürchtungen neu geschürt. New Yorker sind den Terrorismus-Warnungen besonders ausgesetzt. Allgegenwärtige Bekanntmachungen finden sich in den Untergrundbahnen der Stadt und fordern die Fahrgäste auf, verdächtige Beobachtungen einer Hotline für Terrorismusabwehr zu berichten. Im Jahre 2007 haben 1944 New Yorker etwas gesehen und angerufen. Fazit: Die Zahl der Terroristen, die aufgrund der Hinweise festgenommen wurden, war Null.[446]

Holmans Studie macht deutlich, dass diese extreme Wachsamkeit einen körperlichen Preis kostet: Ein erhöhtes Risiko für Herzinfarkt, Bluthochdruck und Herzattacken. Diese Erkenntnisse veranlassten den Wissenschaftsjournalisten John Tierney, ernsthaft die Frage zu stellen: „Welches ist eine größere Bedrohung für unsere Gesundheit: al-Qaida oder das Heimatschutzministerium?"[447]

Vor dem 11. September gab es eine Flut von Vorahnungen, die von Institutionen wie dem Rhine Research Center in Durham, North Carolina, dokumentiert wurden. Was ist die Wirkung dieser Vorahnungen auf jene, die sie erleben? Bergen Vorahnungen von drohenden Krisen die gleichen körperlichen Risiken von Erkrankungen der Herzkranzgefäße wie die akuten und chronischen Stressreaktionen nach dem 11. September? Bis heute hat keiner diese Frage beantwortet. Aber es gibt keinen Grund zu meinen, dass der durch Vorahnungen drohenden Unheils ausgelöste Stress sich irgendwie von dem Stress unterscheide, den die Furcht und Besorgnis vor möglicherweise bevorstehenden terroristischen Angriffen bewirken. Das Herz und andere Organe können die Quelle des Stresses vermutlich nicht unterscheiden; sie spüren nur, dass er vorhanden ist.

Könnten Personen, die zu Vorahnungen neigen, vergleichsweise *weniger* anfällig sein für den Stress, den die Angst vor drohenden Krisen verursacht? Psychologische Untersuchungen von Menschen, die profunde mystische Erlebnisse gehabt haben, zeigten, dass diese Ereignisse mit psychischer Ausgeglichenheit und Wohlbefinden korrelierten.[448] Also sind mit einer Empfänglichkeit für Zukunftswissen gesegnete Personen, vielleicht resistenter gegen die Arten von Stress, welche an der Gesundheit von chronisch Besorgten nagen.

Vor der Beschäftigung mit psi-artigen Erlebnissen wurde sehr lange Zeit nachhaltig gewarnt. Oft spiegelten die Warnungen spirituelle Bedenken, nicht Sorge um gesundheitliche Risiken wider. Man denke zum Beispiel an die Heilige Theresa von Avila, die in einem im Januar 1577 geschriebenen Brief schrieb: „Ich habe wieder Verzückungen. Sie sind überaus peinlich. Mehrere Male in der Öffentlichkeit ... während der Frühmesse zum Beispiel. Ich schäme mich so, ich will mich einfach irgendwo verstecken!"[449]

Ein Schüler des Zen-Buddhismus berichtete seinem Meister, dass er während der Meditation Visionen von Licht und wahrer Buddhaschaft erlebt habe. Der Meister bemerkte trocken: „Meditiere weiter: Das geht vorüber."[450]

In einer vergleichbaren Geschichte verkündete Zenmeister Joshu eines Tages, dass der junge Mönch Kyogen einen Zustand der Erleuchtung erreicht habe. Sehr beeindruckt von dieser Nachricht, gingen mehrere seiner Altersgenossen, um mit ihm zu sprechen. „Wir haben gehört, dass du erleuchtet bist. Ist das wahr?", fragten seine Mitschüler. „So ist es", antwortete Kyogen. „Sag uns", bat ein Freund, „wie fühlst du dich?" – „So elend wie immer", antwortete der erleuchtete Kyogen.[451]

Ja, diese Vorsichtsmaßnahmen bieten keine absolute Sicherheit. Transformierende Erscheinungen, Prophezeiungen, Vorauswissen, Zukunftswissen, Vorahnungen – die heiligen Schriften aller großen Religionen enthalten eine Vielzahl von Beispielen. Heute wie damals können persönliche Unterscheidungskraft und kluges Geleit den Unterschied ausmachen zwischen dem Risiko oder dem Segen dieser Erlebnisse.

VORSICHTSMASSNAHMEN

Trotz alledem ist jedem kluge Vorsicht geboten, der Vorahnungen oder andere „anormale" Erlebnisse kultivieren möchte.

Zwei Persönlichkeitszüge, Absorption und Aufgeschlossenheit, fördern bekanntlich sowohl Psychopathologie als auch anormale Erlebnisse. Absorption ist die Neigung, sich in ein Erlebnis zu vertiefen. Aufgeschlossenheit für Erlebnisse ist die Veranlagung, auf neue, unkonventionelle Ideen und Erlebnisse anzusprechen und sie zu erforschen. Ein gewisses Maß an Absorptionsbereitschaft und Aufgeschlossenheit ist gesund und bei allen schöpferischen Menschen anzutreffen. Doch diese Eigenschaften können extreme Züge annehmen, so dass Menschen ihre Kritikfähigkeit verlieren. Wenn dies geschieht, kann es ihnen schwerfallen, echte Vorahnungen von Halluzinationen zu unterscheiden, und leicht widerfahren, von Wahnvorstellungen überwältigt zu werden.

Manche Dinge vertragen sich nicht gut mit Vorahnungen. Es gibt zuverlässige Belege dafür, dass traumatische Erlebnisse, zum Beispiel Misshandlungen im Kindesalter und posttraumatische Stressstörungen, zu anormalen Erlebnissen und verzerrter Realitätsprüfung beitragen können. Menschen mit einer Vorgeschichte von Drogenmissbrauch, Schizophrenie und Stimmungsstörungen, wie starken Depressionen und Neurosen, in denen sie über das normale Maß hinaus sensitiv, obsessiv, angespannt oder furchtsam sind, haben auch mit größerer Wahrscheinlichkeit anormale Erlebnisse. Manche Gehirnleiden, zum Beispiel eine Verletzung des linken Schläfenlappens und eine Dysfunktion der rechten Hirnhemisphäre, können zu Halluzinationen und Wahnvorstellungen führen. Menschen, die von einem dieser Probleme betroffen sind, sollten zweimal überlegen, bevor sie Vorahnungen gezielt kultivieren.[452]

Was steht es mit den Nachwirkungen von Psi-Erlebnissen? Fast jede Art von anormalen Erlebnissen kann unangenehme Nachwirkungen zeitigen. Psi-Forscher Ian Stevenson stellte fest, dass die häufigsten Emotionen nach telepathischen Erlebnissen Ängstlichkeit und Niedergeschlagenheit sind.[453] Bei größeren Umfragen zu außersinnlichen Erlebnissen allgemein sind die am häufigsten berichteten Emotionen Furchtsamkeit und ein Glücksgefühl.[454, 455]

Furcht ist häufig die Folge von Psi-Erlebnissen. Sie gründet gewöhnlich nicht in dem Erlebnis selbst, sondern in der vorherrschenden Einstellung des kulturellen Umfeldes zu derlei Phänomenen. Dies gilt besonders in Amerika. Eine Antwort bei einer Umfrage lautete: „Ich glaubte und glaube: Hätte ich über dieses Erlebnis gesprochen, wäre ich wohl als geisteskrank oder verwirrt behandelt worden ... Das hätte meinen Karriereaussichten schwer geschadet."[456]

Die Folgen von Psi-Erlebnissen sind deutlich abhängig vom jeweiligen

Kulturkreis. In Brasilien zum Beispiel, wo Psi-Erlebnisse weitgehend in einem günstigen Licht betrachtet werden und als Anzeichen von spirituellem Fortschritt gelten, sagten achtzig Prozent von Hochschulstudenten in einer Umfrage, dass das Erlebnis einen positiven und greifbaren Effekt auf ihr Leben gehabt habe. Manche glaubten, das Erlebnis habe ihnen entweder das Leben gerettet oder ermöglicht, das Leben einer anderen Person zu retten.[457]

Im Gegensatz hierzu besteht in den Vereinigten Staaten eine weitaus geringere Neigung, anormale Erlebnisse positiv zu deuten. Besorgt fragt man sich, was die Altersgenossen denken könnten, ob man die Psi-Fähigkeit beherrschen kann, ob einen die Überlastung von den Gedanken anderer erwerbsunfähig werden lässt oder ob die Verantwortung zu groß werde, sollte die eigene Psi-Fähigkeit ans Licht kommen.[458]

Die meisten anormalen Erlebnisse kommen ohne Einladung. Sie begegnen uns spontan, aus heiterem Himmel, und sie können verwirrend sein. Sollten Sie nach Vorahnungen oder anderen Psi-Erlebnissen psychische Schwierigkeiten erleben, rate ich Ihnen, die Hilfe eines professionellen Therapeuten zu suchen. Allerdings ist mir die traurige Tatsache bewusst, dass es nach einem Psi-Erlebnis ein ganz eigenes Risiko bedeuten kann, der psychiatrischen Profession ausgesetzt zu sein. Viele Psychiater vermögen eine echte Vorahnung nicht von einer Halluzination zu unterscheiden, und ihre Therapie kann die Sache noch verschlimmern. Viele betrachten alle Psi-Erlebnisse per definitionem als pathologisch. Halten sie sich streng an die Vorschriften, wenn sie mit einem Klienten konfrontiert sind, der behauptet, einen Einblick in die Zukunft gehabt zu haben, können sie ihn als verrückt diagnostizieren. Die „Vorschriften" sind das *Diagnostic and Statistical Manual of Mental Disorders**, das altehrwürdige DSM, das die anerkannten Kategorien psychischer Erkrankungen darlegt und wie sie zu diagnostizieren sind. Unter „schizotype Persönlichkeit" stehen dort mehrere diagnostische Kriterien, deren zwei sich als bei Vorahnungen zutreffend interpretieren lassen – magisches Denken und ungewöhnliche Wahrnehmungen. Sollte nun jemand, der eine beunruhigende Vorahnung hat, einem Psychiater vertrauen oder nicht? Angesichts der Wahrscheinlichkeit, seine Praxis mit einem Rezept für ein Neuroleptikum zu verlas-

---

* dt. Ausg.: Diagnostisches und Statistisches Manual Psychischer Störungen, Göttingen: Hogrefe 2003

sen, ist dies eine ernste und schwierige Frage. Die Medikation kann ein Desaster sein, denn ... wie heißt es doch so passend: Normale Menschen vertragen keine Medikamente für Verrückte.

Lesen Sie, wie es Anna Martínez (nicht ihr wirklicher Name), einer Hispanoamerikanerin mittleren Alters, nach einer Vorahnung erging.[459] Anna kam im Alter von fünf Jahren von Mexiko nach Los Angeles. Sie hatte es schwer im Leben, auch mit einem gewalttätigen Vater und einem chronisch arbeitslosen, trunksüchtigen Ehemann. Sie träumte häufig von ihrer Großmutter in Mexiko, die immer gesagt hatte, Anna habe „die Gabe". Anna hatte häufig präkognitive Träume, die so spezifisch waren, dass sie ihre Angehörigen in Erstaunen versetzten. Zwei Monate, bevor sie in der Psychiatrischen Station des Kreiskrankenhauses um Hilfe bat, war Anna nach einem erschreckend lebhaften Traum erwacht, in dem ihr Mann, mit dem sie seit dreiundzwanzig Jahren verheiratet war, in der Innenstadt zur Hauptverkehrszeit von einem Bordstein trat und von einem Bus erfasst wurde. Obwohl der Traum sie verfolgte, konnte sie sich nicht überwinden, ihn ihrem Gefährten zu erzählen. Zwei Wochen danach wurde Annas Mann von einem Bus getötet, nicht weit von seinem Arbeitsplatz. Als fromme Katholikin verfiel sie in Depression und Schuldgefühle, dass sie durch ihre „schlechten Gedanken" den Tod ihres Mannes verursacht habe. Sie aß und schlief nicht mehr und sagte immer wieder, dass sie von Gott bestraft würde.

Ihre Tochter brachte sie in die Notaufnahme eines großstädtischen Krankenhauses. Ein Arzt im zweiten Jahr der psychiatrischen Fachausbildung stellte den Befund „komplizierter Trauerfall mit psychotischen Zügen". Er argumentierte, dass ihr Traum und der tödliche Unfall ihres Mannes eine nur zufällige Koinzidenz seien und nun zwiespältige Emotionen gegen ihren gewalttätigen Ehemann in ihr Unbewusstes lenkten. Die Schuldgefühle über den Verlust hatten eine Depression ausgelöst bei einer Frau, deren Vorgeschichte nach seinen Maßstäben Anzeichen für eine Tendenz zur Psychose aufwies. Die Konzentration des Psychiaters auf Annas „gestörte Realitätsprüfung" führte dazu, dass sie sich noch ängstlicher und isolierter fühlte. Anna wusste, dass es keinen Zufall gab; sie hatte derlei „Zufälle" zeitlebens erlebt.

Sie wollte Dinge wissen, um die sich ihr Arzt nicht kümmerte, weil sie in seinem Weltbild keinen Platz hatten. Wie konnte sie die Zukunft vorausgesehen haben? Hatte ihre Vision den Tod ihres Mannes verursacht? Gab es etwas, das sie getan habe könnte, um seinen Unfall zu verhindern, irgendeine Möglichkeit, wie sie ihn hätte warnen können, bevor es passierte? Wie konnte sie mit sich selbst leben und dem Wissen, dass es möglicherweise ihre Gedanken waren, die ihn ums Leben gebracht hatten?[460]

Annas Besuch beim Psychiater hätte auch anders ausgehen können. Nicht alle Psychiater sind aus dem gleichen Holz geschnitzt. Es gibt gewaltige Unterschiede in ihren Einstellungen zu Psi-Phänomenen, und manche Ärzte sind recht kenntnisreich und aufgeschlossen.[461] Wenn ich nach einer Vorahnung beunruhigt wäre und professionelle Hilfe in Anspruch nehmen wollte, würde ich zuerst sicherstellen, dass der Therapeut Psi-Phänomenen gegenüber aufgeschlossen ist.[462] Ich würde auch überlegen, jemanden zu konsultieren, der eine Ausbildung in der Jungschen Tradition absolviert hat. Carl Gustav Jung erlebte im Laufe seines Lebens häufig Vorahnungen, und Vorahnungen zu respektieren, ist ein fester Bestandteil der psychiatrischen Lehre, die sich auf ihn beruft. Ich würde zudem eine Regel beachten, die für Anna hilfreich gewesen wäre: Wenn Ihr Arzt nachhaltig bewirkt, dass Sie sich schlechter fühlen, dann suchen Sie einen besseren.

Vorahnungen vermitteln Warnungen vor drohenden Ereignissen und können lebensrettend sein; doch dies ist vielleicht gar nicht die wichtigste Art und Weise, wie sie in unser Leben hereinwirken. Wenn wir sie annehmen, ernst nehmen und nutzen, können sie auch unsere Sicht der Welt tiefgreifend verwandeln, wie wir im Folgenden sehen werden.

TEIL FÜNF – VORAHNUNGEN UND UNSER WELTBILD

„Bewusstsein muss ein Teil der Natur oder, allgemeiner noch, der Wirklichkeit sein."
– NIELS BOHR, PHYSIKER UND NOBELPREISTRÄGER[462]

WEGE ZUR VORAHNUNG

Falls Vorahnungen real sind – das heißt, falls wir tatsächlich etwas erfahren können, bevor es geschieht –, haben wir uns nun in zwei der ältesten und ausweglosesten Debatten der Menschheitsgeschichte katapultiert – nämlich über die Bedeutung der Zeit und die Natur des Bewusstseins.

Wenn Vorahnungen echt sind, dann können unsere herkömmlichen, dem gesunden Menschenverstand vertrauten Überzeugungen über die Zeit – dass sie unerbittlich in eine Richtung fließt und wir nur über die Vergangenheit und die Gegenwart Kenntnis erlangen können – nicht korrekt sein, denn diese Sicht schließt Vorahnungen aus.

Doch wie soll es nun weitergehen? Welche Zeitbegriffe haben Raum für Vorahnungen?

Eine Möglichkeit ist, in Betracht zu ziehen, dass die Vergangenheit, Gegenwart und Zukunft gleichzeitig präsent sind in einer Wirklichkeit, die Physiker als *Blockuniversum* bezeichnen und die einer ewigen Gegenwart ähnlich ist. In einer solchen Welt hätten Vorahnungen nichts Überraschendes. Tatsächlich wäre der Begriff „Zukunftswissen" eine falsche Bezeichnung, weil die Zukunft und die Gegenwart gleichzeitig existierten. Der Physiker David J. Miller vom *Centre for Time* an der Universität Sydney, Australien, sagt: „Aus der Sicht des Blockuniversums sind Zukunft und Vergangenheit nicht irgendwie anders, deshalb gibt es keinen

Grund, warum es keine Ursachen aus der Zukunft geben könnte, wie es ja auch Ursachen aus der Vergangenheit gibt."[464]

Oder vielleicht kann sich die Zeit, wie manche Physiker behaupten, über „geschlossene zeitähnliche Schleifen" zurückkrümmen, wodurch es möglich wird, dass Information aus der Zukunft in der Gegenwart auftaucht.

Vielleicht sollten wir die Zeit auf eine neue Weise betrachten, indem wir unsere Wahrnehmungen verändern. Dass die Zeit in eine einzige Richtung fließt, halten die meisten Physiker für eine psychologische Illusion. Können wir die Illusion aufgeben? Können wir „die Zeit verändern", indem wir unsere Denkweise ändern? Die Antwort scheint Ja zu lauten. Viele Traditionen der Meditation lehren ihre Ausübenden, gleichsam aus der Zeit auszutreten und sie als ein ewiges Jetzt zu erleben. Das Ergebnis ist eine Vorahnungs-freundliche Version der Wirklichkeit.

Doch es gibt ein Problem, und dies hängt mit der Natur des Bewusstseins zusammen. Fast alle neuen Zugänge zur Zeit, die in der Wissenschaft gegenwärtig kursieren, gehen davon aus, dass Bewusstsein auf Gehirn und Körper beschränkt ist. Aber vielleicht ist der Fall das nicht. Vielleicht kann es sich in Raum und Zeit frei bewegen. In diesem Falle könnte es der Gegenwart entkommen und in der Zeit vorauseilen, eine Vision aufschnappen und ins Jetzt zurückhuschen, und das Ergebnis ist das, was wir als eine Vorahnung erleben. Oder vielleicht ist Bewusstsein bereits überall in Raum und Zeit anwesend. Dann gäbe es keine Notwendigkeit, sich irgendwohin zu bewegen. In diesem Falle hätte das Bewusstsein Zugang zu aller Information, die es gibt, die es je gab und die es je geben wird. Dies würde bedeuten, dass Vorahnungen ganz selbstverständlich eintreten, weil keine Information vor dem Bewusstsein abgeschirmt wäre. Wir könnten Informationen aus der Zukunft und der Vergangenheit ebenso leicht erlangen wie aus der Gegenwart. Vorahnungen hätten nichts Radikales oder Besonderes an sich, und wir bräuchten kein Aufhebens um sie zu machen.

So können wir uns den Weg zu der Möglichkeit von Vorahnungen erarbeiten, indem wir unsere Sicht der Zeit mit Hilfe aktueller Modelle in der Physik neu justieren, indem wir durch meditative Zugänge die Illusion von einer fließenden Einbahn-Zeit aufgeben, indem wir uns neue Gedanken über die Natur des Bewusstseins machen – oder durch eine beliebige Kombination dieser Alternativen.

Doch es gibt einen weiteren Weg, den Weg der Evidenz: Er ist nicht spekulativ, theoretisch oder philosophisch. Er stützt sich nicht auf Argumente, sondern auf Fakten.

Joseph B. Rhine, der legendäre Begründer der experimentellen Parapsychologie in den Vereinigten Staaten, beschritt diesen Weg auf beispielhafte Weise. Wie so viele Philosophen und Wissenschaftler heute, hatte er seine Schwierigkeiten mit der Vorstellung, dass es Präkognition geben *könnte,* denn dies würde bedeuten, so sagte er, dass eine Wirkung vor der Ursache komme. „Es ist schwer zu begreifen, wie der Akt der Wahrnehmung, die ja das Ergebnis ist, vor seiner Ursache geschehen kann", so Rhine. „Wenn es überhaupt eine Gelegenheit in der Wissenschaft gibt, bei der es angebracht erscheint, das Wort unmöglich zu verwenden, dann wäre dies, wenn die Hypothese der Prophetie vorgebracht wird."[465] Aber Rhine fügte hinzu, dass die Theorie mit der Beweislage übereinstimmen müsse, und da Zukunftswissen experimentell demonstriert worden sei, sollte die Wissenschaft seiner Meinung nach ihr Weltbild anpassen, um die Präkognition unterbringen zu können.

Und so sollte das Evidenz-Spiel bei der Beurteilung von Vorahnungen gespielt werden: Die Theorie muss sich den Fakten beugen. Sentimentalität muss beiseite gelegt und unser liebstes *Sollte* und *Müsste* verworfen werden, ganz gleich wie hart dieses Vorgehen unsere persönlichen Ansichten und liebgewonnenen Theorien auch treffen mag. Thomas Henry Huxley, Darwins großer Unterstützer und Verteidiger, beschrieb diesen Vorgang als „die größte Tragödie der Wissenschaft: die Ermordung einer schönen Theorie durch eine hässliche Tatsache".[466]

UNSERE GELIEBTE ZEIT

Unser persönliches Leben und unsere Zivilisation haben wir auf unsere Vorstellung von der in eine Richtung fließenden Zeit gebaut.

Werfen wir zum Beispiel einen Blick auf unser Rechtssystem. Unsere Vorstellung von Gerechtigkeit und abgestufter Bestrafung geht von der linearen „Einbahn-Zeit" aus. Diese Version der Zeit sagt uns, dass eine einjährige Strafe für ein Verbrechen schwerer sei als eine Strafe von sechs Monaten; eine zehnjährige Strafe wiederum sei noch härter. Würde die Zeit nicht gleichförmig in eine Richtung fließen, wären diese individuell angemessenen Strafen sinnlos. Wäre die Zeit anders beschaffen, könnten Falschparker mit lebenslanger Haft bestraft werden und Vergewaltiger mit einem Tag Knast davonkommen.

Das westliche Ethos von harter Arbeit, Optimismus und Forschritt setzt die Einbahn-Zeit voraus. Wir sagen: Wenn wir uns abmühen, können wir für unsere Kinder und uns selbst eine bessere Zukunft aufbauen und die Welt zu einem besseren Ort gestalten. Diese Überzeugungen verkörpern Möglichkeiten, die erst noch kommen müssen, ein Morgen, eine Zukunft jenseits des Horizonts.

Im Christentum gibt es eine Zeit, die wie ein Faden vom Augenblick der Schöpfung bis zum Jüngsten Gericht und zur Erhebung in den Himmel verläuft. Wie auch in unserem Rechtssystem, verlangen die Lehren von Sünde und Erlösung, Schuld und Strafe die Sicht der linearen Einbahn-Zeit.

Wäre die Zeit nicht linear und verliefe sie nicht in eine Richtung, wäre der Kapitalismus bedroht. Ersparnisse, Kredite, Investitionen und das Anhäufen von Zinsen gehen davon aus, dass die Zukunft stets vor uns liegt. Funktionierte die Zeit anders, könnten die Banken, Kreditinstitute und Börsen nicht so funktionieren, wie wir es kennen. Zahlungsfristen und Zwangsvollstreckungen hätten keinen Sinn. Die Versicherungsindustrie würde zusammenbrechen, weil Altern und Tod nicht die Dringlichkeit vermitteln würden, die sie heute für uns haben. Versicherungspolicen würden nicht reifen – aber auch der menschliche Körper nicht, der sich stattdessen womöglich verjüngte.

Demokratie und freie Wahlen sind zweifelhaft, wenn die Zeit nicht in die Zukunft fließt. Wahlen setzen Verantwortung voraus und sollen das Auswechseln von Amtsträgern ermöglichen, die ihrer Aufgabe nicht gewachsen sind. Wenn der Pfeil der Zeit nicht in die Zukunft gerichtet ist, wäre die Vorstellung vom Wandel durch Wahlen ebenso wie die Vorstellung von Fortschritt überhaupt unsinnig.

Wenn die Zeit sich nicht benähme, würden die Rituale des täglichen Lebens auf den Kopf gestellt. Pünktlichkeit hätte keinen Wert mehr. Niemand könnte zu spät zur Arbeit kommen, und unser Essen würde nicht anbrennen, wenn wir es zu lange auf dem Herd lassen. Die Vorbeugung von Krankheiten hätte keinen Sinn, Alterung fände nicht statt, Zahnverfall wäre eine Fiktion und der Kaffee in der Tasse würde vielleicht heißer statt abzukühlen.

Ist es da ein Wunder, dass wir unseren Glauben an die in eine einzige Richtung fließende Zeit so hartnäckig verteidigen? Diese Sicht ist so tief verwurzelt in und Bestandteil von unserem Leben, dass wir heftig reagieren, wenn jemand sie in Frage stellt. Wenn jene Zeitspezialisten anfangen, an unseren liebgewonnenen und gehegten Überzeugungen zur Zeit herumzudoktern, fühlen wir uns bedroht, verwünschen die Physiker als Fachidioten und wenden uns ab. Was wissen *sie* denn? Wir schützen unserer Sicht der Zeit, als wäre sie unser geliebtes Kind.

ZEIT-VERWIRRUNG

Zeit bedeutet für unterschiedliche Menschen unterschiedliche Dinge. Der Dichter und Essayist Henry van Dyke sagte: „Die Zeit ist zu langsam für die, die warten, zu schnell für die, die sich fürchten, zu lang für die, die trauern, zu kurz für die, die frohlocken, doch für die, die lieben, bedeutet Zeit Ewigkeit."[467]

Wir kommen nicht daran vorbei: Um Vorahnungen zu verstehen, müssen wir zuerst die Zeit verstehen. Die Wissenschaft kann uns leider nicht letztgültig erklären, was Zeit ist. Der Physiker Paul Davies nannte die Zeit „Einsteins unvollendete Revolution".[468]

Vor sechzehn Jahrhunderten brachte Augustinus seine Frustration mit der Zeit zum Ausdruck: „Was also ist Zeit? Wenn mich niemand danach fragt, weiß ich es; will ich es einem Fragenden erklären, weiß ich es nicht."[469] Es hat sich nicht viel geändert. Der Physiker und Nobelpreisträger Richard Feynman sagte im Grunde das Gleiche wie Augustinus: „Was ist Zeit? Wir Physiker arbeiten jeden Tag mit ihr, aber fragen Sie mich nicht, was sie ist. Es ist einfach zu schwierig, darüber nachzudenken."[470]

Während die meisten Menschen ihr Leben unberührt von diesen Zeit-Schwierigkeiten absolvieren, entdecken andere, dass es keine Möglichkeit gibt, die große Zeit-Debatte zu umgehen. Ich erinnere mich, wie ich selbst als Student an der Universität von Texas in Austin auf diese Probleme gestoßen bin. Ich hatte mich für einen Kurs in klassischer Physik eingeschrieben. Mehrere Studenten hatten Professor Hutchinson überredet, vom Vorlesungsplan abzuweichen und eine Stunde Einsteins *Spezieller Relativitätstheorie* zu widmen. Er stimmte zu und packte in diese Stunde so viel er konnte, einschließlich der schwindelerregenden Paradoxa, für die Einstein und sein geistiges Kind berühmt sind. Der Professor erklärte zum Beispiel: Wenn ein Zwilling auf einer Rakete mit Beinahe-Lichtgeschwindigkeit ins All fliegt, wird er bei seiner Rückkehr auf die Erde jünger sein als sein dort zurückgebliebener Zwilling. Wenn sie sich der Lichtgeschwindigkeit annähern, gehen Uhren langsamer, und die Masse eines Objekts nimmt zu: Bei Erreichen der Lichtgeschwindigkeit bleibt die Zeit stehen und die Masse des Objekts wird unendlich. Die Länge von Maßstäben verkürzt sich, wenn sie auf Lichtgeschwindigkeit beschleunigt werden. Am Ende der Vorlesung waren wir alle fassungs- und sprachlos – außer einem Kommilitonen, der durchdrehte. Außerstande sich zu beherrschen, warf er seinen Block auf den Fußboden, stand auf, schwenkte die Faust und rief aufgebracht und in breitestem Texanisch: „Dr. Hutchinson, *erwarten Sie wirklich, dass wir Ihnen diesen Scheiß abnehmen?*"

Ich habe mich oft gefragt, was mein skeptischer, aufgewühlter Studienkollege wohl dachte, als Reisen ins All Wirklichkeit wurden. Hätte er weiterhin geleugnet, dass bewegte Objekte langsamer altern als ortsfeste? Der Kosmonaut Sergei Awdejew, der in drei Raumflügen 748 Tage lang die Erde umkreiste, ist etwa eine fünfzigstel Sekunde jünger, als wenn er zu Hause am Boden geblieben wäre. „Mit anderen Worten", sagt der Astrophysiker J. Richard Gott von der Princeton University, „er ist auf einer Zeitreise etwa eine fünfzigstel Sekunde in die Zukunft gelangt. Das ist nicht viel, doch mit schnelleren Raketen könnte es mehr sein."[471]

Die Zeit-Paradoxa in der modernen Physik „sind ausreichend, um Ihre Neuronen zu Fehlzündungen, zum Knistern und Explodieren zu bringen", sagt die Wissenschaftsjournalistin Amanda Gefter. „Die Physiker haben sich lange abgemüht, um zu verstehen, was Zeit wirklich ist. Tatsächlich sind sie nicht einmal sicher, ob sie überhaupt existiert. ... Einige Forscher sagen immer entschiedener, dass Zeit kein grundlegendes Merkmal der Natur ist, sondern vielmehr ein Kunstprodukt unserer Wahrnehmung."

Zusammenfassend behauptet Gefter: „Der größte Streich, den uns das Universum je gespielt hat, war, uns davon zu überzeugen, dass Zeit existiere."[472] Der Physiker Davies beschreibt diesen Trick: „Begriffe wie ‚die Vergangenheit', ‚die Gegenwart' und ‚die Zukunft' scheinen mehr linguistischer als physikalischer Natur zu sein. In der Physik gibt es nichts dergleichen ... Noch nie ist ein physikalisches Experiment durchgeführt worden, um den Ablauf der Zeit zu entdecken."[473]

Einstein stimmte damit überein. In einem Kondolenzbrief an die Familie seines besten Freundes schrieb er: „Für uns gläubige Physiker bedeutet die Trennung zwischen Vergangenheit, Gegenwart und Zukunft jedoch nichts weiter als eine Illusion, wenn auch eine besonders hartnäckige."[474]

Kein Ereignis in den letzten Jahren hat den ungeklärten Stand der Dinge rund um die Zeit besser illustriert als ein Treffen von etwa zwei Dutzend Spitzenphysikern, -historikern und -philosophen beim „Seven Pines Symposium" in Stillwater, Minnesota, im Jahre 2001. Der Zweck des Treffens war, sich über die Natur der Zeit auszutauschen. Die Behauptung, man habe keine Einigung erzielt, ist eine Untertreibung. Die Meinungen gingen so weit auseinander, dass ein Physik-Professor berichtete: „Ich sehe nicht einmal ein Anzeichen dafür, dass sie über unterschiedliche Teile desselben Elefanten sprechen."[475] Der Leiter des Meetings beschloss dieses nicht unter Bezugnahme auf mathematische Gleichungen oder experimentell gewonnene Erkenntnisse, sondern mit den Worten des chinesischen Weisen Lao-Tse über Zeit und Raum:

„Diese beiden entspringen der gleichen Quelle, unterscheiden sich jedoch im Namen: Dies erscheint dunkel. Dunkel inmitten von Dunkelheit. Das Tor zu allem Geheimnis."

Wenn sich Physiker mit der Zeit beschäftigen, so führt dies nicht selten zu allgemeinem Entsetzen. Denken wir nur an die Weltuntergangsängste, die ausgelöst wurden, als Physiker im September 2008 den Großen Hadronen-Speicherring (Large Hadron Collider, LHC) an der Europäischen Organisation für Kernforschung (CERN) in der Nähe von Genf in Betrieb nahmen.[476] Der LHC ist ein rund vier Milliarden Euro teurer Teilchenbeschleuniger, in dem man Photonenstrahlen mit Fast-Lichtgeschwindigkeit auf einer knapp siebenundzwanzig Kilometer langen

Kreisbahn rasen und mit einander kollidieren lässt, um die Bedingungen unmittelbar nach dem Urknall nachzubilden und dann die Trümmer zu beobachten, in der Hoffnung, daraus mehr über den Ursprung des Universums zu erfahren. Dieser Schritt in die Tiefen der Zeit, zum frühesten Beginn des Universums, führte zu Klagen und Gerichtsverfahren in Europa und den Vereinigten Staaten. Kritiker befürchteten, das Experiment werde ein winziges schwarzes Loch erzeugen, das sich blitzschnell ausdehnen und die Erde verschlingen könnte. Schlagzeilen rund um den Globus kündigten Desaster biblischen Ausmaßes an. Eine britische Zeitung, *The Sun,* posaunte: „IN NEUN TAGEN: DAS ENDE DER WELT!"[477] Physikern wurde vorgeworfen, sie spielten Gott, und einige Kritiker tauften das Experiment in „Weltuntergangs-Test" um. Den gerichtlichen Klagen wurde nicht stattgegeben, und am 10. September 2008 wurde die größte und teuerste wissenschaftliche Maschine der Geschichte angeschaltet. Keine schwarzen Löcher verschlangen die Erde, sondern etwas Unerwartetes geschah: Es ging kaputt. Wenige Tage nach der Inbetriebnahme war das LHC bereits wieder außer Betrieb – laut CERN wegen des Versagens einer einzigen schlecht gelöteten elektrischen Verbindung.[478]

Viele Faktoren hatten zu der Angst vor dem LHC-Start beigetragen, darunter auch eine Glaubwürdigkeitslücke, die die Hochenergiephysik umgibt. Schließlich sind Atombomben, die das Ende allen Lebens auf der Erde herbeiführen können, das greifbarste Resultat der Kernforschung im vergangenen halben Jahrhundert. Die Aussicht auf einen Versuch, die Schöpfung neu zu inszenieren – „mit der Zeit herumzuspielen", wie ein Beobachter es nannte –, schürte ebenfalls Ängste.

VORAHNUNGEN WIDERSPRECHEN NICHT DEN NATURGESETZEN.

Skeptiker haben schon seit langem argumentiert, dass es Vorahnungen nicht geben könne, weil sie gegen die Gesetze der Natur verstießen. Da es freilich keinen Konsens über das Wesen der Zeit gibt, bleibt unklar, welche Gesetze Vorahnungen angeblich verletzen. So sind es wohl weniger die Naturgesetze, die hier verletzt werden, als unsere Annahmen darüber, wie Dinge sein sollten. Die Zeit scheint in eine Richtung zu fließen. Aber wie wir wissen, ist nicht alles genau so, wie es uns erscheint.

Manche Wissenschaftler sind zu der Ansicht gelangt, dass Vorahnungen mit der zeitgenössischen Physik vereinbar sind. Sie glauben, dass die Zukunft sich mit der Gegenwart vermischen könnte und sich damit eine Tür zum Zukunftswissen öffne. Ein Beispiel ist Brian Josephson, Physiker und Nobelpreisträger an der Universität Cambridge. Josephson ist fasziniert von den computer-gestützten Vorausempfindungs-Experimenten von Dean Radin, die zeigen, dass Menschen die Zukunft erspüren können. „Bis dato", so Josephson, „scheint die Beweislage stringent. Was hier anscheinend geschieht, ist, dass Information aus der Zukunft kommt. Tatsächlich ist es in der Physik jedoch nicht klar, warum man die Zukunft nicht sehen kann. Aus der Sicht der Physik können wir diesen Effekt gewiss nicht völlig ausschließen."[479]

Der Physiker Richard Shoup vom *Boundary Institute* in Los Altos, Kalifornien, glaubt, das wir von rückwärts wirkenden Einflüssen umgeben seien, durch welche die Zukunft die Gegenwart bewirke.[480] Warum wir die meisten dieser rückwärts-bewirkten Effekte nicht sehen, liegt daran, dass sie oft klein und subtil sind – und weil wir am falschen Ort nach ihnen suchen. Um sie zu sehen, müssen wir aufmerksamer sein, wir müssen sie wahrnehmen *wollen*. Und wir müssen sie aus ihren Verstecken locken und ihnen einen Schubs geben, damit sie sich zeigen, wie Radin und andere es bei ihren Vorausempfindungs- und Online-Präkognitions-Experimenten getan haben. Shoup glaubt, dass man die Wichtigkeit dieser Forschung kaum überschätzen könne. Sie könnte eine Neuinterpretation oder Neuformulierung der Quantentheorie verlangen, und sogar ein Überdenken der wissenschaftlichen Methode an sich.[481]

Andere insistieren, dass es im Rahmen der heutigen Physik reichlich Raum auch für Vorahnungen gebe und kein weiteres Herumbasteln notwendig sei. So sagte zum Beispiel der bedeutende Physiker Gerald Feinberg bei einer Diskussion über Psi-Ereignisse: „Falls solche Phänomene tatsächlich geschehen, bedürfte es keiner Veränderungen in den fundamentalen Gleichungen der Physik, um sie zu beschreiben."[482] Feinberg bezog sich auf die wohlbekannte Tatsache, dass in der klassischen Physik

Newtons Bewegungsgesetze in beiden Richtungen, vorwärts und rückwärts, gleich gut funktionieren und dies auch auf dem Gebiet der Elektrodynamik für die Maxwell-Gleichungen gilt. Es trifft auch für die berühmte Schrödinger-Gleichung in der Quantenphysik zu.[483] Der Physiker O. Costa de Beauregard teilte die Einschätzung Feinbergs und bemerkte: „Die heutige Physik hat Raum für die Existenz sogenannter paranormaler Phänomene wie Telepathie, Präkognition und Psychokinese ... Das ganze Konzept der Nichtlokalität in der heutigen Physik setzt diese Möglichkeit voraus."[484] Der Physiker Henry Margenau pflichtete bei mit den Worten: „Seltsamerweise scheint es nicht möglich zu sein, die wissenschaftlichen Gesetze oder Prinzipien zu finden, die von der Existenz der [Psi-Phänomene] verletzt werden."[485]

Mehr als ein Jahrhundert lang lautete der Haupteinwand von Skeptikern, dass Vorahnungen Naturgesetze verletzten. Dieser Vorwurf ist nichtig aus zwei Gründen: Erstens *erlaubt* die aktuelle Wissenschaft Vorahnungen und verbietet sie nicht, wie die Kommentare der oben zitierten Wissenschaftler zeigen. Zweitens, selbst wenn Skeptiker ein „Naturgesetz" aus dem Hut zaubern, das verletzt zu sein scheint, müsste das sogenannte Gesetz den hartnäckigen Fakten angepasst werden, nämlich dass in anspruchsvollen Experimenten, die inzwischen überall auf der Welt wiederholt werden, Vorauswissen über jeden vernünftigen Zweifel hinweg dokumentiert worden ist.

KÖNNEN WIR DIE VERGANGENHEIT BEEINFLUSSEN?

Wenn wir die Zukunft erfahren und Maßnahmen ergreifen können, um sie zu verändern – indem wir uns entscheiden, nicht mit einem Zug oder Flugzeug zu verreisen, den oder das wir in einem Traum verunglücken sahen –, ist es dann vielleicht auch möglich, die Vergangenheit zu verändern? Der gesunde Menschenverstand verneint dies: Ereignisse in der Vergangenheit sind bereits geschehen und deshalb fest und unveränderlich. Aber wie die Aussagen moderner Physiker über das Wesen der Zeit zeigen, ist der gesunde Menschenverstand nicht immer eine verlässliche Orientierung bei der Frage, wie Dinge funktionieren.

William Braud, Forschungsleiter am *Institute of Transpersonal Psychology* in Palo Alto, Kalifornien, begutachtete vierundzwanzig veröffentlichte Experimente, bei denen Menschen versuchen, in der Zeit „zurückzugreifen", um mental Ereignisse zu beeinflussen, die vermutlich bereits geschehen sind.[486]

Studien mit unbelebten Objekten: Fünf dieser Experimente betrafen unbelebte Objekte, wie elektronische Zufallsgeneratoren. Probanden waren imstande, erfolgreich deren Ausgaben zu beeinflussen, *nachdem* die Maschine gelaufen war, *wenn* die frühere Ausgabe der Maschine aufgezeichnet, aber von keinem Menschen tatsächlich beobachtet worden ist. Die Wahrscheinlichkeit, dass die erfolgreichen Resultate durch Zufall zu erklären sind, lag bei weniger als 1 : 10.000.[487]

Betrachten wir ein typisches Experiment dieser Art, an dem ein computer-ähnlicher Zufalls[ereignis]generator beteiligt ist, der eine zufällige Reihe von Einsen und Nullen ausspucken soll. Von dem, was er von sich gibt, wird eine Aufzeichnung gemacht, die jedoch niemand verfolgt. Weil der Ausstoß wirklich zufällig ist, sollte eine Aufzeichnung über längere Zeit die gleiche Anzahl von Einsen und Nullen aufweisen. Nachdem die Maschine das Ihre getan hat und die Aufzeichnung abgeschlossen ist, versucht jemand mental, das Ergebnis so zu beeinflussen, dass die Aufzeichnung mehr Einsen oder mehr Nullen enthält. Wenn die Aufzeichnung danach geprüft wird, stellt sich heraus, dass sie nicht gleich viele Einsen und Nullen aufweist, sondern dass die Nullen oder Einsen überwiegen – je nach der Entscheidung des Probanden, der versucht hatte, das Ergebnis gedanklich zu beeinflussen. Dies wurde in Dutzenden von Experimenten wiederholt, und es hat den Anschein, als reichten die Absichten der Versuchsperson durch die Zeit zurück und beeinflussten den Zufallsprozess tatsächlich.[488]

Warum konnte dies nicht gelingen, wenn die Aufzeichnung der Zufallsausgabe von jemandem beobachtet wurde? Gemäß der am weitesten akzeptierten Deutung der Quantenphysik sind Geschehnisse auf der subatomaren oder Quantenstufe nicht real, bis sie beobachtet werden. Bevor sie beobachtet werden, existieren sie als ein Spektrum von Möglichkeiten, nicht Tatsächlichkeiten. Im Vorgang der Betrachtung fallen alle Möglichkeiten zu einem einzigen erkennbaren Ereignis zusammen. Psi-Experimentatoren sagen: Wenn Quanten-Ereignisse vor ihrer Betrachtung nicht fixiert sind, bleiben sie in diesem Zustand empfänglich für die Intentionen und Wünsche der Betrachter in der Gegenwart. Sie jedoch erst nach der Betrachtung zu untersuchen, sei uneffektiv, da sie durch die Betrachtung unveränderlich geworden sind.

Studien mit lebenden Systemen: Braud untersuchte auch neunzehn Experimente, in denen einzelne Probanden versuchten, Zufallsprozesse in lebendigen Systemen – menschlichen und nicht-menschlichen – mental zu beeinflussen, nachdem sie geschehen und aufgezeichnet waren, aber bevor jemand die Aufzeichnungen betrachtet hatte.

Zum Beispiel zeichneten im Jahre 1998 Dean Radin und seine Kollegen die ungeordneten Schwankungen der elektrodermalen Aktivität (d.h. der elektrischen Leitfähigkeit bzw. des Leitungswiderstandes als Anzeichen für eine Veränderung der Schweißsekretion) bei Versuchspersonen in Las Vegas, Nevada, auf. Die Aufzeichnungen dieser Sitzungen wurden ohne weitere Betrachtung gespeichert. Zwei Monate später versuchten Heiler in Brasilien, zehntausend Kilometer entfernt, die Aufzeichnungen in eine bestimmte Richtung zu beeinflussen. Sie waren erfolgreich, und dies bei einer Wahrscheinlichkeit von 1,6 : 100 gegen die Zufälligkeit eines solchen Resultates.[489]

In drei Experimenten wurde das ungeregelte Einfahren von Autos in einen Tunnel im Zentrum Wiens während der Hauptverkehrszeit durch einen Fahrzeugzähler registriert. Die Aufzeichnung wurde in Klickgeräusche umgewandelt, die die Versuchspersonen dreißig bis fünfundvierzig Tage später in eine bestimmte Richtung zu verändern versuchten. In zwei von drei Experimenten waren sie dabei erfolgreich.[490]

In weiteren Studien versuchten Probanden, früher entstandene, aber noch nicht gesichtete Aufzeichnungen anderer zufälliger Aktivitäten lebender Organismen zu beeinflussen: Die Bewegungen von Rennmäusen in einem Laufrad, die Vermehrung von Blutparasiten in Ratten, das Betreten eines Supermarktes durch Kunden und die Atemfrequenz von Menschen. Die kombinierten Ergebnisse aller neunzehn Studien dieser Art waren enorm positiv, und dies bei einer Zufallswahrscheinlichkeit von weniger als 1 : 3.000.000. Wie statistisch signifikant waren die erfolgreichen Beeinflussungen? Braud fand heraus, dass die durchschnittliche Wirkung zehn Mal so groß war wie jene, die in den medizinischen Studien erzielt wurden, welche die Wirksamkeit von Aspirin zur Reduzierung des Infarktrisikos ermittelten.[491, 492]

Ein entscheidender Faktor ist auch hier, dass die ursprüngliche Aufzeichnung des registrierten Geschehens noch nicht betrachtet worden ist. Die Betrachtung scheint das Ergebnis in einen unveränderlichen Zustand zu „fixieren". Hat aber keine Betrachtung stattgefunden, bleiben die Ereignisse für unbestimmte Zeit „Saatmomente", wie Braud es bildhaft nannte, das heißt, sie können zu Ergebnissen auskeimen, die jemand zu einem späteren Zeitpunkt wählt.

RÜCKWIRKENDES BETEN: FÜRBITTEN IN DIE VERGANGENHEIT

Unsere Versuche, die Vergangenheit zu beeinflussen, dürften weitreichende Auswirkungen auf die menschliche Gesundheit haben. Im Jahre 2001 testete Leonard Leibovici, Professor der Medizin am *Rabin Medical Center* in Petah Tikva, Israel, diese Möglichkeit.[493] Er führte eine randomisierte Doppelblindstudie durch, bei der Gebete für erwachsene Patienten dargebracht wurden, die vier bis zehn Jahre früher wegen einer Sepsis („Blutvergiftung") ins Krankenhaus eingeliefert worden waren. Für ungefähr die Hälfte der 3393 Patienten wurde rückwirkend gebetet, für die andere nicht. Nachdem für die Patienten gebetet worden war, stellte sich bei der Durchsicht ihrer Krankenakten heraus, dass die Krankenhausaufenthalte der Patienten, für die gebetet wurde, erheblich kürzer waren – auch die Dauer ihres Fiebers –, als bei den Patienten, für die „jetzt" nicht gebetet wurde.*

Ich sollte hinzufügen, dass Leibovici der Idee, dass die Wünsche oder Gebete von Menschen eine andere Person aus der Ferne beeinflussen

---

* siehe auch: Olshansky B, Dossey L, „Retroactive prayer: A preposterous hypothesis?", in: British Medical Journal vom 20.12.2003, S. 1465-68; verfügbar über www.bmj.com

könnten – ob in der Vergangenheit, Gegenwart oder Zukunft –, ausgesprochen skeptisch gegenübersteht. Er deutet das Ergebnis seiner Studie *nicht* als Beweis dafür, dass Heilungsabsichten oder Gebete die Vergangenheit ändern, sondern als Beleg, dass die Forschung auf diesem Gebiet derartig merkwürdige Resultate zeitigt, dass man ihr nicht trauen kann – auch nicht seiner eigenen, sorgfältig konstruierten Studie.

Wie ließen sich die Ergebnisse von Leibovicis Experiment erklären? Es ist unwahrscheinlich, dass Gebete und Wünsche von Menschen in der Gegenwart in die Vergangenheit zurückreichen, um den Krankheitsverlauf von Patienten zu verändern, nachdem er bereits dokumentiert war. Wahrscheinlicher ist, dass die Veränderung bewirkt wurde, während sich der Verlauf der Erkrankung noch gestaltete und bevor die verschiedenen Formen von ärztlicher Betrachtung zur Anwendung kamen – Untersuchungen, Proben, Bluttests, Röntgenbilder, Durchleuchtungen und so weiter. Alle Krankheiten haben einen Anfang, vermutlich einschließlich einer Phase, in der subatomare Vorgänge auf Quantenebene im Spiele sind als eine Sammlung von Möglichkeiten, die in unterschiedliche Richtungen beeinflusst werden können. Wie ein Hemd, das gewaschen, aber nicht gebügelt worden ist, haben die physiologischen Prozesse des Patienten noch keine bleibenden Bügelfalten oder Glättungen angenommen. Die Krankheit hat sich noch nicht ausgebildet; gesunde Funktion bleibt eine Möglichkeit. Braud, wie erwähnt, hält jene frühesten Phasen vor der Befund-nehmenden Betrachtung für „Saatmomente", in denen der Krankheitsprozess noch empfänglich ist für Gedanken, Wünsche und Gebete.

Leibovicis kühnes Experiment legt nahe, dass „früher" und „später" für bestimmte Operationen des Bewusstseins keine Bedeutung haben. Unsere Gedanken und Intentionen mögen in der Zeit vorwärts wirken – wie bei Vorahnungen – oder auch rückwärts, wie im rückwirkenden Gebet und anderen Formen von nachträglicher Beeinflussung. Unsere *Vor*-Ahnungen könnten *Zurück*-Ahnungen symmetrisch gegenüberstehen.

QUANTEN-MÖGLICHKEITEN

Eines der einfachsten, und doch tiefgreifendsten und verblüffendsten Experimente in der Geschichte der Physik ist das sogenannte *Doppelspaltexperiment*. Seine historische Entdeckung wird gewöhnlich dem englischen Wissenschaftler Thomas Young zugeschrieben, der um 1800 zu bestimmen versuchte, ob Licht aus Teilchen oder aus Wellen besteht. Young gelangte zu der erstaunlichen Erkenntnis, dass Licht beides sein konnte, je nachdem, wie man das Experiment in Angriff nahm.

Man stelle sich einen Strom von Lichtteilchen (Photonen) vor – oder einen Strom von Elektronen oder anderen subatomaren Teilchen –, der auf eine Wand oder Blende mit zwei schmalen, parallelen Schlitzen gerichtet wird. Jenseits der Barriere ist ein Schirm oder eine Videokamera, die registriert, wenn sie von den Photonen getroffen wird. Wenn nur einer der Schlitze geöffnet ist, wird der Schirm oder die Kamera eine Verteilung der Treffer registrieren, die sich direkt hinter bzw. gegenüber dem geöffneten Schlitz konzentriert – wie man es erwarten kann, wenn die Photonen Teilchen wären. Wenn jedoch beide Schlitze geöffnet sind, entsteht ein anderes Muster. In diesem Fall sieht man ein Interferenzmuster, das nur entstehen kann, wenn die Photonen sich wie Wellen verhalten, die einander überlagern.

Bei einem anderen Aufbau versucht man nun, nicht einen Strom oder Strahl von Photonen, sondern einzelne Photonen auf die Barriere abzufeuern, während ein Schlitz geöffnet ist. Wieder zeigt sich, wie zu erwarten war, die Häufung der Treffer auf dem dahinter liegenden Schirm wie eine Projektion des ursprünglichen Spalts. Nun öffnet man beide Schlitze und feuert einzelne Photonen. Bei dieser Anordnung erwartet man zwei parallele Trefferhäufungen entsprechend den beiden Schlitzen – je einen Streifen hinter jedem Schlitz. Doch diese Erwartung wird enttäuscht. Statt dessen zeigt sich das Interferenzmuster, das nur entstehen kann, wenn das einzelne Photon beide Schlitze gleichzeitig passiert wie eine Welle, so dass die hinter den Schlitzen austretenden Wellen einander überlagern und dabei neutralisieren bis addieren und so auf dem Schirm schließlich das typische Interferenzmuster erzeugen.

Doch woher weiß das einzelne Photon, ob es sich wie ein Teilchen oder wie eine Welle zu verhalten hat? Woher weiß es auf seinem Weg zu dem Hindernis, ob ein oder zwei Schlitze geöffnet sein werden? Ist das Vorauswissen?

Angenommen, wir probieren, das Photon mit einer „verzögerten Wahl", dem „Delayed-choice-Experiment" auszutricksen, das der Physiker John A. Wheeler vorgeschlagen hat. Wir installieren einen Verschluss vor einen der Schlitze, der so schnell ist, dass wir ihn öffnen oder schließen können, *nachdem* das Photon durch die Schlitze in der Barriere gegangen ist, doch bevor es auf dem Schirm oder von der Kamera registriert wird. Ergebnis: Wenn wir einen Spalt geschlossen haben, nachdem das Photon ihn passiert hat, zeigt der Schirm das typische Teilchen-Muster. Wenn beide Schlitze geöffnet bleiben, wird das Interferenzmuster registriert, das Wellen erzeugen. Auf irgendeine Weise „weiß" das Photon, dass einer der Schlitze geschlossen oder beide offen sein *werden – nachdem* es sie bereits passiert hat.

Der Psi-Forscher und Theoretiker Dean Radin schrieb: „Irgendwie 'weiß' das Photon, *nachdem* es die Schlitze bereits passiert hat, das einer von ihnen *später* geschlossen wird."[494] Radin sagt nicht, ein subatomares Teilchen wisse etwas auf die gleiche Weise, wie ein Mensch weiß. Vermutlich kennt es keine Vorgänge wie Vernunft, Analyse, Schlussfolgerung, Intuition oder irgendwelche anderen Prozesse, die der menschlichen Erkenntnis dienen. Aber wenn wir das Verhalten des Photons von all diesen menschlichen Attributen freimachen, bleibt doch eine Art von Zukunftswissen. Dieses anscheinende Vorauswissen, ob ein Spalt geöffnet oder geschlossen sein wird, ist im Grunde nichts anderes als – Vorahnung.

Vielleicht aber weiß das subatomare Teilchen im „Delayed-choice-Experiment" nichts, sondern es ist der menschliche Experimentator, der sein seltsames Verhalten verursacht. Dann befolgt das Teilchen lediglich Befehle, nämlich die Entscheidungen des Versuchsleiters, den Verschluss zu öffnen oder zu schließen, nachdem das Teilchen durch den Spalt gelangt ist. Diese Entscheidung oder verzögerte Wahl [engl. *delayed choice*] wirkt dann zurück und „befiehlt" dem Teilchen, sich als solches oder wie eine Welle zu verhalten. Dies läuft wiederum auf eine Rückwirkung hinaus, auf die Beeinflussung eines Geschehens, das bereits geschehen ist, durch ein Handeln in der Gegenwart. Dies bedeutet, dass eine Ursache nach ihrer Wirkung kommt und widerspricht damit unserer gewohnten Vorstellung einer sich in eine Richtung bewegenden Zeit, in der Dinge stets in Richtung Zukunft geschehen.

Die „Doppelspalt- und Delayed-choice-Experimente" sind eine starke Herausforderung für die Vernunft. Physikprofessoren wissen das und verwenden die Versuche als Übergangsritual, um junge Physikstudenten aus der Reserve ihrer rationalen Denkgewohnheiten zu locken. Der Physiker und Nobelpreisträger Richard Feynman – der für alle Zeiten bekannt sein wird als der „Zauberer", der 1986 das Geheimnis hinter dem Unfall des Raumgleiters *Challenger* löste, indem er die fehlerhaften Dichtungsringe entdeckte – war ein viel verehrter Meister-Lehrer, der seine Studenten ermahnte, sich angesichts der Mysterien der Quantenphysik zu entkrampfen. „Es gab eine Zeit", sagte er, „da stand in den Zeitungen, dass nur zwölf Menschen die Relativitätstheorie verständen. Ich glaube nicht, dass es eine solche Zeit jemals gegeben hat. ... Andererseits denke ich, dass man getrost sagen kann, dass niemand die Quantenmechanik versteht. ... Wenn Sie es also irgendwie vermeiden können, fragen Sie sich nicht ständig: ‚Aber wie kann dies sein?', denn sonst gehen Sie vor die Hunde und geraten in eine Sackgasse, aus der noch keiner je herausgekommen ist – denn: Niemand weiß, wie dies sein kann."[495]

Die Doppelspaltexperimente deuten an, dass ein Photon weiß, dass ein offener oder geschlossener Schlitz kommt, und sich entsprechend verhält. Wir sehen also, dass Vorahnung am Werke ist, im Großen ebenso wie im kleinsten Maßstab in der Natur.

Die meisten Wissenschafter bestehen darauf, dass in irgendeinem Stadium der evolutionären Differenzierung irgendwie Bewusstsein aus der Materie hervorgegangen ist. Wenn wir Spuren von Vorahnungen im subatomaren Maßstab sehen, stoßen wir vielleicht auf die frühesten Hinweise auf Bewusstsein in der Materie – Vorahnungen als eine Art von „Proto-Geist". Oder, statt aus Materie hervorzugehen, war „Bewusstsein von vornherein vorhanden", wie der Historiker und Philosoph Willis Harman glaubte.[496]

Diese Sicht hat der Philosoph David J. Chalmers, Direktor des *Centre for Consciousness* an der Australischen Nationaluniversität in Canberra, ernst genommen. Chalmers argumentiert, dass Bewusstsein in der Welt grundlegend sein könnte, da es aus nichts Elementarerem hervorgehe und sich folglich auf nichts Grundlegenderes reduzieren lasse.[497] Vorahnungen auf der Quantenebene könnten als Anzeichen für dieses Durchdringende, Elementare gelten, das wir Bewusstsein nennen.

Der Physiker Freeman Dyson denkt ebenfalls, dass Bewusstsein frei im ganzen Universum, bis hinunter in die kleinsten Dimensionen, vorhanden und verteilt sei. In seinem Buch *Infinite in All Directions* schrieb er: „Das Universum zeigt Anzeichen des Wirkens von Geist auf drei Ebenen. Die erste Ebene ist die Stufe der elementaren physikalischen Vorgänge in der Quantenmechanik. ... Die zweite Ebene, auf der wir die Tätigkeit von Geist entdecken, ist die Stufe des direkten menschlichen Erlebens. ... Es ist vernünftig, an die Existenz einer dritten Ebene des Geistes zu glauben, eine mentale Komponente des Universums. Wenn wir an diese mentale Komponente glauben und sie Gott nennen, dann können wir sagen, dass wir kleine Stücke des geistigen Apparates Gottes sind."[498, 499]

BEWUSSTSEIN

Wie Dyson glaubt, ist der Kosmos durchdrungen von Bewusstsein, von der gewaltigsten Ebene bis in die winzigsten Dimensionen. Wenn dem so ist, warum sind wir uns dessen nicht gewahr?

„Wir wissen nicht, wer das Wasser zuerst entdeckt hat, aber wir können sicher sein, dass es kein Fisch war", weiß ein altes Sprichwort. Wenn wir von etwas ständig umgeben sind, nehmen wir es weniger wahr, und im Laufe der Zeit werden wir blind für das Offensichtliche. Wir schwimmen in einem Meer von Bewusstsein – wie der Fisch im Wasser. Und wie ein Fisch, der sich seiner wässrigen Umwelt nicht mehr bewusst ist, sind wir abgestumpft gegenüber der Allgegenwart des Bewusstseins.

In der Wissenschaft haben wir weitgehend ignoriert, wie sich Bewusstsein in unserem Dasein manifestiert. Dies ist uns gelungen, da wir annehmen, dass das Gehirn Bewusstsein produziert, obwohl niemals erklärt worden und kaum vorstellbar ist, wie es dies bewerkstelligt. Der höfliche Ausdruck für diesen Trick ist „Emergenz", was etwa Auftauchen oder

Hervortreten bedeutet. Auf einer bestimmten Stufe der biologischen Diversifizierung, so behaupten Evolutionsbiologen, taucht aus dem Gehirn plötzlich Bewusstsein hervor wie ein Kaninchen aus dem Zylinder des Illusionisten. Doch diese Behauptung vermag sich auf keinerlei direkte Zeichen oder gar Beweise zu stützen. Der Philosoph Jerry A. Fodor von der Rutgers University sagte rundheraus: „Niemand hat die geringste Ahnung, wie irgendetwas Materielles bewusst sein könnte. Keiner weiß auch nur, wie es wäre, die geringste Ahnung davon zu haben, wie irgendetwas Materielles bewusst sein könnte. So viel zur Philosophie des Bewusstseins."[500]

Ungeachtet des vollständigen Fehlens jeglicher Beweise hat sich der Glaube gehalten, dass das Gehirn Bewusstsein hervorbringe, und ist zum Dogma versteinert. Viele Wissenschaftler sind sich über die Handicaps dieses Glaubens im Klaren. Ein Weg, um an dem Mangel an Beweisen vorbeizukommen, ist, einfach zu erklären, dass das, was wir Bewusstsein nennen, das Gehirn selbst sei. Auf diese Weise wird nichts hervorgebracht, und der Zauber einer „Emergenz" wird vermieden. Der Astronom Carl Sagan erklärte seine Position mit den Worten: „Meine fundamentale Prämisse über das Gehirn ist, dass sein Wirken – was wir manchmal „Geist" nennen – eine Folge seiner Anatomie und Physiologie ist, und nichts weiter."[501] Der Nobelpreisträger Francis Crick stimmte dem zu und schrieb: „Die mentale Aktivität einer Person ist gänzlich auf das Verhalten von Nervenzellen, Gliazellen und der Atome, Ionen und Moleküle zurückzuführen, die sie ausmachen und beeinflussen."[502]

Diese „Identitätstheorie" – Geist ist gleich Gehirn – hat Heerscharen von Wissenschaftler und Philosophen dazu gebracht, Bewusstsein als eine unnötiges, überflüssiges Konzept zu betrachten. Einige scheuen keine Mühe, die Existenz von Bewusstsein überhaupt zu verneinen, fast also ob sie ihm gram seien. Der Erkenntniswissenschaftler Daniel Dennett sagt: „Wir alle sind Zombies. Keiner ist bewusst ..."[503] Dennett schließt sich selbst in seinen außergewöhnlichen Anspruch ein und scheint darauf stolz zu sein.[504]

Andere behaupten, dass es überhaupt keine mentalen Zustände wie Liebe, Mut oder Patriotismus gebe, sondern nur elektrochemische Gehirnströme, die keine derart aufgeblasenen Bezeichnungen verdienten. Gedanken und Überzeugungen verwerfen sie aus den gleiche Gründen.

Dies veranlasste den Neurophysiologen und Nobelpreisträger Sir John Eccles zu der ironischen Bemerkung, dass „professionelle Philosophen und Psychologen, die sich die Idee ausdenken, es gebe keine Gedanken, zu der Überzeugung gelangen, es gebe keinen Glauben, und das starke Empfinden haben, es gebe keine Gefühle".[505] Eccles wies damit auf die Absurditäten hin, die sich in die Debatten über das Bewusstsein eingeschlichen haben. Sie sind nicht schwer auszumachen. Einige der seltsamsten Erlebnisse, an die ich mich erinnere, sind Besuche von Konferenzen, auf denen ein Redner nach dem anderen sein Bewusstsein einsetzt, um die Existenz von Bewusstsein in Abrede zu stellen, und dabei die Tatsache ignoriert, dass er sich bewusst entschieden hatte, sich für das Treffen anzumelden, bewusst die Reise dorthin geplant, seinen Vortrag vorbereitet hatte und so weiter.

Viele Wissenschaftler räumen ein, dass in ihrem Wissen darüber, wie das Gehirn Bewusstsein schafft, riesige Lücken klafften, aber sie sind sich gewiss, dass diese sich mit dem weiteren Fortschreiten der Wissenschaft füllen werden. Eccles und der Wissenschaftsphilosoph Karl Popper prägten für diese Einstellung den Begriff *promissorischer Materialismus*. „Der promissorische Materialismus ist ein Aberglaube ohne rationale Grundlage", stellt Eccles fest. „Es ist einfach ein religiöser Glaube, den dogmatische Materialisten hegen … die ihre Religion mit ihrer Wissenschaft durcheinander bringen. Er hat alle Züge einer messianischen Prophetie."[506]

Die Argumente über Ursprünge und Natur des Bewusstseins sind für Vorahnungen von zentraler Bedeutung. Falls die promissorischen Materialisten recht haben – falls Bewusstsein also tatsächlich identisch ist mit dem Gehirn –, schließt sich der Vorhang für die Vorahnungen. Dann nämlich ist das Gehirn ein *lokales* Phänomen – das heißt, es ist auf Gehirn und Körper und auf die Gegenwart beschränkt. Damit sind Vorahnungen grundsätzlich ausgeschlossen, denn das Gehirn kann nicht außerhalb des Körpers und außerhalb des Hier und Jetzt tätig sein.

Das Bewusstsein hingegen *kann* jenseits von Gehirn, Körper und Gegenwart operieren, wie Hunderte von Experimenten und Millionen von Zeugenaussagen bestätigen. Bewusstsein kann also nicht identisch sein mit dem Gehirn.

Diese Erklärungen sind nicht übertrieben, sondern eher zurückhaltend.

Sie stehen im Einklang mit dem langen Abschnitt der menschlichen Geschichte, in dem alle Kulturen, von denen wir Überlieferung besitzen, geglaubt haben, dass menschliche Wahrnehmung über die Reichweite der Sinne hinausgeht. Dieser Glaube mag als Aberglaube abgetan werden trotz der Tatsache, dass die moderne Forschung seine Gültigkeit über jeden vernünftigen Zweifel hinaus bestätigt hat für jedermann, dessen Denken nicht zu verhärtetem Skeptizismus verklumpt ist. Um ein einfaches Beispiel erneut zu bemühen – die Belege, die Vorauswissen bestätigen, unser Anliegen in diesem Buch –, untersuchten Psi-Forscher Charles Honorton und Diane Ferari 309 Präkognitions-Experimente, die von 62 Forschern mit 50.000 Teilnehmern in mehr als zwei Millionen Versuchen durchgeführt worden. Dreißig Prozent dieser Studien zeigten auf statistisch signifikante Weise, dass Menschen zukünftige Ereignisse beschreiben können, während dies aufgrund der Zufallswahrscheinlichkeit nur von fünf Prozent zu erwarten ist. Die Chancen, dass alle diese Ergebnisse nicht auf Zufall beruhten, betrugen weniger als $1 : 10^{20}$.[507]

Im zurückliegenden Jahrzehnt ist eine Flut von wissenschaftlichen Arbeiten erschienen, die die Prämisse unterstützen, dass Bewusstsein nicht mit dem Gehirn gleichzusetzen ist, darunter das maßgebliche Werk *Irreducible Mind* von den Psychologen der Universität von Virginia Edward F. Kelly, Emily Williams Kelly und Kollegen.[508] Hunderte von weiteren Büchern und Studien, die diese Sicht bestätigen, sind im Quellen-Teil dieses Buches aufgeführt. Darüber hinaus sind jetzt Bücher erhältlich, die sich spezifisch mit den Einwänden von Skeptikern befassen, zum Beispiel das großartige Werk *Parapsychology and the Skeptics* von dem Cambridge-Philosophen Chris Carter.[509]

Was wäre, wenn die „promissorischen Materialisten" recht hätten? Wenn Bewusstsein tatsächlich identisch wäre mit dem Gehirn, wie sie behaupten? Ein Resultat würden die Materialisten niemals eingestehen: Es gäbe keinen Grund, ihre Argumente zu glauben. Denn wenn sie lediglich „Gehirn von Gehirn" sind, ist es doch unwahrscheinlich, dass ihre Entscheidungen die Früchte sorgfältigen Nachdenkens und wohlüberlegten Abwägens sind. Weil sie den Diktaten ihres Gehirns folgen, konnten sie gar nicht zu einem anderen Schluss gelangt sein – in welchem Falle ihre Ansichten jeglichen Anspruch auf Objektivität verlieren und deshalb ignoriert werden dürfen.

Aber natürlich denken diese Intelligenzbestien nicht *wirklich*, dass ihr Bewusstsein das gleiche sei wie ihr Gehirn. Zum Beispiel nehmen sie Einfluss auf Leistungsträger, um Forschungsgelder zu erlangen. Dabei gehen sie davon aus, dass ihre Unterstützer die Freiheit besitzen zu entscheiden, wohin das Geld geht, was wiederum bedeuten muss, dass die Geldgeber nicht einfach Gehirne sind, deren Entscheidungen von biochemischen Strömen in der grauen Substanz bestimmt werden. Zudem behaupten die Materialisten in ihren wissenschaftlichen Arbeiten „Wir haben [dies und das] gezeigt", und nicht: „Unser Gehirn hat gezeigt." Und wenn sie ihre Kinder küssen und ihnen eine gute Nacht wünschen, sagen sie „Ich hab' dich lieb", und nicht: „Mein Gehirn hat dich lieb."

Keine Gesellschaft könnte erfolgreich funktionieren, ginge es nach der Sicht der Materialisten. Die Vorstellung von Eigenverantwortlichkeit und Entscheidungsfreiheit liegen den Rechtssystemen und internationalen Verhaltensnormen aller zivilisierter Nationen zugrunde. Aus der Gehirn-ist-Bewusstsein-Perspektive ist keiner für irgendetwas verantwortlich, deshalb hat auch bereits die Vorstellung von Recht und Justiz keinerlei Sinn.

Natürlich gibt es *etwas* Verbindung zwischen dem Gehirn und dem *Inhalt* des Bewusstseins. Wenn ich ein Glas Merlot trinke, wandeln sich meine Gedanken und Empfindungen unter dem Einfluss der beteiligten Chemikalien. Aber wie sollte dieser Zusammenhang zu verstehen sein? *Kann* er denn verstanden werden? Manche verneinen dies, zum Beispiel der britische Philosoph Colin McGinn: „Das Problem ist, den Geist mit dem physischen Gehirn zu vereinen – also unter dieser offensichtlichen Verschiedenheit eine Einheit zu offenbaren. Dieses Problem ist sehr schwierig, und ich glaube nicht, dass irgendjemand irgendeine gute Idee hat, wie man es lösen könnte."[510]

Ich glaube, dass viele große Denker im Laufe der Geschichte wirklich gute Ideen gehabt haben, wie man die Geist-Gehirn-Verbindung verstehen könnte, darunter Platon, Schiller, William James, Henri Bergson, Thomas Edison, Carl Gustav Jung, Aldous Huxley, C. D. Broad und viele andere. Die allgemeine Vorstellung, die sie angeboten haben, besagt, dass das Gehirn Bewusstsein nicht produziert, sondern von außen erhält. Dann filtert und modifiziert es, was es empfangen hat, und formt so die Gedanken und Empfindungen, die unser mentales Leben ausmachen. Der britische Neuropsychiater Peter Fenwick, eine führende Autorität auf dem Gebiet der Todesnähe-Erlebnisse, bezeichnet diese Ideen als „Übertragungstheorien" der Geist-Gehirn-Interaktion.[511, 512]

Ein Hauptmerkmal dieser Sicht ist, dass das Gehirn Bewusstsein einschränkt, indem es als ein Art „Reduzierventil" wirkt, wie Aldous Huxley es genannt hat. Das Gehirn ist wie ein verschmutztes Prisma, das nicht alles Licht aufnehmen kann, dem es ausgesetzt ist. Es wirkt auf das Bewusstsein wie ein Venenstauschlauch auf den Blutstrom und reduziert den Strom unserer Wahrnehmung zu einem Tröpfeln. Der Physiker David Darling meint, dass wir nicht *dank* des Gehirns bewusst sind, sondern *trotz* des Gehirns.[513]

Einer der ersten modernen Denker, der eine Sicht des Bewusstseins außerhalb des Gehirns vertrat, war William James; er gilt als der Vater des amerikanischen Psychologie. In seiner Ingersoll-Vorlesung an der Harvard-Universität im Jahre 1898 bezog James mutig Stellung gegen das, was er „die Fänge des zerebralistischen Materialismus" nannte und die Vorstellung, dass Bewusstsein vom Gehirn erzeugt werde.[514] Er erkannte an, dass ein Entwicklungsstillstand des Gehirns in der Kindheit zu einer geistigen Unterentwicklung führen kann, dass Schlaganfälle oder Schläge gegen den Kopf die Erinnerung oder das Bewusstsein auslöschen und das bestimmte chemische Substanzen die Qualität des Denkens beeinflussen können. Dies jedoch für einen Beweis dafür zu halten, dass das Gehirn tatsächlich Bewusstsein mache, sei irrational.

Warum irrational? Denken wir an ein Radio, also an eine Erfindung, die zu Lebzeiten von William James eingeführt wurde, und die er gebraucht, um die Geist-Gehirn-Verbindung zu illustrieren. Wenn man ein Radio mit einem Hammer zerschlägt, hört es auf zu funktionieren. Aber dies bedeutet nicht, dass das Radio der Ursprung des Klanges war; der Klang kommt in Form eines elektromagnetischen Signals von außerhalb. Das Radio empfing, modifizierte und verstärkte das äußere Signal zu etwas Erkennbarem, zu Klang. Ähnlich kann das Gehirn auf verschiedene Weisen beschädigt werden, die die Qualität des Bewusstseins entstellen – Verletzung, Schlaganfall, Fehlernährung, Demenz etc. Aber dies bedeutet nicht zwangsläufig, dass das Gehirn das nun beeinträchtigte Bewusstsein „gemacht" habe oder dieses mit dem Gehirn identisch sei.

Der britische Philosoph Chris Carter pflichtet dieser Analogie bei.[515]

Geist und Gehirn gleichzusetzen, sagt er, sei so irrational, als hörte man Musik aus dem Radio, zertrümmerte den Empfänger und schlösse aus dessen Verstummen, dass das Radio die Musik *erzeugt* habe.[516]

Um den Vergleich zu aktualisieren, denken wir an ein Fernsehgerät: Wir können einen Fernseher so stark beschädigen, dass er kein Bild mehr zeigt; doch dies ist kein Beweis dafür, dass das Gerät das Bild erzeugt hatte. Wir wissen, dass David Letterman nicht hinter dem Bildschirm wohnt, auf dem er erscheint; das Argument, Gehirn sei gleich Bewusstsein, wäre nicht weniger absurd.

Amerikas größter Erfinder, Thomas Edison, war ein Zeitgenosse von James, er formulierte die „Übertragungs"-Hypothese folgendermaßen: „Die Leute sagen, ich hätte Dinge erschaffen. Doch ich habe niemals etwas erschaffen. Ich empfange im Allgemeinen Eindrücke vom Universum und arbeite sie aus, aber ich bin nur eine Platte auf einem Plattenspieler oder ein Empfangsgerät – was Sie wollen. Gedanken sind in Wirklichkeit Eindrücke, die wir von außen erhalten."[517]

Wenn unsere Lunge einen Schaden erleidet, wird unsere Atemfähigkeit beeinträchtigt, aber wir würden daraus nicht schließen, dass unsere Lungen die Luft erzeugen, die wir atmen. Wenn unser Magen krank ist, leidet die Verdauung, aber dies beweist nicht, dass der Magen die Nahrung erzeugt, die er verdaut.[518] Gleichwohl behaupten die Geist-ist-Gehirn-Gläubigen, dass eine Verletzung des Gehirns und eine daraus resultierende Beeinträchtigung der Denkleistung beweise, dass das Gehirn Bewusstsein schafft.

Die Radio- und Fernseher-Analogien können jedoch in die Irre führen, weil sich Bewusstsein nicht wie ein elektromagnetisches Signal verhält. Elektromagnetische (EM) Signale weisen bestimmte Merkmale auf. Je weiter sie sich von ihrer Quelle entfernen, desto schwächer werden sie. Für das Bewusstsein gilt dies nicht; seine Wirkungen lassen mit zunehmender Distanz nicht nach. Bei den Hunderten von Heil-Experimenten, die mit Menschen und Tieren durchgeführt worden sind, wirken heilende Wünsche von der anderen Seite des Erdballs ebenso gut wie auf kürzeste Distanz, von der Seite des Krankenbetts aus. Weiter können EM-Signale teilweise oder gänzlich blockiert werden, die Wirkungen von bewussten Wünschen lassen sich jedoch durch keine bekannte Substanz blockieren. Man weiß zum Beispiel, dass Meerwasser ab einer bestimmten Tiefe EM-

Signale ganz blockiert, doch Fernwahrnehmungs-Experimente wurden aus noch größeren Tiefen erfolgreich durchgeführt und zeigten, dass die Langstrecken-Kommunikation zwischen den beteiligten Personen nicht von EM-Signalen abhängig sein kann.[519] Außerdem benötigen EM-Signale eine gewisse „Reisezeit" von ihrem Ursprung bis zum Empfänger, Gedanken hingegen können gleichzeitig empfangen werden, auch über weiteste Entfernungen hinweg. Gedanken können zeitlich verschoben werden und in die Vergangenheit und in die Zukunft wirken. Bei präkognitiven Fernwahrnehmungs-Experimenten – zum Beispiel den Hunderten solcher Experimente des PEAR-Laboratoriums an der Universität von Princeton – nimmt der Empfänger einen „zukünftigen" Gedanken auf, bevor dieser überhaupt ausgesandt wurde.[520] Das Bewusstsein kann zudem in die Vergangenheit wirken, wie die Experimente mit rückwirkenden Fürbitten gezeigt haben.[521] Elektromagnetische Signale vermögen dies nicht. Alle diese Unterschiede führen zu dem Schluss, dass Bewusstsein kein energetisches Signal ist.[522]

Was ist es dann? Mein Fazit lautet: Bewusstsein ist weder ein Ding noch eine Substanz, sondern ein *nichtlokales* Phänomen.[523] *Nichtlokal* ist lediglich ein anderes Wort für *unbegrenzt, endlos*. Wenn etwas nichtlokal ist, dann ist es nicht an bestimmte Punkte im Raum – zum Beispiel Gehirn oder Körper – oder an bestimmte Punkte in der Zeit – zum Beispiel die Gegenwart – gebunden. Nichtlokale Ereignisse sind *unmittelbar;* sie benötigen keine Reisezeit. Sie sind *unvermittelt,* das heißt, sie benötigen kein energetisches Signal, das sie „trägt". Sie sind *ungemildert;* sie werden also nicht mit zunehmender Distanz schwächer.[524] Nichtlokale Phänomene sind *allgegenwärtig,* das heißt überall zugleich. Dies bedeutet auch, dass sie es nicht nötig haben, irgendwohin zu „gehen", denn sie sind bereits dort. Sie sind unbegrenzt in der Zeit, also in allen Augenblicken vorhanden, in Vergangenheit, Gegenwart und Zukunft; das heißt sie sind *ewig.*[525]

Dieses Bild ist nicht willkürlich gewählt. Es ist das Bild des Bewusstseins, das wir benötigen, um das Beweismaterial für Vorahnungen unterzubringen, mit dem wir uns beschäftigt haben.

Nichtlokalität kann eine schockierende Vorstellung sein, wenn man ihr zum ersten Mal begegnet. Da gibt es nichts zu entschuldigen, manche Dinge sind eben einfach so. Der große Physiker Niels Bohr sagte einst:

„Wenn man nicht zunächst über die Quantentheorie entsetzt ist, kann man sie doch unmöglich verstanden haben."[526] Keiner ist immun. Einstein war so schockiert von der Möglichkeit nichtlokaler Ereignisse in der Physik, dass er sie als „spukhafte Fernwirkung" verächtlich machte. Doch nichtlokale Ereignisse sind nicht länger mehr ein Diskussionsgegenstand in der Physik; zahlreiche Experimente beweisen ihre Existenz.[527]

Die bekanntesten Studien sind die des Physikers Alain Aspect und seiner Kollegen am Institut d'Optique in Orsay, Frankreich, die 1981 und 1982 veröffentlicht wurden.[528, 529, 530, 531] Die Forscher schickten Photonen von einer gemeinsamen Quelle in gegensätzliche Richtungen zu separaten Detektoren, die mehrere Meter auseinander platziert waren. Die Versuchsanordnung ermöglichte es, dass eine Eigenschaft der Photonen, nämlich die Polarisation, während des Fluges beeinflusst werden konnte. Wurde die Polarisation des einen Photons verändert, änderte sich auch die Polarisation des in die entgegengesetzte Richtung fliegenden Photons augenblicklich. Weil die Veränderungen gleichzeitig eintraten und die Photonen mit Lichtgeschwindigkeit in entgegengesetzte Richtungen flogen, gab es keine Möglichkeit, dass ein Zeit erforderndes Signal das eine Photon darüber in Kenntnis setzen konnte, was mit seinem „Zwilling" geschah. Wie war dies möglich? Die meisten Physiker kamen zu dem Schluss, dass sich die sich voneinander entfernenden Teilchen verhielten, als wären sie zu einem einzigen Teilchen „verschränkt"; was dem einen Photon zustieß, beeinflusste das andere augenblicklich.

Im Jahre 1998 lieferten Nicolas Gisin und sein Team an der Universität Genf weitere Belege dafür, dass Nichtlokalität ein der Natur innewohnender Aspekt ist.[532] Sie stellten Detektoren im Abstand von elf Kilometern auf und verbanden sie mit einem Glasfaserleiter. Wenn sie das Verhalten eines Photons am einen Ende veränderten, wechselte auch das ferne Zwillings-Photon sofort und in dem gleichen Maße, ohne dass es zu einem Verlust oder einer Abschwächung der Veränderungen kam. Elf Kilometer sind im Vergleich zu subatomaren Dimensionen eine gewaltige Entfernung. 2008 wiederholte Gisins Gruppe diesen Versuch mit dem gleichen Ergebnis, dieses Mal über eine Distanz von mehr als fünfzig Kilometern.[533] Die meisten Physiker glauben, dass diese Resultate einen zweifelsfreien Beweis dafür liefern, dass unmittelbare, unabgeschwächte und unvermittelte – und das heißt nichtlokale – Quantenverbindungen das ganze Universum durchziehen, ganz gleich, wie groß die Entfernung ist.

Forscher Dean Radin, dessen Vorausempfindungs-Experimente profunde Beweise für Zukunftswissen lieferten, glaubt, dass die nichtlokalen Ereignisse im subatomaren Quantenreich den nichtlokalen Ereignissen zugrunde liegen, die wir auf der menschlichen Ebene erleben. Er beruft sich auf das Konzept der Verschränkung, das durch die Experimente von Aspect und Gisin illustriert wird, als eine Überbrückungs-Hypothese, die diese Ereignisse im kleinen und großen Maßstab verbindet.[534] Die Quantenverschränkung und Quanten-Nichtlokalität sind in der Tat starke Argumente, die am Ende unsere nichtlokalen Erlebnisse erklären könnten, doch das wird erst weitere Forschung erweisen.[535] Inzwischen mehren sich die Namen und Stimmen, die diesen Ansatz unterstützen. Der Physiker Chris Clarke von der Universität Southampton sagt: „Einerseits ist Geist von Natur aus nichtlokal. Andererseits wird die Welt von einer Quantenphysik regiert, die von Natur aus nichtlokal ist. Dies ist kein Zufall, sondern eine präzise Entsprechung ... [Geist und die Welt sind] Aspekte des Gleichen ... Der Weg voraus, so glaube ich, muss den Geist an die erste Stelle setzen, als *den* Schlüsselaspekt des Universums ... Wir müssen anfangen zu erkunden, wie wir über Geist in Begriffen eines Quanten-Bildes sprechen können ... Erst dann werden wir in der Lage sein, eine echte Brücke zwischen Physik und Psychologie zu schlagen."[536]

Was auch immer sich als ihre Exklärung herausstellen wird: Die Experimente, die Vorahnungen dokumentieren, sind real. Man muss mit ihnen rechnen. Und wenn Wissenschaftler den Mut aufbringen, sich diesem Beweismaterial entschlossen zu stellen, dann wird der größte Abergaube unserer Zeit – die Vorstellung, dass das Gehirn Bewusstsein erzeuge oder mit diesem identisch sei – vom Sockel stürzen. An seiner Stelle wird ein nichtlokales Bild des Geistes entstehen. Diese Sicht wird bestätigen, dass Bewusstsein grundlegend ist, allgegenwärtig und ewig – ein Modell, das so offen und unterstützend für Vorahnungen ist, wie sich die materialistische, gehirn-zentrierte Sicht feindselig zeigt.

SCHICKSAL ODER FREIER WILLE?

Ich hatte viele Gespräche mit Menschen, die im Hinblick auf Zukunftswissen zwiespältig sind. Wenn Vorahnungen real sind, wenden sie ein, dann ist die Zukunft doch festgelegt und unveränderlich. Vorahnungen machen Eigenverantwortung zur Farce, lassen Entscheidungsfindungen sinnlos erscheinen und machen uns alle zu Marionetten. Vorahnungen, resümieren sie, sind mit freiem Willen absolut unvereinbar.

Meine Freundin Tessa ist eine Romanschriftstellerin, deren weitreichende Vorstellungskraft und literarische Fertigkeiten ich sehr bewundere. „Ich kann die Möglichkeit nicht akzeptieren, dass Vorahnungen wahr sein können", teilte sie mir kürzlich mit. Obwohl Tessa selbst mehrere präkognitive Träume erlebt hat, tut sie diese als bedeutungslose Zufälle ab. „Wenn diese Träume wirklich Vorahnungen wären", behauptet sie, „dann bedeutet dies, dass die Zukunft festgelegt ist und es nichts gibt, was ich daran ändern kann. Meine Erfahrung sagt mir, dass ich einen freien Willen besitze und jede Entscheidung und Wahl, die ich jetzt treffe, beeinflussen kann, was später geschieht. Wäre dies nicht so, könnte keiner für irgendetwas verantwortlich sein, und das zivilisierte Leben würde den Bach hinuntergehen."

„Aber was ist mit den Experimenten", fragte ich, „in welchen der menschliche Körper zukünftige Ereignisse registriert, bevor sie geschehen? Und mit den präkognitiven Fernwahrnehmungs-Experimenten, in denen Menschen zukünftige Geschehnisse Stunden, Tage oder Wochen im Voraus aufnehmen?" Wir hatten in früheren Gesprächen über diese Studien diskutiert. Tessa warf mir einen verzweifelt-finsteren Blick zu. „Es ist mir gleichgültig, was sie zeigen", erklärte sie gereizt. „Ich kann den freien Willen nicht aufgeben. Er ist für mich wichtiger als Deine verflixten Experimente!"

Ich hatte einen Nerv getroffen, und unser Gespräch war beendet. Tessa hatte ihren Zauberstab geschwenkt und – puff! – Hunderte von Experimenten, Jahrzehnte von sorgfältiger wissenschaftlicher Arbeit und die Erfahrungen von unzähligen Menschen vom Tisch gewischt.

Für andere Menschen ist diese Debatte ein Sturm im Wasserglas. Wie, fragen sie, könnte jemand glauben, dass Vorahnungen den freien Willen auslöschen würden? Jeder hat schon von Fällen gehört, in denen Leute einen Blick in die Zukunft werfen konnten und handelten, um diese zu verändern – wie Amanda, die ihr Kleinkind aus dem Bettchen nahm, bevor der Lüster herunterkrachte. Diese Fälle vermögen Skeptiker jedoch nicht zu überzeugen. Wenn jemand handelt, um die Zukunft zu verändern, so beharren sie, dann war es nicht wirklich die Zukunft, denn sie ist ja nie eingetreten.

Viele Gelehrte stimmen mit Tessa überein, zum Beispiel auch mein Freund David Ray Griffin, Professor der Religionsphilosophie und Theologie an der Theologischen Hochschule in Claremont und der Claremont Graduate School in Kalifornien. Griffin war ein energischer Gegner der Präkognition. Ein Grund, warum er sie ablehnte, lag darin, dass sie unsere Annahmen über die menschliche Freiheit verletzt. Wenn wir die Zukunft wissen können, sei dies ein Hinweis dafür, dass sie bereits vorhanden ist; in diesem Falle sei die Zukunft vorherbestimmt. Dies würde die persönliche Freiheit des Willens zunichte machen, eine unserer „knallharten vernünftigen Vorstellungen", die es nach Griffins Glauben von Herzen zu verteidigen gelte.[537]

Eine Möglichkeit, das Problem zu umgehen, besteht darin, Präkognition nicht als das Wissen von einer *festgelegten* Zukunft zu betrachten, sondern als eine Vision von einer *wahrscheinlichen* Zukunft. Wenn wir die Zukunft als ein Spektrum von Möglichkeiten betrachten, vermeiden wir den Determinismus und behalten unsere Freiheit, potenzielle Ergebnisse zu beeinflussen und zu verändern.

Eine andere Möglichkeit, das Problem des freien Willens bei Vorahnungen zu umgehen, ist die Erklärung durch Psychokinese („Geist über Materie"). Wenn einem Traum ein Ereignis folgt, das dem Traum sehr ähnlich ist – so Griffin –, müssen wir ja nicht annehmen, dass das Ereignis den Traum verursacht hatte – was der häufigsten Deutung einer Vorahnung entspräche. Es sei „natürlicher", anzunehmen, dass der Traum das Ereignis herbeigeführt hat. Dies würde bedeuten, dass bei dem Unglück von Aberfan all jene Träume von einem „Lawinenabgang" den entscheidenden Anstoß gegeben hätten, der die instabile, unsichere Abraumhalde dazu brachte, den Hang hinab und auf das Schulgebäude zu rutschen, und dass die präkognitiven Träume vom 11. September die Verkettung von Ereignissen erst verursachten, die zu jenen tragischen Ereignissen führten. Es erübrigt sich zu sagen, dass viele Menschen diese Deutung unglaublich abstoßend fänden. Doch zu seiner Verteidigung sei gesagt, dass Griffin mit seiner Sicht nicht allein ist; der Philosoph Stephen Braude hat eine ähnliche Position bezogen. Und obwohl Griffin diese Gedankengänge und Argumente für vernünftig hält, bevorzugt er für Vorahnungen andere Erklärungen.[538,539]

Jemand, der von einem Flugzeugabsturz träumt und seine Buchung vor dem Unglück stornieren lässt, wird sich niemals davon überzeugen lassen, dass es unmöglich sei, seine Zukunft zu verändern. Amanda wird immer entschlossen dazu stehen, dass ihr Entschluss, das Kind aus dem Bettchen zu holen, bevor der Lüster herabstürzte, Ausdruck ihres freien Willens war. Diese Personen und Tausende andere wie sie betrachten die Argumente zum Thema „Vorahnungen und freier Wille" mit Belustigung und Langeweile. Ihre Erfahrung sagt ihnen, dass Vorahnungen nicht der Feind des freien Willens sind, sondern dessen Freund.

LIEBES GEHEIMNIS

Als ich auf einer Farm mitten in Texas aufwuchs, entwickelte ich eine Liebe zum Wetter. Obwohl es im Radio ständig Wettervorhersagen gab, achtete ich kaum darauf. Es war die Ungewissheit, die ich aufregend fand, besonders im Sommer, wenn beängstigende Gewitter und einmal auch ein Tornado scheinbar aus dem Nichts auftauchten. Nächtliche Gewitter hatten einen besonderen Reiz. Ich erinnere mich, wie ich als kleines Kind warm und geborgen im Bett lag, während Regen und Hagel, unterbrochen von trommelfell-zerreißendem Donner und Blitzen auf das Blechdach unseres Hauses trommelten mit einem Getöse, das man keinem beschreiben kann, der es nie selbst erlebt hat.

Die Dinge haben sich geändert. Ich bin ein Informavore geworden und konsumiere Information, als gäbe es kein Morgen, einschließlich Informationen über das Wetter. Unzählige Male im Lauf des Tages besuche ich die Homepage des Wettersenders im Internet. Ich will wissen, ich muss wissen, was wettertechnisch bevorsteht. Dies hat dem Wetter den größten Teil seiner Ungewissheit genommen – und mir die Überraschung. Ich könnte mich von diesen Informationsquellen fernhalten, aber ich bin süchtig danach. Millionenfach finde ich vernünftige Begründungen für meine Wetterbedürfnisse. Ich reise viel; ich muss im Voraus wissen, mit welchen Verspätungen an Flughäfen zu rechnen und welche Kleidung einzupacken ist und so weiter. Aber diese Gewohnheit dient nicht nur dem praktischen Aspekt, sie reicht noch tiefer. Ich werde untrennbar verbunden mit dem Wetter – so verbunden, dass ich nicht mehr sagen kann, ob ich Informationen über das Wetter verschlinge, oder ob das Wetter mich verschlingt.

Es gibt eine Ausnahme, eine Zeit in jedem Jahr, wenn ich ein Wetterinformations-Fasten einlege. Seit Jahren ziehen sich meine Frau Barbara und ich in das Hochland von Wyoming oder Idaho zurück, wo wir für zwei oder drei Wochen an der kontinentalen Wasserscheide zelten. Dies ist zu einer erholsamen Pilgerreise geworden, die uns für den Rest des Jahres mit Energie versorgt und unterstützt. Wir leben in einem Zelt und wandern, widmen uns dem Fliegenfischen, Lesen und Schreiben. Kapitel werden zusammengestellt und Buchprojekte skizziert. Aber die meiste Zeit sind wir einfach glücklich, in einer Umgebung zu sein, die nur in ihrer Unberechenbarkeit vorhersagbar ist. In den wenigen Wochen rund um die Sommersonnenwende können wir uns auf ein atemberaubendes Spektrum von Wetterphänomenen verlassen, von lauen Phasen bis zu heftigen Stürmen, Graupelschauern und Schnee und allen Möglichkeiten dazwischen. Wir haben am Morgen schon halbmeterhohe Schneeverwehungen am Zelt vorgefunden und auch schon buchstäblich das Nachsehen, als das Zelt über uns fortgeweht wurde. Wir harrten aus, als ganz in der Nähe Blitze einschlugen, haben im August Schneemänner gebaut und für den Morgenkaffee gefrorenes Wasser aufgetaut. Was uns Jahr für Jahr von neuem lockt, sind die Überraschungen, die uns das Chaos der Wetterlagen bietet.

Ein Geheimnis ist eine Situation, deren Ausgang wir nicht kennen, ein Sprung ins Unbekannte. Es gibt faszinierende Zeugnisse, die belegen, dass die Teilhabe am Mysterium für unsere geistige und körperliche Gesundheit wichtig ist. Mäuse, die emsig durch Labyrinthe laufen, die sie nie zuvor erkundeten, leben deutlich länger als Mäuse, die sich zögerlich geben.⁵⁴⁰ Frauen, die sich regelmäßig mit kleinen Geheimnissen befassen – Bücher lesen, Kreuzworträtsel lösen und Puzzlebilder zusammenfügen und Neues erleben, das sie der vertrauten Routine enthebt –, bewahren ihre geistigen Fähigkeiten später im Leben und in einem höheren Maße als Frauen, die an den vertrauten Gewohnheiten festhalten und Neues meiden.⁵⁴¹

Inzwischen gibt es Computersoftware, die ältere Menschen herausfordert, sich in das Unbekannte zu stürzen – durch ein Meer von Rätseln, die die mentalen Fähigkeiten steigern und das „Gehirnalter" verjüngen sollen durch etwas, das man nun „Neurobics" und „Neuronen-Pumpen" nennt.⁵⁴²

Dies alles deutet darauf hin, dass wir überrascht werden sollen. Die Natur, so scheint es, hat etwas für Geheimnisse übrig.

Vorahnungen enthüllen Geheimes. Sie verwandeln das Unbekannte in Bekanntes und retten uns manchmal das Leben, indem sie uns vor drohendem Unglück oder gesundheitlichen Problemen alarmieren.

Wir haben es also mit einem Paradoxon zu tun: Überraschung, Geheimnisvolles und Nichtwissen sind wichtig für unserer Gesundheit, aber die Vereitelung einer Überraschung durch Vorahnungen kann uns auch zum Nutzen gereichen. Es ist also notwendig, dass wir in unserem Leben Raum geben für das Bekannte und das Unbekannte, für Gewissheit und Ungewissheit.

„Entweder-oder" steht uns Menschen nicht gut. Wir sind komplexe Geschöpfe und imstande, von Mehrfach-Bedeutungen zu profitieren und von widersprüchlichen Deutungen zugleich. Wenn wir uns entspannt der Mehrdeutigkeit überlassen, sind wir am menschlichsten.

Zukunftswissen ist ein kostbares Ding, aber wir wollen hoffen, dass es dem Leben niemals *alle* seine Geheimnisse nimmt – auch nicht (denn ich lerne dazu!) dem Wetter.

AKTUELLE VORAHNUNGEN (FALLBEISPIELE)

DIE KRAFT DER GESCHICHTEN

Beobachtungen auf einer Lesereise[543]

Mehrere Monate lang reiste ich im Lande umher und bot meine Waren feil. Mein Hausieren nahm die Gestalt einer Lesereise an und umfasste auch zahlreiche Interviews in Radio und Fernsehen, Vorträge in Buchhandlungen, bei Tagungen, an Universitäten und in der Gesundheit dienenden Einrichtungen. Mein Warenangebot umfasste das Buch, das durch die Aufnahme dieses Berichtes nun um einige Seiten ergänzt wird.

Mein Wörterbuch erklärt, eine Reise könne man „zum Vergnügen" unternehmen. Denke ich an meine Lesereise zurück, so drängt sich der Eindruck auf, ich könnte die falsche Reise gebucht haben. Eine Lesereise nämlich kann durchaus verwirrend werden, wenn man etwa bei Anbruch eines grauen Tages ohne die Gewissheit erwacht, welcher Tag gerade beginnt und in welcher Stadt man sich befindet. Oder wenn einem das eigene Gehirn wie eine Art Echokammer vorkommt, da einem in Interviews immer wieder die gleichen Fragen gestellt werden. Wiederhole ich mich jetzt? Und habe ich das wirklich gerade eben gesagt, oder schon vor einer Woche?

Es gibt auch echte Freuden, wenn sich zum Beispiel Bücherfreunde in ihrem geschäftigen Leben die Zeit nehmen, einen mit ihrer Anwesenheit bei Gesprächen und bei Signierstunden in Buchhandlungen zu beehren. Und wenn sie einem Einzelheiten aus ihrem Leben anvertrauen und damit das Thema des Buches bestätigen. Mehr kann sich ein Autor kaum wünschen.

ANEKDOTEN

Auf meinen Wanderwegen wurde ich eingedeckt mit Berichten über Vorahnungen, die die Menschen erlebt hatten. Jeder scheint eine Geschichte erzählen zu können. Einige davon waren so plastisch und fesselnd, dass sich einem die Nackenhaare sträubten. Doch nicht alle meine Freunde lassen sich davon beeindrucken. Einer meiner Berufskollegen brachte seine Missbilligung unmissverständlich zum Ausdruck: „Das ist ja recht harmloses Zeug. Schließlich sind es ja bloß Geschichten." Er hat recht. Es sind Geschichten – aber dies bedeutet nicht, dass sie unwahr sind oder nicht Einblicke in die Natur des Bewusstseins bieten und wie es sich in der Welt offenbart.

Der Vorwurf „bloßer Geschichten" ist gerade aus dem Mund eines Arztes befremdlich. Wir Ärzte verbringen einen erheblichen Teil unseres Berufslebens damit, Geschichten anzuhören. Wir nennen sie *Fallgeschichten*, und jeder Patient hat eine zu erzählen. Schon der Medizinstudent lernt, das Patientengespräch mit einer aktuellen Anamnese zu beginnen, mit der „Geschichte der vorliegenden Erkrankung". Natürlich ergänzen Ärzte die Aufnahme der Krankengeschichte durch objektivere Formen der Informationssammlung, wie eine körperliche Untersuchung und Labortests. Aber die aktuelle Krankengeschichte ist die Grundlage, auf der alles weitere aufbaut.

Doch die Geschichten, die Patienten erzählen, werden in der Medizin mit zweierlei Maß gemessen. Es gibt ein altes Sprichwort: „Wenn dir eine Geschichte nicht gefällt, nennst Du sie Anekdote. Wenn sie dir gefällt, nennst du sie eine Fallgeschichte."

Die moderne klinische Medizin würde nicht existieren, wenn es nicht die Geschichten der Menschen gäbe. Eines meiner Lieblingsbücher in der Medizingeschichte ist *Classic Descriptions of Disease* von Ralph H. Major.[544] Es enthält Beobachtungen aus erster Hand von berühmten Ärzten, deren Namen mit den von ihnen beschriebenen Krankheiten assoziiert werden (Basedow-Krankheit, Addison-Krankheit, Alzheimer-Krankheit, Pagetsche Krankheit, Cushingsche Krankheit etc.). Das Szenario war fast immer das gleiche. Ein kranker Patient ging in eine Praxis – oder ein Arzt machte einen Hausbesuch – und der leidende Mensch erzählte eine Geschichte, während der Arzt ihm zuhörte. Im Laufe der Zeit hörte er ähnliche Geschichten und registrierte behutsam seine Beobachtungen. So zeichnete sich allmählich ein umfassendes Bild der Krankheit ab, die man später mit dem Namen des Arztes verband, der sie als Erster beschrieb.

Auf meiner Lesereise wurde ich wiederholt darauf aufmerksam, dass die Berichte der Menschen über ihre Vorahnungen nicht immer akkurat sind. Es kann sein, dass sie sich nicht genau erinnern oder ihre Erlebnisse ausschmücken, manchmal auch unbewusst. Die strengsten Kritiker meinen, dass Vorahnungsgeschichten von Menschen niemals ernst genommen werden sollten, weil sie ungenau sein könnten.

Doch diese Position kann der Arzt nicht einnehmen. Wenn ein Patient uns um Hilfe aufsucht, gehen wir nicht automatisch davon aus, dass er oder sie uns Lügen auftischt. Die Begegnung in der Praxis funktioniert nicht recht, wenn der Arzt von Seiten des Patienten absichtliche Täuschung vermutet. Auch schicken wir Ärzte keine Schnüffler aus, die die Geschichten der Patienten prüfen und diese der Lüge überführen, obschon Skeptiker dies immer wieder fordern, bevor man die Vorahnung eines Menschen ernst nehmen dürfe.

Mit der Erfahrung aus Tausenden von Begegnungen mit Patienten entwickeln gute Ärzte ein Gespür für die Echtheit von Geschichten. Die mit dem Nobelpreis geehrte Zytogenetikerin Barbara McClintock erklärte einst auf die Frage, wie sie zu ihren verblüffenden Entdeckungen über die Mais-Chromosomen gelangt sei, dass sie „ein Gespür für den Organismus" entwickelt habe.[545] So ist es auch möglich, „ein Gespür für die Geschichte" zu entwickeln, ob die Geschichte nun von einer Erkrankung, einer Vorahnung oder etwas anderem handelt.

Erlauben Sie mir, einige der Vorahnungs-Geschichten mit Ihnen zu teilen, die Menschen mir im Rahmen meiner mehrmonatigen Lesereise anvertraut haben.

Der hartnäckige Freund

Ein junger Ingenieur flog in dem von einem Bekannten gesteuerten Privatflugzeug mit nach Südamerika. Er wollte einen Freund besuchen, den er seit Hochschulzeiten nicht mehr gesehen hatte. Als es an der Zeit war, in die Vereinigten Staaten zurückzufliegen, kam der Freund in sein Hotelzimmer und teilte ihm mit, er solle mit dieser Maschine nicht zurückkehren. Er habe des Nachts einen Traum gehabt, dass das Privatflugzeug abstürzen und alle Menschen an Bord ums Leben kommen würden. Der Ingenieur erklärte seinem Freund, dass diese Vorahnung Unsinn sei, und es kam zu einem Streit und schließlich zu einer handgreiflichen Auseinandersetzung, in deren Verlauf der Freund den Ingenieur überwältigte, bändigte und am Fortgehen hinderte. Erst nach der Zeit des Abfluges ließ er ihn frei. Der Ingenieur war wütend, denn nun musste er auf eigene Kosten nach Hause zurückkehren. Dann kam die Nachricht, dass das Privatflugzeug tatsächlich abgestürzt war; alle Insassen waren dabei ums Leben gekommen.

Während meiner Lesereise stürzte am 1. Juni 2009 der Air-France-Flug 447 in den Atlantik, 216 Passagiere und 12 Besatzungsmitglieder starben. Unmittelbar nach dem Absturz wurde im niederländischen Fernsehen Stefan van Oss interviewt, ein unweit von Amsterdam lebender Mann mittleren Alters. Van Oss hatte einen Platz in dem Unglücksflug gebucht. Doch ein guter Freund hatte eine Vorahnung, dass etwas Schlimmes passieren und van Oss nicht lebend nach Hause kehren werde, wenn er den Flug AF 447 nähme. Von Oss vertraute auf die Vorahnung des Freundes, stornierte seine Reservierung, blieb am Leben und kann seine Geschichte erzählen.[546]

„Der Krebs ist genau hier."

Eine Frau träumte, dass sie Brustkrebs habe. Krank vor Sorge suchte sie am Morgen ihren Arzt auf. Sie deutete auf einen bestimmten Punkt im oberen Teil der linken Brust, wo sie den Krebs im Traum gesehen habe. „Er ist genau hier", erklärte sie. Sie konnte jedoch keinen Knoten fühlen, und auch ihr Arzt vermochte nichts zu entdecken. Bei der Mammographie fand sich nichts Auffälliges. Als der Arzt ihr versicherte, dass ihr nichts fehlte, und ihr empfahl, häufiger zur Untersuchung zu kommen und abzuwarten, war sie nicht zufrieden. „Ich weiß, dass ich genau an dieser Stelle Brustkrebs habe", protestierte sie. Als sie darauf bestand, der Sache nachzugehen, drängte der Arzt einen Chirurgen, eine Biopsie vorzunehmen, und zwar „genau an der Stelle, auf die sie zeigt".

Nach wenigen Tagen rief der Pathologe mit seinem Bericht den ersten Arzt an. „Das ist der winzigste Brustkrebs, denn ich je gesehen habe", stellte er fest. „Sie hätten ihn nicht ertasten können. Es konnte keine Anzeichen dafür geben. Doch wie haben Sie ihn gefunden?" – „Ich habe ihn gar nicht gefunden", kam die Antwort. „Sie hat ihn selbst entdeckt. Im Traum."

Eine Zahlenreihe

Eine Frau mittleren Alters, die an der Ostküste lebte, hatte plötzlich das starke Empfinden, dass ihr Sohn, der Tausende von Meilen entfernt lebte, in großer Gefahr war. Sie versuchte, diesen Eindruck zu verdrängen, aber er wurde nur stärker. Plötzlich kam ihr eine Reihe von Zahlen in den Sinn, deren Bedeutung ihr völlig schleierhaft war. Dann verspürte sie den Impuls, den Telefonhörer abzunehmen und die seltsame Zahlenfolge zu wählen. Auf diese Weise kam es zu einer Verbindung zur Notaufnahme eines größeren Krankenhauses in der Stadt, in der ihr Sohn lebte. Ein Arzt meldete sich. Die Frau sagte ihm, dass sie verzweifelt und in Sorge um ihren Sohn sei. Der Arzt teilte ihr mit, dass er ihren Sohn gerade versorgt habe; er sei jedoch nicht schwer verletzt, und es werde ihm bald wieder gut gehen.

Eine fast gleichlautende Geschichte hörte ich in einer anderen Stadt von einer Frau, die sich plötzlich und ohne erkennbaren Grund um ihre Tochter sorgte. Sie sah ebenfalls „einen Wust von Ziffern", wählte sie und wurde mit der Notaufnahme eines Krankenhauses verbunden, wo man ihre Tochter nach einem Autounfall gerade behandelte.

Vorzeichen des Verderbens

Im Dezember 1972 besuchte ein amerikanischer Geschäftsmann Nicaragua. Er hatte sich schon eine Woche in der Hauptstadt Managua aufgehalten und wollte noch eine weitere Woche bleiben. Plötzlich spürte er den starken Impuls, die Großstadt zu verlassen. Es erschien ihm sinnlos, denn die frühere Abreise bedeutete, dass sein Geschäftsabschluss vermutlich nicht zustande käme. Doch der Impuls wurde so mächtig, dass er erkannte, dass er so bald wie möglich abreisen musste. Also packte er seine Sachen, eilte zum Flughafen und verließ das Land fluchtartig mit dem nächsten Flug, den er buchen konnte. Er kam sich töricht dabei vor, bis er erfuhr, was zwei Stunden nach seiner Abreise passierte: Am 23. Dezember um 12.30 Uhr kam es unter dem Stadtzentrum zu einem Erdbeben der Stärke 6,2 auf der Richterskala und innerhalb einer Stunde zu zwei schweren Nachbeben. Fünftausend Menschen kamen ums Leben, zwanzigtausend wurden verletzt und eine Viertelmillion obdachlos. Das Hotel, in dem der Mann gewohnt hatte, wurde zerstört.

Eine Brücke stürzt ein

Am 1. August 2007 pendelte eine Frau mittleren Alters im abendlichen Berufsverkehr von Minneapolis, Minnesota, von der Arbeit nach Hause. Die Strecke war ihr so in Fleisch und Blut übergegangen, dass sie sie nach eigenem Bekunden blind fahren könnte. An jenem Tage wurde ihre Langeweile plötzlich von einem Impuls unterbrochen, einen anderen Weg nach Hause zu fahren. Die Frau wusste, dass die andere Strecke eine deutliche Verspätung nach sich ziehen würde, deshalb gab sie ihrem Impuls nicht nach. Das Gefühl wurde jedoch so stark, dass sie schließlich abbog und in die andere Richtung fuhr. Noch bevor sie zu Hause ankam, hörte sie im Radio, dass die Interstate-35W-Mississippi-River-Brücke, über die sie normalerweise fuhr, in den Fluss gestürzt war, dabei kamen dreizehn Menschen ums Leben, einhundertfünfundvierzig wurden verletzt. Sie war so erschüttert, dass sie ihren Wagen anhalten und sich beruhigen musste, bevor sie weiterfuhr.

Das Wissen der Sekretärin

Eine junge Frau, die als Sekretärin in einer betriebsamen Krankenstation eines Großstadt-Krankenhauses arbeitete, stellte fest, dass sie im Voraus wusste, welche Patienten während ihrer Schicht medizinische Notfallsituationen wie Herzstillstand erleiden würden. Sie hatte jedoch keine medizinische Ausbildung oder direkten Patientenkontakt und wusste, dass man sie verspotten oder gar entlassen würde, wenn sie über ihre Vorahnungen spräche. Als sie erfuhr, dass sich eine bestimmte Krankenschwester in ihrer Schicht für derlei Dinge interessierte, freundete sie sich mit ihr an und zog sie schließlich ins Vertrauen. Zu Beginn jeder gemeinsamen Schicht teilte sie der Schwester heimlich mit, auf welche Patienten diese besonders achtgeben sollte. Sie irrte sich fast nie. Jahrelang sprachen sie und die Krankenschwester nicht über ihren geheimen Austausch. Beide Frauen haben keinen Zweifel daran, dass auf diese ungewöhnliche Weise das Leben vieler Patienten gerettet wurde.

Die Welle der Zerstörung

Im Frühjahr 1991 beschlossen Marilyn Winkler und ihr Mann David aus Dandridge, Tennessee, sich eine Elternpause zu gönnen und einen Urlaub auf der Karibikinsel St. Lucia zu verbringen.[547] Ihre Schwiegermutter würde kommen und sich um die fünfzehnmonatige Tochter Kate kümmern.

Nachdem sie ein Hotel an der Marigot Bay auf St. Lucia bezogen hatten, bestiegen die Winklers ein Wassertaxi, ein 22-Fuß-Motorboot, das sie zu der Küstenstadt Soufrière bringen sollte, wo sie das Mittagessen einnehmen wollten. Als sie auf ihrer 50-minütigen Fahrt die Küste umschifften, war das Wetter völlig ruhig; Stürme waren nicht vorhergesagt worden. Seltsamerweise begann Marilyn Winkler den Schiffsboden zu betrachten und kleine Gegenstände, etwa einen rostigen Nagel, aufzuheben und über Bord zu werfen. Dies wurde zu einer Obsession, da sie sich vorstellte, wie solche Objekte wirken könnten, wenn das Boot Schiffbruch erlitte. Es gab keinen erkennbaren Grund für diese Sorge; sie fühlte sich auf Booten wie zu Hause, war eine gute Schwimmerin und das Wetter war ideal.

Dann blickte sie ständig nach Osten und beobachtete den Horizont. Sie hielt Ausschau nach anderen Booten und sah keines. Als sie sich Soufrière näherten, beschlossen Gregory, der Steuermann des Wassertaxis, und Stan, ein anderes Besatzungsmitglied, durch einen Einschnitt im Riff in die Bucht einzufahren, anstatt das Riff zu umschiffen und von weiter außerhalb in die Bucht zu gelangen. Winkler wusste instinktiv, dass es eine Fehlentscheidung war, durch das Riff zu steuern, und sie schrie ihren Mann an, er solle statt Gregorys die Ruderpinne übernehmen und das Boot von dem Riff weg lenken. Die Männer lachten über sie und machten chauvinistische Bemerkungen. Sie kämpfte gegen den Drang an, das Ruder selbst in die Hand zu nehmen. Dann begann sie, ihre persönlichen Gegenstände in wasserdichte Beutel zu packen, als bereite sie sich auf einen Notfall vor. Als sie von neuem um sich sah, konnte sie wieder kein anderes Boot in der Nähe erblicken.

Als sie auf halbem Weg durch den Einschnitt im Riff gelangt waren, erschien wie aus dem Nichts eine gewaltige Welle. Sie hob das Boot auf ihren sechs Meter hohen Kamm, drehte es kieloben, danach um 360 Grad, schleuderte es in die Tiefe und zerbrach es „zu Zahnstochern", wie Winkler es ausdrückte.

Marilyn und Stan waren zehn Meter tief im Wasser. Dann schien die Zeit stillzustehen. Winkler sah die schönen Sonnenstrahlen durchs Wasser dringen und fühlte sich von tiefem Frieden erfüllt. Ihre Gedanken gingen plötzlich zu ihrer Tochter Kate, die sie klar und deutlich „Mami!" schreien hörte. Dann spürte sie zwei Hände von hinten an ihrem Brustkorb, die sie emporzogen und zur Oberfläche stießen, und begann zu schwimmen. Als sie an die Oberfläche gelangte, sah sie sich nach der Küstenlinie um, um sich zu orientieren. Sie sah, dass auch alle drei Männer nach oben gekommen waren. Abermals suchte sie das Meer nach anderen Booten ab, konnte jedoch keines sehen.

Dann erschien wenige Meter entfernt wie aus dem Nichts ein älterer schwarzer Fischer mit einem langen, grauen Bart. Mit ruhigen Worten lud er die Schwimmenden ein, in sein Boot zu steigen, und half einem nach dem anderen dabei. Er brachte sie nach Soufrière, wo Menschen sich um sie sammelten und sie zu einer Klinik begleiteten. Es muss ein schwieriger Weg gewesen sein, weil sie pausieren und sich vorbeugen mussten, um Wasser aus den Lungen auszuspeien. Gregory, der Steuermann, hatte die Nase gebrochen und David hatte eine blutende Risswunde am Kopf, die mit zwanzig Stichen genäht werden musste.

Erschüttert und froh zugleich, noch am Leben zu sein, nahmen sie am nächsten Tag einen Flug und kehrten zurück nach Hause; spät nachts kamen sie in Tennessee an. Sie berichteten der Schwiegermutter, dass sie Schiffbruch erlitten hatten, aber bevor sie Einzelheiten erzählen konnten, erfuhren sie, dass die kleine Kate am Tag zuvor, während sie im Hochstuhl sitzend ihr Mittagessen gefüttert bekam, plötzlich gesprochen und gesagt habe: „Mami und Papi ertrinken!" und „Papi blutet am Kopf." Sie sagte auch, es sei ein Hai im Wasser. Obwohl Winkler selbst keinen Hai gesehen hatte, war dies angesichts all des Blutes im Wasser vorstellbar. Winkler erklärte, dass ihre Tochter seinerzeit kaum sprechen konnte, sich zeitlebens in den Smokey Mountains aufgehalten habe, niemals am Meer gewesen sei und wohl nicht einmal wusste, was ein Hai war. Aber Winkler hegte keinen Zweifel, dass sie unter Wasser wirklich gehört hatte, wie Kate „Mami!" rief.

Winklers Vorahnung des Unglücks war aus mehreren Gründen besonders bemerkenswert. Sie war so beunruhigend, dass Marilyn Winkler zu anderen Menschen darüber sprach, bevor sie sich bewahrheitete, und anfing, sich darauf vorzubereiten, indem sie lose Objekte über Bord warf und ihre persönlichen Gegenstände in wasserdichte Beutel steckte. Ihr Kleinkind in rund fünftausend Kilometer Entfernung schien zu wissen, was mit den Eltern passierte, und sie schien ihre Mutter anzusprechen, als diese fast ertrank. Doch wessen Hände hoben und stießen sie an die Oberfläche? Und was war mit dem alten Fischer, der aus dem Nichts erschien und ebenso plötzlich wieder verschwand, nachdem er sie ans Ufer gebracht hatte?

Nicht bloß Geschichten

Und so ging es auf der Lesereise weiter, als gewöhnliche Amerikaner ihr Herz öffneten und über Erlebnisse sprachen, die sie, wie viele bekundeten, noch nie zuvor jemandem erzählt hatten. Selbst Ärzte sind vorgetreten. Bei einem Vortrag vor einer großen Ärzteschar gab eine Internistin vor der ganzen Gruppe bekannt: „Ich erfahre Zahlen in meinen Träumen. Ich sehe die aktuellen Laborwerte meiner Patienten, noch bevor ich Tests anordne."

Schon oft hat man mir gesagt, dass „echte" Wissenschaftler Dinge dieser Art nicht glauben. Das ist eine falsche Behauptung. In einer Umfrage bei mehr als 1100 Hochschullehrern in den Vereinigten Staaten berichteten 55 % der Naturwissenschaftler, 66 % der Sozialwissenschaftler (ohne Psychologen) und 77 % der Akademiker in den künstlerischen, geisteswissenschaftlichen und pädagogischen Fakultäten, dass sie außersinnliche Wahrnehmung für feststehende Tatsachen oder eine wahrscheinliche Möglichkeit halten.[548]

James Parkinson, Alois Alzheimer, Carl von Basedow, Thomas Addison und andere legendäre Gestalten, deren Namen mit klassischen Krankheitsbildern assoziiert werden, haben nicht abgebrochen, wenn sie von ihren Patienten die Geschichten ihrer Krankheiten hörten. Sie wollten Beweise, und so fassten sie nach mit körperlichen Untersuchungen und Tests, und sie achteten und betrachteten ähnliche Fälle. Schließlich veröffentlichten sie ihre Feststellungen und Beobachtungen und stellten sie zur Diskussion.

Geschichten von Zukunftswissen gibt es seit Jahrtausenden. Vorauswissen ist ein wesentlicher Bestandteil im Weltbild der Schamanen, das seit fünfzigtausend Jahren existiert. Die heiligen Schriften aller großen Religionen – auch die Bibel – enthalten eine Fülle von Prophezeiungen – Vorahnungen unter einem anderen Namen. Shakespeare schien zu wissen, dass Menschen die Zukunft vorauszuahnen vermögen. Im *Hamlet* schrieb er: „Welch ein Meisterwerk ist der Mensch! ... im Begreifen ähnlich einem Gott."[549] Doch die lückenlose Kette von Vorahnungsgeschichten ist nicht genug, und so wurde in den vergangenen Jahren der Kreis durch Indizien und Beweise geschlossen – wie schon die großen Kliniker die Geschichten ihrer Patienten durch empirisches Wissen und Forschungsergebnisse erhärteten.

Die wissenschaftlichen Belege für Zukunftswissen habe ich im [vorliegenden] Buch und in einer kürzlich erschienenen Kolumne in der Zeitschrift *Explore*[550] eingehend betrachtet. Diese Forschungsergebnisse haben unser Wissen und Verständnis vom Vorauswissen vertieft. Natürlich liefert die empirische Evidenz keinen Beweis für die Validität einer einzelnen Geschichte, aber sie untergräbt den ewigen Vorwurf des Skeptikers, dass alle Geschichten dieser Art grundsätzlich unmöglich seien und deshalb falsch sein müssten.

Unsere *Geschichten* und die *Geschichte* wurzeln im gleichen Grund. Schon ihre Etymologie erinnert uns daran: Wenn wir Geschichten ablehnen, leugnen wir unsere Geschichte und durchtrennen unsere Verbindung mit der Vergangenheit. Viele vormoderne Kulturen hielten dies für selbstmörderisch. Es waren und sind Geschichten, die die Verbindung mit den Ahnen am Leben erhalten, eine Quelle der Weisheit und Kraft im Heute. Geschichten zu verwerfen hieße, hilflos abzutreiben, ziellos und kraftlos.

Auf meiner Lesereise habe ich von vielen mutigen Geschichtenerzählern erfahren, dass Geschichten von der Zukunft und der Vergangenheit handeln können. Geschichten als Erinnerungen an Dinge in der Zukunft sind deshalb Hinweise auf einen zeitlosen Aspekt derer, die wir sind – die herrlichste Geschichte von allen.

ANHANG

„Jeder Mensch trägt in seinem Bewusstsein etwas vom Geist des anderen."
– David Bohm, Physiker[551]

UNENDLICH, EWIG UND EINES: WISSENSCHAFTLER ÜBER DAS BEWUSSTSEIN

In Vorahnungen äußert sich Bewusstsein außerhalb des Hier und Jetzt und verhält sich, als gäbe es keine Grenzen in Raum und Zeit. Was dies bedeutet, ist großartig: Ist unser Geist durch den Raum nicht begrenzt, ist er allgegenwärtig, und ist er durch die Zeit nicht begrenzt, ist er unsterblich oder ewig. Wenn es keine Grenzen für den Geist des Individuums gibt, dann kommt das Geistige aller Individuen in irgendeiner Dimension zusammen, um einen einzigen, einheitlichen Geist zu bilden. Im Jargon der modernen Physik ist ein solcher Geist *nichtlokal*.

Wir brauchen nicht darauf zu warten, dass Wissenschaftler den grenzenlosen, unendlichen, nichtlokalen Geist bestätigen. Sie haben es bereits getan.

Die folgenden Zitate stammen von einigen der renommiertesten und angesehensten Wissenschaftler des 20. Jahrhunderts. Sie unterstützen die Ansicht, dass Bewusstsein grenzenlos, ewig und eins ist, und sind deshalb aufgeschlossen für die Möglichkeit von Vorahnungen.

Erwin Schrödinger

Schrödinger ist einer der Patriarchen der modernen Physik. Für seine Wellengleichung, die eine zentrale Rolle in der Quantenmechanik spielt, wurde ihm der Nobelpreis zuerkannt. Die Rolle des Bewusstseins bei der Erschaffung physikalischer Wirklichkeit interessierte ihn zutiefst.

„Bewusstsein zu zerteilen oder zu multiplizieren, ist etwas Sinnloses."[552] Es gibt offenbar nur eine Alternative, nämlich die Vereinigung des Geistes oder Bewusstseins ... In Wahrheit gibt es nur einen Geist."[553]

„Ich wage es, den Geist unzerstörbar zu nennen, weil er eine eigenartige Zeitwahrnehmung hat, denn Geist ist immer *jetzt*. Es gibt für ihn wirklich kein Davor und kein Danach."[554]

Albert Einstein

Einstein ist vielleicht der berühmteste Wissenschaftler überhaupt. Seine Veröffentlichung der *Speziellen Relativitätstheorie* im Jahre 1905 veränderte die klassische, mechanistische, newtonsche Sicht der Welt ein für allemal.

„Ein Mensch ist Teil des Ganzen, das wir Universum nennen, ein in Zeit und Raum begrenzter Teil. Er empfindet sich, seine Gedanken und Gefühle als etwas, das vom anderen getrennt ist – das ist eine Art optischer Täuschung seines Bewusstseins. Diese Täuschung ist so etwas wie ein Gefängnis für uns, sie begrenzt uns auf unsere persönlichen Wünsche und die Zuneigung zu einigen wenigen, uns nahestehenden Personen. Es muss unsere Aufgabe sein, uns aus diesem Gefängnis zu befreien, indem wir den Kreis des Mitgefühls erweitern, um alle Lebewesen und die ganze Natur in ihrer Schönheit zu umfangen."[555]

„Ich fühle mich so solidarisch mit allem Lebendigen, dass es mir einerlei ist, wo der Einzelne anfängt und aufhört."[556]

Freeman Dyson

Der angesehene Physiker Freeman Dyson, bekannt durch seine Arbeiten für einen Antrieb für Weltraumflüge, äußerte freimütig seine Ansicht über die zentrale Bedeutung des Bewusstseins im Universum.

„Es gibt Hinweise ..., dass das Universum als Gesamtheit dem Wachstum des Geistes gastfreundlich gegenübersteht. ... Es ist vernünftig, an die Existenz einer dritten Ebene des Geistes zu glauben, eine mentale Komponente des Universums. Wenn wir an diese mentale Komponente glauben und sie Gott nennen, dann können wir sagen, dass wir kleine Stücke des geistigen Apparates Gottes sind."[557, 558]

Henry Margenau

Henry Margenau war fast ein halbes Jahrhundert lang Professor der Physik und Naturphilosophie an der Yale-Universität.

„[Es gibt eine physische Wirklichkeit, sie ist] im Kern für alle die gleiche ... [Dieses] Einssein aller impliziert die Universalität des Geistes ..."[559] Wenn meine Folgerungen korrekt sind, ist jedes Individuum Teil von Gott oder Teil des universellen Geistes."[560]

„Der Universelle Geist bedarf keines Gedächtnisses, da alle Dinge und Vorgänge – in Vergangenheit, Gegenwart und Zukunft – seinem Zugriff offenstehen."[561]

David Bohm

Bohm ist einer der Paten der modernen Physik. Er interessierte sich sehr für das Wesen des menschlichen Geistes und dessen Beziehung zur Materie.

„Letztlich ist das ganze Universum ... als ein einziges, unteilbares Ganzes zu verstehen, in welchem die analysierende Zergliederung in separat und unabhängig existierende Teile keinen grundlegenden Bestand hat."[562]

„Wir [können] in der Tiefe von einer Einheit des Bewusstseins der Menschheit ausgehen. Es handelt sich dabei um eine faktische Gewissheit ... wenn wir diesen Sachverhalt nicht erkennen, so deswegen, weil wir unsere Augen selbst davor verschließen."[563]

„Letztlich sind alle Augenblicke in Wirklichkeit einer ... deshalb ist jetzt Ewigkeit ... Alles, ich selbst eingeschlossen, stirbt in jedem Augenblick in die Ewigkeit und wird von neuem geboren."[564]

„Alles ist lebendig. Was wir tot nennen, ist eine Abstraktion."[565]

George Wald

Der Nobelpreisträger George Wald gehörte zu der wachsenden Zahl von Wissenschaftlern, die auf den Gebieten Biologie und Medizin arbeiten und glauben, dass Bewusstsein im Universum grundlegend ist.

„Geist kommt nicht als ein später Auswuchs in der Evolution des Lebens zum Vorschein, sondern hat schon immer existiert ... Ursprung und Voraussetzung der physischen Wirklichkeit."[566]

Niels Bohr

Bohr ist Urheber des sogenannten *Korrespondenzprinzips* in der modernen Physik. Das Bohrsche Atommodell gilt als Meilenstein der theoretischen Physik.

„Zugegebenermaßen können wir in der Physik oder Chemie nichts finden, das auch nur eine geringfügige Auswirkung auf das Bewusstsein hätte. Dennoch wissen wir alle, dass es so etwas wie Bewusstsein gibt, einfach deshalb, weil wir es selbst besitzen. Daher muss das Bewusstsein ein Teil der Natur oder, allgemeiner, der Wirklichkeit sein."[567]

Sir James Jeans

James Jeans sind grundlegende Beiträge zur Quantenmechanik zu verdanken. Er beschäftigte sich sehr mit der Rolle des Bewusstseins in der physischen Welt.

„[Das] Universum sieht allmählich mehr wie ein großer Gedanke aus als wie eine große Maschine."[568]

Sir Arthur Eddington

Sir Arthur Eddington war einer der berühmtesten Astrophysiker und Mathematiker des 20. Jahrhunderts, der mit Leidenschaft darüber schrieb, wie das Bewusstsein am Aufbau der Wirklichkeit beteiligt ist.

„Die Idee eines universellen Geistes oder Logos wäre, wie ich meine, eine recht plausible Folgerung aus dem derzeitigen Stand wissenschaftlicher Theorie; zumindest harmoniert sie mit dieser."[569]

„Der Stoff, aus dem die Welt besteht, ist Geist-Stoff."[570]

Gregory Bateson

Gregory Batesons Arbeiten wurzelten in Anthropologie und Biologie; er befasste sich mit dem Konzept des Informationsflusses in der Natur und der Wechselwirkungen von Bewusstsein und physischer Welt. Er entwickelte die *Doppelbindungstheorie* in der modernen Psychologie.

„Der individuelle Geist ist immanent, aber nicht nur dem Körper. Er ist auch den Bahnen und Mitteilungen außerhalb des Körper immanent; und es gibt auch einen größeren Geist, von dem der individuelle Geist nur ein Subsystem ist. Der größere Geist lässt sich mit Gott vergleichen, und er ist vielleicht das, was einige Menschen mit 'Gott' meinen, aber er ist doch dem gesamten in Wechselbeziehung stehenden sozialen System und der planetaren Ökologie immanent."[571]

ANMERKUNGEN

Für alle Quellenhinweise auf das Internet ohne Angabe eines früheren Zugriffsdatums gilt: „Zugriff im September – November 2010"

1   LeShan L, *How to meditate: A Guide to Self-Discovery*, Boston, MA: Little Brown 1974; dt. Ausg.: *Vom Sinn des Meditierens: Schlüssel zu einem erfüllteren Leben*, Freiburg: Herder 1997
2   Mooney G, *The history of the gravity poster*, auf: http://www.mooneyart.com/gravity/historyof_01.html
3   Braud WG, *Psi Notes: Answers to Frequently Asked Questions about Parapsychology and Psychic Phenomena* (2nd ed.), San Antonio, TX: The Mind Science Foundation 1984
4   Mayer EL, *Extraordinary Knowing: Science, Skepticism, and the Inexplicable Powers of the Human Mind*, New York, NY: Bantam/Random House 2007
5   Dossey L, *Reinventing Medicine*, San Francisco, CA: Harper 1999, p. 1-3 (gekürzt)
6   Schwartz SA, „An arrow through time", in: *Explore: The Journal of Science and Healing* 2008;4(2):95-100; verfügbar auf: http://www.stephanaschwartz.com/PDF/SR An Arrow Through Time.pdf
7   Wer sich für die frühe Präkognitionsforschung interessiert, besuche die Internetseite der Society for Psychical Research: http://www.spr.ac.uk/expcms/
8   Internetseite des Rhine Research Centers: http://www.rhine.org
9   Internetseite der Parapsychology Association: http://parapsych.org/
10 Kelly EF, Kelly EW, Crabtree A, Gauld A, Grosso M, Greyson B, *Irreducible Mind: Toward a Psychology for the 21st Century*, Lanham, MD: Rowman & Littlefield 2007
11 Cardeña E, Lynn SJ, Krippner S (eds.), *Varieties of Anomalous Experience: Examining the Scientific Evidence*, Washington, DC: American Psychological Association 2000
12 Greeley AM, „Mysticism goes mainstream", in: *American Health* 1987;6(1):47-49
13 Targ E, Schlitz M, Irwin HJ, „Psi-related experiences", in: Cardeña E, Lynn SJ, Krippner S (eds.), *Varieties of Anomalous Experience: Examining the Scientific Evidence*, Washington, DC: American Psychological Association 2000
14 Gyatsu T, *Freedom in Exile: The Autobiography of the Dalai Lama*, New York, NY: Harper Collins 1991; dt. Ausg.: Dalai Lama XIV., *Das Buch der Freiheit*, Bergisch Gladbach: Lübbe 1990. (Engl.) Zitat auf: http://www.nechungfoundation.org/oracle.html
15 Carroll RT, „Astrology", in: *The Skeptic's Dictionary Online* auf: http://skepdic.com/astrolgy.html
16 Puthoff HE, „CIA-initiated remote viewing program at Stanford Research Institute" in: *Journal of Scientific Exploration* 1996;10(1):75; verfügbar auf: http://www.scientificexploration.org/journal/jse_10_1_puthoff.pdf und http://www.biomindsuperpowers.com/Pages/CIA-InitiatedRV.html
17 May EC, „The American Institutes for Research Review of the Department of Defense's STAR GATE program: A commentary" in: *Journal of Scientific Exploration* 1996;10(1):89-107
18 Feather SR, Schmickler M, *The Gift: ESP, the Extraordinary Experiences of Ordinary People*, New York, NY: St. Martin's Press 2005
19 Feather SR, Schmickler M, *The Gift (a.a.O.)*

20 Targ R, *Limitless Mind: A Guide to Remote Viewing and Transformation of Consciousness*, Novato, CA: New World Library 2004, p. 85f.
21 Feather SR, Schmickler M, *The Gift (a.a.O.)*, p. 189
22 Feather SR, Schmickler M, *The Gift (a.a.O.)*, p. 196
23 Feather SR, Schmickler M, *The Gift (a.a.O.)*, p. 198
24 Feather SR, Schmickler M, *The Gift (a.a.O.)*, p. 198f.
25 Eine faszinierende Beschreibung seiner Erlebnisse in: Graff DE, *Tracks in the Psychic Wilderness: An Exploration of ESP, Remote Viewing, Precognitive Dreaming and Synchronicity*, London, Vega 2003
26 Puthoff HE, *CIA-initiated remote viewing program (a.a.O.)*
27 Utts J, „An assessment of the evidence for psychic functioning", in: Journal of Scientific Exploration 1996;10(1):3-30, verfügbar auf: http://anson.ucdavis.edu/~utts/air2.html
28 Targ R, „Remote viewing at Stanford Research Institute in the 1970s: A memoir", in: *Journal of Scientific Exploration* 1996;10(1):77-88, verfügbar auf: http://www.scientificexploration.org/journal/jse_10_1_targ.pdf
29 May EC, „The American Institutes for Research Review of the Department of Defense's STAR GATE program: A commentary", in: *Journal of Scientific Exploration* 1996;10(1):89-107
30 Nelson RD, Dunne BJ, Dobyns YH, Jahn RG, „Precognitive remote perception: Replication of remote viewing", in: *Journal of Scientific Exploration* 1996;10(1):109-110
31 Feather SR, Schmickler M, *The Gift (a.a.O.)*, p. 202f.
32 Graff DE, „Explorations in precognitive dreaming", in: *Journal of Scientific Exploration* 2007;21(4):707-722
33 ebenda
34 Feather SR, Schmickler M, *The Gift (a.a.O.)*, p. 201
35 Kroft S, „Dennis Quaid recounts twins' drug ordeal" in: *60 Minutes*, CBS online, auf: http://www.cbsnews.com/stories/2008/03/13/60minutes/main3936412.shtml
36 http://www.celebitchy.com/10122/kimberly_quaid_said_she_had_premonition_at_900_pm_that_something_was_wrong_with_babies/
37 Ornstein C, „Quaids recall twins' drug overdosage", in: *Los Angeles Times* vom 15.01.2008, verfügbar auf: http://www.zap2it.com/movies/news/zap-story-quaidsrecalltwinsdrugoverdose,0,2286448.story
38 Ornstein C, „State cites safety drug lapses at Cedars-Sinai", in: *Los Angeles Times* vom 10.01.2008, verfügbar auf: http://portlandscw.trb.com/news/la-me-cedars-10jan10,0,4490595.story?coll=kwbp-news-1
39 Cohn S, persönliche Mitteilung an den Verfasser am 26.03.2008, Abdruck mit freundlicher Genehmigung.
40 Dossey L, „Distant Nonlocal Awareness: A Different Kind of DNA", in: *Alternative Therapies in Health and Medicine* 2000;6(6):10-14,102-110
41 Mitchell E, „The physiological diagnostic dream", in: *New York Medical Journal* 1923;188:416
42 Schneider D, *Revolution in the Body-Mind. I. Forewarning Cancer Dreams and the Bioplasma Concept*, Easthampton, NY: Alexa Press 1976, p. 7
43 Van de Castle R, *Our Dreaming Mind*, New York, NY: Ballantine 1994, p. 367
44 Jung CG, „Die Funktion der Träume", in: *Der Mensch und seine Symbole*, Olten und Freiburg: Walter [8]1979, S. 50
45 Bernstein JS, *Living in the Borderland: The Evolution of Consciousness and the Challenge of Healing Trauma*, New York, NY: Routledge 2005, p. 185

46 Schwarz BE, „Possible telesomatic reactions", in: The Journal of the Medical Society of New Jersey. 1967;64(11):600-603
47 Gurney E, Myers FWH, Podmore F, *Phantasms of the Living*, vol. 1, London: Trübner 1886, p. 188f.
48 Gurney E, Myers FWH, Podmore F, *Phantasms of the Living*, vol. 2, London: Trübner 1886, p. 132
49 Stevenson I, *Telepathic Impressions: A Review of 35 New Cases*, Charlottesville, VA: University Press of Virginia 1970
50 Rush JH, „New directions in parapsychological research", in: *Parapsychological Monographs No. 4*, New York: Parapsychological Foundation 1964, p. 18f.
51 Rhine LE, „Psychological processes in ESP experiences, Part I: Waking experiences", in: *Journal of Parapsychology* 1962;29:88-111
52 Blaksley T, „Impression", in: *Journal of the Society for Psychical Research* 1892;5:241
53 Piersall P, „The heart remembers", in: *Natural Health* März/April 1998, verfügbar auf: http://findarticles.com/p/articles/mi_m0NAH/is_n2_v27/ai_20353562/pg_4
54 Kincheloe L, persönliche Mitteilung an den Verfasser im November 2003, Abdruck mit freundlicher Genehmigung; auch in: Kincheloe L, „Intuitive obstetrics", in: *Alternative Therapies in Health & Medicine* 2003;9(6):16-17
55 Wie diese künftige „Ära III" oder „nichtlokale Medizin" aussehen könnte, habe ich in meinem Buch *Reinventing Medicine* beschrieben (San Francisco, CA: Harper 1999)
56 Reducing the Risk: the California SIDS Program, auf: http://www.californiasids.com
57 American Academy of Pediatrics, Task Force on Sudden Infant Death Syndrome, „The changing concept of sudden infant death syndrome: diagnostic coding shifts, controversies regarding the sleeping environment, and new variables to consider in reducing risk", in: *Pediatrics* 2005;116(5):1245-1255; Zusammenfassung verfügbar auf: http://www.ncbi.nlm.nih.gov/entrez/query.fcgi?db=pubmed&cmd=Retrieve&dopt=AbstractPlus&list_uids=16216901&query_hl=3&itool=pubmed_docsum
58 Jüngere Beobachtungen zeigen, dass der Einsatz eines Ventilators in der Nähe des schlafenden Babys das Auftreten des plötzlichen Kindstodes um bis zu 72 Prozent reduzieren könnte. Eine Hypothese meint, dass das erneute Einatmen von ausgeatmetem Kohlendioxid aus der Nähe des kindlichen Mundes ein Krippentodrisiko darstellen. Siehe: Coleman-Phox K, et al., „Use of a fan during sleep and the risk of sudden infant death syndrome", in: *Archives of Pediatric and Adolescent Medicine* 2008;162:963-968
59 Horchler JN, Morris RR, „Dreams and Premonitions (Chapter 17)", in: *SIDS & Infant Death Survival Guide: Information and Comfort for Grieving Family & Friends & Professionals Who Seek to Help Them* (3rd ed.), Hyattsville, MD: SIDS Educational Services 2003, p. 276-285, verfügbar auf: http://sidssurvivalguide.org/chapter17.htm
60 ebenda
61 Henslee, JA, Christenson, PJ, Hardoin RA, Morse M, Sheehan C, „The impact of premonitions of SIDS on grieving and healing", in: *Pediatric Pulmonology* 1993;16:393. Einzelheiten der Studie sind verfügbar in „The Study" von: *The SIDS & Infant Death Survival Guide* auf: http://sidssurvivalguide.org/chapter17.htm
62 Southwest SIDS Research Institute, Inc., Brazosport Memorial Hospital, 100 Medical Drive, Lake Jackson, TX 77566, http://www.swsids.com/
63 Horchler JN, Morris RR (a.a.O.)
64 „Grubenunglück von Courrières" in Wikipedia: http://en.wikipedia.org/wiki/Courrières_mine_disaster; dt. Version: http://de.wikipedia.org/wiki/Grubenunglück_von_Courrières
65 Grubenunglück von Monongah, auf: http://www.boisestate.edu/history/ncasner/hy210/mining.htm

66 „Grubenunglück von Sago" in Wikipedia: http://en.wikipedia.org/wiki/2006_Sago_Mine_disaster
67 Torres K, „Legislators seek investigation in Utah mine disaster", auf: http://ehstoday.com/ar/ehs_imp_70536/
68 Desaster von Aberfan, auf: http://www.nuffield.ox.ac.uk/politics/aberfan/home2.htm
69 Desaster von Aberfan, Kurzbeschreibung, auf: http://www.nuffield.ox.ac.uk/politics/aberfan/desc.htm
70 ebenda
71 Obige Schilderung stammt aus Iain McLean, „On Moles and the Habits of Birds: The Unpolitics of Aberfan", in: *Twentieth Century British History,* vol. 8, Dezember 1997. Die Zitate sind aus Gaynor Madgewick, *Aberfan: Struggling Out of the Darkness,* Blaengarw: Valley & Vale 1996, p. 23, und aus *Report of the Tribunal Appointed To Inquire into the Disaster at Aberfan on October 21st, 1966,* Chairman Lord Justice Edmund Davies, HMSO, 1967, HL 316 & HC 553:27. Fotografien des Unglücks aus Nov./Dez. 1966 sind zu finden in Rapoport IC, *Aberfan – The Days After;* Cardigan, Wales 2005, viele der Bilder sind auch verfügbar auf: http://www.rapo.com/lcgallery/Aberfan.htm (Zugriff am 02.01.2007)
72 Untersuchung des Desasters von Aberfan, auf: http://www.nuff.ox.ac.uk/politics/aberfan/tri.htm; ferner: *Corporatism and Regulatory Failure: Government Response to the Aberfan Disaster,* von Professor Iain McLean, Projektleiter, 1999, verfügbar auf: http://www.nuffield.ox.ac.uk/politics/aberfan.esrc.html (Zugriff am 02.01.2007)
73 McLean I, Johnes M, „Remembering Aberfan", auf: http://www.nuffield.ox.ac.uk/politics/aberfan/remem.htm; siehe auch: McLean I, Johnes M, *Aberfan: Disasters and Government,* Cardiff: Welsh Academic Press 2000
74 Barker JC, „Premonitions of the Aberfan disaster", in: *Journal of the Society for Psychical Research* 1967;44:169-181
75 Van de Castle RL, „Dreams of natural disasters", in: *Our Dreaming Mind (a.a.O.),* p. 408f.
76 Guiley RE, *Harper's Encyclopedia of Mystical and Paranormal Experience,* New York, NY: Harper Collins 1991, p. 465f.
77 Deem JM, Costantino V, *How to Travel through Time,* New York, NY: Avon Books 1993
78 The Arlington Institute, auf: http://www.arlingtoninstitute.org/, siehe: TAI Alert 15, Impending Event Alert, auf: http://www.arlingtoninstitute.org/tai-alert-15-impending-event-alert (Zugriff am 15.09.2008)
79 Moore DW, *Three in Four Americans Believe in Paranormal,* Princeton, NJ: The Gallup Organization 16. Juni 2005, verfügbar auf: http://home.sandiego.edu/%7Ebaber/logic/gallup.html
80 Targ R, Geleitwort zu: Dunne JW, *An Experiment with Time* (Reprint), Charlottesville, VA: Hampton Roads 2001, p. viii
81 Feather SR, Schmickler M, *The Gift (a.a.O.),* p. 3
82 Dunne JW, *An Experiment with Time* (Reprint), Charlottesville, VA: Hampton Roads 2001, p. 23
83 Dunne JW, *Nothing Dies,* London: Faber and Faber 1946
84 Eliade M, *Der Mythos der ewigen Wiederkehr,* Düsseldorf: Diederichs 1953; jüngste Ausgabe: *Kosmos und Geschichte: Der Mythos der ewigen Wiederkehr,* Frankfurt 2007
85 Eliade M, *The Myth of the Eternal Return* (Bollingen Foundation edition), Princeton, NJ: Princeton University Press 1954

86   Bohm D, Wholeness and the Implicate Order (Reprint), New York, NY: Routledge 2002; dt. Ausg.: Die implizite Ordnung, München: Dianus-Trikont 1985, Goldmann 1987
87   Krishnamurti J, Bohm D, *The Ending of Time*, New York, NY: HarperOne 1985; dt. Ausg.: *Vom Werden zum Sein*, München: O. W. Barth 1987, Goldmann 1992
88   Barbour J, *The End of Time*, New York, NY: Oxford University Press 2001
89   Dunne JW, *An Experiment with Time (a.a.O.)*, p. 111
90   Cox WE, „Precognition: An analysis II", in: *Journal of the American Society for Psychical Research* 1956;50(1):99-109
91   Guiley RE, *Harper's Encyclopedia (a.a.O.)*, p. 466
92   Watson L, „The Importance of Pattern", in: *The Dreams of Dragons*, Rochester, VT: Destiny Books 1992, p. 28f.
93   Ostrander S, Schroeder L, *Psychic Discoveries Behind the Iron Curtain*, New York, NY: Marlowe & Company 1970, p. 38-52; dt. Ausg.: *PSI: Die wissenschaftl. Erforschung u. praktische Nutzung übersinnl. Kräfte des Geistes und der Seele im Ostblock*, Bern-München-Wien: Scherz 1971, jüngste Ausgabe: Rastatt: Moewig 1985
94   Guiley RE, *Harper's Encyclopedia (a.a.O.)*, p. 465
95   Feather SR, Schmickler M, *The Gift (a.a.O.)*, p. 165
96   Feather SR, Schmickler M, *The Gift (a.a.O.)*, p. 172-181
97   Rubin CB, Renda-Tanali I, *Effects of the Terrorist Attacks of September 11, 2001, on Federal Emergency Management in the United States*, Washington, DC: Institute for Crisis, Disaster and Risk Management, The George Washington University 2002, verfügbar auf: http://www.gwu.edu/~icdrm/publications/sept11book_ch22_rubin.pdf
98   Feather SR, Schmickler M, *The Gift (a.a.O.)*, p. 172-181
99   Feather SR, Schmickler M, *The Gift (a.a.O.)*, p. 24f.
100 Nicht nur das Rhine Research Center wurde nach dem 11. September mit Berichten überschwemmt. Gleiches gilt auch für das Boundary Institute in Saratoga, Kalifornien. Das Boundary Institute ist eine Forschungsorganisation, in der Wissenschaftler die Grundlagen von Physik, Mathematik, und Computerwissenschaft erkunden sowie die Frage, wie sich Bewusstsein in der Welt manifestiert. Einige Vorahnungen zum 11. September, die in Saratoga eintrafen, sind verfügbar auf: http://www.boundaryinstitute.org/premon911.htm (Zugriff 2007)
101 Bernstein JS, *Living in the Borderland (a.a.O.)*, p. 174
102 verfügbar auf: http://chezdiva.com/lawrence-francis-boisseau/ (Zugriff am 07.01.2007)
103 Bernstein JS, *Living in the Borderland (a.a.O.)*, p. 174f.
104 Otto R, *Das Heilige: über das Irrationale in der Idee des Göttlichen und sein Verhältnis zum Rationalen* (Nachdruck), München: Beck 2004; engl. Ausg.: Otto R, *The Idea of the Holy*, New York, NY: Oxford University Press 1958, p. 5-14
105 Fitzgerald R, *Lucky You: Proven Strategies for Finding Good Fortune*, New York, NY: Citadel Free Press/Kensington 2004, p. 128
106 Feather SR, Schmickler M, *The Gift (a.a.O.)*, p. 165-181
107 „Is this really proof that man can see into the future?", in: *Daily Mail* (London), 4. Mai 2007, verfügbar auf: http://www.dailymail.co.uk/pages/live/articles/technology/technology.html?in_article_id=452833&in_page_id=1965
108 „September 11, 2001", Pennsylvania Council for Exceptional Children, verfügbar auf: http://www.pfcec.org/pf8708.htm (Zugriff am 08.10.2007)
109 Sheldrake R, *The Sense of Being Stared At, and Other Aspects of the Extended Mind*, London: Arrow Books/Random House 2003, p. 242; dt. Ausgabe: *Der siebte Sinn des Menschen*, Frankfurt: Fischer Taschenbuch 2006, S. 316

110 verfügbar auf: http://www.youtube.com/watch?v=uxBPWCaP6fM
111 Grey A, *Gaia,* verfügbar auf: http://gaia.tribe.net/photos/23eb69f2-5b73-40d2-80fa-6fb850fc15b4
112 „Party Music" in Wikipedia: http://en.wikipedia.org/wiki/Party_Music
113 Glasner J, „Eerie image pulled from CD", auf *Wired* online, verfügbar auf: http://www.wired.com/culture/lifestyle/news/2001/09/46771
114 „Hollywood: The Pentagon's new advisor" auf BBC online, 8. Oktober 2001: http://news.bbc.co.uk/2/hi/programmes/panorama/1891196.stm
115 „September 11: A warning from Hollywood" auf BBC online: http://news.bbc.co.uk/2/hi/programmes/panorama/1875186.stm
116 Schmeidler GR, *Parapsychology and Psychology: Matches and Mismatches,* Jefferson, NC: McFarland 1988
117 Schlitz MJ, Honorton C, „Ganzfeld psi performance within an artistically gifted population", in: *Journal of the American Society for Psychical Research* 1992;86:83-98
118 Bem DJ, Honorton C, „Does Psi Exist? Replicable Evidence for an Anomalous Process of Information Transfer", in: *Psychological Bulletin* 1994;5(1):1,4-18, verfügbar auf: http://homepage.psy.utexas.edu/homepage/Class/Psy391P/Bem&Honorton.1984.pdf
119 Clarke RA, *Against All Enemies,* New York, NY: Free Press 2004
120 Edmonds S, „A Patriot Silenced, Unjustly Fired but Fighting Back to Help Keep America Safe", American Civil Liberties Union, verfügbar auf: http://www.aclu.org/safefree/general/18828res20050126.html
121 CNN.com, 19. Mai 2004, verfügbar auf: http://www.cnn.com/2004/ALLPOLITICS/04/08/rice.transcript/
122 CNN.com, 8. Juli 2004, verfügbar auf: http://www.cnn.com/2004/US/07/08/ridge.alqaeda/index.html; dt. Version auf: http://www.heise.de/tp/r4/artikel/17/17854/1.html
123 Jung CG, *The Structure and Dynamics of the Psyche* (Collected Works, vol. VIII), Princeton, NJ: Princeton University Press, 2nd edition 1970, p. 420; dt. Ausg.: Jung CG, *Die Dynamik des Unbewussten* (Gesammelte Werke Bd. 8), Düsseldorf/Zürich: Walter [7]1995
124 Van de Castle RL, *Our Dreaming Mind (a.a.O.),* p. 29f.
125 „Spencer Perceval" in Wikipedia: http://en.wikipedia.org/wiki/Spencer_Perceval, dt. Version: http://de.wikipedia.org/wiki/Spencer_Perceval
126 „British History. Prime Ministers and Politics Timeline" auf BBC Online: http://www.bbc.co.uk/history/british/pm_and_pol_tl.shtml (Zugriff am 06.03.2008)
127 Hill B, *Gates of Horn and Ivory: An Anthology of Dreams,* New York, NY: Taplinger 1967, p. 21f.
128 Edeal G, „Why the choir was late", in: *Life* vom 27.03.1950, p. 19-23
129 Der Bericht über Beatrice stützt sich auf folgende Quellen:
• Watson L, *The Dreams of Dragons,* Rochester, VT: Destiny Books 1992, p. 26
• Edeal G, *Why the choir was late,* in: *Life* vom 27.03.1950, p. 19-23
• Jordan PA, *The mystery of chance,* auf: http://www.strangemag.com/mysteryofchance.html
• Fritts R, *Is the universe random, or is there something out there controlling things?* auf: http://www.cedarlane.org/96serms/s960505.html
• „Lucky choir" (New Unsolved Mysteries) auf: http://wn.com/New_Unsolved_Mysteries-Lucky_Choir
• „Choir non-quorum" auf: http://www.snopes.com/luck/choir.asp
• „Beatrice history" auf: http://www.beatrice.ne.gov
• „Frontier trails across Gage County" auf: http://www.beatricene.com/gagecountymuseum/trails.html

- „Beatrice, Nebraska" auf: http://www.epodunk.com/cgi-bin/genInfo.php?locIndex=27259
- „Beatrice, Nebraska" in Wikipedia: http://en.wikipedia.org/wiki/Beatrice,_Nebraska
- „Clara Bewick Colby" (South Dakota Public Television), auf: http://www.sdpb.org/Lostbird/clara.asp
- „Homestead National Monument of America" auf: http://www.nps.gov/home
- „The Struggle for Suffrage" auf: http://www.nebraskastudies.org/0700/stories/0701_0111.html

130 „Gage County Museum" auf: http://www.byjake.com/gagecountymuseum/
131 Edeal G, *Why the choir was late*, a.a.O.
132 Weaver W, *Lady Luck: The Theory of Probability*, New York, NY: Dover 1982; dt. Ausg.: *Die Glücksgöttin – Der Zufall und die Gesetze der Wahrscheinlichkeit*, München: Desch 1964
133 Watson L, *The Dreams of Dragons (a.a.O.)*, p. 26
134 „Choir non-quorum" auf: http://www.snopes.com/luck/choir.asp
135 Diese Version von Einsteins Bemerkung ist eine Variante seiner komplexeren Aussage: „Vornehmstes Ziel aller Theorie ist es, jene irreduziblen Grundelemente so einfach und so wenig zahlreich als möglich zu machen, ohne auf die zutreffende Darstellung irgendwelcher Erfahrungsinhalte verzichten zu müssen." (Zitat aus der Herbert-Spencer-Vorlesung „Zur Methodik der theoretischen Physik" in Oxford am 10.06.1933, in: Einstein A, *Mein Weltbild*)
136 „The year fall fell" auf: *New York Times. 13. Dez*ember 1989; verfügbar auf: http://query.nytimes.com/gst/fullpage.html?res=950DE0DC133CF930A25751C1A96F948260
137 „Farmers' Almanac" in Wikipedia: http://en.wikipedia.org/wiki/Farmers%27_Almanac
138 Nasht S, *The Last Explorer*, New York, NY: Arcade Publishing 2006, p. 71f.
139 Wilkins H, Sherman HM, *Thoughts Through Space: A Remarkable Adventure in the Realm of the Mind*, 2nd edition, New York, NY: C & R Anthony 1951, p. 34; auch zitiert in: Nasht S, *The Last Explorer (a.a.O.)*, p. 267
140 Nasht S, *The Last Explorer (a.a.O.)*, p. 269
141 Wilkins H, Sherman HM, *Thoughts Through Space: A Remarkable Adventure in the Realm of the Mind* (Reprint), Charlottesville, VA: Hampton Roads 2001, p. xxii-xxiii
142 Stefansson V, zitiert in: Nasht S, *The Last Explorer*, New York, NY: Arcade Publishing 2006, p. 313
143 Wilkins H, in: Wilkins H, Sherman HM, *Thoughts Through Space: A Remarkable Adventure in the Realm of the Mind* (Reprint a.a.O.), p. xvi-xvii
144 Sherman HM in: Wilkins H, Sherman HM, *Thoughts Through Space: A Remarkable Adventure in the Realm of the Mind* (Reprint a.a.O.), p. xvi-xvii
145 Die in den 1920er Jahren entwickelten Zufallszahlentafeln wurden inzwischen von elektronischen Zufallszahlengeneratoren abgelöst.
146 In einem Interview mit der *New York Times* vom 22.06.1971 berichtete Mitchell, dass zwei der vier Empfänger auf der Erde, deren Trefferquote am höchsten war, bei 200 Versuchen 51 korrekte Antworten erzielten, während nur 40 korrekte Antworten der bloßen Zufallswahrscheinlichkeit entsprochen hätten. Diese Experimente, sagte Mitchell, die „bei Weitem alle Erwartungen übertrafen", wurden von ihm als „einigermaßen signifikant" beurteilt. Siehe: „Astronaut tells of E.S.P. tests" („Astronaut spricht über ASW-Tests") in der *New York Times* vom 22.06.1971
147 Backström F, „Private Lunar ESP: An Interview with Edgar Mitchell", auf CabinetMagazine.org: http://www.cabinetmagazine.org/issues/5/esp.php
148 Backström F, „Private Lunar ESP: An Interview with Edgar Mitchell", auf CabinetMagazine.org: http://www.cabinetmagazine.org/issues/5/esp.php

149 Agor WH, „Intuition: a brain skill top executives use to increase productivity" in: Public Productivity Review 1985;9(4):357-372
150 Dean D, Mihalasky J, *Executive ESP*, Englewood Cliffs, NJ: Prentice Hall 1974
151 Schwartz SA, „An arrow through time", in: *Explore: The Journal of Science and Healing* 2008;4(2):95-100; verfügbar auf: http://www.stephanaschwartz.com/PDF/SR An Arrow Through Time.pdf
152 „Does precognition exist?" auf UltraMind: http://www.ultramind.ws/id358.htm
153 ebenda
154 „Delphi method" in Wikipedia: http://en.wikipedia.org/wiki/Delphi_method, dt. Version: http://de.wikipedia.org/wiki/Delphi-Methode
155 „Does precognition exist?" auf UltraMind: http://www.ultramind.ws/id358.htm
156 Harteis C, Gruber H, „Intuition and professional competence: Intuitive versus rational forecasting of the stock market" (Research Report No. 33), Regensburg: Universität Regensburg, Abt. Prof. Hans Gruber, in: *Vocations and Learning: Studies in Vocational and Professional Education* 2008;1:71-85; verfügbar auf: http://www.springerlink.com/content/wt804572x37883x8/
157 Goman CK, „Business intuition" in: *Link&Learn eNewsletter*, April 2005, verfügbar auf: http://www.linkageinc.com/thinking/linkageleader/Documents/Carol_Kinsey_Goman_Business_Intuition_0405.pdf
158 Russell S, „Second sight", in: *St. Louis Magazine*, Juli 2007, verfügbar auf: http://www.stlmag.com/media/St-Louis-Magazine/July-2007/Second-Sight/
159 Russell S, (a.a.O.)
160 Inglis B, *Natural and Supernatural: A History of the Paranormal*, Bridport, England: Prism Press 1992, p. 127-132
161 Barasch MI, *Healing Dreams*, New York, NY: Riverhead 2000, p. 241f.
162 Larson E, „Did psychic powers give firm a killing in the silver market?" in: *Wall Street Journal*, 22. Oktober 1984
163 „A Case of ESP", ausgestrahlt am 17.01.1984, auf Nova TV Programs: http://www.pbs.org/wgbh/nova/listseason/11.html
164 Targ R, *Limitless Mind (a.a.O.)*, p. 89-92
165 Schwartz SA, *Opening to the Infinite*, Buda, TX: Nemoseen 2007, p. 172
166 Targ R, *Limitless Mind (a.a.O.)*, p. 91
167 Targ R, Katra J, Brown D, Wiegand W, „Viewing the future: A pilot study with an error-detecting protocol", in: *Journal of Scientific Exploration* 1995;9(3): 367-380; verfügbar auf: http://www.scientificexploration.org/journal/jse_09_3_targ.pdf
168 Puthoff H, „Associative remote viewing experiment" in: *Proceedings of the 1984 Parapsychology Association Conference*, Dallas TX
169 Schwartz SA, *Opening to the Infinite (a.a.O.)*, p. 166
170 Schwartz SA, *Opening to the Infinite (a.a.O.)*, p. 166-170
171 Obama B, zitiert in: Amanda Scott. Barack in Elko: "We need a President who will lead us out of this mess." Obama/Biden, 17. September 2008; verfügbar auf: http://my.barackobama.com/page/community/post/amandascott/gGg4X3website (Zugriff am 03.10.2008)
172 McCain J, zitiert in: Shovelan J, "McCain roasts 'reckless, greedy' Wall Street" auf: ABC News online, 17. September 2008: http://www.abc.net.au/news/stories/2008/09/17/2366611.htm
173 Hanson VD, "Public shares the blame in creating Dr. Frankenstein's Wall Street" in: *The Salt Lake Tribune* online, 25. September 2008: http://www.sltrib.com/opinion/ci_10550559 (Zugriff am 03.10.2008)

174 Warren Buffett's Charity Work, auf: Look to the Stars: The World of Celebrity Giving: http://www.looktothestars.org/celebrity/183-warren-buffett
175 Saunders T, „Paul Newman – A life spent giving", auf: Look to the Stars: The World of Celebrity Giving, 29. September 2008: http://www.looktothestars.org/news/1287-paul-newman-a-life-spent-giving
176 Surowiecki J, *The Wisdom of Crowds*, New York, NY: Anchor/Random House 2005; dt. Ausg.: *Die Weisheit der Vielen: Warum Gruppen klüger sind als Einzelne*, München: Goldmann 2007
177 Surowiecki J, a.a.O., p. 278f.
178 Radin D, „Unconscious Perception of Future Emotions. An Experiment in Presentiment", in: *Journal of Scientific Exploration* 1997;11(2):172-180; verfügbar auf: http://www.scientificexploration.org/journal/jse_11_2_radin.pdf
179 Radin D, „Electrodermal presentiments of future emotions", in: *Journal of Scientific Exploration* 2004;18(2):253-274; verfügbar auf: http://www.scientificexploration.org/journal/jse_18_2_radin.pdf
180 Kierulff S, Krippner S., *Becoming Psychic: Spiritual Lessons for Focusing Your Hidden Abilities*, Franklin Lakes, NJ: New Page Books 2004, p. 137
181 Radin D, *Precognition, presentiment & remote viewing*, präsentiert auf einer Tagung des Esalen Center for Theory & Research zum Thema "Subtle Energies and the Uncharted Realms of Mind" am 6.-11. Juni 1999, Big Sur, CA, verfügbar auf: http://www.esalenctr.org/display/confpage.cfm?confid=2&pageid=5&pgtype=1
182 Radin D, *Entangled Minds*, New York, NY: Paraview/Simon & Schuster 2006, p. 168
183 Radin D, „Unconscious Perception of Future Emotions" (a.a.O.)
184 Radin D, *Entangled Minds (a.a.O.)*, p. 168
185 Radin D, „Gazing at the mind's eye and other experiments exploring the capacities of consciousness", präsentiert auf der *Mind Before Matter* Conference, San Francisco, CA, 23. Februar 2008
186 Eintrag in Dean Radin's Blog vom 13.06.2007, verfügbar auf: http://deanradin.blogspot.com/2007/06/presentiment-in-brain.html
187 Radin D, "Gazing at the mind's eye" (a.a.O.)
188 Bierman D, Radin D, „Anomalous anticipatory response on randomized future conditions" in: *Perceptual and Motor Skills* 1997;84:689-90; verfügbar auf: http://m0134.fmg.uva.nl/publications/1997/anticip_pms97.pdf
189 McCraty R, Atkinson M, Bradley RT, „Electrophysiological evidence of intuition: Part 1. The surprising role of the heart", in: *Journal of Alternative and Complementary Medicine* 2004;10(1):133-143, verfügbar auf: http://www.heartmath.org/templates/ihm/downloads/pdf/research/publications/intuition-part1.pdf
190 McCraty R, Atkinson M, Bradley RT, „Electrophysiological evidence of intuition: Part 2. A system-wide process?", in: *Journal of Alternative and Complementary Medicine* 2004;10:325-336, verfügbar auf: http://www.heartmath.org/templates/ihm/downloads/pdf/research/publications/intuition-part1.pdf
191 Radin D, *Entangled Minds (a.a.O.)*, p. 164
192 Vassy Z, „A study of telepathy by classical conditioning", in: *Journal of Parapsychology*, Herbst 2004, verfügbar auf: http://findarticles.com/p/articles/mi_m2320/is_2_68/ai_n16107401/pg_1
193 Vassy Z, „Method for measuring the probability of one-bit extrasensory information transfer between living organisms", in: *Journal of Parapsychology* 1978;42:158-160
194 Dossey L, „Quiet please: Observations on Noise", in: *Explore* 2008;(4)3:157-163; verfügbar auf: http://download.journals.elsevierhealth.com/pdfs/journals/1550-8307/PIIS1550830708000840.pdf

195 Coghlan A, „News review 2007: Hidden harm from noise pollution", in: New Scientist Nr. 2635 vom 22. Dezember 2007, p. 25, verfügbar auf: http://www.newscientist.com/channel/health/mg19626355.700-news-review-2007-hidden-harm-from-noise-pollution.html
196 siehe auch: http://thescooponsmoking.org/xhtml/quizzes/deathAndDiseaseData.php#top
197 Spottiswoode SJP, May EC, „Skin conductance prestimulus response: analyses, artifacts and a pilot study", in: *Journal of Scientific Exploration* 2003;17(4):617-641; verfügbar auf: http://www.jsasoc.com/docs/PSR_JSE.pdf
198 Vassy Z, persönliche Mitteilung an Dean Radin am 14.12.2004
199 Klintman H, „Is there a paranormal (precognitive) influence in certain types of perceptual sequences?", Part I, in: *European Journal of Parapsychology* 1983;5:19-49
200 Klintman H, „Is there a paranormal (precognitive) influence in certain types of perceptual sequences?", Part II, in: *European Journal of Parapsychology* 1984;5:125-40
201 Radin D, *The Conscious Universe*, San Francisco, CA: Harper 1997, p. 125
202 „Is this really proof that man can see into the future?", in: *Daily Mail* (London) vom 4. Mai 2007; verfügbar auf: http://www.dailymail.co.uk/pages/live/articles/technology/technology.html?in_article_id=452833&in_page_id=1965
203 Mullis K, zitiert in: Radin D, *Entangled Minds (a.a.O.)*, p. 170
204 Bierman D, zitiert in: „Is this really proof that man can see into the future?", in: *Daily Mail* (London), 4. Mai 2007, verfügbar auf: http://www.dailymail.co.uk/pages/live/articles/technology/technology.html?in_article_id=452833&in_page_id=1965
205 Sheldrake R. *The Sense of Being Stared At (a.a.O.)*, p. 251; dt. Ausgabe: *Der siebte Sinn des Menschen (a.a.O)*, S. 330
206 Radin D, *Entangled Minds (a.a.O.)*, p. 170f. Chester R. Wildey's Magisterarbeit „Biological Response to Stimulus" ist verfügbar auf: http://lkm.fri.uni-lj.si/xaigor/slo/znanclanki/Wildey1.pdf und http://lkm.fri.uni-lj.si/xaigor/slo/znanclanki/Wildey2.pdf
207 Carpenter JC, „First sight: part one, a model of psi and the mind", in: *Journal of Parapsychology* 2004;68(2):217-254; verfügbar auf: http://www.carpenterpsychology.com/about/documents/FirstSightOne.pdf
208 Jahn RG, Dunne BJ, *Margins of Reality: The Role of Consciousness in the Physical World*, New York, NY: Harcourt Brace Jovanovich 1987, p. 149-191; dt. Ausg.: Jahn RG, Dunne BJ, *An den Rändern des Realen: über die Rolle des Bewußtseins in der physikalischen Welt*, Frankfurt/M: Zweitausendeins 1999
209 Radin D, *The Conscious Universe (a.a.O.)*, p. 103ff.
210 Radin D, *The Conscious Universe (a.a.O.)*, p. 100ff.
211 Targ R, Puthoff HE, „Information transmission under conditions of sensory shielding", in: *Nature* 1974;251:602-607; verfügbar auf: http://www.crvc.ca/PDF/Targ Puthoff Nature Article Oct 1974.pdf
212 Puthoff HE, Targ R, „A perceptual channel for information transfer over kilometer distances: Historical perspective and recent research", in: *Proceedings of the IEEE* 1976;64:329-354; verfügbar auf: http://www.espresearch.com/espgeneral/IEEE-329B.shtml und anderswo
213 Puthoff HE, „CIA-initiated remote viewing program at Stanford Research Institute", in: *Journal of Scientific Exploration* 1996;10(1):63-76; verfügbar auf: http://www.scientificexploration.org/journal/jse_10_1_puthoff.pdf
214 Targ R, „Remote viewing at Stanford Research Institute in the 1970s (a.a.O.)
215 Hyman R., Evaluation of program on anomalous mental phenomena. *Journal of Scientific Exploration*. 1996;10(1): 31-58

216 Honorton C, Ferari D, „Future-telling: a meta-analysis of forced-choice precognition experiments", in: Journal of Parapsychology 1989;53:281-309; verfügbar auf: http://www.lfr.org/LfR/csl/library/HonortonFerrari.pdf
217 Targ R, Geleitwort zu: Dunne JW, *An Experiment with Time (a.a.O.)*, p. viii-ix
218 „Got Psi?", verfügbar auf: http://www.gotpsi.org/html/gotpsi.htm
219 Radin D, *The Conscious Universe (a.a.O.)*
220 Radin D, *Entangled Minds (a.a.O.)*
221 Radin D, „Preliminary Analysis of a suite of informal web-based psi experiments", verfügbar auf: http://www.boundary.org/articles/GotPsi-public.pdf (Zugriff am 05.06.2007)
222 Shoup R, „Physics without causality – theory and evidence", Paper presented to the Society for Scientific Exploration, 26th Annual Meeting, East Lansing, MI, 30.05.-02.06.2007, p. 16; verfügbar auf: http://www.boundaryinstitute.org/bi/articles/Physics_without_Causality.pdf
223 ebenda
224 Hansel CEM, *ESP: A Scientific Explanation*, New York, NY: Charles Scribner's Sons 1966, p. 124ff.
225 Einstein A, Geleitwort zu: Sinclair U, *Radar der Psyche*, Düsseldorf: Econ 1990, S. 5
226 Ehrenwald J, *Telepathy and Medical Psychology*, New York, NY: Norton 1948
227 Pilkington R, *Men and Women of Parapsychology: Personal Reflections*, Jefferson, NC: McFarland & Co. 1987, p. 40
228 Sinclair U, *Radar der Psyche*, Düsseldorf: Econ 1990, S. 164
229 verfügbar auf:http://www.steerehouse.org/matriarch/OnePiecePage.asp?PageID=65&PageName=AboutUs (Zugriff am 02.10.2007)
230 Moore V, „Grim rea-purr: the cat that can predict death", auf: Daily Mail online, verfügbar auf: http://www.dailymail.co.uk/pages/live/articles/news/news.html?in_article_id=470906&in_page_id=1770
231 „Oscar" in Wikipedia: http://en.wikipedia.org/wiki/Oscar_(therapy_cat)
232 Teno J, zitiert in: „Nursing home cat can sense death" auf: RevolutionHealth.com vom 26.07.2007: http://www.revolutionhealth.com/news/?id=article.2007-07-26.2739737210 (Zugriff am 03.10.2007)
233 Teno J, zitiert in: Doheny K, „Cat's 'sixth sense' predicting death?" auf: CBSNews.com vom 25.07.2007: http://www.cbsnews.com/stories/2007/07/25/health/webmd/main3097899.shtml
234 Teno J, zitiert in: Nickerson C, „Feline Intuition" auf: Boston Globe online vom 25.07.2007: http://www.boston.com/yourlife/health/aging/articles/2007/07/25/feline_intuition/
235 Scherk M, zitiert in: Doheny K, „Cat's 'sixth sense' predicting death?" (a.a.O.)
236 Goldman J, zitiert in: Doheny K, „Cat's 'sixth sense' predicting death?" (a.a.O.)
237 Estep D, zitiert in: Doheny K, „Cat's 'sixth sense' predicting death?" (a.a.O.)
238 Dodman NH, zitiert in: Nickerson C, „Feline Intuition" auf: Boston Globe online vom 25.07.2007: http://www.boston.com/yourlife/health/aging/articles/2007/07/25/feline_intuition/
239 Graves T, zitiert in: „U.S. cat 'predicts patient deaths'" auf: BBC news online vom 26.07.2007: http://news.bbc.co.uk/1/hi/world/americas/6917113.stm
240 Doheny K, „Cat's 'sixth sense' predicting death?" auf: CBSNews.com vom 25.07.2007: http://www.cbsnews.com/stories/2007/07/25/health/webmd/main3097899.shtml
241 „Oscar the cat", Beitrag von torydrroy.blogspot.com auf Tailrank.com: http://tailrank.com/2323872/A-Day-in-the-Life-of-Oscar-the-Cat (Zugriff am 03.10.2007)
242 Glenn Beck Show, Niederschrift vom 26.07.2007: http://transcripts.cnn.com/TRANSCRIPTS/0707/26/gb.01.html

243 Bardens D, Psychic Animals. New York, NY: Barnes & Noble 1996, p. 61; dt. Ausg.: Die geheimen Kräfte der Tiere, München: Heyne 1989
244 Scheib R, „Timeline", in: *Utne Reader,* Jan/Feb 1996, p. 52-61
245 Rhine JB, Feather SR, „The study of cases of 'psi-trailing' in animals", in: *The Journal of Parapsychology* 1962;26(1):1-21
246 Schul B, *The Psychic Power of Animals,* New York, NY: Fawcett 1977, p. 52; dt. Ausg.: *Psi bei Tieren: eine aufregende Dokumentation über die Geheimnisse der Tierwelt,* Frankfurt: Ullstein 1979
247 Trapman AH, *The Dog, Man's Best Friend,* London: Hutchinson & Co. 1929
248 Sheldrake R, *Dogs That Know When Their Owners Are Coming Home,* New York, NY: Crown 1999; dt. Ausg.: *Der siebte Sinn der Tiere,* Bern-München-Wien: Scherz 1999; München: Ullstein 2001; Frankfurt: Fischer Taschenbuch 2007
249 Martin J, Birnes WJ, *The Haunting of the Presidents,* New York, NY: Signet/New American Library 2003, p. 261
250 „Acoustic senses may have saved animals in tsunami" auf: ABC News online vom 04.01.2005: http://www.abc.net.au/news/newsitems/200501/s1276513.htm
251 „Mass reports of wild animals sensing tsunami" auf: Organic Consumers Association vom 22.01.2005: http://www.organicconsumers.org/corp/tsunami.cfm
252 Oldenburg D, „A Sense Of Doom: Animal Instinct For Disaster. Scientists investigate wildlife's possible warning systems", in: *Washington Post* vom 08.01.2005, verfügbar auf: http://www.washingtonpost.com/wp-dyn/articles/A57653-2005Jan7.html
253 Oldenburg D, „A Sense Of Doom" (a.a.O.)
254 Mott M, „Did animals sense tsunami was coming?" auf: National Geographic News online vom 04.01.2005: http://news.nationalgeographic.com/news/2005/01/0104_050104_tsunami_animals.html
255 Oldenburg D, „A Sense Of Doom" (a.a.O.)
256 Mott M, (a.a.O.)
257 Oldenburg D, „A Sense Of Doom" (a.a.O.)
258 Oldenburg D, „A Sense Of Doom" (a.a.O.)
259 Sheldrake R, *Der siebte Sinn der Tiere,* München: Ullstein 2001, S. 292f.
260 Carpenter JC, „First sight: part one. A model of psi and the mind", in: *Journal of Parapsychology* 2004;68(2):217-254, verfügbar auf: http://www.carpenterpsychology.com/about/documents/FirstSightOne.pdf
261 Carpenter JC. „First sight: part two. Elaboration of model of psi and the mind", in: *Journal of Parapsychology* 2004;69(1):63-112, verfügbar auf: http://www.carpenterpsychology.com/about/documents/firstsight2.pdf
262 Carpenter JC, „First sight: part two", p. 90
263 Ring K, Valarino EE, *Lessons from the Light: What We Can Learn from the Near-Death Experience,* New York, NY: Insight/Plenum Press 1998, p. 93; dt. Ausg.: Ring K, Valarino EE, *Im Angesicht des Lichts: Was wir aus Nah-Tod-Erfahrungen für das Leben gewinnen,* Kreuzlingen/München: Hugendubel 1999; Goch: Santiago 2009
264 Lavender D, *Bent's Fort,* Lincoln, NE: University of Nebraska Press 1954, p. 125
265 Ball E, *In the Days of Victorio,* Tucson, AZ: University of Arizona Press 1992, p. 11
266 Inglis B, *Natural and Supernatural (a.a.O.),* p. 34
267 Hunt DM, Dulai KS, Bowmaker JK, Mollon JD, „The chemistry of John Dalton's color blindness", in: *Science* 1995;267(5200):984-988, verfügbar auf: http://vision.psychol.cam.ac.uk/jdmollon/papers/DaltonsEye.pdf
268 Dalton J, „Extraordinary Facts Relating to the Vision of Colours: with observations", in: *Memoirs of the Literary and Philosophical Society of Manchester* 1798;5:28-45
269 Blair L, *Rhythms of Vision,* New York, NY: Schoken 1976

270 Polanyi M, „The stability of scientific theories against experience", in: Marwick M (ed.), Witchcraft and Sorcery, New York, NY: Penguin 1982, p. 452-9
271 Darling D, *Soul Search*, New York, NY: Villard; 1995, p. 158
272 Carpenter JC, First sight: part one, p. 224
273 Carpenter JC, First sight: part two, p. 89
274 Carpenters Hypothese vom *ersten Gesicht* baut auf einer ähnlichen Vorstellung des Psi-Forschers Rex Stanford auf. In einer bahnbrechenden Veröffentlichung schrieb Stanford 1990, dass lebende Organismen ihre Umgebung ständig mit ihren normalen Sinnen und mittels ASW nach Informationen abtasten, die ihnen helfen können, ihre Bedürfnisse zu erfüllen. Stanford gab dieser angenommenen Funktion den zungenbrecherischen Namen „psi-mediated instrumental response" (etwa „psi-vermittelte Hilfs-Rückmeldung"), abgekürzt PMIR. Wenn wichtige Information in der Umgebung aufgespürt wird, sei es durch die Sinne oder auf nichtlokalen Wegen, führt dies zu einer „Hilfs-Rückmeldung" im Organismus, um das Bedürfnis zu befriedigen, das durch die erlangte Information angezeigt wird. Stanford meinte, dass dieser Vorgang so subtil sein könne, dass er selten wahrgenommen werde. Er kann zu unerklärlichen Geschehnissen führen, die gewöhnlich einem Zufall, dem Glück oder einer Koinzidenz zugeschrieben werden, wie zum Beispiel, zur rechten Zeit am rechten Ort zu sein – ein Phänomen, das C. G. Jung als Synchronizität bezeichnete. Siehe: Stanford RG, „An experimentally testable model for spontaneous psi events", in: *Advances in Parapsychological Research 6*. (Krippner S, ed.), Jefferson, NC: McFarland 1990, p. 54-167
275 Hassabis D, Kumaran D, Vann SD, Maguire EA, „Patients with hippocampal amnesia cannot imagine new experiences", in: *Proceedings of the National Academy of Sciences U.S.A* 2007;104(5):1726-1731; verfügbar auf: http://www.pnas.org/content/104/5/1726.full.pdf+html
276 Khamsi R, „Amnesiacs struggle to imagine future events", auf: *New Scientist.com* vom 15.01.2007 auf: http://www.newscientist.com/channel/being-human/dn10950-amnesiacs-struggle-to-imagine-future-events.html
277 Szpunar KK, Watson JM, McDermott KB, „Neural substrates of envisioning the future", in: *Proceedings of the National Academy of Sciences U.S.A.* 2007;104(2):642-647; verfügbar auf: http://www.pnas.org/content/104/2/642.full.pdf+html
278 Maguire EA, Gadian DG, Johnsrude IS, Good CD, Ashburner J, Frackowiak RS, Frith CD, „Navigation-related structural change in the hippocampi of taxi drivers", in: *Proceedings of the National Academy of Sciences U.S.A* 2000;97(8) 4398-4403; verfügbar auf: http://www.pnas.org/content/97/8/4398.full.pdf+html
279 „Taxi drivers' brains „grow" on the job" auf: BBC Online am 14.03.2000: http://news.bbc.co.uk/2/hi/science/nature/677048.stm
280 „Cabbies' brain power – your reaction" auf: BBC News online am 15.03.2000: http://news.bbc.co.uk/2/hi/science/nature/677202.stm
281 Dobson R, „Taxi drivers' knowledge helps their brains grow", in: *The Independent* vom 17.12.2006; verfügbar auf: http://news.independent.co.uk/uk/health_medical/article2081652.ece
282 Maguire EA, Spiers HJ, Good CD, Hartley T, Frackowiak RS, Burgess N, „Navigation expertise and the human hippocampus: a structural brain imaging analysis", in: *Hippocampus* 2003;12(2):250-259; verfügbar auf: http://citeseerx.ist.psu.edu/viewdoc/download?doi=10.1.1.13.3201&rep=rep1&type=pdf
283 Hurdle J, „Lose weight, stay active, prevent Alzheimer's-Studies" auf: VirtualMedicalCentre.com am 20.07.2004; verfügbar auf: http://www.virtualcancercentre.com/news.asp?artid=2358 (Zugriff am 18.09.2008)

284 Ingerman S, Soul Retrieval. Mending the fragmented self (revised), New York, NY: HarperOne 2006; dt. Titel: Ingerman S, Auf der Suche nach der verlorenen Seele
285 Ingerman S, *Shamanic Journeying*, Boulder, CO: Sounds True 2004; dt. Ausg.: Ingerman S, *Die schamanische Reise*, Kreuzlingen: Ariston 2004
286 Moss R, *The Secret History of Dreaming*, Novato, CA: New World Library 2009, p. 177-191
287 Moss R, *Dreaming True*, New York, NY: Pocket Books 2000
288 Palmer J, Neppe VM, „Exploratory analyses of refined predictors of subjective ESP experiences and temporal lobe dysfunction in a neuropsychiatric population", in: *European Journal of Parapsychology* 2004;19:33-65; verfügbar auf: http://www.sgha.net/research/exploratory.pdf
289 Neppe VM, „Temporal lobe symptomatology in subjective paranormal experiments", in: *Journal of the American Society for Psychical Research* 1983;77(1):1-29
290 Schrödinger E, *What Is Life? With Mind and Matter*, London: Cambridge University Press 1969, p. 145; dt. Titel: Schrödinger E, *Was ist Leben?*
291 Carpenter JC, First sight: part one, p. 224
292 Faludi S, *The Terror Dream: Fear and Fantasy in Post-9/11 America*, New York, NY: Metropolitan 2007
293 Faludi S, Interview mit Amy Goodman, auf: Democracy Now Radio am 04.10.2007, Niederschrift verfügbar auf: http://www.democracynow.org/print.pl?sid=07/10/04/1355237
294 ebenda
295 Kawecki T, zitiert in: „Soundbites", in: *New Scientist*, 10.05.2008:198(2655):8
296 Zimmer C, „Lots of animals learn, but smarter isn't better", in: *New York Times* online, 06.05.2008; verfügbar auf: http://www.ecfs.org/projects/prepole/ANIMAL Behavior 09/Learning Articles Notes/Lots of Animals Learn, but Smarter Isn't Better.pdf
297 Veacock C, „Titanic: Anatomy of a disaster shrouded in mystery", verfügbar auf: http://www.mara.org.uk/titanic.htm (Zugriff am 23.07.2007)
298 Stevenson I, „Seven more paranormal experiences associated with the sinking of the Titanic", in: *Journal of the American Society for Psychical Research* 1965;59:211-225
299 Stevenson I, „Precognition of disasters", in: *Journal of the American Society for Psychical Research* 1970;64:187-210
300 Van de Castle RL, *Our Dreaming Mind (a.a.O.)*, p. 408
301 „J. P. Morgan" in Wikipedia: http://en.wikipedia.org/wiki/Jp_morgan; dt. Version: http://de.wikipedia.org/wiki/J._P._Morgan
302 „George Washington Vanderbilt II" in Wikipedia: http://en.wikipedia.org/wiki/George_Washington_Vanderbilt_II
303 Dennett PE, „Premonitions of disaster" auf: http://www.atlantisrising.com/issue18/18premonitions.html (Zugriff am 26.01.2007)
304 Hefner AG, „Premonition" auf: http://www.themystica.com/mystica/articles/p/premonition.html
305 Radin D, „Got Psi?" auf: http://www.gotpsi.org/html/gotpsi.htm
306 Radin D, *Entangled Minds (a.a.O.)*, p. 31-33
307 Radin D, *Entangled Minds (a.a.O.)*, p. 33
308 Stroud A, *Stuart England*, London: Routledge 1999, p. 27
309 „Of the apprehension of sundrye Witches lately taken in Scotland" auf: Internet Sacred Text Archive: http://www.sacred-texts.com/pag/kjd/kjd11.htm
310 Goodare J, Martin L, Miller J, Yeoman L, *The Survey of Scottish Witchcraft: 1563-1736*, University of Edinburgh, School of History, Classics and Archaeology, Januar 2003; verfügbar auf: http://www.shc.ed.ac.uk/Research/witches/

311 Smout TC, A History of the Scottish People, 1560-1830, Waukegan, IL: Fontana 1998
312 „News from Scotland, or, a true discourse of the damnable life of Doctor Fian, and sundry other witches taken in Scotland", in: *A Collection of rare and curious tracts on witchcraft and the second sight: with an original essay on witchcraft*, Edinburgh: printed for D. Webster 1820 (University of Sydney Library): http://www.library.usyd.edu.au/libraries/rare/witchcraft/w-scottish/newes-desc.html
313 „Scottish witchcraft" auf: University of Sydney Library, verfügbar auf: http://www.library.usyd.edu.au/libraries/rare/witchcraft/w-scottish/w-scottish.html
314 Smout TC, *A History of the Scottish People, 1560-1830 (a.a.O.)*
315 Broughton R, *Parapsychology: The Controversial Science*, New York, NY: Ballantine 1991, p. 341-347
316 Schwartz SA, *Opening to the Infinite (a.a.O.)*, p. 105
317 Schwartz SA, *Opening to the Infinite (a.a.O.)*, p. 111f.
318 May EC, Spottiswoode SJP, James CL, „Shannon entropy: a possible intrinsic target property", in: *Journal of Parapsychology* 1994;58:384-401; verfügbar auf: http://www.lfr.org/LFR/csl/library/ShannonEntropy1.pdf
319 May EC, Utts JM, Humphrey BS et al., „Advances in remote-viewing analysis", in: *Journal of Parapsychology* 1990;54:193-228; verfügbar auf: http://www.lfr.org/LFR/csl/library/FuzzySetAnalysis.pdf
320 May EC, Vilenskaya L, „Overview of current parapsychology research in the former Soviet Union", in: *Subtle Energies* 1992;3:45-67; verfügbar auf: http://www.lfr.org/LFR/csl/library/Fsu1.pdf
321 May EC, Spottiswoode SJP, James CL, „Managing the target-pool bandwidth: possible noise reduction for anomalous cognition experiments", in: *Journal of Parapsychology* 1994;58:303-313; verfügbar auf: http://www.lfr.org/lfr/csl/library/Bandwidth.pdf
322 Kirsch J, *The Reluctant Prophet*, Los Angeles, CA: Sherbourne 1973, p. 30
323 Van de Castle RL, *Our Dreaming Mind (a.a.O.)*, p. 31
324 Kirsch J, *The Reluctant Prophet (a.a.O.)*
325 Macnish R, *The Philosophy of Sleep* (3rd ed.), Glasgow, MM'Phun 1836, p. 96 (Reprint von Kessinger, Kitla, MT, 2006, p. 87)
326 „Robert Macnish" auf Significant Scots: http://www.electricscotland.com/history/other/macnish_robert.htm
327 Blum D, *Ghost Hunters: William James and the Search for Scientific Proof of Life After Death*, New York, NY: Penguin 2006, p. 73-74
328 Jahn RG, Dunne BJ, *Margins of Reality: The Role of Consciousness in the Physical World*, New York, NY: Harcourt Brace 1987, p. 280f.; dt. Ausg.: Jahn RG, Dunne BJ, *An den Rändern des Realen: Über die Rolle des Bewußtseins in der physikalischen Welt*, Frankfurt/M: Zweitausendeins 1999
329 Johnson S, *Journey to the Western Isles of Scotland*, Kitla, MT: Kessinger 2004, p. 85ff.; Erstausgabe: London 1775; verfügbar z.B. auf: http://www.ebookmall.com/ebook/6751-ebook.htm und http://ebooks.adelaide.edu.au/j/johnson/samuel/western/
330 Inglis B, *Natural and Supernatural (a.a.O.)*, p. 127-132 (Erstausg.: Sevenoaks, England: Hodder & Stoughton 1977)
331 Martin M, „An Account of the Second-Sight", in: *A Description of the Western Islands of Scotland*, Originalausg. 1703. „An Account of the Second-Sight" verfügbar auf: http://www.undiscoveredscotland.co.uk/usebooks/martin-westernislands/section15.html
332 Inglis B, *Natural and Supernatural (a.a.O.)*, p. 127-132
333 Inglis B, *Natural and Supernatural (a.a.O.)*, p. 127-132
334 Inglis B, *Natural and Supernatural (a.a.O.)*, p. 127-132

335 Johnson S, Journey to the Western Isles of Scotland (a.a.O.), p. 85ff.
336 Johnson S, *Journey to the Western Isles of Scotland (a.a.O.)*, p. 86f.
337 Inglis B, *Natural and Supernatural (a.a.O.)*, p. 127-132
338 „Heinrich IV. von Frankreich" in Wikipedia: http://en.wikipedia.org/wiki/Henry_IV_of_France; dt. Version: http://de.wikipedia.org/wiki/Heinrich_IV._(Frankreich)
339 Johnson S, *Journey to the Western Isles of Scotland (a.a.O.)*, p. 88
340 Moss R, *The Secret History of Dreaming*, Novato, CA: New World Library 2009, p. 128
341 Die Gallup-Umfrage von 2003 umfasste vierzig Fragen. Sie wurde von Dr. Björg Bjarnadóttir und Kollegen vom Skuggsjá-Traumzentrum in Akureyri erarbeitet, siehe: http://skuggsja.is („English")
342 Haraldsson E, „Representative national surveys of psychic phenomena: Iceland, Great Britain, Sweden, USA and Gallup's Multinational Survey", in: *Journal of the Society for Psychical Research* 1985;53(801):145-158; verfügbar auf: http://notendur.hi.is/erlendur/english/NSP.pdf
343 Haraldsson E, Houtkooper JM, „Psychic Experiences in the Multi-National Human Values Survey", in: *Journal of the American Society for Psychical Research* 1991;85(2):145-165; verfügbar auf: http://www3.hi.is/~erlendur/english/hvs.pdf
344 Gissurarson LR, Haraldsson E, „History of parapsychology in Iceland", in: *International Journal of Parapsychology* 2001;12(1):29-51, verfügbar auf: http://www3.hi.is/~erlendur/english/hps.pdf
345 „I am nothing but a sailor" in: *Faxi* (Keflavik) 1976;5:9
346 Ich danke dem Traumforscher Robert Moss für Informationen über Island und seine Traumüberlieferungen. Siehe: Moss R, *The Secret History of Dreaming*, Novato, CA: New World Library 2009, p. 128-131
347 Haraldsson E, Houtkooper JM, „Psychic Experiences..." (a.a.O.)
348 Feather SR, Schmickler M, *The Gift (a.a.O.)*, p. 153
349 Feather SR, Schmickler M, *The Gift (a.a.O.)*, p. 152f.
350 Sie können die Fragen des Myers-Briggs-Typindikator-Tests (in englischer Sprache) online eingeben und kostenlos auswerten lassen auf: http://www.humanmetrics.com/cgi-win/JTypes2.asp
351 Jung CG, *Psychologische Typen* (Gesammelte Werke Bd. 6), Düsseldorf/Zürich: Walter [7]1994
352 Myers IB, Myers PB, *Gifts Differing: Understanding Personality Type*, Palo Alto, CA: Palo Alto, CA: Davies-Black 1995
353 Honorton C, „The ganzfeld novice: four predictors of initial ESP performance", Paper presented at the Parapsychological Association's 35th Annual Convention, Las Vegas, NV, 1992
354 Eine Toleranz gegenüber Chaos und Unordnung ist auch ein Zug sehr kreativer Menschen, von denen viele zu Vorahnungen neigen. Der Psychologe Frank Barron war eine Autorität in Bezug auf den Wert von Unordnung und Komplexität bei schöpferischen Menschen. Im folgenden Abschnitt aus Barrons klassischer Arbeit „The Psychology of Imagination" kann man unbeschadet das Attribut „schöpferisch" durch „zu Vorahnungen neigend" austauschen: „Schöpferische Menschen fühlen sich eher mit Komplexität und wahrnehmbarer Unordnung vertraut als andere ... Das schöpferische Individuum wendet sich in seiner allgemeinen Vorliebe für wahrnehmbare Unordnung dem nur undeutlich erkannten Leben des Unbewussten zu und wird wahrscheinlich mehr als das gewöhnliche Maß an Achtung haben für die Kräfte des Irrationalen in sich selbst und anderen ... Das schöpferische Individuum respektiert nicht nur das Irrationale in sich selbst, sondern hofiert es als die vielversprechendste Quelle des Neuen in seinem

eigenen Denken ... Das wahrhaft schöpferische Individuum ist bereit, alte Klassifizierungen hinter sich zu lassen und anzuerkennen, dass das Leben, insbesondere sein eigenes, einzigartiges Leben, reich ist an neuen Möglichkeiten. Für ihn bietet Unordnung die Möglichkeit von Ordnung." aus: Barron F, „The Psychology of Imagination", in: Scientific American, September 1958;199:150-170

355 Irwin HJ, „Belief in the paranormal: A review of the empirical literature", in: *Journal of the American Society for Psychical Research* 1993;87:1-39

356 Keirsey D, Bates M, *Please Understand Me II,* Del Mar, CA: Prometheus Nemesis 1998, p. 145

357 Neurowissenschaftler haben sich kürzlich mit Psychologen verbündet zur Erforschung jener Bereiche des Gehirns, die an dem beteiligt sind, was viele Psychologen als die „big five", als fünf wichtige Persönlichkeitszüge betrachten: Extraversion, Neurotizismus, Gewissenhaftigkeit, Offenheit und Verträglichkeit. Bei stark extravertierten Personen wird eine erhöhte Aktivität in dem dopaminergen Belohnungssystem im Mittelhirn festgestellt. Bei Gewissenhaftigkeit scheint der präfrontale Kortex involviert zu sein. Beim Neurotizismus scheint das Serotonin-System in der Amygdala tief im Inneren des Gehirns sehr aktiv. Welche Gehirnbereiche bei Offenheit und Verträglichkeit beteiligt sind, ist noch unklar." Siehe: Nettle D, „It takes all sorts", in: *New Scientist* 09.02.2008;197 (2642):36-39

358 erzählt in: Hannah B, *Jung: His Life and Work,* Boston, MA: Shambhala 1991, p. 128; dt. Ausg.: Hannah B, *C. G. Jung: Sein Leben und Werk,* Küsnacht: Stiftung für Jung'sche Psychologie 2006

359 Schmeidler GR, McConnell RA, *ESP and Personality Patterns,* New Haven, CT: Yale University Press 1958 (Reprint: Greenwood Press 1973)

360 Lawrence T, „Gathering in the sheep and goats. A meta-analysis of forced-choice sheep-goat ESP studies, 1947-1993", in: *Proceedings of Presented Papers: The Parapsychological Association 36th Annual Convention, Toronto, Canada* 1993, p. 75-86

361 Walsh K, Moddel G, „Effect of belief on psi performance in a card guessing task", in: *Journal of Scientific Exploration* 2007; 21(3):501-510; verfügbar auf: http://www.scientificexploration.org/journal/jse_21_3_walsh.pdf

362 Storm L, Thalbourne MA, „The effect of a change in pro attitude on paranormal performance: A pilot study using naïve and sophisticated skeptics", in: *Journal of Scientific Exploration* 2005; 19: 11-29; verfügbar auf: http://www.scientificexploration.org/journal/jse_19_1_storm.pdf

363 Lewis Thomas, MD, war einer der elegantesten Essayisten im medizinischen Berufsstand des 20. Jahrhunderts. Im folgenden Zitat schreibt er über den Wert der Mehrdeutigkeit in der Sprache, und diese Einschätzung lässt sich auf das Leben insgesamt ausdehnen: „Mehrdeutigkeit scheint ein wesentliches, unerlässliches Element bei der Übermittlung von Information durch Worte von einem Ort zum anderen zu sein, wenn es sich um wirklich wichtige Dinge handelt. Es ist oft notwendig, damit der Sinn ankommt, dass ein fast undefinierbares Gefühl von Fremdheit und 'Schrägheit' da ist. Sprachlose Tiere und Zellen können das nicht. ... Nur der menschliche Geist ist so angelegt, dass er auf diese Weise funktioniert, programmiert, beim Vorhandensein einer aufgespürten Information abzuschwenken, von jedem Punkt einer Suche zu einem besseren, unterschiedlichen Punkt überzugehen." (siehe: Thomas L, *Lives of a Cell,* New York, NY: Bantam 1974, p. 111; dt. Ausg.: Thomas L, *Das Leben überlebt,* München: Goldmann 1985, S. 133f.) Mehrdeutigkeit lässt sich auch als *Verschiedenheit* verstehen. Wie wichtig die Verschiedenheit ist, hat sich in der modernen Biologie gezeigt und wurde mit unserer Fähigkeit verknüpft, überhaupt alles zu wissen. Der Entwicklungsbiologe Richard Da-

venport sagt: „Wenn wir die Erfahrungen untersuchen, aus denen unser Wissen von der Welt herrührt, können wir sehen, dass sie aus mannigfaltigen Arten von Verschiedenheiten bestehen. Ohne Verschiedenheit kann es kein Erleben geben. Das Erfahren von Verschiedenheit ist für unsere Wahrnehmung der Existenz grundlegend, wobei wir letztere von dem lateinischen ex sistere ableiten, das heißt „hervortreten, in Erscheinung treten", also sich abheben [vom anderen, vom Hintergrund] ... Da alle Eigenschaften als Verschiedenheit erlebt werden müssen, existiert die physische Welt für uns nur im Sinne von Beziehung ... Physische Wirklichkeit existiert nicht vor uns als ein Gegenstand unserer Beschäftigung, sondern tritt während unseres verwandelnden Erlebens in der Natur aus unserem Bewusstsein hervor." (siehe Davenport R, An Outline of Animal Development, Reading, MA: Addison-Wesley 1979, p. 353)

364 Der Psychologe Lawrence LeShan bezeichnet diesen Zugang als die Haltung des Typ-I-Heilers. Zu diesem Typ zählt die Mehrzahl derer, die Heilbehandlungen geben; sie betrachten sich selbst als Übermittler oder Kanal für „Heilung", die ihren Ursprung außerhalb von ihnen hat. Im Gegensatz hierzu versuchen Typ-II-Heiler, aktiv „Energie zu senden" oder eine Art heilende Kraft, die aus ihnen selbst kommt. Siehe: LeShan L, *The Medium, the Mystic and the Physicist*", New York, NY: Viking 1974, p. 106

365 von Lucadou W, zitiert in: Broderick D, *Outside the Gates of Science: Why It's Time for the Paranormal to Come In from the Cold*, New York, NY: Thunder's Mouth Press 2007, p. 270

366 Broderick D, *Outside the Gates of Science: Why It's Time for the Paranormal to Come In from the Cold*, New York, NY: Thunder's Mouth Press 2007, p. 269

367 Broderick D, *Outside the Gates of Science (a.a.O.)*, p. 68

368 Jung CG, *Memories, Dreams, Reflections*, New York, NY: Random 1965, p. 155; dt. Ausg.: Jaffé A (Hrsg.), *Erinnerungen, Träume, Gedanken von C. G. Jung*, Zürich/Düsseldorf: Walter [11]1999, S. 159f.

369 Jung CG, *Memories, Dreams, Reflections (a.a.O.)*, p. 302f.; dt. Ausg.: Jaffé A (Hrsg.), *Erinnerungen, Träume, Gedanken (a.a.O.)*, S. 305f.

370 Jung CG, *Memories, Dreams, Reflections (a.a.O.)*, p. 303; dt. Ausg.: Jaffé A (Hrsg.), *Erinnerungen, Träume, Gedanken (a.a.O.)*, S. 306

371 Bernstein JS, *Living in the Borderland (a.a.O.)*, p. 185

372 Feather SR, Schmickler M, *The Gift (a.a.O.)*

373 Traum-Forum der IASD: http://dreamtalk.hypermart.net/bb2005/index.php

374 Dossey L, *Healing Words: The Power of Prayer in the Practice of Medicine*, San Francisco, CA: Harper 1993; dt. Ausg: Dossey L, *Heilende Worte: Die Kraft der Gebete als Schlüssel zur Heilung*, Südergellersen: Martin 1995; Amerang: Crotona 2010

375 Dossey L, *Prayer Is Good Medicine*, San Francisco, CA: Harper 1996

376 Dossey L, *Be Careful What You Pray For*, San Francisco, CA: Harper 1997

377 berichtet in *Life*, März 1994

378 Quelle der beiden präkognitiven Träume: http://improverse.com/ed-articles/richard_wilkerson_2001_oct_dreams_of_terrorism.htm#1

379 Niederschrift des Videos von Obama bin Laden auf CNN.com vom 13.12.2001: http://archives.cnn.com/2001/US/12/13/tape.transcript/

380 Freud S, *Die Traumdeutung*, Leipzig/Wien: Deuticke 1900, S. 2

381 Boxer S, „The banality of terror; dreams of holy war over a quiet evening", in: *New York Times* vom 16.12.2001; verfügbar auf: http://query.nytimes.com/gst/fullpage.html?res=9C0CE6D61E3FF935A25751C1A9679C8B63

382 „Do violent dreams bother you? Terrorists get inspired by them" auf: ScientificBlogging.com vom 07.06.2008; verfügbar auf: http://www.scientificblogging.com/news_releases/do_violent_dreams_bother_you_terrorists_get_inspired_by_them

383 „Historical premonitions" auf waupacanNaturals.com: http://www.waupacanaturals.com/articles/premonitions.htm
384 Alschuler AS, „Recognizing inner teachers – inner voices throughout history", in: *Gnosis Magazine* Herbst 1987;5:8-12
385 Alschuler AS, „Inner teachers and transcendent education" in: Rao KR (ed.), *Cultivating Consciousness: Enhancing Human Potential, Wellness, and Healing*, Westport, CT: Praeger 1993, p. 181-193
386 Alschuler AS, „Inner voices and inspired lives through the ages", in: Thayer SJ, Nathanson LS (eds.), *Interview With an Angel: Our World, Our Selves, Our Destiny*, Gillette, NJ: Edin Books 1996, p. 1-62
387 In vielen Kulturen, in denen Zukunftswissen und andere Erscheinungsformen von Psi als selbstverständlich gelten, gibt es eine Fülle von Schutzmethoden gegen psychische Beeinflussung und böse Gedanken. Man denke nur an den weit verbreiteten Glauben an den bösen Blick, der besonders im Mittelmeerraum, im Nahen Osten und in Lateinamerika verbreitet ist. In diesen Kulturkreisen ist eine schwindelerregende Vielfalt von Schutzstrategien entstanden, von Gebeten und Beschwörungen über Visualisierungen, den Einsatz von Düften und Räucherwerk, Talismanen und Amuletten und bis hin zum Exorzismus. Siehe: Dossey L, „Protection", in: *Be Careful What You Pray For*, San Francisco, CA: Harper 1997, p. 195-217
388 Klein N, „Crisis called 'Katrina without the water'", auf: Seattle Real Estate News vom 16.09.2008: http://blog.seattlepi.nwsource.com/realestatenews/archives/148904.asp
389 Hammond, LJ (ed.), „Napoleon: Quotations and Commentary" auf: http://www.lj-hammond.com/notebook/nap.htm
390 Applewhite M, „Planet about to the recycled" auf: http://www.heavensgate.com/misc/vt100596.htm
391 Ramsland K, „Death mansion" auf: http://www.crimelibrary.com/notorious_murders/mass/heavens_gate/5.html
392 „Heaven's Gate" in Wikipedia: http://en.wikipedia.org/wiki/Heaven's_Gate_(cult), dt. Version: http://de.wikipedia.org/wiki/Heaven's_Gate_(Neue_Religiöse_Bewegung)
393 Ross R, „Heaven's Gate suicides. Cult Education and Recovery", Oktober 1999, verfügbar auf: http://www.culteducation.com/hgate.html
394 Fisher M, Pressley SA, „Founder sought to purge sexuality via cult", in: *The Washington Post* vom 29.03.1997, verfügbar auf: http://www.rickross.com/reference/heavensgate/gate13.html
395 Romme M, Escher S, *Making Sense of Voices*, London: Mind Publications 2000
396 Goldner EM, Hsu L, Waraich P, Somers JM, „Prevalence and incidence studies of schizophrenic disorders: a systematic review of the literature", in: *Canadian Journal of Psychiatry* 2002;47(9):833-43
397 Barnum B, „Expanded consciousness: nurses' experiences", in: *Nursing Outlook* 1989;37(6):260-266
398 Berenbaum H, Kerns J, Raghavan C, „Anomalous experiences, peculiarity, and psychopathology", in: Cardeña E, Lynn SJ, Krippner S (eds.), *Varieties of Anomalous Experience: Examining the Scientific Evidence*, Washington, DC: American Psychological Association 2000, p. 32
399 Greeley A, „The impossible: It's happening", in: *Noetic Sciences Review*, Frühling 1987:7-9
400 Mayer EL, *Extraordinary Knowing*, New York, NY: Bantam/Random House 2007, p. 11f.
401 Mayer EL, *Extraordinary Knowing (a.a.O.)*, p. 13
402 Moss R, *The Secret History of Dreaming*, Novato, CA: New World Library 2009, p. 44-49

403 Freud S, Die Traumdeutung, Leipzig/Wien: Deuticke 1900
404 Resnik S, *The Theatre of the Dream* (New Library of Psychoanalysis, vol. 6), New York, NY: Routledge 1987, p. 119f. Schavelzons Bericht steht in seiner Monographie: Schavelzon J, *Freud, un paciente con cancer,* Buenos Aires: Paidos 1983
405 Moss R, *The Secret History of Dreaming,* Novato, CA: New World Library 2009, p. 49
406 Sprengnether M, „Mouth to mouth: Freud, Irma, and the Dream of Psychoanalysis", in: *American Imago* 2003;60(3):259-284; Zusammenfassung verfügbar auf:: http://muse.jhu.edu/login?uri=/journals/american_imago/v060/60.3sprengnether.html
407 Freud S, Brief an Wilhelm Fliess, zitiert in: Breger L, *Freud: Darkness in the Midst of Vision,* New York, NY: John Wiley 2000, p. 143
408 Freud S, zitiert in: Ford A, *Bericht vom Leben nach dem Tode,* Bern/München/Wien: Scherz [11]1978, S. 49
409 Freud S, zitiert in: McLynn F, *Carl Gustav Jung,* New York, NY: St. Martin's Press 1996, p. 128
410 McLynn F, *Carl Gustav Jung,* New York, NY: St. Martin's Press 1996, p. 127
411 Farman JC, Gardiner BG, Shanklin JD, „Large losses of total ozone in Antarctica reveal seasonal ClOx/NOx interaction", in: *Nature* 1985;315:207-210; verfügbar auf: http://www.nature.com/nature/journal/v315/n6016/pdf/315207a0.pdf
412 Die Meinungen zu der Frage, warum die NASA das Ozonloch über der Antarktis so spät erkannte, gehen auseinander. Die hier wiedergegebene Darstellung stammt von dem Wissenschaftsjournalisten Fred Pearce, dessen Artikel „Ozone Hole? What Ozone Hole?" [„Ozonloch? Welches Ozonloch"] am 20.09.2008 im *New Scientist* 2008;199(2674):46-47 erschien und im Internet verfügbar ist auf: http://www.tmcnet.com/usubmit/2008/09/19/3660472.htm – Die aktuelle Version der NASA ist verfügbar auf: http://www.nas.nasa.gov/About/Education/Ozone/history.html – Farmans Ansicht zum Thema findet sich in einem Interview, das im BBC World Service am 06.07.1999 ausgestrahlt wurde und verfügbar ist auf: http://www.bbc.co.uk/worldservice/people/features/mycentury/transcript/wk27d2.shtml
413 Pearce F, „Ozone Hole? What Ozone Hole?", in: *New Scientist* vom 20.09.2008; 199(2674):46-47; verfügbar auf: http://www.tmcnet.com/usubmit/2008/09/19/3660472.htm
414 Hearne K, „Lucid dreams – an electrophysiological and psychological study" (Kp. 3 und 4 der unveröffentlichten Doktorarbeit), Department of Psychology, University of Liverpool, Mai 1978; Kauf-Download über: http://www.keithhearne.com/
415 De Becker R, *The Understanding of Dreaming, or The Machinations of the Night,* London: Allen & Unwin 1968
416 „Lamon, Ward Hill" in Wikipedia: http://en.wikipedia.org/wiki/Ward_Hill_Lamon
417 Boss M, *The Analysis of Dreams,* New York, NY: Philosophical Library 1958, p. 186f.
418 Van de Castle RL, *Our Dreaming Mind (a.a.O.),* p. 30
419 Van de Castle RL, *Our Dreaming Mind (a.a.O.),* p. 41
420 Melbourne DF, Hearne K, „Premonitions", auf: ourworld.com, verfügbar auf: http://ourworld.compuserve.com/homepages/dreamthemes/ (Zugriff am 15.03.2008)
421 Van de Castle RL, *Our Dreaming Mind (a.a.O.),* p. 30
422 Flavius Josephus, *Jüdische Altertümer,* zitiert in: Moss R, *The Secret History of Dreaming,* Novato, CA: New World Library 2009, p. 60
423 Szpakowska KM, „The perception of dreams and nightmare in ancient Egypt: Old Kingdom to Third Intermediate Period", PhD-Dissertation, Los Angeles, CA: University of California 2000, p. 273; siehe auch: Moss R, *The Secret History of Dreaming,* Novato, CA: New World Library 2009, p. 31

424 Kenyon, FG, The Chester Beatty Biblical Papyri: Descriptions and Texts of Twelve Manuscripts on Papyrus of the Greek Bible, London: Emery Walker 1933, 1937
425 Oppenheim, AL, *The Interpretation of Dreams in the Ancient Near East*, Philadelphia, PA: American Philosophical Society 1956, p. 302f.; siehe auch: Moss R, *The Secret History of Dreaming*, Novato, CA: New World Library 2009, p. 31
426 Crescenzi A, Torricelli F, „A Tun-huang text on dreams: Ms MsPelliot Tibetan 55-IX", in: *Tibet Journal* 1995;20(2):3-17; siehe auch: Moss R, *The Secret History of Dreaming*, Novato, CA: New World Library 2009, p. 31
427 Thwaites RG (ed.), *Jesuit Relations and Allied Documents: Travels and Explorations of the Jesuit Missionairies in New France, 1610-1791*, Cleveland, OH: Burrows Brothers 1896-1901, Bd. 12, p. 121-123
428 Rattray RS, *Religion and Art in Ashanti*, Oxford: Clarendon 1927, p. 192-196; siehe auch: Moss R, *The Secret History of Dreaming*, Novato, CA: New World Library 2009, p. 181
429 Feather SR, Schmickler M, *The Gift (a.a.O.)*, p. 184 und 198
430 L. E. Rhine Collection of Spontaneous Psi Experiences, Rhine Research Center, Durham, NC. Siehe: Broughton R, *Parapsychology: The Controversial Science*, New York, NY: Ballantine 1991, p. 19f.
431 Rhine LE, *Hidden Channels of the Mind*, New York, NY: William Morrow 1961
432 Rhine LE, „Precognition and intervention", in: *Journal of Parapsychology* 1955;19:1-34
433 aus dem Archiv des Rhine Research Center, siehe: Feather SR, Schmickler M, *The Gift (a.a.O.)*, p. 197
434 aus dem Archiv des Rhine Research Center, siehe: Feather SR, Schmickler M, *The Gift (a.a.O.)*, p. 204
435 Feather SR, Schmickler M, *The Gift (a.a.O.)*, p. 183
436 Kierulff S, Krippner S, *Becoming Psychic: Spiritual Lessons for Focusing Your Hidden Abilities*, Franklin Lakes, NJ: New Page Books 2004, p. 119
437 Puthoff HE, *CIA-initiated remote viewing program (a.a.O.)*
438 Targ R, „Remote viewing at Stanford Research Institute in the 1970s", (a.a.O.)
439 May EC, „The American Institutes for Research Review of the Department of Defense's STAR GATE program: A commentary", in: *Journal of Scientific Exploration* 1996;10 (1):89-108; verfügbar auf: http://www.scientificexploration.org/journal/jse_10_1_may.pdf
440 Broderick D, *Outside the Gates of Science (a.a.O.)*, p. 70
441 Edwin May zu Damien Broderick am 05.07.2006, in: Broderick D, *Outside the Gates of Science (a.a.O.)*, p. 70
442 Holman EA, Silver RC, Poulin M, Andersen J, Gil-Rivas V, McIntosh DN, „Terrorism, Acute Stress, and Cardiovascular Health: A 3-year National Study Following the September 11th Attacks", in: *Archives of General Psychiatry* 2008;65(1):73-80; verfügbar auf: http://archpsyc.ama-assn.org/cgi/reprint/65/1/73
443 Harris AW, „Harris on terrorism and asteroid risk", o.D., verfügbar auf: http://psweb.sbs.ohio-state.edu/faculty/jmueller/HARRIS.PDF
444 Tierney J, „Living in fear and paying a high cost in heart risk", in: *New York Times* online vom 15.01.2008, verfügbar auf: http://www.nytimes.com/2008/01/15/science/15tier.html
445 Tierney J, „The endless fear of terrorism", in: *New York Times* online vom 16.01.2008, verfügbar auf: http://tierneylab.blogs.nytimes.com/2008/01/16/the-endless-fear-of-terrorism/
446 Tierney J, „Living in fear ..." (a.a.O.)

447 Tierney J, „Living in fear ..." (a.a.O.)
448 Greeley A, „The impossible: It's happening", in: *Noetic Sciences Review*, Frühling 1987:7-9
449 Lanier J, „From having a mystical experience to becoming a mystic", in: *ReVision* 1989;12(1):41-44
450 ebenda
451 Quelle unbekannt, zitiert in: Safransky S (ed.), *Sunbeams: A Book of Quotations*, Berkeley, CA: North Atlantic 1990, p. 45
452 Berenbaum H, Kerns J, Raghavan C, „Anomalous experiences..." (a.a.O.), p. 38f.
453 Stevenson I, *Telepathic Impressions: A Review and Report of Thirty-five New Cases*, Charlottesville, VA: University Press of Virginia 1970
454 Irwin HJ, *An Introduction to Parapsychology* (3rd ed.), Jefferson, NC: McFarland 1999
455 Milton J, „Effects of 'paranormal' experiences on people's lives. An unusual survey of spontaneous cases", in: *Journal of the Society for Psychical Research* 1992;58:314-323
456 ebenda
457 Zangari W, Machado FR, „Incidence and social relevance of Brazilian university students' psychic experiences" Paper presented at the 37th Annual Convention of the Parapsychological Association, Amsterdam, August 1994
458 Targ E, Schlitz M, Irwin HJ, „Psi-related experiences", in: Cardeña E, Lynn SJ, Krippner S (eds.), *Varieties of Anomalous Experience: Examining the Scientific Evidence*, Washington, DC: American Psychological Association 2000, p. 226
459 Cardeña E, Lynn SJ, Krippner S (eds.), *Varieties of Anomalous Experience: Examining the Scientific Evidence*, Washington, DC: American Psychological Association 2000, p. 219f.
460 ebenda
461 Coly L, McMahon J (eds.), *Psi and Clinical Practice*, New York, NY: Parapsychology Foundation 1993
462 Neppe VM, „Clinical psychiatry, psychopharmacology, and anomalous experience", in: Coly L, McMahon J (eds.), *Psi and Clinical Practice*, New York, NY: Parapsychology Foundation 1993; verfügbar auf: http://www.pni.org/research/anomalous/classif_art/clinical_psychiatry.html
463 Bohr N, zitiert in: Heisenberg W, *Der Teil und das Ganze*
464 Barry P, „Science hopes to change events that have already occurred" auf SFGate.com am 21.01.2007: http://www.sfgate.com/cgi-bin/article.cgi?f=/c/a/2007/01/21/ING5LNJSBF1.DTL
465 Rhine JB, *The Reach of the Mind*, New York, NY: William Sloane 1947, p. 46; dt. Ausg.: Rhine JB, *Die Reichweite des menschlichen Geistes*, Stuttgart: DVA 1950
466 Huxley TH, *Collected Essays. Discourses: Biological and Geological* (vol. 8, Reprint), Kitla, MT: Kessinger 2005, p. 244; Originalausgabe: London: Macmillan 1894
467 Van Dyke H, "Time is", auf: http://thinkexist.com/quotation/time_is_too_slow_for_those_who_wait-too_swift_for/8953.html
468 Davies P, *About Time: Einstein's Unfinished Revolution*, New York, NY: Simon & Schuster 1996
469 Augustinus, *Confessiones*, Buch XI, Kp. 14
470 zitiert in: Boslough J, „The enigma of time", in: *National Geographic*, März 1990;177] (3):109-132
471 Gott JR, „J. Richard Gott on Life, the Universe, and Everything", Interview mit Jill Neimark auf Science-Spirit.com, verfügbar auf: http://web.archive.org/web/20070928020457/http://www.science-spirit.org/article_detail.php?article_id=270

472 Gefter A, „Time's up", in: New Scientist vom 19.01.2008;197(2639):26-29
473 Davies P, *Space and Time in the Modern Universe*, New York, NY: Cambridge University Press 1977, p. 221
474 Einstein A, zitiert in: Jammer M, *Einstein and Religion: Physics and Theology*, Princeton, NJ: Princeton University Press 2002, p. 161; Zitat auch auf: http://de.spiritualwiki.org/Hawkins/Zukunft
475 Glanz J, „Physics' big puzzle has big question: what is time?" auf: *New York Times online*, 19.06.2001, verfügbar auf: http://query.nytimes.com/gst/fullpage.html?res=9D06E0DE1031F93AA25755C0A9679C8B63&sec=&spon=&pagewanted=print
476 Harrell E, „Collider triggers end-of-world fears" auf: Time.com, 04.09.2008, verfügbar auf: http://www.time.com/time/health/article/0,8599,1838947,00.html?imw=Y
477 Sutherland P, „End of the world due in nine days" auf: *The Sun* online, 01.09.2008; verfügbar auf: http://www.thesun.co.uk/sol/homepage/features/article1630897.ece
478 Higgins AG, „Broken atom smasher inaugurated anyway" auf: MSNBC.com, 21.10.2008, verfügbar auf: http://www.msnbc.msn.com/id/27296827/
479 Josephson B, zitiert in: „Is this really proof that man can see into the future? in: *Daily Mail* (London), 04.05.2007, verfügbar auf: http://www.dailymail.co.uk/pages/live/articles/technology/technology.html?in_article_id=452833&in_page_id=1965
480 Shoup R, „Physics without causality – theory and evidence", Paper presented to the Society for Scientific Exploration, 26th Annual Meeting, East Lansing, MI, 30.05.-02.06.2007, p. 1; verfügbar auf: http://www.boundaryinstitute.org/bi/articles/Physics_without_Causality.pdf
481 Shoup R, „Physics without causality..." (a.a.O.), p. 12
482 Feinberg G, „Precognition – a memory of things future", in: Oteri L (ed.), *Quantum Physics and Parapsychology*, New York, NY: Parapsychology Foundation 1975
483 Haynie DT, *Biological Thermodynamics*, New York, NY: Cambridge University Press 2008, p. 66
484 De Beauregard OC, „The paranormal is not excluded from physics", in: *Journal of Scientific Exploration* 1998;12:315-320; verfügbar auf: http://www.scientificexploration.org/journal/jse_12_2_costadebeauregard.pdf
485 Margenau H, zitiert in: LeShan L, *The Science of the Paranormal*, Northamptonshire, England: Aquarian Press 1987, p. 118
486 Braud W, „Wellness implications of retroactive intentional influence: exploring an outrageous hypothesis", in: *Alternative Therapies in Health and Medicine* 2000;6(1):37-48; verfügbar auf: http://www.integral-inquiry.com/docs/649/wellness.pdf
487 Schmidt H, Morris R, Rudolph L, „Channeling evidence for a psychokinetic effect to independent observers", in: *Journal of Parapsychology* 1986;50:1-15; auch: Schmidt H, Schlitz M, *A Large Scale Pilot PK Experiment With Prerecorded Random Events: Mind Science Foundation Research Report*, San Antonio, TX: Mind Science Foundation 1988; auch: Schmidt H, Morris RL, Hardin CL, *Channeling Evidence for a Psychokinetic Effect to Independent Observers: An Attempted Replication: Mind Science Foundation Research Report*. San Antonio, TX: Mind Science Foundation 1990; auch: Schmidt H, Braud W, "New PK tests with an independent observer", in: *Journal of Parapsychology* 1993;57:227-240 (verfügbar auf: http://www.thefreelibrary.com/New+PK+tests+with+an+independent+observer-a015383539); auch: Schmidt H, Stapp H, "PK with prerecorded random events and the effects of preobservation" in: *Journal of Parapsychology* 1993;57:331-349; verfügbar auf: http://www.fourmilab.ch/rpkp/observ.html
488 Nelson RD, Dobyns YH, Dunne BJ, Jahn RG, *Analysis of Variance of REG Experiments: Operator Intention, Secondary Parameters, Database Structure: Technical Note PEAR 91004*, Princeton, NJ: Princeton Engineering Anomalies Research Labo-

ratory, Princeton University School of Engineering/Applied Science 1991; auch: Nelson RD, Dunne BJ, Jahn RG, An REG Experiment With Large Database Capability: HP Operator Related Anomalies: Technical Note PEAR 84003 (September), Princeton, NJ: Princeton Engineering Anomalies Research Laboratory Princeton University School of Engineering/Applied Science 1984; auch: Jahn RG, Dobyns YH, Dunne BJ, „Count population profiles in engineering anomalies experiments", in: Journal of Scientific Exploration 1991;5:205-232 (verfügbar auf: http://www.scientificexploration.org/journal/jse_05_2_jahn.pdf); auch: Dunne B, Jahn R, „Experiments in remote human/machine interaction", in: Journal of Scientific Exploration 1992;6:311-332 (verfügbar auf: http://noosphere.princeton.edu/papers/pear/remote.reg.pdf)
489 Radin D, Machado ER, Zangari W, „Effects of distant healing intention through time and space: two exploratory studies", in: *Proceedings of Presented Papers: The 41st Annual Convention of the Parapsychological Association,* Halifax, Nova Scotia, Canada: Parapsychological Association 1998:143-161
490 Gruber ER, „PK effects on pre-recorded group behavior of living systems", in: *European Journal of Parapsychology* 1980;3(2):167-175
491 Kolata G, „Drug found to help heart attack survivors", in: *Science* 1981;214:774-775
492 Steering Committee of Physicians' Health Study Research Group, „Preliminary report: findings from the aspirin component of the ongoing Physicians' Health Study", in: *New England Journal of Medicine* 1988; 318:262-264
493 Leibovici L, „Effects of remote, retroactive intercessory prayer on outcomes in patients with bloodstream infection: a randomized controlled trial", in: *British Medical Journal* 2001(323):1450-1451
494 Radin D, *Entangled Minds (a.a.O.),* p. 217
495 Feynman RP, *The Character of Physical Law,* Cambridge, MA: MIT Press 1967, p. 129; dt. Ausg.: Feynman RP, *Vom Wesen physikalischer Gesetze,* München: Piper 1990
496 Harman W, persönliche Mitteilung an den Verfasser im Juni 1990
497 Chalmers DJ, „The puzzle of conscious experience", in: *Scientific American* 1995:273(6):80-6; verfügbar auf: http://consc.net/papers/puzzle.html
498 Dyson F, *Infinite in All Directions,* New York: Harper & Row 1988, p. 297
499 http://en.wikipedia.org/wiki/Freeman_Dyson
500 Fodor JA, „The big idea", in: *Times Literary Supplement,* 03.07.1992, p. 20
501 Sagan C, *The Dragons of Eden.* New York, NY: Random House 1977, p. 7; dt. Titel: Sagan C, *Die Drachen von Eden,* München: Droemer 1978, *Und werdet sein wie Götter,* München: Droemer Knaur 1981
502 Crick F, *The Astonishing Hypothesis,* New York, NY: Simon & Schuster 1994, p. 271; dt. Ausg.: Crick F, *Was die Seele wirklich ist,* München: Artemis & Winkler 1994, Reinbek: Rowohlt 1997
503 Dennett D, *Consciousness Explained,* Boston, MA: Back Bay 1992, p. 406
504 Der Fairness halber sei hier der Kontext zitiert, in welchem diese bemerkenswerte Äußerung steht: „Sind Zombies möglich? Sie sind nicht nur möglich, sondern tatsächlich. Niemand ist bewusst – nicht auf die systematisch mysteriöse Weise, die solche Lehren wie den Epiphänomenalismus stützt! Ich kann nicht beweisen, dass keine solche Art von Bewusstsein existiert. Ich kann auch nicht beweisen, dass Gremlins nicht existieren. Das Beste, was ich tun kann, ist, zu zeigen, dass es keine anständige Motivation dafür gibt, es zu glauben." siehe: Dennet D, *Consciousness Explained,* Boston, MA: Back Bay 1992, p. 406
505 Eccles J, Robinson DN, *The Wonder of Being Human,* Boston, MA: Shambhala 1985, p. 53; dt. Ausg.: Eccles J, Robinson DN, *Das Wunder des Menschseins,* München: Piper 1985, 1991

506 Eccles J, Robinson DN, The Wonder of Being Human, (Boston, MA: Shambhala 1985, p. 36); dt. Ausg.: Eccles J, Robinson DN, Das Wunder des Menschseins, München: Piper 1985, 1991
507 Honorton C, Ferari D, „Future-telling" (a.a.O.)
508 Kelly EF, Kelly EW, Crabtree A, Gauld A, Grosso M, Greyson B, *Irreducible Mind: Toward a Psychology for the 21st Century*, Lanham, MD: Rowman & Littlefield 2007
509 Carter C, *Parapsychology and the Skeptics: A Scientific Argument for ESP*, Pittsburgh, PA: Sterlinghouse 2007
510 McGinn C, „Can we ever understand consciousness?", in: *The New York Review*, 10.06.1999;46(10), verfügbar auf: http://www.nybooks.com/articles/article-preview?article_id=458
511 Fenwick P, Fenwick E, *The Truth in the Light*, New York, NY: Berkeley Publishing Group 1997, p. 259-262
512 Fenwick schrieb 1999, dass es nicht viele echte Beweise gebe, die für die Übertragungstheorien sprechen. Das Pendel bewegt sich, bewiesen durch Experimente, die zeigen, dass Bewusstsein Dinge zu tun vermag, die Gehirne nicht können: über die Entfernung funktionieren, nicht lokal, in Raum und Zeit. Angesichts dieser Beweise erscheinen Hypothesen, die andeuten, dass das Gehirn ein Empfänger von Bewusstsein ist, zunehmend sinnvoll, denn sie ziehen die Prämisse und Schlussfolgerung nach sich, dass Bewusstsein in der Welt etwas Grundlegendes ist, nicht Abkömmling von lokalen Entitäten wie dem menschlichen Gehirn. Zwei wichtige Arbeiten, die die Sicht des Bewussten als des Grundlegenden unterstützen, sind: Chalmers D, „The puzzle of conscious experience", in: *Scientific American* 1995;273(6):80-6, verfügbar auf: http://consc.net/papers/puzzle.html, und Clarke CJS, „The nonlocality of mind", in: *Journal of Consciousness Studies* 1995;2(3),231-40; verfügbar auf: http://www.scispirit.com/tex/
513 Darling D, *Soul Search*, New York, NY: Villard 1995, p. 154-166
514 James W, „Human immortality: two supposed objections to the doctrine", Ingersoll Lecture 1898, verfügbar auf: http://en.wikisource.org/wiki/Human_Immortality:_Two_Supposed_Objections_to_the_Doctrine
515 Carter C, *Parapsychology and the Skeptics: A Scientific Argument for ESP*, Pittsburgh, PA: Sterlinghouse 2007
516 Carter C, „Does consciousness depend on the brain?", verfügbar auf: http://www.parapsychologyandtheskeptics.com/Does-consciousness.pdf
517 Edison TA, zitiert in: Baldwin N, *Edison: Inventing the Century*, New York, NY: Hyperion 1995, p. 376
518 Darling D, *Soul Search*, New York, NY: Villard 1995, p. 154-166
519 Schwartz SA, *Opening to the Infinite (a.a.O.)*, p. 42
520 Jahn RG, Dunne BJ, *Margins of Reality: The Role of Consciousness in the Physical World*, New York, NY: Harcourt Brace Jovanovich 1987, p. 182-191; dt. Ausg.: Jahn RG, Dunne BJ, *An den Rändern des Realen: über die Rolle des Bewußtseins in der physikalischen Welt*, Frankfurt/M: Zweitausendeins 1999
521 Braud W, „Wellness implications of retroactive intentional influence: exploring an outrageous hypothesis", in: *Alternative Therapies in Health and Medicine* 2000;6(1):37-48; verfügbar auf: http://www.integral-inquiry.com/docs/649/wellness.pdf
522 Dossey L, *Reinventing Medicine*, San Francisco, CA: Harper 1999, p. 13-84
523 Dossey L, *Recovering the Soul*, New York: Bantam 1989, p. 1-11
524 Herbert N, *Quantum Reality*, Garden City, NY: Anchor/Doubleday 1987, p. 214; dt. Ausg.: Herbert N, *Quanten-Realität*, München: Goldmann 1990
525 Dossey L, *Reinventing Medicine*, San Francisco, CA: Harper 1999, p. 26-31

526 Bohr N, zitiert in: Heisenberg W, Der Teil und das Ganze, München: dtv 1973, S. 241
527 Nadeau R, Kafatos M, *The Non-local Universe: The New Physics and Matters of the Mind*, New York, NY: Oxford University Press 1999
528 Nadeau R, Kafatos M, „Over any distance in 'no time': Bell's Theorem and the Aspect and Gisin Experiments", in: *The Non-local Universe*, New York, NY: Oxford University Press 1999, p. 65-82
529 Aspect A, Dalibard J, Roger G, „Experimental tests of realistic local theories via Bell's theorem", in: *Physical Review Letters* 1981;47:460; verfügbar auf: http://www.physics.princeton.edu/~mcdonald/examples/QM/aspect_prl_47_460_81.pdf
530 Aspect A, Dalibard J, Roger G, „Experimental realization of Einstein-Podolsky-Rosen-Bohm Gedankenexperiment: A new violation of Bell's inequalities", in: *Physical Review Letters* 1982;49:91
531 Aspect A, Dalibard J, Roger G, „Experimental test of Bell's inequalities..." (a.a.O.)
532 Tittell W, Brendel J, Gisen B, Herzog T, Zbinden H, Gisin N, „Experimental demonstration of quantum correlations over more than 10 km", in: *A Physical Review*, 998;57:3229-3232; verfügbar auf: http://www.gap-optique.unige.ch/Publications/PDF/PRA03229.pdf
533 Marcikic I, de Riedmatten H, Tittel W, Zbinden H, Legré M, Gisin N, „Distribution of time-bin entangled qubits over 50km of optical fiber", in: *Physical Review Letters* 2004; 93; verfügbar auf: http://arxiv.org/PS_cache/quant-ph/pdf/0404/0404124v1.pdf
534 Radin D, *Entangled Minds (a.a.O.)*, p. 168
535 Thaheld FH, „An interdisciplinary approach to certain fundamental issues in the fields of physics and biology: toward a unified theory", in: *BioSystems* 2005;80:41-56; verfügbar auf: http://arxiv.org/ftp/physics/papers/0601/0601060.pdf
536 Clarke CJS, „The nonlocality of mind", in: *Journal of Consciousness Studies* 1995;2(3),231-40; verfügbar auf: http://www.scispirit.com/tex/
537 Griffin DR, *Parapsychology, Philosophy, and Spirituality: A Postmodern Exploration*, Albany, NY: SUNY 1997, p. 92
538 Griffin DR, *Parapsychology, Philosophy, and Spirituality (a.a.O.)*, p. 94
539 Griffins Ziel ist, die Ursache-Wirkung-Reihenfolge aufrechtzuerhalten, die für ihn sakrosankt ist. Falls Vorahnungen real sind, würde dies, so glaubt er, die ungeheuerliche Möglichkeit bedeuten, dass Wirkungen Ursachen vorausgehen. Griffins Gedankengang ist nuanciert und anspruchsvoll, ich kann ihm hier nicht gerecht werden. Interessierte Leser sollten sein exzellentes Buch *Parapsychology, Philosophy, and Spirituality: A Postmodern Exploration* (Albany, NY: SUNY 1997) einsehen.
540 Cohen P, „Fear of new things shortens life", in: *New Scientist*, 08.12.2003, verfügbar auf: http://www.newscientist.com/article.ns?id=dn4458
541 Peck P, „Diet, activity may help prevent Alzheimer's" auf WebMD Medical News, 19.07.2008, verfügbar auf: http://www.webmd.com/alzheimers/news/20040719/diet-activity-may-help-prevent-alzheimers
542 Kam K, „Keeping your brain fit for life" auf WebMD Medical News, 06.11.2006, verfügbar auf: http://www.webmd.com/brain/features/keeping-your-brain-fit-for-life
543 aus: *Explore* November/Dezember 2009, p. 309-312
544 Major RH, *Classic Descriptions of Disease*, Springfield, IL: Charles C. Thomas 1945
545 Keller EF, *A Feeling for the Organism: The Life and Work of Barbara McClintock*, New York, NY: W. H. Freeman 1984 – dt. Ausg.: Keller EF, *Barbara McClintock: die Entdeckerin der springenden Gene*, Basel: Birkhäuser 1995
546 Van Oss S, "Hunch prompted Dutch man to cancel flight on Air France 447", auf: seattlepi.com vom 01.06.2009: http://blog.seattlepi.com/aerospace/archives/170003.asp

547 Winkler M, persönliche Mitteilung am 14.05.2009
548 Wagner MW, Monnet M, „Attitudes of college professors toward extra-sensory perception", in: *Zetetic Scholar* 1979;5:7-16
549 Shakespeare W, *Hamlet,* Akt II, Szene 2, Z. 303ff.
550 Dossey L, „Premonitions", in: *Explore* (NY) 2008;4:83-90
551 Bohm D, zitiert in: Rawlence C (ed.), *About Time,* London: Random House 1987, p. 147
552 Schrödinger E, *My View of the World,* Woodbridge, London: Cambridge University Press 1964; dt. Original: Schrödinger E, *Meine Weltansicht*
553 Schrödinger E, *What Is Life? With Mind and Matter,* London: Cambridge University Press 1969, p. 139; dt. Titel: Schrödinger E, *Was ist Leben?*
554 Schrödinger E, *What Is Life? With Mind and Matter,* London: Cambridge University Press 1969, p. 145; dt. Titel: Schrödinger E, *Was ist Leben?*
555 Einstein A, zitiert in: Bloomfield H, „Transcendental Meditation as an Adjunct to Therapy," in: Boorstein S (ed.), *Transpersonal Psychotherapy,* Palo Alto, CA: Science and Behavior 1980, p. 136
556 Einstein A, zitiert in: Born M, *Briefwechsel 1916-1955,* München: Langen Müller ³2005; engl. Ausg.: Born M, *The Born-Einstein Letters,* New York: Walker 1971, p. 151
557 Dyson F, *Infinite in All Directions,* New York: Harper & Row 1988, p. 297
558 http://en.wikipedia.org/wiki/Freeman_Dyson
559 Margenau H, *The Miracle of Existence,* Woodbridge, CT: Ox Bow Press 1984, p. 111
560 Margenau H, *The Miracle of Existence (a.a.O.),* p. 120
561 Margenau H, *The Miracle of Existence (a.a.O.),* p. 126
562 Bohm D, *Wholeness and the Implicate Order,* London: Routledge 1980, p. 175; dt. Ausg.: *Die implizite Ordnung,* München: Dianus-Trikont 1985, Goldmann 1987
563 Bohm D, in Weber R, *Dialogues with Scientists and Sages,* New York: Routledge & Kegan Paul 1986, p. 41; dt. Ausg.: Weber R, *Wissenschaftler und Weise,* Grafing: Aquamarin 1987, S. 79
564 Bohm D, Interview von John Briggs and F. David Peat in: *OMNI,* Januar 1987, p. 68ff.
565 Bohm D, in: *ReVision* 4(1), p. 26
566 Wald G, zitiert in: *Bulletin of the Foundation for Mind-Being Research* (Los Altos, CA), September 1988:3
567 Bohr N, zitiert in: Heisenberg W, *Der Teil und das Ganze*
568 Jeans Sir J, *The Mysterious Universe,* New York: Macmillan 1948, p. 186f.; dt. Ausg.: Jeans J, *Der Weltenraum und seine Rätsel*
569 Eddington Sir A, „Defense of Mysticism", zitiert in: Wilber K, *Quantum Questions: Mystical Writings of the World's Great Physicists,* Boston, MA: Shambhala 1984, p. 206
570 Eddington Sir A, *The Nature of the Physical World,* Ann Arbor, MI: University of Michigan Press 1978, p. 276
571 Bateson G, *Steps to an Ecology of Mind,* San Francisco: Chandler Press 1972: 467; dt. Ausg.: Bateson G, *Ökologie des Geistes,* Frankfurt: Suhrkamp ⁵1994

QUELLEN

Für alle Quellenhinweise auf das Internet ohne Angabe eines früheren Zugriffsdatums gilt: „Zugriff im September – November 2010"

Aberfan, Desaster von: http://www.nuffield.ox.ac.uk/politics/aberfan/home2.htm
Agor WH, „Intuition: a brain skill top executives use to increase productivity" in: *Public Productivity Review* 1985;9(4):357-372
Alschuler AS, „Inner teachers and transcendent education", in: Rao KR (ed.), *Cultivating Consciousness: Enhancing Human Potential, Wellness, and Healing,* Westport, CT: Praeger 1993, p. 181-193
Alschuler AS, „Inner voices and inspired lives through the ages", in: Thayer SJ, Nathanson LS (eds.), *Interview With an Angel: Our World, Our Selves, Our Destiny,* Gillette, NJ: Edin Books 1996, p. 1-62
Alschuler AS, „Recognizing inner teachers – inner voices throughout history", in: *Gnosis Magazine* Herbst 1987;5:8-12
Applewhite M, „Planet about to the recycled" auf: http://www.heavensgate.com/misc/vt100596.htm
Aspect A, Dalibard J, Roger G, „Experimental realization of Einstein-Podolsky-Rosen-Bohm Gedankenexperiment: A new violation of Bell's inequalities", in: *Physical Review Letters* 1982;49:91
Aspect A, Dalibard J, Roger G, „Experimental test of Bell's inequalities using time-varying analyzers", in: *Physical Review Letters* 1982;49:1804; verfügbar auf: http://www.drchinese.com/David/Aspect.pdf
Aspect A, Dalibard J, Roger G, "Experimental tests of realistic local theories via Bell's theorem", in: *Physical Review Letters* 1981;47:460; verfügbar auf: http://www.physics.princeton.edu/~mcdonald/examples/QM/aspect_prl_47_460_81.pdf
Augustinus, *Confessiones,* Buch XI, Kp. 14
Backström F, „Private Lunar ESP: An Interview With Edgar Mitchell", auf CabinetMagazine.org: http://www.cabinetmagazine.org/issues/5/esp.php
Ball E, *In the Days of Victorio,* Tucson, AZ: University of Arizona Press 1992
Barasch MI, *Healing Dreams,* New York, NY: Riverhead 2000
Barbour J, *The End of Time,* New York, NY: Oxford University Press 2001
Bardens D, *Psychic Animals.* New York, NY: Barnes & Noble 1996, p. 61; dt. Ausg.: *Die geheimen Kräfte der Tiere,* München: Heyne 1989
Barker JC, „Premonitions of the Aberfan disaster", in: *Journal of the Society for Psychical Research* 1967;44:169-181
Barnum B, „Expanded consciousness: nurses' experiences", in: *Nursing Outlook* 1989;37(6):260-266
Barron F, „The Psychology of Imagination", in: *Scientific American,* September 1958;199:150-170
Barry P, „Science hopes to change events that have already occurred" auf SFGate.com am 21.01.2007: http://www.sfgate.com/cgi-bin/article.cgi?f=/c/a/2007/01/21/ING5LN-JSBF1.DTL

Bateson G, Steps to an Ecology of Mind, San Francisco: Chandler Press 1972: 467; dt. Ausg.: Bateson G, Ökologie des Geistes, Frankfurt: Suhrkamp ⁵1994

Bem DJ, Honorton C, „Does Psi Exist? Replicable Evidence for an Anomalous Process of Information Transfer", in: *Psychological Bulletin* 1994;5(1):1,4-18, verfügbar auf: http://homepage.psy.utexas.edu/homepage/Class/Psy391P/Bem&Honorton.1984.pdf

Berenbaum H, Kerns J, Raghavan C, „Anomalous experiences, peculiarity, and psychopathology", in: Cardeña E, Lynn SJ, Krippner S (eds.), *Varieties of Anomalous Experience: Examining the Scientific Evidence*, Washington, DC: American Psychological Association 2000, p. 32

Bernstein JS, *Living in the Borderland: The Evolution of Consciousness and the Challenge of Healing Trauma*, New York, NY: Routledge 2005

Bierman DJ, Radin D, „Anomalous anticipatory response on randomized future conditions" in: *Perceptual and Motor Skills* 1997;84:689-90; verfügbar auf: http://m0134.fmg.uva.nl/publications/1997/anticip_pms97.pdf

Blair L, *Rhythms of Vision*, New York, NY: Schoken 1976

Blaksley T, „Impression", in: *Journal of the Society for Psychical Research* 1892;5:241

Blum D, *Ghost Hunters: William James and the Search for Scientific Proof of Life After Death*, New York, NY: Penguin 2006

Bohm D, in Weber R, *Dialogues with Scientists and Sages*, New York: Routledge & Kegan Paul 1986; dt. Ausg.: Weber R, *Wissenschaftler und Weise*, Grafing: Aquamarin 1987

Bohm D, Interview von John Briggs und F. David Peat in: *OMNI*, Januar 1987, p. 68ff.

Bohm D, *Wholeness and the Implicate Order*, London: Routledge 1980; dt. Ausg.: *Die implizite Ordnung,* München: Dianus-Trikont 1985, Goldmann 1987

Bohm D, zitiert in: Rawlence C (ed.), *About Time*, London: Random House 1987, p. 147

Bohr N, zitiert in: Heisenberg W, *Der Teil und das Ganze*

Boss M, *The Analysis of Dreams*, New York, NY: Philosophical Library 1958

Boxer S, „The banality of terror; dreams of holy war over a quiet evening", in: *New York Times* vom 16.12.2001; verfügbar auf: http://query.nytimes.com/gst/fullpage.html?res=9C0CE6D61E3FF935A25751C1A9679C8B63

Braud W, „Wellness implications of retroactive intentional influence: exploring an outrageous hypothesis", in: *Alternative Therapies in Health and Medicine* 2000;6(1):37-48; verfügbar auf: http://www.integral-inquiry.com/docs/649/wellness.pdf

Braud W, *Psi Notes: Answers to Frequently Asked Questions about Parapsychology and Psychic Phenomena* (2nd ed.), San Antonio, TX: The Mind Science Foundation 1984

Broderick D, *Outside the Gates of Science: Why It's Time for the Paranormal to Come In from the Cold*, New York, NY: Thunder's Mouth Press 2007

Broughton R, *Parapsychology: The Controversial Science*, New York, NY: Ballantine 1991

Cardeña E, Lynn SJ, Krippner S (eds.), *Varieties of Anomalous Experience: Examining the Scientific Evidence*, Washington, DC: American Psychological Association 2000

Carpenter JC, „First sight: part one, a model of psi and the mind", in: *Journal of Parapsychology* 2004;68(2):217-254; verfügbar auf: http://www.carpenterpsychology.com/about/documents/FirstSightOne.pdf

Carpenter JC, „First sight: part two. Elaboration of model of psi and the mind", in: *Journal of Parapsychology* 2004;69(1):63-112, verfügbar auf: http://www.carpenterpsychology.com/about/documents/firstsight2.pdf

Carroll L, *Alice hinter den Spiegeln*

Carroll RT, „Astrology", in: *The Skeptic's Dictionary Online* auf: http://skepdic.com/astrolgy.html

Carter C, „Does consciousness depend on the brain?", verfügbar auf: http://www.parapsychologyandtheskeptics.com/Does-consciousness.pdf

Carter C, Parapsychology and the Skeptics: A Scientific Argument for ESP, Pittsburgh, PA: Sterlinghouse 2007
Chalmers DJ, „The puzzle of conscious experience", in: *Scientific American* 1995:273(6):80-6; verfügbar auf: http://consc.net/papers/puzzle.html
Clarke CJS, „The nonlocality of mind", in: *Journal of Consciousness Studies* 1995;2(3),231-40; verfügbar auf: http://www.scispirit.com/tex/
Clarke RA, *Against All Enemies*, New York, NY: Free Press 2004
Coghlan A, „News review 2007: Hidden harm from noise pollution", in: *New Scientist* Nr. 2635 vom 22. Dezember 2007, p. 25, verfügbar auf: http://www.newscientist.com/channel/health/mg19626355.700-news-review-2007-hidden-harm-from-noise-pollution.html
Cohen P, „Fear of new things shortens life", in: *New Scientist*, 08.12.2003, verfügbar auf: http://www.newscientist.com/article.ns?id=dn4458
Cohn S, persönliche Mitteilung an den Verfasser am 26.03.2008, Abdruck mit freundlicher Genehmigung
Coly L, McMahon J (eds.), *Psi and Clinical Practice*, New York, NY: Parapsychology Foundation 1993
Cox WE, „Precognition: An analysis II", in: *Journal of the American Society for Psychical Research* 1956;50(1):99-109
Crescenzi A, Torricelli F, „A Tun-huang text on dreams: Ms MsPelliot Tibetan 55-IX", in: *Tibet Journal* 1995;20(2):3-17
Crick F, *The Astonishing Hypothesis*, New York, NY: Simon & Schuster 1994; dt. Ausg.: Crick F, *Was die Seele wirklich ist,* München: Artemis & Winkler 1994, Reinbek: Rowohlt 1997
Dalai Lama XIV. [Gyatsu T], *Freedom in Exile: The Autobiography of the Dalai Lama*, New York, NY: Harper Collins 1991; dt. Ausg.: Dalai Lama XIV., *Das Buch der Freiheit*, Bergisch Gladbach: Lübbe 1990. (Engl.) Zitat auf: http://www.nechungfoundation.org/oracle.html
Dalton J, „Extraordinary facts relating to the vision of colours: with observations", in: *Memoirs of the Literary and Philosophical Society of Manchester* 1798;5:28-45
Darling D, *Soul Search*, New York, NY: Villard 1995
Davenport R, *An Outline of Animal Development*, Reading, MA: Addison-Wesley 1979
Davies E, *Report of the Tribunal Appointed To Inquire into the Disaster at Aberfan on October 21st, 1966,* Chairman Lord Justice Edmund Davies, HMSO, 1967, HL 316 & HC 553:27
Davies P, *About Time: Einstein's Unfinished Revolution*, New York, NY: Simon & Schuster 1996
Davies P, *Space and Time in the Modern Universe*, New York, NY: Cambridge University Press 1977
De Beauregard OC, „The paranormal is not excluded from physics", in: *Journal of Scientific Exploration* 1998;12:315-320; verfügbar auf: http://www.scientificexploration.org/journal/jse_12_2_costadebeauregard.pdf
De Becker R, *The Understanding of Dreaming, or The Machinations of the Night*, London: Allen & Unwin 1968
Dean D, Mihalasky J, *Executive ESP*, Englewood Cliffs, NJ: Prentice Hall 1974
Deem JM, Costantino V, *How to Travel through Time*, New York, NY: Avon Books 1993
Dennett D, *Consciousness Explained*, Boston, MA: Back Bay 1992
Dennett PE, „Premonitions of disaster" auf: http://www.atlantisrising.com/issue18/18premonitions.html (Zugriff am 26.01.2007)

Dobson R, „Taxi drivers' knowledge helps their brains grow", in: The Independent vom 17.12.2006; verfügbar auf: http://news.independent.co.uk/uk/health_medical/article2081652.ece

Doheny K, „Cat's ‚sixth sense' predicting death?", auf: CBSNews.com vom 25.07.2007: http://www.cbsnews.com/stories/2007/07/25/health/webmd/main3097899.shtml

Dosa DM, „A day in the life of Oscar the cat", in: *New England Journal of Medicine* 2007;357(4):328-329

Dossey L, „Distant Nonlocal Awareness: A Different Kind of DNA", in: *Alternative Therapies in Health and Medicine* 2000;6(6):10-14,102-110

Dossey L, „Premonitions", in: *Explore* (NY) 2008;4:83-90

Dossey L, „Quiet please: Observations on Noise", in: *Explore* 2008;(4)3:157-163; verfügbar auf: http://download.journals.elsevierhealth.com/pdfs/journals/1550-8307/PIIS1550830708000840.pdf

Dossey L, *Be Careful What You Pray For,* San Francisco, CA: Harper 1997

Dossey L, *Healing Words: The Power of Prayer in the Practice of Medicine,* San Francisco, CA: Harper 1993; dt. Ausg: Dossey L, *Heilende Worte: die Kraft der Gebete als Schlüssel zur Heilung,* Südergellersen: Martin 1995; Amerang: Crotona 2010

Dossey L, *Prayer Is Good Medicine,* San Francisco, CA: Harper 1996

Dossey L, *Recovering the Soul,* New York: Bantam 1989

Dossey L, *Reinventing Medicine,* San Francisco, CA: Harper 1999

Dunne B, Jahn R, „Experiments in remote human/machine interaction", in: *Journal of Scientific Exploration* 1992;6:311-332; verfügbar auf: http://noosphere.princeton.edu/papers/pear/remote.reg.pdf

Dunne JW, *An Experiment with Time* (Reprint), Charlottesville, VA: Hampton Roads 2001

Dunne JW, *Nothing Dies,* London: Faber and Faber 1946

Dyson F, *Infinite in All Directions,* New York: Harper & Row 1988

Eccles J, Robinson DN, *The Wonder of Being Human,* Boston, MA: Shambhala 1985; dt. Ausg.: Eccles J, Robinson DN, *Das Wunder des Menschseins,* München: Piper 1985, 1991

Eddington Sir A, „Defense of Mysticism", zitiert in: Wilber K, *Quantum Questions: Mystical Writings of the World's Great Physicists,* Boston, MA: Shambhala 1984, p. 206

Eddington Sir A, *The Nature of the Physical World,* Ann Arbor, MI: University of Michigan Press 1978

Edeal G, „Why the choir was late", in: *Life* vom 27.03.1950, p. 19-23

Edison TA, zitiert in: Baldwin N, *Edison: Inventing the Century,* New York, NY: Hyperion 1995, p. 376

Ehrenwald J, *Telepathy and Medical Psychology,* New York, NY: Norton 1948

Einstein A, Geleitwort zu: Sinclair U, *Radar der Psyche,* Düsseldorf: Econ 1990, S. 5

Einstein A, zitiert in: Bloomfield H, „Transcendental Meditation as an Adjunct to Therapy," in: Boorstein S (ed.), *Transpersonal Psychotherapy,* Palo Alto, CA: Science and Behavior 1980

Einstein A, zitiert in: Born M, *Briefwechsel 1916-1955,* München: Langen Müller ³2005; engl. Ausg.: Born M, *The Born-Einstein Letters,* New York: Walker 1971, p. 151

Einstein A, zitiert in: Jammer M, *Einstein and Religion: Physics and Theology,* Princeton, NJ: Princeton University Press 2002, p. 161; Zitat auch auf: http://de.spiritualwiki.org/Hawkins/Zukunft

Eliade M, *Der Mythos der ewigen Wiederkehr,* Düsseldorf: Diederichs 1953; jüngste Ausgabe: *Kosmos und Geschichte: Der Mythos der ewigen Wiederkehr,* Frankfurt 2007

Faludi S, Interview mit Amy Goodman, auf: Democracy Now Radio am 04.10.2007, Niederschrift verfügbar auf: http://www.democracynow.org/print.pl?sid=07/10/04/1355237

Faludi S, *The Terror Dream: Fear and Fantasy in Post-9/11 America*, New York, NY: Metropolitan 2007

Farman JC, Gardiner BG, Shanklin JD, „Large losses of total ozone in Antarctica reveal seasonal ClOx/NOx interaction", in: *Nature* 1985;315:207-210; verfügbar auf: http://www.nature.com/nature/journal/v315/n6016/pdf/315207a0.pdf

Feather SR, Schmickler M. *The Gift: ESP, the Extraordinary Experiences of Ordinary People*. New York: St. Martin's Press 2005

Feinberg G, „Precognition – a memory of things future", in: Oteri L (ed.), *Quantum Physics and Parapsychology*, New York, NY: Parapsychology Foundation 1975

Fenwick P, Fenwick E, *The Truth in the Light*, New York, NY: Berkeley Publishing Group 1997

Feynman RP, *The Character of Physical Law*, Cambridge, MA: MIT Press 1967; dt. Ausg.: Feynman RP, *Vom Wesen physikalischer Gesetze*, München: Piper 1990

Feynman RP, zitiert in: Boslough J, „The enigma of time", in: *National Geographic*, März 1990;177](3):109-132

Fisher M, Pressley SA, „Founder sought to purge sexuality via cult", in: *The Washington Post* vom 29.03.1997, verfügbar auf: http://www.rickross.com/reference/heavensgate/gate13.html

Fitzgerald R, *Lucky You: Proven Strategies for Finding Good Fortune*, New York, NY: Citadel Free Press/Kensington 2004, p. 128

Flavius Josephus, *Jüdische Altertümer*, zitiert in: Moss R, *The Secret History of Dreaming*, Novato, CA: New World Library 2009, p. 60

Fodor JA, „The big idea", in: *Times Literary Supplement*, 03.07.1992, p. 20

Freud S, Brief an Wilhelm Fliess, zitiert in: Breger L, *Freud: Darkness in the Midst of Vision*, New York, NY: John Wiley 2000

Freud S, *Die Traumdeutung*, Leipzig/Wien: Deuticke 1900

Freud S, zitiert in: Ford A, *Bericht vom Leben nach dem Tode*, Bern/München/Wien: Scherz [11]1978, S. 49

Freud S, zitiert in: McLynn F, *Carl Gustav Jung*, New York, NY: St. Martin's Press 1996, p. 128

Fritts R, *Is the universe random, or is there something out there controlling things?*, auf: http://www.cedarlane.org/96serms/s960505.html

Gallup-Umfrage zum Gebetsverhalten der Amerikaner, in: *Life*, März 1994

Gefter A, „Time's up", in: *New Scientist* vom 19.01.2008;197(2639):26-29

Gissurarson LR, Haraldsson E, „History of parapsychology in Iceland", in: *International Journal of Parapsychology* 2001;12(1):29-51, verfügbar auf: http://www3.hi.is/~erlendur/english/hps.pdf

Glanz J, „Physics' big puzzle has big question: what is time?", auf: *New York Times online*, 19.06.2001, verfügbar auf: http://query.nytimes.com/gst/fullpage.html?res=9D06E0DE1031F93AA25755C0A9679C8B63&sec=&spon=&pagewanted=print

Goldner EM, Hsu L, Waraich P, Somers JM, „Prevalence and incidence studies of schizophrenic disorders: a systematic review of the literature", in: *Canadian Journal of Psychiatry* 2002;47(9):833-43

Goman CK, „Business intuition", in: *Link&Learn eNewsletter*, April 2005, verfügbar auf: http://www.linkageinc.com/thinking/linkageleader/Documents/Carol_Kinsey_Goman_Business_Intuition_0405.pdf

Goodare J, Martin L, Miller J, Yeoman L, *The Survey of Scottish Witchcraft: 1563-1736*, University of Edinburgh, School of History, Classics and Archaeology, Januar 2003; verfügbar auf: http://www.shc.ed.ac.uk/Research/witches/

Gott JR, „J. Richard Gott on Life, the Universe, and Everything", Interview mit Jill Neimark auf Science-Spirit.com, verfügbar auf: http://web.archive.org/web/20070928020457/http://www.science-spirit.org/article_detail.php?article_id=270

Graff DE, „Explorations in precognitive dreaming", in: Journal of Scientific Exploration 2007;21(4):707-722

Greeley A, „The impossible: It's happening", in: *Noetic Sciences Review*, Frühling 1987:7-9

Greeley A, „Mysticism goes mainstream", in: *American Health* 1987;6(1):47-49

Grey A, *Gaia*, verfügbar auf: http://gaia.tribe.net/photos/23eb69f2-5b73-40d2-80fa-6fb850fc15b4

Griffin DR, *Parapsychology, Philosophy, and Spirituality: A Postmodern Exploration*, Albany, NY: SUNY 19972

Gruber ER, „PK effects on pre-recorded group behavior of living systems", in: *European Journal of Parapsychology* 1980;3(2):167-175

Guiley RE, *Harper's Encyclopedia of Mystical and Paranormal Experience*, New York, NY: Harper Collins 1991

Gurney E, Myers FWH, Podmore F, *Phantasms of the Living*, vol. 1, London: Trübner 1886,

Gurney E, Myers FWH, Podmore F, *Phantasms of the Living*, vol. 2, London: Trübner 1886

Hannah B, *Jung: His Life and Work*, Boston, MA: Shambhala 1991; dt. Ausg.: Hannah B, C. G. Jung: sein Leben und Werk, Küsnacht: Stiftung für Jungsche Psychologie 2006

Hansel CEM, *ESP: A Scientific Explanation*, New York, NY: Charles Scribner's Sons 1966

Hanson VD, „Public shares the blame in creating Dr. Frankenstein's Wall Street", in: *The Salt Lake Tribune* online, 25. September 2008: http://www.sltrib.com/opinion/ci_10550559 (Zugriff am 03.10.2008)

Haraldsson E, „Representative national surveys of psychic phenomena: Iceland, Great Britain, Sweden, USA and Gallup's Multinational Survey", in: *Journal of the Society for Psychical Research* 1985;53(801):145-158; verfügbar auf: http://notendur.hi.is/erlendur/english/NSP.pdf

Haraldsson E, Houtkooper JM, „Psychic Experiences in the Multi-National Human Values Survey", in: *Journal of the American Society for Psychical Research* 1991;85(2):145-165; verfügbar auf: http://www3.hi.is/~erlendur/english/hvs.pdf

Harrell E, „Collider triggers end-of-world fears", auf: Time.com, 04.09.2008, verfügbar auf: http://www.time.com/time/health/article/0,8599,1838947,00.html?imw=Y

Harris AW, „Harris on terrorism and asteroid risk", o.D., verfügbar auf: http://psweb.sbs.ohio-state.edu/faculty/jmueller/HARRIS.PDF

Harteis C, Gruber H, „Intuition and professional competence: Intuitive versus rational forecasting of the stock market" (Research Report No. 33), Regensburg: Universität Regensburg, Abt. Prof. Hans Gruber, in: *Vocations and Learning: Studies in Vocational and Professional Education* 2008;1:71-85; verfügbar auf: http://www.springerlink.com/content/wt804572x37883x8/

Hassabis D, Kumaran D, Vann SD, Maguire EA, „Patients with hippocampal amnesia cannot imagine new experiences", in: *Proceedings of the National Academy of Sciences U.S.A* 2007;104(5):1726-1731; verfügbar auf: http://www.pnas.org/content/104/5/1726.full.pdf+html

Haynie DT, *Biological Thermodynamics*, New York, NY: Cambridge University Press 2008

Hearne K, „Lucid dreams – an electrophysiological and psychological study" (Kap. 3 und 4 der unveröffentlichten Doktorarbeit), Department of Psychology, University of Liverpool, Mai 1978; Kauf-Download über: http://www.keithhearne.com/

Hefner AG, „Premonition", auf: http://www.themystica.com/mystica/articles/p/premonition.html

Heisenberg W, *Der Teil und das Ganze*, München: dtv 1973

Henslee, JA, Christenson, PJ, Hardoin RA, Morse M, Sheehan C, „The impact of premonitions of SIDS on grieving and healing", in: *Pediatric Pulmonology* 1993;16:393

Herbert N, *Quantum Reality*, Garden City, NY: Anchor/Doubleday 1987; dt. Ausg.: Herbert N, *Quanten-Realität*, München: Goldmann 1990

Higgins AG, „Broken atom smasher inaugurated anyway", auf: MSNBC.com, 21.10.2008, verfügbar auf: http://www.msnbc.msn.com/id/27296827/

Holman EA, Silver RC, Poulin M, Andersen J, Gil-Rivas V, McIntosh DN, „Terrorism, acute stress, and cardiovascular health: A 3-year national study following the September 11th attacks", in: *Archives of General Psychiatry* 2008;65(1):73-80; verfügbar auf: http://archpsyc.ama-assn.org/cgi/reprint/65/1/73

Honorton C, „The ganzfeld novice: four predictors of initial ESP performance", Paper presented at the *Parapsychological Association's 35th Annual Convention*, Las Vegas, NV, 1992

Honorton C, Ferari D, „Future-telling: a meta-analysis of forced-choice precognition experiments", in: *Journal of Parapsychology* 1989;53:281-309; verfügbar auf: http://www.lfr.org/LfR/csl/library/HonortonFerrari.pdf

Horchler JN, Morris RR, „Dreams and Premonitions (Chapter 17)", in: *SIDS & Infant Death Survival Guide: Information and Comfort for Grieving Family & Friends & Professionals Who Seek to Help Them* (3rd ed.), Hyattsville, MD: SIDS Educational Services 2003, p. 276-285, verfügbar auf: http://sidssurvivalguide.org/chapter17.htm

Hunt DM, Dulai KS, Bowmaker JK, Mollon JD, „The chemistry of John Dalton's color blindness", in: *Science* 1995;267(5200):984-988, verfügbar auf: http://vision.psychol. cam.ac.uk/jdmollon/papers/DaltonsEye.pdf

Hurdle J, „Lose weight, stay active, prevent Alzheimer's-Studies", auf: VirtualMedical-Centre.com am 20.07.2004; verfügbar auf: http://www.virtualcancercentre.com/news. asp?artid=2358 (Zugriff am 18.09.2008)

Huxley TH, *Collected Essays. Discourses: Biological and Geological* (vol. 8, Reprint), Kitla, MT: Kessinger 2005, p. 244; Originalausgabe: London: Macmillan 1894

Hyman R, „Evaluation of program on anomalous mental phenomena", in: *Journal of Scientific Exploration*, 1996;10(1): 31-58

Ingerman S, *Shamanic Journeying*, Boulder, CO: Sounds True 2004; dt. Ausg.: Ingerman S, *Die schamanische Reise*, Kreuzlingen: Ariston 2004

Ingerman S, *Soul Retrieval. Mending the fragmented self* (revised), New York, NY: Harper-One 2006; dt. Titel: Ingerman S, *Auf der Suche nach der verlorenen Seele*

Inglis B, *Natural and Supernatural: A History of the Paranormal*, Bridport, England: Prism Press 1992, (Erstausg.: Sevenoaks, England: Hodder & Stoughton 1977)

Irwin HJ, „Belief in the paranormal: A review of the empirical literature", in: *Journal of the American Society for Psychical Research* 1993;87:1-39

Irwin HJ, *An Introduction to Parapsychology* (3rd ed.), Jefferson, NC: McFarland 1999

Jaffé A (Hrsg.), *Erinnerungen, Träume, Gedanken von C. G. Jung*, Zürich/Düsseldorf: Walter [11]1999

Jahn RG, Dobyns YH, Dunne BJ, „Count population profiles in engineering anomalies experiments", in: *Journal of Scientific Exploration* 1991;5:205-232; verfügbar auf: http://www.scientificexploration.org/journal/jse_05_2_jahn.pdf

Jahn RG, Dunne BJ, *Margins of Reality: The Role of Consciousness in the Physical World*, New York, NY: Harcourt Brace Jovanovich 1987; dt. Ausg.: Jahn RG, Dunne BJ, *An den Rändern des Realen: über die Rolle des Bewußtseins in der physikalischen Welt*, Frankfurt/M: Zweitausendeins 1999

James W, „Human immortality: two supposed objections to the doctrine", Ingersoll Lecture 1898, verfügbar auf: http://en.wikisource.org/wiki/Human_Immortality:_Two_Supposed_Objections_to_the_Doctrine

Jeans Sir J, *The Mysterious Universe*, New York: Macmillan 1948; dt. Ausg.: Jeans J, *Der Weltenraum und seine Rätsel*

Johnson S, Journey to the Western Isles of Scotland, Kitla, MT: Kessinger 2004; Erstausgabe: London 1775; verfügbar z.B. auf: http://www.ebookmall.com/ebook/6751-ebook.htm und http://ebooks.adelaide.edu.au/j/johnson/samuel/western/
Jordan PA, *The mystery of chance,* auf: http://www.strangemag.com/mysteryofchance.html
Josephson B, zitiert in: „Is this really proof that man can see into the future?", in: *Daily Mail* (London) vom 4. Mai 2007; verfügbar auf: http://www.dailymail.co.uk/pages/live/articles/technology/technology.html?in_article_id=452833&in_page_id=1965
Jung CG, „Die Funktion der Träume", in: *Der Mensch und seine Symbole,* Olten und Freiburg: Walter [8]1979, S. 50
Jung CG, *Memories, Dreams, Reflections,* New York, NY: Random 1965; dt. Ausg.: Jaffé A (Hrsg.), *Erinnerungen, Träume, Gedanken von C. G. Jung,* Zürich/Düsseldorf: Walter [11]1999
Jung CG, *Psychologische Typen* (Gesammelte Werke Bd. 6), Düsseldorf/Zürich: Walter [7]1994
Jung CG, *The Structure and Dynamics of the Psyche* (Collected Works, vol. VIII), Princeton, NJ: Princeton University Press, 2nd edition 1970; dt. Ausg.: Jung CG, *Die Dynamik des Unbewussten* (Gesammelte Werke Bd. 8), Düsseldorf/Zürich: Walter [7]1995
Kam K, „Keeping your brain fit for life", auf WebMD Medical News, 06.11.2006, verfügbar auf: http://www.webmd.com/brain/features/keeping-your-brain-fit-for-life
Kawecki T, zitiert in: „Soundbites", in: *New Scientist,* 10.05.2008:198(2655):8
Keirsey D, Bates M, *Please Understand Me II,* Del Mar, CA: Prometheus Nemesis 1998
Keller EF, *A Feeling for the Organism: The Life and Work of Barbara McClintock,* New York, NY: W. H. Freeman 1984; dt. Ausg.: Keller EF, *Barbara McClintock: die Entdeckerin der springenden Gene,* Basel: Birkhäuser 1995
Kelly EF, Kelly EW, Crabtree A, Gauld A, Grosso M, Greyson B, *Irreducible Mind: Toward a Psychology for the 21st Century,* Lanham, MD: Rowman & Littlefield 2007
Kenyon, FG, *The Chester Beatty Biblical Papyri: Descriptions and Texts of Twelve Manuscripts on Papyrus of the Greek Bible,* London: Emery Walker 1933, 1937
Khamsi R, „Amnesiacs struggle to imagine future events", auf: *New Scientist.com* vom 15.01.2007 auf: http://www.newscientist.com/channel/being-human/dn10950-amnesiacs-struggle-to-imagine-future-events.html
Kierulff S, Krippner S, *Becoming Psychic: Spiritual Lessons for Focusing Your Hidden Abilities,* Franklin Lakes, NJ: New Page Books 20049
Kincheloe L, persönliche Mitteilung an den Verfasser im November 2003, Abdruck mit freundlicher Genehmigung; auch in: Kincheloe L, „Intuitive obstetrics", in: *Alternative Therapies in Health & Medicine* 2003;9(6):16-17
Kirsch J, *The Reluctant Prophet,* Los Angeles, CA: Sherbourne 1973
Klein N, „Crisis called 'Katrina without the water'", auf: Seattle Real Estate News vom 16.09.2008: http://blog.seattlepi.nwsource.com/realestatenews/archives/148904.asp
Klintman H, „Is there a paranormal (precognitive) influence in certain types of perceptual sequences?", Part I, in: *European Journal of Parapsychology* 1983;5:19-49
Klintman H, „Is there a paranormal (precognitive) influence in certain types of perceptual sequences?", Part II, in: *European Journal of Parapsychology* 1984;5:125-40
Kolata G, „Drug found to help heart attack survivors", in: *Science* 1981;214:774-775
Krishnamurti J, Bohm D, *The Ending of Time,* New York, NY: HarperOne 1985; dt. Ausg.: *Vom Werden zum Sein,* München: O. W. Barth 1987, Goldmann 1992
Kroft S, „Dennis Quaid recounts twins' drug ordeal" in: *60 Minutes,* CBS online, auf: http://www.cbsnews.com/stories/2008/03/13/60minutes/main3936412.shtml
Lanier J, „From having a mystical experience to becoming a mystic", in: *ReVision* 1989;12(1):41-44

Larson E, „Did psychic powers give firm a killing in the silver market?" in: Wall Street Journal, 22. Oktober 1984
Lavender D, *Bent's Fort,* Lincoln, NE: University of Nebraska Press 1954
Lawrence T, „Gathering in the sheep and goats. A meta-analysis of forced-choice sheep-goat ESP studies, 1947-1993", in: *Proceedings of Presented Papers: The Parapsychological Association 36th Annual Convention, Toronto, Canada* 1993, p. 75-86
Leibovici L, „Effects of remote, retroactive intercessory prayer on outcomes in patients with bloodstream infection: a randomized controlled trial", in: *British Medical Journal* 2001(323):1450-1451
LeShan L, *How to meditate: A Guide to Self-Discovery,* Boston, MA: Little Brown 1974; dt. Ausg.: *Vom Sinn des Meditierens: Schlüssel zu einem erfüllteren Leben,* Freiburg: Herder 1997
LeShan L, *The Medium, the Mystic, and the Physicist,* New York, NY: Viking 1974
Macnish R, *The Philosophy of Sleep* (3rd ed.), Glasgow, MM'Phun 1836 (Reprint von Kessinger, Kitla, MT, 2006)
Madgewick G, *Aberfan: Struggling Out of the Darkness,* Blaengarw: Valley & Vale 1996
Maguire EA, Gadian DG, Johnsrude IS, Good CD, Ashburner J, Frackowiak RS, Frith CD, „Navigation-related structural change in the hippocampi of taxi drivers", in: *Proceedings of the National Academy of Sciences U.S.A* 2000;97(8) 4398-4403; verfügbar auf: http://www.pnas.org/content/97/8/4398.full.pdf+html
Maguire EA, Spiers HJ, Good CD, Hartley T, Frackowiak RS, Burgess N, „Navigation expertise and the human hippocampus: a structural brain imaging analysis", in: *Hippocampus* 2003;12(2):250-259; verfügbar auf: http://citeseerx.ist.psu.edu/viewdoc/download?doi=10.1.1.13.3201&rep=rep1&type=pdf
Major RH, *Classic Descriptions of Disease,* Springfield, IL: Charles C. Thomas 1945
Marcikic I, de Riedmatten H, Tittel W, Zbinden H, Legré M, Gisin N, „Distribution of time-bin entangled qubits over 50km of optical fiber", in: *Physical Review Letters* 2004; 93; verfügbar auf: http://arxiv.org/PS_cache/quant-ph/pdf/0404/0404124v1.pdf
Margenau H, zitiert in: LeShan L, *The Science of the Paranormal,* Northamptonshire, England: Aquarian Press 1987
Martin J, Birnes WJ, *The Haunting of the Presidents,* New York, NY: Signet/New American Library 2003
Martin M, „An Account of the Second-Sight", in: *A Description of the Western Islands of Scotland,* Originalausg. 1703. „An Account of the Second-Sight" verfügbar auf: http://www.undiscoveredscotland.co.uk/usebooks/martin-westernislands/section15.html
May EC, „The American Institutes for Research Review of the Department of Defense's STAR GATE program: A commentary", in: *Journal of Scientific Exploration* 1996;10 (1):89-108; verfügbar auf: http://www.scientificexploration.org/journal/jse_10_1_may.pdf
May EC, Spottiswoode SJP, James CL, „Managing the target-pool bandwidth: possible noise reduction for anomalous cognition experiments", in: *Journal of Parapsychology* 1994;58:303-313; verfügbar auf: http://www.lfr.org/lfr/csl/library/Bandwidth.pdf
May EC, Spottiswoode SJP, James CL, "Shannon entropy: a possible intrinsic target property", in: *Journal of Parapsychology* 1994;58:384-401; verfügbar auf: http://www.lfr.org/LFR/csl/library/ShannonEntropy1.pdf
May EC, Utts JM, Humphrey BS et al., „Advances in remote-viewing analysis", in: *Journal of Parapsychology* 1990;54:193-228; verfügbar auf: http://www.lfr.org/LFR/csl/library/FuzzySetAnalysis.pdf
May EC, Vilenskaya L, „Overview of current parapsychology research in the former Soviet Union", in: *Subtle Energies* 1992;3:45-67; verfügbar auf: http://www.lfr.org/LFR/csl/library/Fsu1.pdf

Mayer EL, Extraordinary Knowing: Science, Skepticism, and the Inexplicable Powers of the Human Mind, New York, NY: Bantam/Random House 2007

McCraty R, Atkinson M, Bradley RT, „Electrophysiological evidence of intuition: Part 1. The surprising role of the heart", in: *Journal of Alternative and Complementary Medicine* 2004;10(1):133-143, verfügbar auf: http://www.heartmath.org/templates/ihm/downloads/pdf/research/publications/intuition-part1.pdf

McCraty R, Atkinson M, Bradley RT, „Electrophysiological evidence of intuition: Part 2. A system-wide process?", in: *Journal of Alternative and Complementary Medicine* 2004;10:325-336, verfügbar auf: http://www.heartmath.org/templates/ihm/downloads/pdf/research/publications/intuition-part1.pdf

McGinn C, „Can we ever understand consciousness?", in: *The New York Review*, 10.06.1999;46(10), verfügbar auf: http://www.nybooks.com/articles/articlepreview?article_id=458

McLean I, „On Moles and the Habits of Birds: The Unpolitics of Aberfan", in: *Twentieth Century British History*, vol. 8, Dezember 1997

McLean I, *Corporatism and Regulatory Failure: Government Response to the Aberfan Disaster*, 1999, verfügbar auf: http://www.nuffield.ox.ac.uk/politics/aberfan.esrc.html (Zugriff am 02.01.2007)

McLean I, Johnes M, „Remembering Aberfan", auf: http://www.nuffield.ox.ac.uk/politics/aberfan/remem.htm

McLean I, Johnes M, *Aberfan: Disasters and Government*, Cardiff: Welsh Academic Press 2000

McLynn F, *Carl Gustav Jung*, New York, NY: St. Martin's Press 1996

Milton J, „Effects of ‚paranormal' experiences on people's lives. An unusual survey of spontaneous cases", in: *Journal of the Society for Psychical Research* 1992;58:314-323

Mitchell E, „The physiological diagnostic dream", in: *New York Medical Journal* 1923;188:416

Mooney G, *The history of the gravity poster*, auf: http://www.mooneyart.com/gravity/historyof_01.html

Moore DW, *Three in Four Americans Believe in Paranormal*, Princeton, NJ: The Gallup Organization 16. Juni 2005, verfügbar auf: http://home.sandiego.edu/%7Ebaber/logic/gallup.html

Moore V, „Grim rea-purr: the cat that can predict death", auf: Daily Mail online, verfügbar auf: http://www.dailymail.co.uk/pages/live/articles/news/news.html?in_article_id=470906&in_page_id=1770

Moss R, *Dreaming True*, New York, NY: Pocket Books 2000

Moss R, *The Secret History of Dreaming*, Novato, CA: New World Library 2009

Mott M, „Did animals sense tsunami was coming?" auf: National Geographic News online vom 04.01.2005: http://news.nationalgeographic.com/news/2005/01/0104_050104_tsunami_animals.html

Myers IB, Myers PB, *Gifts Differing: Understanding Personality Type*, Palo Alto, CA: Palo Alto, CA: Davies-Black 1995

Nadeau R, Kafatos M, *The Non-Local Universe: The New Physics and Matters of the Mind*, New York, NY: Oxford University Press 1999

Nasht S, *The Last Explorer*, New York, NY: Arcade Publishing 2006

Nelson RD, Dobyns YH, Dunne BJ, Jahn RG, *Analysis of Variance of REG Experiments: Operator Intention, Secondary Parameters, Database Structure: Technical Note PEAR 91004*, Princeton, NJ: Princeton Engineering Anomalies Research Laboratory, Princeton University School of Engineering/Applied Science 1991

Nelson RD, Dunne BJ, Dobyns YH, Jahn RG, „Precognitive remote perception: Replication of remote viewing", in: *Journal of Scientific Exploration* 1996;10(1):109-110

Nelson RD, Dunne BJ, Jahn RG, An REG Experiment With Large Database Capability: HP Operator Related Anomalies: Technical Note PEAR 84003 (September), Princeton, NJ: Princeton Engineering Anomalies Research Laboratory Princeton University School of Engineering/Applied Science 1984

Neppe VM, „Clinical psychiatry, psychopharmacology, and anomalous experience", in: Coly L, McMahon J (eds.), *Psi and Clinical Practice,* New York, NY: Parapsychology Foundation 1993; verfügbar auf: http://www.pni.org/research/anomalous/classif_art/clinical_psychiatry.html

Neppe VM, „Temporal lobe symptomatology in subjective paranormal experiments, in: *Journal of the American Society for Psychical Research* 1983;77(1):1-29

Nettle D, „It takes all sorts", in: *New Scientist* 09.02.2008;197 (2642):36-39

Nickerson C, „Feline Intuition", auf: Boston Globe online vom 25.07.2007: http://www.boston.com/yourlife/health/aging/articles/2007/07/25/feline_intuition/

Oldenburg D, „A Sense Of Doom: Animal Instinct For Disaster. Scientists investigate wildlife's possible warning systems", in: *Washington Post* vom 08.01.2005, verfügbar auf: http://www.washingtonpost.com/wp-dyn/articles/A57653-2005Jan7.html

Olshansky B, Dossey L, „Retroactive prayer: A preposterous hypothesis?", in: *British Medical Journal* vom 20.12.2003, p. 1465-68; verfügbar über www.bmj.com

Oppenheim, AL, *The Interpretation of Dreams in the Ancient Near East,* Philadelphia, PA: American Philosophical Society 1956

Ornstein C, „Quaids recall twins' drug overdosage", in: *Los Angeles Times* vom 15.01.2008, verfügbar auf: http://www.zap2it.com/movies/news/zap-story-quaidsrecalltwinsdrugoverdose,0,2286448.story

Ornstein C, „State cites safety drug lapses at Cedars-Sinai", in: *Los Angeles Times* vom 10.01.2008, verfügbar auf: http://portlandscw.trb.com/news/la-me-cedars-10jan10,0,4490595.story?coll=kwbp-news-1

Ostrander S, Schroeder L, *Psychic Discoveries Behind the Iron Curtain,* New York, NY: Marlowe & Company 1970; dt. Ausg.: *PSI: Die wissenschaftl. Erforschung u. praktische Nutzung übersinnl. Kräfte des Geistes und der Seele im Ostblock,* Bern-München-Wien: Scherz 1971, jüngste Ausgabe: Rastatt: Moewig 1985

Otto R, *Das Heilige: über das Irrationale in der Idee des Göttlichen und sein Verhältnis zum Rationalen* (Nachdruck), München: Beck 2004; engl. Ausg.: Otto R, *The Idea of the Holy,* New York, NY: Oxford University Press 1958

Palmer J, Neppe VM, „Exploratory analyses of refined predictors of subjective ESP experiences and temporal lobe dysfunction in a neuropsychiatric population", in: *European Journal of Parapsychology* 2004;19:33-65; verfügbar auf: http://www.sgha.net/research/exploratory.pdf

Pearce F, „Ozone Hole? What Ozone Hole?", in: *New Scientist* 2008;199(2674):46-47, verfügbar auf: http://www.tmcnet.com/usubmit/2008/09/19/3660472.htm

Peck P, „Diet, activity may help prevent Alzheimer's", auf WebMD Medical News, 19.07.2008, verfügbar auf: http://www.webmd.com/alzheimers/news/20040719/diet-activity-may-help-prevent-alzheimers

Petersen J, The Arlington Institute, „TAI Alert 15, Impending Event Alert", auf: http://www.arlingtoninstitute.org/tai-alert-15-impending-event-alert (Zugriff am 15.09.2008)

Piersall P, „The heart remembers", in: *Natural Health* März/April 1998, verfügbar auf: http://findarticles.com/p/articles/mi_m0NAH/is_n2_v27/ai_20353562/pg_4

Pilkington R, *Men and Women of Parapsychology: Personal Reflections,* Jefferson, NC: McFarland & Co. 1987

Polanyi M, „The stability of scientific theories against experience", in: Marwick M (ed.), *Witchcraft and Sorcery,* New York, NY: Penguin 1982

Puthoff H, „Associative remote viewing experiment", in: Proceedings of the 1984 Parapsychology Association Conference, Dallas TX

Puthoff H, „CIA-initiated remote viewing program at Stanford Research Institute", in: *Journal of Scientific Exploration* 1996;10(1):63-76; verfügbar auf: http://www.scientificexploration.org/journal/jse_10_1_puthoff.pdf und http://www.biomindsuperpowers.com/Pages/CIA-InitiatedRV.html

Puthoff HE, Targ R, „A perceptual channel for information transfer over kilometer distances: Historical perspective and recent research", in: *Proceedings of the IEEE* 1976;64:329-354; verfügbar auf: http://www.espresearch.com/espgeneral/IEEE-329B.shtml und anderswo

Radin D, „Gazing at the mind's eye and other experiments exploring the capacities of consciousness", präsentiert auf der *Mind Before Matter Conference*, San Francisco, CA, 23. Februar 2008

Radin D, „Got Psi?", auf: http://www.gotpsi.org/html/gotpsi.htm

Radin D, Dean Radin's Blog vom 13.06.2007, verfügbar auf: http://deanradin.blogspot.com/2007/06/presentiment-in-brain.html

Radin D, *Entangled Minds,* New York, NY: Paraview/Simon & Schuster 2006

Radin D, *The Conscious Universe,* San Francisco, CA: Harper 1997

Radin D, „Electrodermal presentiments of future emotions", in: *Journal of Scientific Exploration* 2004;18(2):253-274; verfügbar auf: http://www.scientificexploration.org/journal/jse_18_2_radin.pdf

Radin D, „Preliminary Analysis of a suite of informal web-based psi experiments", verfügbar auf: http://www.boundary.org/articles/GotPsi-public.pdf (Zugriff am 05.06.2007)

Radin D, „Unconscious Perception of Future Emotions. An Experiment in Presentiment", in: *Journal of Scientific Exploration* 1997;11(2):172-180; verfügbar auf: http://www.scientificexploration.org/journal/jse_11_2_radin.pdf

Radin D, Machado ER, Zangari W, „Effects of distant healing intention through time and space: two exploratory studies", in: *Proceedings of Presented Papers: The 41st Annual Convention of the Parapsychological Association,* Halifax, Nova Scotia, Canada: Parapsychological Association 1998:143-161

Ramsland K, „Death mansion", auf: http://www.crimelibrary.com/notorious_murders/mass/heavens_gate/5.html

Rapoport IC, *Aberfan – The Days After*; Cardigan, Wales 2005, viele der Bilder sind verfügbar auf: http://www.rapo.com/lcgallery/Aberfan.htm

Rattray RS, *Religion and Art in Ashanti,* Oxford: Clarendon 1927

Resnik S, *The Theatre of the Dream* (New Library of Psychoanalysis, vol. 6), New York, NY: Routledge 1987

Rhine JB, Feather SR, „The study of cases of 'psi-trailing' in animals", in: *The Journal of Parapsychology* 1962;26(1):1-21

Rhine JB, *The Reach of the Mind,* New York, NY: William Sloane 1947; dt. Ausg.: Rhine JB, *Die Reichweite des menschlichen Geistes,* Stuttgart: DVA 1950

Rhine LE, „Precognition and intervention", in: *Journal of Parapsychology* 1955;19:1-34

Rhine LE, „Psychological processes in ESP experiences, Part I: Waking experiences", in: *Journal of Parapsychology* 1962;29:88-111

Rhine LE, *Hidden Channels of the Mind,* New York, NY: William Morrow 1961

Ring K, Valarino EE, *Lessons from the Light: What We Can Learn from the Near-Death Experience,* New York, NY: Insight/Plenum Press 1998; dt. Ausg.: Ring K, Valarino EE, *Im Angesicht des Lichts: Was wir aus Nah-Tod-Erfahrungen für das Leben gewinnen,* Kreuzlingen/München: Hugendubel 1999; Goch: Santiago 2009

Romme M, Escher S, *Making Sense of Voices,* London: Mind Publications 2000

Ross R, „Heaven's Gate suicides. Cult Education and Recovery", Oktober 1999, verfügbar auf: http://www.culteducation.com/hgate.html

Rubin CB, Renda-Tanali I, *Effects of the Terrorist Attacks of September 11, 2001, on Federal Emergency Management in the United States,* Washington, DC: Institute for Crisis, Disaster and Risk Management, The George Washington University 2002, verfügbar auf: http://www.gwu.edu/~icdrm/publications/sept11book_ch22_rubin.pdf

Rush JH, „New directions in parapsychological research", in: *Parapsychological Monographs No. 4,* New York: Parapsychological Foundation 1964, p. 18f.

Russell S, „Second sight", in: *St. Louis Magazine,* Juli 2007, verfügbar auf: http://www.stlmag.com/media/St-Louis-Magazine/July-2007/Second-Sight/

Sagan C, *The Dragons of Eden.* New York, NY: Random House 1977; dt. Titel: Sagan C, *Die Drachen von Eden* (München: Droemer 1978), *Und werdet sein wie Götter* (München: Droemer Knaur 1981)

Saunders T, „Paul Newman – A life spent giving", auf: Look to the Stars: The World of Celebrity Giving, 29. September 2008: http://www.looktothestars.org/news/1287-paul-newman-a-life-spent-giving

Schavelzon J, *Freud, un paciente con cancer,* Buenos Aires: Paidos 1983

Scheib R, „Timeline", in: *Utne Reader,* Jan/Feb 1996, p. 52-61

Scherk M, zitiert in: Doheny K, „Cat's ‚sixth sense' predicting death?" auf: CBSNews.com vom 25.07.2007: http://www.cbsnews.com/stories/2007/07/25/health/webmd/main3097899.shtml

Schlitz MJ, Honorton C, „Ganzfeld psi performance within an artistically gifted population", in: *Journal of the American Society for Psychical Research* 1992;86:83-98

Schmeidler GR, McConnell RA, *ESP and Personality Patterns,* New Haven, CT: Yale University Press 1958 (Reprint: Greenwood Press 1973)

Schmeidler GR, *Parapsychology and Psychology: Matches and Mismatches,* Jefferson, NC: McFarland 1988

Schmidt H, Braud W, „New PK tests with an independent observer", in: *Journal of Parapsychology* 1993;57:227-240; verfügbar auf: http://www.thefreelibrary.com/New+PK+tests+with+an+independent+observer-a015383539

Schmidt H, Morris R, Rudolph L, „Channeling evidence for a psychokinetic effect to independent observers", in: *Journal of Parapsychology* 1986;50:1-15

Schmidt H, Morris RL, Hardin CL, *Channeling Evidence for a Psychokinetic Effect to Independent Observers: An Attempted Replication: Mind Science Foundation Research Report.* San Antonio, TX: Mind Science Foundation 1990

Schmidt H, Schlitz M, *A Large Scale Pilot PK Experiment With Prerecorded Random Events: Mind Science Foundation Research Report,* San Antonio, TX: Mind Science Foundation 1988

Schmidt H, Stapp H, „PK with prerecorded random events and the effects of preobservation", in: *Journal of Parapsychology* 1993;57:331-349; verfügbar auf: http://www.fourmilab.ch/rpkp/observ.html

Schneider D, *Revolution in the Body-Mind. I. Forewarning Cancer Dreams and the Bioplasma Concept,* Easthampton, NY: Alexa Press 1976

Schrödinger E, *My View of the World,* Woodbridge, London: Cambridge University Press 1964; dt. Original: Schrödinger E, *Meine Weltansicht*

Schrödinger E, *What Is Life? With Mind and Matter,* London: Cambridge University Press 1969; dt. Titel: Schrödinger E, *Was ist Leben?*

Schwartz SA, „An arrow through time", in: *Explore: The Journal of Science and Healing* 2008;4(2):95-100; verfügbar auf: http://www.stephanaschwartz.com/PDF/SR An Arrow Through Time.pdf

Schwartz SA, Opening to the Infinite, Buda, TX: Nemoseen 2007
Schwarz BE, „Possible telesomatic reactions", in: *The Journal of the Medical Society of New Jersey.* 1967;64(11):600-603
Shakespeare W, *Hamlet,* Akt II, Szene 2, Z. 303ff.
Sheldrake R, *Dogs That Know When Their Owners Are Coming Home,* New York, NY: Crown 1999; dt. Ausg.: *Der siebte Sinn der Tiere,* Bern-München-Wien: Scherz 1999; München: Ullstein 2001; Frankfurt: Fischer Taschenbuch 2007
Sheldrake R, *The Sense of Being Stared At, and Other Aspects of the Extended Mind,* London: Arrow Books/Random House 2003; dt. Ausgabe: *Der siebte Sinn des Menschen,* Frankfurt: Fischer Taschenbuch 2006
Shoup R, „Physics without causality – theory and evidence", Paper presented to the Society for Scientific Exploration, 26th Annual Meeting, East Lansing, MI, 30.05.-02.06.2007; verfügbar auf: http://www.boundaryinstitute.org/bi/articles/Physics_without_Causality.pdf
SIDS – Reducing the Risk: the California SIDS Program, auf: http://www.californiasids.com
Sinclair U, *Mental Radio,* Reprint of the 1930 edition, Charlottesville, VA: Hampton Roads 2001; dt. Ausg.: Sinclair U, *Radar der Psyche,* Düsseldorf: Econ 1990
Smout TC, *A History of the Scottish People, 1560-1830,* Waukegan, IL: Fontana 1998
Spottiswoode SJP, May EC, „Skin conductance prestimulus response: analyses, artifacts and a pilot study", in: *Journal of Scientific Exploration* 2003;17(4):617-641; verfügbar auf: http://www.jsasoc.com/docs/PSR_JSE.pdf
Sprengnether M, „Mouth to mouth: Freud, Irma, and the Dream of Psychoanalysis", in: *American Imago* 2003;60(3):259-284; Zusammenfassung verfügbar auf:: http://muse.jhu.edu/login?uri=/journals/american_imago/v060/60.3sprengnether.html
Steering Committee of Physicians' Health Study Research Group, „Preliminary report: findings from the aspirin component of the ongoing Physicians' Health Study", in: *New England Journal of Medicine* 1988; 318:262-264
Stevenson I, „Precognition of disasters", in: *Journal of the American Society for Psychical Research* 1970;64:187-210
Stevenson I, „Seven more paranormal experiences associated with the sinking of the Titanic", in: *Journal of the American Society for Psychical Research* 1965;59:211-225
Stevenson I, *Telepathic Impressions: A Review of 35 New Cases,* Charlottesville, VA: University Press of Virginia 1970
Storm L, Thalbourne MA, „The effect of a change in pro attitude on paranormal performance: A pilot study using naïve and sophisticated skeptics", in: *Journal of Scientific Exploration* 2005; 19: 11-29; verfügbar auf: http://www.scientificexploration.org/journal/jse_19_1_storm.pdf
Stroud A, *Stuart England,* London: Routledge 1999
Surowiecki J, *The Wisdom of Crowds,* New York, NY: Anchor/Random House 2005; dt. Ausg.: *Die Weisheit der Vielen: Warum Gruppen klüger sind als Einzelne,* München: Goldmann 2007
Sutherland P, „End of the world due in nine days", auf: *The Sun* online, 01.09.2008; verfügbar auf: http://www.thesun.co.uk/sol/homepage/features/article1630897.ece
Szpakowska KM, „The perception of dreams and nightmare in ancient Egypt: Old Kingdom to Third Intermediate Period", PhD-Dissertation, Los Angeles, CA: University of California 2000
Szpunar KK, Watson JM, McDermott KB, „Neural substrates of envisioning the future", in: *Proceedings of the National Academy of Sciences U.S.A.* 2007;104(2):642-647; verfügbar auf: http://www.pnas.org/content/104/2/642.full.pdf+html

Targ E, Schlitz M, Irwin HJ, „Psi-related experiences", in: Cardeña E, Lynn SJ, Krippner S (eds.), Varieties of Anomalous Experience: Examining the Scientific Evidence, Washington, DC: American Psychological Association 2000

Targ R, „Remote viewing at Stanford Research Institute in the 1970s: A memoir", in: *Journal of Scientific Exploration* 1996;10(1):77-88

Targ R, Geleitwort zu: Dunne JW, *An Experiment with Time* (Reprint), Charlottesville, VA: Hampton Roads 2001, p. viii

Targ R, Katra J, Brown D, Wiegand W, „Viewing the future: A pilot study with an error-detecting protocol", in: *Journal of Scientific Exploration* 1995;9(3): 367-380; verfügbar auf: http://www.scientificexploration.org/journal/jse_09_3_targ.pdf

Targ R, *Limitless Mind: A Guide to Remote Viewing and Transformation of Consciousness*, Novato, CA: New World Library 2004

Targ R, Puthoff HE, „Information transmission under conditions of sensory shielding", in: *Nature* 1974;251:602-607; verfügbar auf: http://www.crvc.ca/PDF/Targ Puthoff Nature Article Oct 1974.pdf

Thaheld FH, „An interdisciplinary approach to certain fundamental issues in the fields of physics and biology: toward a unified theory", in: *BioSystems* 2005;80:41-56; verfügbar auf: http://arxiv.org/ftp/physics/papers/0601/0601060.pdf

Thomas L, *Lives of a Cell*, New York, NY: Bantam 1974; dt. Ausg.: Thomas L, *Das Leben überlebt*, München: Goldmann 1985

Thwaites RG (ed.), *Jesuit Relations and Allied Documents: Travels and Explorations of the Jesuit Missionairies in New France, 1610-1791*, Cleveland, OH: Burrows Brothers 1896-1901, Bd. 12

Tierney J, „Living in fear and paying a high cost in heart risk", in: *New York Times* online vom 15.01.2008, verfügbar auf: http://www.nytimes.com/2008/01/15/science/15tier.html

Tierney J, „The endless fear of terrorism", in: *New York Times* online vom 16.01.2008, verfügbar auf: http://tierneylab.blogs.nytimes.com/2008/01/16/the-endless-fear-of-terrorism/

Tittell W, Brendel J, Gisen B, Herzog T, Zbinden H, Gisin N, „Experimental demonstration of quantum correlations over more than 10 km", in: *Physical Review A* 1998;57:3229-3232; verfügbar auf: http://www.gap-optique.unige.ch/Publications/PDF/PRA03229.pdf

Torres K, „Legislators seek investigation in Utah mine disaster", auf: http://ehstoday.com/ar/ehs_imp_70536/

Utts J, „An assessment of the evidence for psychic functioning", in: *Journal of Scientific Exploration* 1996;10(1):3-30, verfügbar auf: http://anson.ucdavis.edu/~utts/air2.html

Van de Castle R, *Our Dreaming Mind*, New York, NY: Ballantine 1994

Van Dyke H, „Time is", auf: http://thinkexist.com/quotation/time_is_too_slow_for_those_who_wait-too_swift_for/8953.html

Van Oss S, "Hunch prompted Dutch man to cancel flight on Air France 447", auf: seattlepi.com vom 01.06.2009: http://blog.seattlepi.com/aerospace/archives/170003.asp

Vassy Z, „A study of telepathy by classical conditioning", in: *Journal of Parapsychology*, Herbst 2004, verfügbar auf: http://findarticles.com/p/articles/mi_m2320/is_2_68/ai_n16107401/pg_1

Vassy Z, „Method for measuring the probability of one-bit extrasensory information transfer between living organisms", in: *Journal of Parapsychology* 1978;42:158-160

Veacock C, „Titanic: Anatomy of a disaster shrouded in mystery", verfügbar auf: http://www.mara.org.uk/titanic.htm (Zugriff am 23.07.2007)

von Lucadou W, zitiert in: Broderick D, Outside the Gates of Science: Why It's Time for the Paranormal to Come In from the Cold, New York, NY: Thunder's Mouth Press 2007, p. 270

Wagner MW, Monnet M, „Attitudes of college professors toward extra-sensory perception", in: *Zetetic Scholar* 1979;5:7-16

Wald G, zitiert in: *Bulletin of the Foundation for Mind-Being Research* (Los Altos, CA), September 1988:3

Walsh K, Moddel G, „Effect of belief on psi performance in a card guessing task", in: *Journal of Scientific Exploration* 2007; 21(3):501-510; verfügbar auf: http://www.scientificexploration.org/journal/jse_21_3_walsh.pdf

Watson L, „The Importance of Pattern", in: *The Dreams of Dragons*, Rochester, VT: Destiny Books 1992

Watson L, *The Dreams of Dragons*, Rochester, VT: Destiny Books 1992

Weaver W, *Lady Luck: The Theory of Probability*, New York, NY: Dover 1982; dt. Ausg.: *Die Glücksgöttin – Der Zufall und die Gesetze der Wahrscheinlichkeit*, München: Desch 1964

Weber R, *Dialogues with Scientists and Sages*, New York: Routledge & Kegan Paul 1986; dt. Ausg.: Weber R, *Wissenschaftler und Weise*, Grafing: Aquamarin 1987

Wilkins H, Sherman HM, *Thoughts Through Space: A Remarkable Adventure in the Realm of the Mind*, 2nd edition, New York, NY: C & R Anthony 1951; auch zitiert in: Nasht S, *The Last Explorer*, New York, NY: Arcade Publishing 2006

Winkler M, persönliche Mitteilung am 14.05.2009

Zangari W, Machado FR, „Incidence and social relevance of Brazilian university students' psychic experiences" Paper presented at the 37th Annual Convention of the Parapsychological Association, Amsterdam, August 1994

Zimmer C, „Lots of animals learn, but smarter isn't better", in: *New York Times* online, 06.05.2008; verfügbar auf: http://www.ecfs.org/projects/prepole/ANIMAL Behavior 09/Learning Articles Notes/Lots of Animals Learn, but Smarter Isn't Better.pdf

DANKSAGUNGEN

Seit fast drei Jahrzehnten mit einigen der wichtigsten Menschen in der Bewusstseinsforschung gut bekannt zu sein, empfinde ich als Privileg. Viele von ihnen sind gute Freunde geworden. Ihre Einsichten, ihr Rat und ihr Wissen haben mich über die Jahre getragen und inspiriert.

Diese Menschen sind im vorliegenden Buch immer wieder aufgetreten. Sie kommen aus unterschiedlichen Bereichen – Medizin, Krankenpflege, Psychologie, Archäologie, Biologie, Epidemiologie, Physik, Technik, Materialwissenschaft, Statistik und Philosophie. Statt sie hier alle aufzuzählen – ein gefährliches Unterfangen, da ich gewiss manche von ihnen versehentlich auslassen würde –, habe ich sie in den vorausgegangenen Seiten (für sich) selbst sprechen lassen.

Die wichtigste Danksagung an diese Menschen kommt freilich nicht von mir, sondern die Geschichte wird sie bringen. Wenn irgendwann in der Zukunft ein umfassendes Werk über die Bewusstseinsforschung zusammengestellt und geschrieben wird, werden viele der Forscher, die in diesem Buch erschienen sind, einen hohen Rang darin einnehmen.

Als ich einst begann, die innere Medizin zu praktizieren, vertrauten mir viele meiner Patienten ihre Vorahnungen über Gesundheit und Krankheit an. Für Patienten ist das nicht einfach, denn sie fürchten, von ihrem Arzt missverstanden und zurückgewiesen zu werden. Ihre Geschichten öffneten eine Dimension, die ich nicht ernst genommen hatte. Dafür danke ich ihnen sehr.

Vor vier Jahrhunderten sagte Francis Bacon: „Schicke dein kleines Buch hinaus auf das Wasser – und hoffe." Meine Agentin, James Levine von der Literaturagentur Levine-Greenberg, meine Vortrags-Organisatorin Kitty Farmer und meine Verlegerin Anita Halton haben mir geholfen, dieses in die Welt zu senden. Ich bin dankbar für ihre Unterstützung und vorbehaltlose Großzügigkeit. Sie haben mehr getan, als professionelle Hilfe zu leisten; sie waren mit Freundschaft und Verständnis auf jedem Schritt des Weges da.

Mit meiner Lektorin Amy Hertz und ihrer Assistentin Melissa Miller zu arbeiten, war ein ungewöhnliches Vergnügen. Amy ist eine der versiertesten Lektorinnen, die ich kennengelernt habe. Sie war das perfekte Korrektiv für meine unheilbare Schwafelei. Amy hantiert mit einem überaus scharfen Skalpell, und dies so präzis und fürsorglich, dass ihre Operationen an meinem Manuskript fast schmerzlos über die Bühne gingen. Jeder Autor betet um einen Lektor, der ein intuitives Verständnis für sein Thema hat. Mit Amy wurde mir dieser Wunsch erfüllt – und auch mit Brian Tart und Susan Petersen Kennedy von Dutton/Penguin, die auf das vertrauten, was mein Manuskript werden würde.

Danke auch an die Wissenschaftsjournalistin, Romanautorin und Dichterin Jill Neimark für das Durchlesen des Manuskripts und ihre Vorschläge, die zur Gestaltung dieses Buches beigetragen haben. Ich habe ihre Arbeiten aus dem Reich der Wissenschaft seit Jahren bewundert, und wir haben oft Ideen ausgetauscht. Ich hatte eine Vorahnung – nun, in Wirklichkeit wohl eine Schlussfolgerung –, dass Jills Input unbezahlbar sein würde ... und ich lag genau richtig.

Die Hilfe einiger Forscher verdient besondere Erwähnung. Mein Dank gebührt Stephan A. Schwartz, meinem persönlichen Kandidaten für den ersten „Indiana-Jones-Preis", sollte dieser jemals verliehen werden. Stephan ist einer der ersten großen Architekten auf dem Gebiet der Fernwahrnehmung. Aufgrund der Ähnlichkeit von Fernwahrnehmung und Vorahnung war seine Forschungsarbeit für mich von unschätzbarem Wert. Über Jahre hatte er großzügig zugelassen, dass ich ihn mit meinen Bitten um Information und Rat behelligte; so etwas tut nur ein echter Freund.

In den vergangenen zwei Dekaden hat vielleicht keiner mehr zu unserem Verständnis vom Zukunftswissen beigetragen als der Forscher Dean Radin, den ich für den Einstein auf diesem Gebiet halte. Mit seinen Vorausempfindungs-Experimenten hat Dean unser Verständnis von Vorahnungen verwandelt. In der Zeit, als ich an diesem Buch schrieb, haben sich unsere Wege oft gekreuzt, und ich habe von unserer Verbindung enorm profitiert.

Mein besonderer Dank gilt Rupert Sheldrake, dem mutigen britischen Biologen, Forscher und Verfechter des „erweiterten Bewusstseins", der das Manuskript gelesen hat. Rupert ist ein Jedi-Meister im Universum der Vorahnungen, und sein Rat und Feedback haben mich inspiriert.

Ich danke auch meinen Kollegen bei der von Fachleuten herausgegebenen Zeitschrift *Explore: The Journal of Science and Healing*, der ich als Chefredakteur diene. Sie ermutigen und unterstützen meine Aufsätze über Bewusstseins-bezogene Themen und ihre Bedeutung für das Heilen. Leser, die meine Gedanken zum Thema gerne verfolgen möchten, werden im Internet auf *www.explorejournal.com* fündig.

Ein höchster Wert der Vorahnungen sind die Einheit und das Einssein zwischen den Menschen und allem anderen, das sie offenbaren. Mein Maßstab für dieses Verständnis ist und war den größten Teil meines Lebens Barbara, meine Frau, meine Liebe. Und jedem Autor, der ein Buch über Vorahnungen oder irgendeine andere Manifestation des nicht-logischen menschlichen Geistes in Erwägung zieht, rate ich: Zuerst verliebe dich, denn ohne Liebe verfehlst du das Thema. Dein Buch würde nicht mehr als eine leblose Trockenübung in langweiligen Fakten. Wir brauchen keine weiteren öden Aufzählungen von Tatsachen. Was wir brauchen, sind Botschaften, so lebenskräftig und berührend, dass sie der (Ein) Dringlichkeit unserer Zeit angemessen sind – und was kann die Macht der Liebe übertreffen, uns da hindurch zu leiten? Diese Sicht vermag ich nicht als eigene Erkenntnis zu beanspruchen: Vor fast zweitausend Jahren hob Paulus die Liebe in ihrer Bedeutung sogar über den Rang von Zukunftswissen: „Wenn ich die Gabe der Prophetie hätte ... aber der Liebe nicht, dann bin ich nichts." (1. Korinther 13,2)

Für meinen Zwillingsbruder Garry und meine Schwester Bet: Indem ihr mir gezeigt habt, dass nicht-logische Verbindungen im wirklichen Leben vorkommen, habt ihr dazu beigetragen, diese Arbeit möglich zu machen.

Hat je ein Autor schwarz auf weiß seinem Laptop gedankt? Das tue ich jetzt: Mein MacBook Pro war mir ein zuverlässiger Freund zu Hause, auf Flughäfen und in Hotels überall im Lande. Er hat sich nie beklagt, ganz gleich was für idiotische Gedanken ich in sein Innenleben tippe.

Danke auch euch, meinen gefiederten Gefährten – den Kleibern, Meisen, Junkos, Indianermeisen – an der Futterstation vor meinem Arbeitszimmer, und an die gelegentlich auftauchenden Rehe und Kojoten, die wie eine Erinnerung kommen, dass der nichtlokale Geist nicht auf die Zweibeiner beschränkt ist.

Während ich an diesem Buch schrieb, wurde ich, wie die meisten Autoren, oft von Freunden, Verwandten und Kollegen gefragt: „An was arbeitest du gerade?" – „An einem Buch über Vorahnungen", pflegte ich zu antworten. Und ausnahmslos leuchteten die Augen auf und ich vernahm: „Vorahnungen? Wirklich? Da möchte ich dir etwas erzählen, was ich selbst erlebt habe!" Und das taten sie. Diese Gespräche ergaben sich so oft, so vorhersagbar, dass es mich immer wieder von neuem amüsierte und mir bestätigte, dass ich mich mit etwas befasste, das für sehr viele Menschen persönlich wichtig war. Ich danke allen, die mir ihre Geschichten anvertraut haben. Eure Ermutigung war wichtiger, als ihr ahnt.

– Larry Dossey, M.D.
Santa Fe, New Mexico

Dear Karl Friedrich,
Thank you, thank you, thank you for your hard work. If I could read German, I know I would be delighted. ...
I appreciate your sense of humor!
Again, my deepest gratitude for your attention to detail.
Yours most sincerely,

~ Larry *

---

* Dieser Dank des Verfassers an seinen deutschen Übersetzer darf nicht unerwähnt bleiben. (Anm. d. Verlages)

„Dieses Buch eines engagierten Arztes kann die Brücke schlagen zwischen unseren eigenen spirituellen und religiösen Wurzeln und der modernen wissenschaftlichen Medizin!"

- Ruediger Dahlke -

Larry Dossey
Heilende Worte
Die Kraft der Gebete
als Schlüssel zur Heilung

Schon die großen Weisen der Antike wussten: „Dasselbe ist Denken und Sein!" So wie der Mensch denkt, so wird er auch. Worte und Gedanken haben eine entscheidende Bedeutung für die Gesundheit des Menschen. So wie ein im Zorn geäußertes Wort eine Verletzung verursachen kann, vermag ein segnendes Wort eine Heilung herbeizuführen.

Larry Dossey beschreibt in diesem Grundlagenwerk zur Gebetsheilung, welche Macht im gesprochenen Wort liegt und welche segensreiche Heilwirkung von einem Gebet ausgeht. Die alte biblische Überlieferung des „Bittet, so wird euch gegeben" erfährt durch einen modernen Wissenschaftler eine bewegende Bestätigung. Das Gebet öffnet das Tor zu einer höheren Wirklichkeit, aus der jene wundervolle Heilkraft hervorströmt, die selbst in scheinbar aussichtslosen Situationen Heilung zu schenken vermag und so wahre Wunder bewirkt.

Ein entscheidender Brückenschlag zwischen der Heilkunst und der Gebetsheilung, der ein neues, tieferes Verständnis über das Wesen von Krankheit und Gesundheit zu vermitteln vermag.

ISBN: 978-3-86191-008-4
Hardcover, 288 Seiten

Ein grundlegendes Werk zum Verständnis des Sterbeprozesses und seiner geistigen Gesetzmäßigkeiten

Ruediger Dahlke ist der maßgebliche Autor Deutschlands zu Fragen von Körper, Seele und Geist. Er ist der Pionier auf dem Forschungsgebiet der Zusammenhänge zwischen geistiger Einstellung und körperlicher Symptomatik. Seine Bücher über die „Schicksalsgesetze" oder über „Krankheit als Weg" sind Meilensteine auf dem Weg zu einem neuen Welt- und Menschenbild.
Mit diesem Buch über die „große Verwandlung" spricht er erstmals ganz offen über die letzte, die entscheidende Menschheitsfrage – das persönliche Überleben des Todes. Als Arzt und Kenner der menschlichen Seele konnte er in seiner langjährigen Praxis zahllose Erfahrungen sammeln. Anhand dieser beeindruckenden Fülle von Erlebnissen und aufgrund seiner intensiven Forschungsarbeit kommt er zu der unerschütterlichen Überzeugung: Jeder Einzelne wird als Individuum nach dem Ablegen seiner Körperhülle weiterleben!
Ein Meisterschlüssel zum Verständnis des Lebens nach dem Tod und ein grundlegendes Werk zum Verständnis des Sterbeprozesses und seiner geistigen Gesetzmäßigkeiten!

Ruediger Dahlke
Von der großen Verwandlung
Wir sterben und werden neu geboren

HC mit Schutzumschlag ▶ Format 12 x 18,3 cm ▶ 144 Seiten
▶ ISBN 978-3-86191-010-7

RUEDIGER DAHLKE

Von der großen Verwandlung

Wir sterben
… und werden weiterleben

Crotona

... dem Leben neu begegnen

Weitere Titel aus dem Crotona Verlag: